内容简介

本书以考古遗存的勘探、人类及其文化起源和进化年表的建立、冶金考古、陶瓷考古、古环境复原以及农业和畜牧业的起源等考古学内容为脉络体系,论述自然科学的思想和方法在考古学的学科研究与发展中的作用。这种论述体系有助于考古人员的把握。而对科技内容则着重于规范、通俗地介绍其基本原理,以利于文科读者的理解,并通过综述、比较和前后引证,使分散在各章节中相互关联的科技内容尽量整体化。写作特点在于辨证分析各种科技测量技术的优点和缺点、成果、前景和局限性,着重介绍学界正在探讨的热点课题和有争议的观点,以期引起读者的兴趣和思考。

本书内容丰富全面,并反映最新的成果、论述思路清晰、文字流畅、可读性强。

读者对象除考古、科技考古和文物保护的学生和研究人员外,对从事古人类学和第四纪研究的人员也有参考价值。希望本书能激发其他学科的读者对属于文理结合的科技考古学的兴趣,希望有助于对考古学感兴趣的科技人员在自己的研究领域中找到介入考古学研究课题的切入点。

作者简介

陈铁梅　男,北京大学考古系教授,博士生导师,1959年毕业于前苏联列宁格勒大学物理系,1973—1999年任考古系科技考古实验室主任,长期从事科技考古和定量考古的教学和研究。主要研究方向为:^{14}C、不平衡铀系和电子顺磁共振测年,古陶瓷的产地溯源研究和考古资料的定量研究。发表论文近200篇,合作或主编专著2部,译著1部,包括最近出版的《定量考古学》。为建立我国的史前年代学,特别是古人类和旧石器考古年代学,为推进我国考古学研究的数量化做出贡献。曾获国家科技进步三等奖,国家教委和中国社会科学院科研成果一等奖。历任我国科技考古学会副理事长,第四纪科学研究会理事,*Quaternary Science Reviews-Geochronology* 和《考古科学和文物研究》等杂志编委。荣誉职称有德国国家考古研究所通讯成员等。

北京市高等教育精品教材立项项目

北京大学考古文博学院考古学系列教材

科技考古学

陈铁梅 编著

北京大学出版社
PEKING UNIVERSITY PRESS

图书在版编目(CIP)数据

科技考古学/陈铁梅编著. —北京：北京大学出版社,2008.8
(北京大学考古文博学院考古学系列教材)
ISBN 978-7-301-14038-3

Ⅰ.科… Ⅱ.陈… Ⅲ.科学技术－考古－高等学校－教材 Ⅳ.K854

中国版本图书馆 CIP 数据核字(2008)第 100364 号

书　　　名：科技考古学
著作责任者：陈铁梅　编著
责 任 编 辑：王树通
标 准 书 号：ISBN 978-7-301-14038-3/K·0530
出 版 发 行：北京大学出版社
地　　　址：北京市海淀区成府路 205 号　100871
网　　　址：http://www.pup.cn　电子信箱：zpup@pup.pku.edu.cn
电　　　话：邮购部 62752015　发行部 62750672　编辑部 62752038　出版部 62754962
印 刷 者：北京虎彩文化传播有限公司
　　　　　787 毫米×1092 毫米　16 开本　17.75 印张　426 千字
　　　　　2008 年 8 月第 1 版　2024 年 1 月第 5 次印刷
定　　　价：48.00 元

未经许可，不得以任何方式复制或抄袭本书之部分或全部内容。
版权所有，侵权必究
举报电话：(010)62752024　电子信箱：fd@pup.pku.edu.cn

序

北京大学考古学系及其前身考古专业,早在1973年就开设了科技考古课程。但名称几经变动,有时叫"现代科技与考古",有时叫"现代科技在考古学中的应用",最后用了一个比较简单的名称——科技考古学。这反映我们对于学科性质的认识有一个过程,一时还把握不准。

我个人认为,科技考古教学的目的,不在于让学生掌握多少技术,而首先是要让学生了解科学技术对考古学研究的重要作用,关注科技考古的最新信息,同时要培养考古人员的科学素质,掌握一定的科学理论和方法,按照科学的程序去处理资料、提取信息,研究各种信息之间的联系,从而推导出有科学根据的考古学结论。我认为整个考古教学都要贯彻这个精神,科技考古学更具有义不容辞的责任。要讲清楚这个问题,还得从考古学的学科性质讲起。

考古学是依据古代人类社会留下的实物遗存来研究人类社会历史的,从学科目标和研究的主要内容来说,无疑属于历史学科。但考古学不是传统的历史学的自然延伸,传统的历史学不能直接产生考古学。考古学也不是金石学或古器物学的直接延伸,从金石学或古器物学也不能直接产生考古学。考古学的产生,是在历史学的发展提出了寻找新的证据和拓展研究领域的要求,在地质地层学和生物分类学初步形成的学术背景下,借用了二者的基本原理,并且依据人类历史文化遗存的特点而加以改造为考古地层学(或层位学)和考古类型学(或标型学),在实际工作中运用了测量、绘图和照相等技术,后来又引进文化人类学中的文化圈理论而改造为考古学文化的理论。只有具备了这些基本理论和操作技术,考古学才真正成为一门新兴的独立学科而得到学术界的承认。这说明考古学的产生就是同自然科学技术的应用分不开的。此后考古学的发展,不但依赖于考古工作的开展和资料的积累,依赖于相关理论和方法论的探索,更有赖于现代科学技术的广泛应用。

随便举几个例子。

人类的起源应该是历史学关心的头等大事。因为有了人类才会有人类的历史。可是传统的历史学完全无法解答这样的问题,要么避而不谈,要么引述"女娲造人"或"上帝造人"的神话。19世纪中叶,在西欧多处发现人工打制的石器与已经灭绝的动物化石共存,德国莱茵河畔还发现了远比现代人原始,但显然不是猿类的尼安德特人(简称尼人)。后来在旧大陆多处发现了比尼人更为原始的猿人即直立人,证明人类本是由某种类人猿进化而来,上帝造人的神话便不攻自破了。但人类究竟是在什么时候、什么地方、由何种猿类进化而来,是单一起源还是有不同的起源?仍是长期没有解决的问题。20世纪60年代以来,在东非发现了一系列原始人类的化石,并且往往与人工打制的石器共存。他们的脑量平均只有631毫升,被命名为能人。用钾氩法测量的年代大约在距今200万年前后。研究表明,他们是从某种南方古猿进化而来。解剖形态和文化比能人更为进步的是直立人,也是以东非发现最多,年代最早。他们的脑量约在848~1067毫升之间,年代约在距今40—180万年之间,但似乎不是能人的直接继承者,而可能是从另一种南方古猿进化而来。直立人在欧亚大陆有着广泛的分布,但目前还缺乏他们比东非直立人为早的确实证据。此外,作为人类直接祖先的南方古猿至今也只在非洲发现,这样就产生了人类非洲起源说。假如没有科学的测年技术,仅仅依据人类化石形态是否原始来进行排比就缺乏说服力。近来一些学者根据分子生物学的研究提出现代人的祖先竟是非洲的一位"夏娃"。尽管还有许多疑问,需要与相关学科作进一步的研究。但能提出这类问题只能是自然科学与考古学联合研究的果实。

农业起源曾经是引领人类文化大踏步前进的一场革命。传统的历史学也无法解答这个问题,只好用"神农氏教民稼穑"一类的神话充数。单靠农学家也无法正确解答这个问题,需要有多种学科的合作,特别是现代科学技术的应用。例如对稻作农业起源的认识就走过了一条颇为曲折的道路。过去农学家根据栽培稻谷的形态认定其野生祖本是普通野生稻,又根据普通野生稻分布比较集中的情况推定栽培稻起源于印度或东南亚或我国的华南地区。前些年山地起源说也盛极一时,几乎没有人注意到长江流域,因为那里只有很少野生稻的记录,是普通野生稻分布的北部边缘。但是近年来在长江流域发现的史前栽培稻遗存十分丰富,不但相关的遗址数量最多,经过 ^{14}C 测定的年代也最早,其中最早的标本可达一万年以上,而且连绵不断。至此长江流域起源说和边缘起源论便得以成立。稻谷的植硅石分析和基因分析也支持这一结论。

陶器起源是新石器时代考古研究的重要课题。过去认为日本文化是受中国文化的影响才发展起来的,以致把日本绳纹文化陶器的年代推定在仰韶文化和龙山文化之后。可是 ^{14}C 等方法测定的年代却早到公元前一万年以前,是全世界陶器起源最早的地区之一。比一向被认为文化进程最先驱的西亚地区的陶器烧制要早好几千年。

我国的原始瓷最早见于商代,包括中原地区的郑州商城、小双桥及长江以南的江西吴城等遗址。到底哪里是原产地,曾经有过激烈的讨论,单靠考古学文化的研究难以给出明确的回答。本书作者曾经用中子活化分析方法测量各地原始瓷片中多种微量元素的含量,并用多元统计中的判别分析方法来进行产地溯源,受到学术界的重视。

中国最早的铜器到底是自行发明的还是由西方传入的,还是两者都有可能?是学术界颇为关心的热门话题。这个问题的解决一要靠新的考古发现,二要靠相关科技的测试与分析,离开科技手段是难以得到正解认识的。

类似的例子可以举出很多,现代科技对考古学研究的重要性由此可见一斑。

记得曾经帮助利比(W. Libby)建立世界上第一个 ^{14}C 实验室,后来又长期主持费城大学博物馆考古学应用科学中心(MASCA)的奈内(F. Rainey)于1974年发表过一篇文章,回顾25年来科技考古的成就时,特别讲到由于 ^{14}C 等测年技术的应用,改变了人们关于人类在冰河时期的生存、农业的起源、陶器的发生以及新大陆的文化发展的一系列传统观念,对人类历史的年代结构产生了革命性的影响[1]。那还是早年的事。从那以后,科技考古又有长足的进展。前不久出版的伦福儒和保罗·巴恩所著《考古学:理论、方法与实践》[2],是享誉世界的考古学教科书,其中有大量篇幅和个案研究介绍科技考古的方法和所取得的成果,可以说是现代考

---

[1] Froelich Rainey. Science and Archaeology, *Archaeology*, 1974, 27(1).
[2] 伦福儒, 等. 考古学:理论、方法与实践. 北京:文物出版社, 2004.

学的代表作。从中可以看出现代科技的广泛应用,如何大大改变了考古学的面貌。

时至今日,无论是考古学遗存的发现、勘探、发掘、资料整理、标本测试分析、考古资料库的建立还是有关研究软件的制作,几乎都离不开相关的科学技术。这已成为当今考古学发展的大趋势,使我们有可能从看似平常的考古遗存中提取越来越多的科学信息,极大地拓展了考古学研究的领域,也极大地加深了人们对过往历史的认识。认识到这个大趋势,并且在考古学研究中大力推行是十分重要的。只有这样,考古学才能跟上现代科学发展的步伐,不断加强考古学研究的科学基础,提高考古学研究的水平。

陈铁梅教授长期从事科技考古学的教学和科研工作,是在我国高等学校中开设科技考古学课程的第一人,是推进我国科技考古事业发展的著名学者。他具有深厚的现代物理学基础和广博的自然科学技术知识。他在北京大学考古学系领导创建了我国第一个液体闪烁法 ^{14}C 实验室,实验室后来又建立了铀系、电子自旋共振和 ^{14}C 加速器质谱等多种测年方法,扩展为考古与第四纪地质年代实验室。以此为基础开展了一系列考古年代学,以及科技考古学其他领域的研究。他与国内外科技考古界建立了广泛联系,不断捕捉科技考古的最新信息,还多次到国外著名的高等学校和实验室进行研究。由于他长期在北京大学考古学系工作,能够比较深切地了解考古学的特点和考古学对现代科技的实际需求,这方面他具有较大的优势,也充分地反映在本书的内容上。

本书是作者在多年教授科技考古学和相关研究的基础上,进一步参阅国内外大量科技考古方面的资料,重新整理研究,集中精力写作而成。文笔流畅,可读性强。章节的安排大体上依据考古学科的需要,每一专题都介绍有哪些科技手段或测试方法可以利用。哪些方法比较成熟,哪些方法有待改进,哪些方法虽不完善但可能具有较好的发展前途。具体讲到某种方法时则着重阐述基本原理和国内外实际应用的情况,同时尽可能避开某些纯技术性的内容。作者认为这是读者正确理解科技方法的适用范围、条件和局限性,正确解读有关测量数据的基础。这个看法是非常正确的,也是本书贯穿始终的一个突出的特点。书稿在我的案头放了很久,我看了又看,爱不释手,从中获得了许多教益。相信本书的出版将不但有助于提高科技考古的教学水平,就是对于一般考古学者科学素质的培养,了解科技考古的重要作用,使其更加自觉地与科技人员合作,运用科技考古的成果以提高考古学研究水平,都会发挥积极的作用!

严文明
于北京大学考古文博学院

前　言

　　自然科学技术应用于考古学研究的重要作用在考古学界已经得到共识，同时愈来愈多的自然科学工作者积极参与考古实践，将科技方法应用于我国的考古研究。"科技考古学"已被审定为我国高等学校考古专业的必修课。人们自然在考虑，怎样能使科技方法与考古学研究结合得更密切、更有效。其关键是自然科学与考古两方面的人员对对方学科应该有更好的了解。科技考古学的专著和教材有助于实现这个目的，遗憾的是我国这方面的出版物极少。最早是金国樵等撰写的《物理考古学》（上海科学技术出版社，1989）。1991年李士等出版了《现代实验技术在考古学中的应用》（科学出版社），这是一本很好的科技考古专著，理化方面的科技内容论述全面、清晰，可惜未涉及生物科学在考古研究中的应用。此外，该书的写作以科技内容作为脉络体系，考古内容仅作为应用实例介绍。上述这两本书出版较早，且印数很少，现在已很难买到。2006年高等教育出版社出版了由赵丛苍主编的《科技考古学概论》（以下简称《概论》），该书反映了快速发展的科技考古学的最新研究成果。《概论》的作者是几位考古学家，他们以考古遗迹遗物的勘探、采集、分析研究作为全书的脉络体系，在这个体系内介绍各种科技方法，这种论述体系较易为考古工作者和考古系学生所接受。本书的编写参照了《概论》的论述脉络，但侧重面与《概论》有所不同，例如，本书专列章节论述上新世以来人类起源和进化的年代学、冶金考古和古陶瓷的科技研究等内容，而不涉及水下考古和人骨测量等。因为作者的学术背景，本书对科技内容的论述也许更详细些，并力求更加准确规范。希望本书能与《概论》互补，帮助学界同仁、考古和科技考古专业的同学，以及其他有兴趣的读者能从多个角度了解科技考古学的内容。

　　本书作者自1973年起就讲授科技考古学课程，深感缺乏相关教材之困苦，但鉴于主客观原因，直到前些年退休后才得以专心撰写这本教材。但一经动手，便遇到一系列的困难。第一，科技考古涉及物理、化学、生物、环境等多学科的知识，而作者深感知识积累的不足，只能阅读大量的文献，真是边学边写，同时请了多位专家审阅和修改初稿，减少错误，以免贻误读者。第二，从事和关心科技考古的人员有不同的学术背景，他们对科技考古的涉足深浅不一，写作中怎样照顾不同读者的需要是作者必须考虑的。为此，书中用较多篇幅论述每种科技方法的基本原理而尽量避开纯技术的内容，因为对原理的理解是正确应用科技方法于考古研究、正确理解方法的适用范围、条件和局限性，正确解读有关测量数据的基础。此外，对多数课题还推荐了有关的综述性论文。第三，本书的第二至九章分别讨论科技考古一个方面的专题，各章的内容相对独立，自成体系，读者不一定需要按全书的先后次序阅读。但是有的内容，例如样品的化学元素测量、同位素技术和电镜技术等又涉及多个章节，为了避免前后重复叙述又能方便阅读，编辑了索引附于书后。第四，科技考古学是一门新兴的学科，对不少课题（例如现代人的起源、考古年表（包括夏商周年表）、青铜器的六齐说和产地溯源、瓷器起源的地区、某些作物的栽培起源、地域间的文化和技术交流等）存在不同的观点和争议。争议正反映了学科的生命活力。作者尽可能客观地介绍争论各方的观点,但不可避免地掺杂个人的倾向,盼望读者批评。第五,近年来我国学者在科技考古领域研究硕果累累,但受篇幅和作者的学识所限,未能全面反映,恳请读者和有关研究者的谅解。本书第十章专门扩展介绍某些与本书内容有关的理化基础知识,供读者需要时参阅。

  作者感谢北京市教委、北京大学和考古系的领导对本书写作和出版的支持。感谢严文明先生30多年来对作者的理解和支持,并为本书作序。周慧、高星、刘武、金正耀、苗建民、吴小红、秦岭、陈建立和刘伟诸先生审阅了有关章节,提出了修改意见。金正耀、苗建民、郭士伦、李伟东、夏正楷、周力平、刘克新、陈建立和崔剑锋诸先生友善地提供了资料和图片。作者衷心感谢他们对本书出版的贡献。本书内容中错误和不妥之处由作者负责,并敬请读者批评指正。

陈铁梅
于北京大学考古文博学院

目 录

第一章 绪 论 ·· (1)
  1.1 科技考古学的学科归属、发展简史和研究对象 ··· (1)
  1.2 学科的知识体系和科技考古工作者的知识结构 ··· (3)
  1.3 学科的理论基础 ·· (4)
  1.4 学科方法论的一些特点 ·· (4)
    1.4.1 科技考古学是实证性的学科 ··· (5)
    1.4.2 科技考古学体现多学科的综合研究 ··· (5)
    1.4.3 科技考古学属定量研究的学科 ·· (6)
    1.4.4 科技考古学遵循统计推断的逻辑 ··· (7)
  1.5 科技考古学与相关学科的关系 ·· (7)
    1.5.1 科技考古学与科学技术史的关系 ··· (7)
    1.5.2 科技考古学与文物保护科学的关系 ··· (8)
    1.5.3 科技考古学学科内部各分支间的关系 ·· (8)
  1.6 科技考古研究人员的培养问题 ·· (9)

第二章 考古遗存的科技勘探方法 ·· (10)
  2.1 遥感考古勘探 ··· (10)
    2.1.1 遥感考古勘探的原理、基本设备和发展概况 ··· (10)
    2.1.2 航空照片的解译 ·· (13)
    2.1.3 专业的航空考古勘探 ·· (15)
  2.2 地面的地球物理勘探 ·· (17)
    2.2.1 磁法勘探 ·· (17)
    2.2.2 电阻率勘探方法 ·· (19)
    2.2.3 探地雷达勘探 ··· (21)
  2.3 全球定位系统和考古地理信息系统 ··· (22)
    2.3.1 全球定位系统和电子全站仪 ··· (22)
    2.3.2 考古地理信息系统 ··· (24)

第三章 研究人类诞生和进化的时间标尺——上新世和更新世的测年 ··························· (27)
  3.1 人科早期成员在非洲的进化及其时间标尺 ·· (28)
  3.2 钾氩测年和氩-氩测年方法 ··· (31)
    3.2.1 钾氩法测年的基本原理和年龄计算公式 ·· (31)
    3.2.2 ^{39}Ar-^{40}Ar 测年技术 ··· (33)
    3.2.3 含钾单矿物的激光熔融 ^{39}Ar-^{40}Ar 测年 ·· (34)

   3.2.4　钾氩法测年的应用实例和测量误差 …………………………………………… (35)
  3.3　裂变径迹测年方法 ……………………………………………………………………… (35)
   3.3.1　原理与技术 …………………………………………………………………… (36)
   3.3.2　测量误差与应用 ………………………………………………………………… (36)
   3.3.3　α径迹测年方法 ………………………………………………………………… (37)
  3.4　古地磁测年方法 ………………………………………………………………………… (38)
   3.4.1　地磁场的反转和地磁极性年表 ………………………………………………… (38)
   3.4.2　岩石和沉积物的剩余磁性 ……………………………………………………… (39)
   3.4.3　地磁极性年表的时间刻度 ……………………………………………………… (39)
   3.4.4　肯尼亚库彼福拉遗址和我国巫山龙骨坡遗址的古地磁测年 ………………… (40)
   3.4.5　古地磁测年的一些问题 ………………………………………………………… (42)
   3.4.6　古地磁测年和考古地磁测年的区别 …………………………………………… (43)
  3.5　中更新世时段的人类进化和研究现代人起源的时间标尺 …………………………… (43)
   3.5.1　中更新世各大洲的直立人和早期智人 ………………………………………… (43)
   3.5.2　解剖学现代人的出现 …………………………………………………………… (44)
   3.5.3　关于尼安德特人 ………………………………………………………………… (44)
  3.6　不平衡铀系测年方法 …………………………………………………………………… (45)
   3.6.1　自然界的3个放射性衰变系 …………………………………………………… (46)
   3.6.2　铀系法测年的基本原理和前提条件 …………………………………………… (46)
   3.6.3　铀系法测年前提条件的检验 …………………………………………………… (47)
   3.6.4　铀系测年法的三种技术 ………………………………………………………… (48)
   3.6.5　铀系法在建立中更新世古人类进化年表中的应用 …………………………… (48)
  3.7　释光测年方法 …………………………………………………………………………… (49)
   3.7.1　热释光(TL)测年的原理和热释光的测量 ……………………………………… (50)
   3.7.2　累积剂量和年剂量率的测量 …………………………………………………… (51)
   3.7.3　热释光测年应用于古人类研究实例 …………………………………………… (53)
   3.7.4　光释光(OSL)测年方法的原理和应用于沉积物测年的优越性 ……………… (53)
   3.7.5　光释光技术应用于古人类与考古遗址堆积物测年的实例 …………………… (55)
  3.8　电子自旋共振测年方法 ………………………………………………………………… (57)
   3.8.1　电子自旋共振现象和测年的原理 ……………………………………………… (57)
   3.8.2　电子自旋共振方法应用于古人类遗址测年实例 ……………………………… (58)
  3.9　基于第四纪全球气候变化的时间标尺和天文学时间标尺 …………………………… (59)
   3.9.1　深海沉积物的氧同位素时标 …………………………………………………… (60)
   3.9.2　黄土地层剖面中古气候代指标记录的冰期与间冰期交替 …………………… (61)
   3.9.3　第四纪全球气候变化与地球轨道参数周期变化间的关系——天文学的时间标尺 … (64)
  3.10　研究人类进化的分子生物学时间标尺 ……………………………………………… (66)
   3.10.1　估测人猿分离时间的血红蛋白分子钟 ……………………………………… (66)

	3.10.2 估测现代人最早共同祖先年代的核苷酸分子钟	(67)
3.11	^{10}Be 和 ^{26}Al 等宇宙成因核素应用于上新世和早、中更新世测年的前景	(68)
	3.11.1 连续堆积地层的 ^{10}Be 时间标志	(68)
	3.11.2 宇宙成因核素测量岩石的暴露年龄	(69)
	3.11.3 宇宙成因核素测量石英砂的埋藏年龄	(70)
3.12	我国境内人类进化的年代学问题	(71)
	3.12.1 我国早更新世的人化石及石器文化	(71)
	3.12.2 我国中更新世古人类遗址测年中的一些问题	(71)
	3.12.3 中国境内现代人的起源问题	(73)

第四章 全新世新石器文化和历史时期考古遗存的测年 (78)

4.1	钾氩法测年等更新世测年方法应用于全新世考古测年的探讨	(78)
4.2	基于地球公转周期的高精确度测年	(80)
	4.2.1 树木年轮测年	(80)
	4.2.2 纹泥测年	(82)
	4.2.3 冰芯测年	(83)
4.3	^{14}C 测年概述、基本原理和假设前提	(84)
	4.3.1 碳元素的全球循环和 ^{14}C 同位素的产生	(84)
	4.3.2 ^{14}C 测年的 4 个基本假设前提	(85)
	4.3.3 关于 ^{14}C 同位素的半衰期	(86)
	4.3.4 ^{14}C 测年的测量对象	(87)
4.4	^{14}C 测年的技术实施	(87)
	4.4.1 现代碳标准物质和 ^{14}C 测年的计时起点	(87)
	4.4.2 ^{14}C 测年的常规技术和加速器质谱技术	(88)
	4.4.3 ^{14}C 测年加速器质谱技术的优点	(88)
4.5	^{14}C 测年数据的误差分析和误差校正	(90)
	4.5.1 ^{14}C 测年的随机统计误差	(90)
	4.5.2 碳同位素分馏所导致的误差	(91)
	4.5.3 贮存库效应所导致的误差	(92)
	4.5.4 大气 ^{14}C 比活度的变化和 ^{14}C 年龄系统误差的树木年轮校正	(92)
4.6	^{14}C 测年结果的代表性问题	(96)
4.7	时序系列样品的树轮年龄校正和高精确度 ^{14}C 测年	(96)
4.8	我国 ^{14}C 测年技术的发展概况及其对史前考古年代学的贡献	(99)
4.9	^{14}C 测年与夏商周断代工程	(99)
	4.9.1 武王克商年代的范围	(100)
	4.9.2 "夏商交替年代"的框定	(102)
	4.9.3 二里头遗址的起始和分期年代	(103)
4.10	加速器质谱 ^{14}C 测年技术对有机文物真伪的"准无损"鉴定	(103)

第五章 冶金考古概述 ………………………………………………………… (106)
5.1 铜和青铜的物理性质 ……………………………………………………… (106)
5.2 我国青铜冶炼技术的起源及其早期发展 ………………………………… (107)
5.2.1 甘青地区 ……………………………………………………………… (107)
5.2.2 中原地区 ……………………………………………………………… (108)
5.3 青铜制品化学组成的测量及其考古学意义 ……………………………… (109)
5.3.1 分析青铜制品化学组成的考古学意义——"六齐"说的检验 …… (110)
5.3.2 青铜制品化学组成的测量方法 …………………………………… (111)
5.3.3 原子发射光谱仪(AES) …………………………………………… (111)
5.3.4 原子吸收光谱仪(AAS) …………………………………………… (112)
5.3.5 X荧光光谱仪(XRF) ……………………………………………… (113)
5.3.6 电子探针(EPMA) ………………………………………………… (113)
5.3.7 电感耦合等离子质谱(ICP-MS)和中子活化分析(INAA) ……… (114)
5.4 青铜制品的显微结构研究 ………………………………………………… (114)
5.4.1 实体显微镜 ………………………………………………………… (114)
5.4.2 光学金相显微镜 …………………………………………………… (114)
5.4.3 青铜的显微结构和金相图谱 ……………………………………… (115)
5.4.4 电子显微技术的基本原理及其在冶金考古中的应用 …………… (119)
5.5 青铜制品锈蚀产物的矿相分析 …………………………………………… (121)
5.5.1 X射线衍射谱仪(XRD) …………………………………………… (121)
5.5.2 红外吸收光谱仪(IRAS)和傅立叶变换红外光谱仪(FT-IR) …… (123)
5.5.3 激光拉曼光谱仪 …………………………………………………… (124)
5.6 古代青铜制品测年的可能性探讨 ………………………………………… (126)
5.7 古代青铜原料的产地溯源和铅同位素分析 ……………………………… (126)
5.7.2 青铜制品铅同位素溯源的假设前提和一个实例 ………………… (127)
5.7.3 青铜冶铸过程中铅同位素的微弱分馏 …………………………… (128)
5.7.4 青铜制品使用两个或多个矿源以及青铜制品重熔重铸可能性的探讨 … (130)
5.7.5 低铅青铜制品的铅同位素指征问题 ……………………………… (131)
5.7.6 我国的铅同位素考古概况和关于高放射成因铅的问题 ………… (131)
5.7.7 质谱仪简介和铅同位素比值的测量 ……………………………… (134)
5.7.8 锡和铜同位素示踪古代青铜制品铜锡矿源的困难 ……………… (136)
5.7.9 微量元素组成示踪青铜制品铜矿料来源的可能性和困难 ……… (138)
5.8 我国钢铁技术的早期发展——陨铁的利用和早期的人工冶铁 ………… (139)
5.9 块炼铁和块炼渗碳钢 ……………………………………………………… (140)
5.10 铸铁冶炼和铸铁的韧化技术 ……………………………………………… (141)
5.10.1 铸铁冶炼与白口铁 ………………………………………………… (141)
5.10.2 白口铸铁的退火脱碳和含石墨的铸铁 …………………………… (142)

5.11	我国古代的铁碳合金钢技术	(144)
	5.11.1 炒钢	(144)
	5.11.2 灌钢	(146)
	5.11.3 百炼钢	(146)
5.12	铁质文物的锈蚀和保护	(146)
5.13	铸铁冶炼的燃料和铁质文物的测年问题	(147)
	5.13.1 我国何时开始用煤炼铁	(147)
	5.13.2 古代铁制品的 ^{14}C 测年	(148)

第六章 古陶瓷的科技研究 (152)

6.1	陶瓷的基础科学知识	(153)
	6.1.1 陶瓷的原料和化学组成	(153)
	6.1.2 烧制过程中陶瓷理化性质的变化	(155)
6.2	我国陶瓷发展的简史和要素	(156)
6.3	古陶瓷化学组成测量的方法	(159)
	6.3.1 湿化学方法	(160)
	6.3.2 中子活化分析方法	(160)
	6.3.3 X射线荧光分析方法	(162)
	6.3.4 电感耦合等离子质谱仪测量陶瓷的化学组成的前景	(164)
	6.3.5 质子激发X荧光和同步辐射X荧光测量陶瓷化学组成的特点	(164)
6.4	古陶瓷化学组成的研究概况和数据的考古学诠释	(165)
6.5	陶瓷其他物理性质的测量	(169)
	6.5.1 陶瓷烧成温度和瓷釉熔融温度范围的测量	(169)
	6.5.2 陶瓷的吸水率和气孔率的测量	(170)
6.6	瓷釉的化学组成、呈色机理和发展概况	(171)
	6.6.1 瓷釉的种类、显微结构和呈色机理	(171)
	6.6.2 我国瓷釉的发展简况	(173)
6.7	古陶瓷烧制年代的测量	(174)
	6.7.1 热释光测年基本原理的回顾	(174)
	6.7.2 陶片热释光测年的采样要求	(175)
	6.7.3 陶片热释光测年的准确度、误差和应用情况	(175)
	6.7.4 含有机物陶片的 ^{14}C 测年	(176)
6.8	古陶瓷的真伪鉴别	(176)
	6.8.1 古陶瓷真伪鉴别的热释光技术	(176)
	6.8.2 鉴别古陶瓷真伪的化学组成分析方法	(177)

第七章 古代人类生活环境的复原 (181)

7.1	植物遗存的分析与古植被复原	(182)
	7.1.1 孢子和花粉分析	(182)

7.1.2 植硅石分析 (185)
7.1.3 木头、果实和种子残存的分析 (187)
7.2 动物遗存的分析与古环境 (189)
7.2.1 哺乳动物遗骸的采集、鉴定和哺乳动物群组成的统计分析 (189)
7.2.2 作为古环境指示物的软体动物组合 (192)
7.3 其他环境指示物 (193)
7.3.1 淀粉粒分析 (193)
7.3.2 脂肪酸分析 (193)
7.3.3 硅藻分析 (194)
7.3.4 沉积物的有机质含量和磁化率分析 (194)
7.3.5 各类沉积地层的氧同位素变化 (195)
7.3.6 沉积地层的碳同位素分析 (197)
7.4 中国全新世的气候和环境变化概述 (197)
7.4.1 全新世早期升温期 (198)
7.4.2 全新世中期大暖期 (198)
7.4.3 全新世晚期降温期 (199)

第八章 农业起源和古人食物结构研究中的科技方法 (202)
8.1 我国栽培稻起源的研究 (204)
8.1.1 栽培稻长江中下游地区起源说的提出和建立 (204)
8.1.2 栽培稻遗存与野生稻的区分及栽培稻种的进化 (205)
8.1.3 关于我国稻作农业的起源 (207)
8.2 北方地区粟、黍等作物的栽培起源研究 (207)
8.3 西亚地区小麦播种的起源和我国最早的小麦种植 (210)
8.4 我国家畜饲养起源的研究 (211)
8.4.1 饲养型动物的鉴别标志 (211)
8.4.2 我国早期的家畜饲养 (215)
8.5 古人遗骨的元素和同位素组成与其生前食物结构的关系 (216)
8.5.1 碳同位素组成的指示意义 (217)
8.5.2 氮同位素组成的指示意义 (218)
8.5.3 碳、氮同位素分析我国古人食物结构的实际应用 (218)
8.5.4 古人硬组织微量元素组成的指示意义 (221)
8.6 古人硬组织的锶同位素组成显示其栖息地的迁移 (222)
8.6.1 矿物和岩石的锶同位素组成及其涨落 (222)
8.6.2 锶同位素揭示古人栖息地迁移的原理和假设前提 (222)
8.6.3 锶同位素考古应用实例 (224)

第九章 分子生物学技术在考古研究中的应用 (228)
9.1 分子生物学的部分基础知识简介 (228)

9.1.1　蛋白质是20种标准氨基酸组成的长链 …………………………………… (228)
　　9.1.2　染色体是4种脱氧核糖核苷酸(DNA)组成的长链双螺旋结构 ……… (229)
　　9.1.3　DNA是怎样控制蛋白质的合成的 …………………………………… (231)
　　9.1.4　基因的突变和遗传性状的改变 ………………………………………… (232)
　9.2　古DNA研究的分子生物学技术 ……………………………………………… (233)
　　9.2.1　古DNA的提取和纯化 ………………………………………………… (233)
　　9.2.2　古DNA的扩增 ………………………………………………………… (234)
　　9.2.3　DNA链的测序 …………………………………………………………… (234)
　　9.2.4　古DNA分析中的防污染 ……………………………………………… (235)
　9.3　分子生物学在考古研究中的应用实例 ………………………………………… (235)
第十章　有关的理化基础知识简介 …………………………………………………… (241)
　10.1　原子光谱和原子结构 ………………………………………………………… (241)
　　10.1.1　电磁波的基础知识 …………………………………………………… (241)
　　10.1.2　玻尔的氢原子结构理论与氢原子光谱 ……………………………… (242)
　　10.1.3　改进的玻尔原子结构理论与化学元素周期表 ……………………… (243)
　　10.1.4　玻尔的原子结构理论与X特征射线谱 ……………………………… (244)
　　10.1.5　玻尔原子结构理论的意义及局限性 ………………………………… (245)
　10.2　分子光谱简介 ………………………………………………………………… (245)
　10.3　原子核的组成和同位素 ……………………………………………………… (246)
　　10.3.1　原子核的组成和同位素 ……………………………………………… (246)
　　10.3.2　原子的质量和元素的原子量,原子核的结合能 …………………… (247)
　　10.3.3　元素的同位素组成和同位素分馏 …………………………………… (247)
　10.4　原子核的放射性衰变及放射性衰变的类型 ………………………………… (248)
　　10.4.1　α衰变 …………………………………………………………………… (249)
　　10.4.2　β衰变 …………………………………………………………………… (249)
　　10.4.3　γ衰变 …………………………………………………………………… (250)
　　10.4.4　重原子核的自发裂变 ………………………………………………… (251)
　10.5　放射性衰变的基本规律 ……………………………………………………… (251)
　　10.5.1　基本规律和放射性同位素测年的基本公式 ………………………… (251)
　　10.5.2　衰变常数、平均寿命和半衰期 ………………………………………… (252)
　　10.5.3　衰变系的放射性平衡 ………………………………………………… (253)
　　10.5.4　宇宙成因核素增长的规律 …………………………………………… (254)
　10.6　放射性活度的测量单位 ……………………………………………………… (254)
　10.7　放射性衰变和测量的统计性质 ……………………………………………… (255)
　10.8　放射性射线与物质的相互作用和辐照剂量 ………………………………… (256)
　10.9　科技测量中的误差问题简述 ………………………………………………… (258)
索　引 …………………………………………………………………………………… (260)

第一章 绪 论

科技考古学是考古学的分支学科,也是一个蓬勃发展的新兴学科。作为一个分支学科,应该界定和说明它的研究对象和目标、知识体系、理论基础、方法论以及它和相邻学科的关系,这是本章将讨论和探索的问题。但因为学科的历史较短、还不成熟,目前对其中的某些问题难以全面和中肯地回答。本章的内容是探索性的,将着重分析科技考古学的学科特点、分析它与其他相关学科的关系,从中认识学科的内容和地位。

1.1 科技考古学的学科归属、发展简史和研究对象

科技考古学是考古学中一支新兴的分支学科,它与考古学有着相同的研究对象和研究目标。它们都是以发现和研究古人活动所留下的不完整的、变形的实物遗存作为研究对象,从中提取关于古人活动的信息。目标在于复原古代社会和古人的生活方式,了解人与环境的关系,并进一步探讨人类的行为模式及其发展规律。科技考古学的特点在于使用自然科学和技术的各种方法和手段。我们基本同意赵丛苍(2006)在其专著《科技考古学概论》中对学科的定义:"科技考古学是利用自然科学的理论方法和技术,分析古代实物资料,从中提取古代人类的活动信息,用以探讨人类行为、生存方式、生产技能以及人与自然的关系及其发展规律的一门学科"。这个定义明确了学科的研究目标和研究方法的特点,并与国外学者的定义也相近。例如,国外一些学者将科技考古学(archaeometry)定义为"The application of modern mathematical, physical, chemical, and other natural scientific methods in the investigation of archaeological materials with the aim to solve historical and archaeological problems"。但是我们在"实物遗存"前面加了一组修饰词:"不完整的、变形的",这组修饰词是从英国过程主义考古学家 D. L. Clark(1973)那里借用过来的,目的在于强调:考古调查和发掘所获得的信息相对于古代的实际情况是局部和总体的关系,两者并不存在直接的对应关系,因此在对古代实物遗存作分析研究和在解释分析数据时必须十分小心谨慎。

科技考古学出现较晚,是考古学学科本身发展到一定阶段后才逐步形成的,至今还不是成熟的学科。19 世纪下半叶,德国的施里曼等将地质学中的地层学原理移植到考古遗址中文化地层的分析,成功地发掘了西亚特洛伊古城和意大利庞贝古城等遗址,并建立了考古地层学。20 世纪初,瑞典的蒙德留斯参考生物分类学的思想对古器物进行分类,奠定了考古类型学的基础。从此考古学作为一门新的学科诞生了。虽然 19 世纪初或更早就有人对古代文物进行了化学分析,但这些仅是孤立的个例。科技考古作为学科其真正的建立与发展是在二次世界大战以后,当时考古学学科本身已充分成熟。^{14}C 测年方法的建立和被广泛接受、牛津大学"考古与艺术史研究实验室"等几个专门从事考古遗物科学分析实验室的建立和一批专业的"科技考古工作者"的出现,标志着科技考古学科的开端(陈铁梅,1999)。我国的情况也是这样,1921

年仰韶村和1927年周口店的考古发掘,特别是1928年中央研究院历史语言研究所成立并开始组织殷墟发掘后,现代意义的考古学作为一门学科在中国出现了。在我国,科技考古学科的建立与发展的时间也较晚,是国家从造成巨大灾难的"文化大革命"的恢复过程中才真正开始的,其标志是20世纪70年代中期社会科学院考古研究所陆续公布一系列^{14}C测年数据、我国一些考古文物单位和大学纷纷建立科技考古和文物保护实验室,从而有相当数量的自然科学工作者全职介入到考古研究。科技考古学的规模发展,在国际上和在国内都比考古学学科的建立大约晚半个世纪。这是可以理解的,只有当考古学自身从以建立各个考古学文化的时空框架为主要任务,深入发展到要求更精确的时间标尺,研究人与物品的流动,研究人与自然环境的关系的时候,考古学家才感到本学科传统方法"自将磨洗识前朝"的势单力薄,从本学科的金字塔中走出来,与自然科学的有关学科进行交流,寻求帮助,以开发能提供更多、更深入的信息来源的新方法。考古学学科的发展提出了要求,科技考古才得以迅速发展。

应该说,科技考古学作为考古学的二级学科,其发展在国内外都是比较顺利的。因为考古学有与其他学科合作的历史和传统。且不说地质地层学和生物分类学曾是建立考古地层学和类型学的基础,考古学一开始就和体质人类学家有紧密的合作,因为考古学要研究人类的进化和种族之间的关系。古生物学家也很早就参加了考古发掘,因为动物群的研究曾为旧石器和古人类遗址的时代提供了不可或缺的信息。一些早期的考古学家本人就是学地质或生物出身的,或者一些地质学家和古生物学家因为对考古,特别是史前考古有兴趣,从而加入到考古研究人员的行列。例如英国的赖尔,他是《地质学原理》的作者和"均变论"的创导者,曾积极支持英国 Brixham 洞穴遗址的考古发掘,在洞穴中一片完整的钙板层下面发现了已绝灭的冰期动物群与石器共存。为此赖尔专门写了一本书 Geological Evidence of the Antiquity of Man,指出在一万年前的冰期时代就有人类在那里生活,明确反对人类起源的神创论。1921年发掘仰韶村的安特生,原是瑞典地质调查局的局长,是应中国政府矿产部之聘来中国的,他还是一位古生物专家。

有一些考古学家本身具有良好的自然科学素养或对自然科学有浓厚的兴趣,例如现任教于德克萨斯大学的 K. Buzzer 是美国当代地质考古学和环境考古学的代表人物之一。他是数学学士、气象学和地理学硕士、自然地理和古代史博士,长期在非洲、西班牙和墨西哥从事田野考古工作,他提出"contextual approach to archaeology"的思想,即主张在环境、地貌和文化生态诸多因素下综合考虑、分析考古学的课题。在我国,夏鼐领导建立了我国第一个^{14}C测年实验室,撰写了关于我国古代天文研究和古代纺织的论文。严文明领导支持北京大学科技考古实验室,并首先提出我国稻作农业的起源地在长江中下游地区的见解。更可喜的是,有一些中年的考古学家已成为科技考古某个领域的学科带头人,例如体质人类学的朱泓、动物考古学的袁靖、植物考古学的赵志军和天文考古学的冯时等,有多位考古学家在环境考古领域作出了贡献。他们的考古学背景使得他们进行科技考古研究的目标非常明确,能够洞察所研究对象的考古学内涵。

因为考古学是研究人类自身历史及其文化的一门科学,自然会引起公众,包括一些自然科学方面专家的关注,他们有兴趣考虑怎样将自己从事研究的学科应用于研究人类社会和人类创造的文化。最著名的例子当然是美国放射化学科学家利比,他在了解了大气外层^{14}C的产生和碳的全球循环后,产生了利用^{14}C放射性测量古代有机遗存的年代的想法,并最终实现了该技术的实际应用。前苏联放射化学科学家契尔登采夫在观察到自然界铀放射系的不平衡后,联想并实现了利用这一现象于第四纪沉积物和旧石器考古遗址的测年。美国核物理学家、"原子弹之父"奥本海默教授于20世纪50年代就建议塞耶尔等在原子核反应堆上利用中子活化分析技术进行文物产地的溯源研究,开辟了科技考古学中一个全新的研究领域。20世纪20年代,英国的地理学家、军事飞行员克劳福特退役后很快转入航空考古摄影。我国的科学家也同样理解考古学对了解人类过去的重要意义,主动介入考古研究。例如周仁于1931年就测量杭州南宋官窑瓷片的理化性质,开创了我国古陶瓷科技研究的先河。1949年以后,周仁在担任中国科学院上海硅酸盐研究所所长期间,建立了有李家治等参加的古陶瓷研究组,成为我国古陶瓷科技研究的中心。柯俊与夏鼐长期合作,并在原北京钢铁学院建立了我国冶金考古的研究中心。刘东生于60年代领导建立中国科学院地质研究所的^{14}C实验室,一直关心我国的考古事业,提倡和推进我国环境考古研究的发展。钱临照长期关心中国科技大学科技考古学科的发展,特别是铅同位素技术的应用。除了老一辈的科学家外,像仇士华、蔡莲珍夫妇那样当时(二十世纪六七十年代)年青的自然科学工作者,从20多岁起终身与考古学家合作、从事科技考古研究,成为科技考古学科的先驱。

总之,考古学学科的发展对自然科学的需求、考古学家对科技考古意义的认识以及自然科学工作者对考古学学科的理解和兴趣,使得一定数量的自然科学背景或考古学背景的中、青年学者长期专致于科技考古各领域的研究,促进了科技考古学学科顺利地发展,并为考古研究不断作出贡献。2005年中国社会科学院考古研究所编辑出版的《科技考古》第一辑,有11位中国科学院院士和11位国内有影响的考古学家为该书写了评语,他们一致认为科技考古学依赖于考古学的发展,而科技考古的发展是"提高考古学研究水平的必由之路",并且是"衡量我国考古学研究水平的重要标志之一"。

1.2 学科的知识体系和科技考古工作者的知识结构

科技考古学利用物理、化学、生物、地质、环境等多种学科的知识、理论和技术从古代人类活动的遗存中提取古人活动的信息,但是我们不能将考古学和这些理科学科的知识内容都纳入科技考古学的知识体系。关于科技考古学的知识体系也许需要从另一个角度来考虑,即考虑科技考古工作者的知识结构问题。我们设想一位研究软体动物和一位从事碳、氧同位素分析的科技考古工作者在同一个考古遗址工作,他们的研究目标都是复原该遗址某一个时段内的自然环境。两位都是自然科学方面的学者,但他们的自然科学知识结构却有很大的差别,恐怕比隋唐考古学家和旧石器考古学家之间的知识结构差别更大。但是这两位科技考古工作者都应该具有关于该遗址的文化和自然环境背景的知识,了解遗址内的自然地层和文化层的分布。这样才可以保证他们能正确地采集样品,正确地释读分析所得到的测量数据,给出合理的考古学推论。他们的研究结论可能相符,也可能出现某些相悖之处(因为实物遗存是不完整和变形的)。如果两份研究报告的考古推论相互矛盾,他们的领队(考古学家)肯定要作难了。理想情况是这两位科技考古工作者对于对方的学科都有所了解,他们又都懂得一点埋藏学的知识,这样他们可以与领队一起讨论,探讨出现矛盾的原因和安排进一步采样测量的计划,这将促进更深入的研究。因此我们认为界定科技考古的学科知识体系是十分困难的,更需要讨论的是科技考古工作者应该具备怎样的知识结构。对于一个具有自然科学背景的科技考古工作者,他应该具备3个条件:(1)深刻掌握本专业学科的知识和技术;(2)掌握考古学的基本知识;(3)对科技考古学其他相关领域的知识有所了解。本书作者曾从事物理学的教学和科研,1973年开始从事科技考古工作。可以自慰的是为我国的考古事业作出了一些微薄但实在的贡献。工作期间与多位考古学家愉快合作,向考古学家们学习了很多知识。但是仍深感由于自己考古学知识的贫乏,影响自己有更多的作为。在此,我衷心希望自然科学背景的青年科技考古工作者努力学习考古学的理论知识并积极参与考古实践。

1.3 学科的理论基础

关于什么是科技考古学的理论基础也是一个很难回答的问题。作为考古学的二级学科,原则上考古学的理论基础也应该是科技考古学的理论基础。但是目前对于什么是考古学的理论基础的认识也不完全一致,例如西方很多考古学家不认为文化地层学和考古类型学属于高层次的理论,因为它们不涉及对人类行为和社会演化的解读,他们更看重社会的经济和文化形态的演化,以及演化的动力等(陈淳,2005)。另一方面,科技考古学似乎也应该有自己的理论特点。赵丛苍(2006)认为,均变论、进化论和系统论是科技考古研究必须遵循的理论原则,这无疑是正确的。科技考古中的孢粉分析、植硅石分析都利用均变论"以今论古"的原则,以动物群组成作为相对年代标志和研究人类自身进化的依据是生物进化论。甚至器物分形定式中器物形状的逻辑变化序列也体现了进化论的思想。考古学文化必须放在历史和自然的综合环境中考察正是系统论所要求的。本书作者曾参与了20世纪80年代对史家墓地分期的讨论,6种分期方案对部分墓葬和器物的分期有明显的矛盾。6种分期方案所依据的资料都仅是来自史家墓地本身,因此矛盾无法解决,无法判断哪个分期方案更为合理。如果能跳出史家墓地的"小系统",把史家的钵、罐和瓶等器物放在该地区其他半坡类型和庙底沟类型遗址出土的器物这个"大系统"中来考察比较,也许能更清楚地认识史家器物的演化规律,对史家的器物和墓葬作出更合理的分期。总之,科技考古学必须遵循均变论、进化论和系统论的原则。但是,这些理论和原则是普遍适应的,其他许多学科,包括科技考古学的上级学科——考古学,也是必须遵循的。仅提出均变论、进化论和系统论,并不能阐明科技考古学作为一个学科其理论基础的特点是什么。

1.4 学科方法论的一些特点

在方法论的层面上,科技考古学作为二级学科当然要遵循其上级学科——考古学的方法体系,但同时作为一门文理交叉的学科,也给作为人文学科的考古学带来一些新的思维方法,主要是实证的方法、综合研究的方法、定量的思维和概率统计的观点。

1.4.1　科技考古学是实证性的学科

科技考古研究强调实证。这里所谓的实证并不是指哲学中的实证主义,实证主义是强调经验对于认识作用的一种哲学流派。实证是指英国著名哲学家培根所提出的实验验证,可以通俗地理解为"实践是检验真理的唯一标准"。任何的测量数据、任何的研究结论都需要通过实验来证明其正确性。实证的含义有两层。第一层含义是指"可重复性"。譬如说,你测量一件考古遗物的某种化学元素的含量,得到一个测量数据。如果你第二次、第三次重复测量,或者其他人使用同样的测量方法也测量了该件考古遗物的该化学元素的含量,各次的测量数据应该是相符的。这称为测量数据的可重复性。我们说数据间"相符",而不要求数据间"绝对相等",因为任何的测量仪器和测量过程都是有误差的,所谓相符是指诸测量数据间的差异不超过仪器的误差。实证的第二层含义是指测量的结果应与"真值",即客观实际相近。例如利比在创建^{14}C测年方法时,先选择了一些真实年龄已知的树木年轮、埃及法老墓中的有机样品作为测量对象。利比必须考察验证,测量得到的^{14}C年龄与样品的真实年龄之间是否相近,以检验^{14}C测年的原理是否成立和所使用的测量仪器是否合适可靠。这个验证过程是绝对必需的,因为^{14}C测年是建立在若干当时未经充分验证的假设前提之上的。与重复性检验相似,这里要求数据相近,而不可能要求相等,因为除了仪器的测量误差外,^{14}C测年的假设前提的某些偏离也可能导入样品^{14}C年龄的系统误差。利比当时的验证实验没有观察到^{14}C年龄与样品的真实年龄之间有明显的差异,因此^{14}C测年技术通过了证实。顺便指出,若干年后,由于测量仪器的改进、测量误差的降低和样品数量的增加,发现对于公元前的样品,^{14}C年龄在一定程度上系地偏年轻,说明^{14}C测年的某些假设前提确实存在偏离,为了得到更精确、更接近真值的年龄数据,必须对样品的^{14}C年龄作树木年轮校正。这实际上是"实证"要求的深化,同时也表明验证偏离的程度必须要有定量的标准。

1.4.2　科技考古学体现多学科的综合研究

科技考古的特点之一是以课题带动研究,课题研究往往需要多种学科的介入。譬如说研究农业经济在某个考古遗址中的地位,为此考古学家需要探索遗址居民的生活和文化模式是否与农业社会相适应,如寻找农业工具,分析聚落的规模以及是否定居和饲养家畜等。同时植物学家要观察遗址出土的农作物遗存(包括籽粒、植硅石等)的形态,从野生型到栽培型的进化程度。环境工作者要考察遗址的环境是否适宜于某种作物的栽培生长。文化层和农作物遗存的^{14}C测年可帮助分析栽培作物在食物中的比重随时间的增长,观察栽培作物的形态随时间的变化。如果探讨的是粟作农业,还需要对不同层位的人骨做稳定碳同位素分析,观察粟在人骨主人生前食物中的比例。考古学家将与诸多学科的自然科学工作者合作。前几年国家科委组织的"夏商周断代工程"项目是多学科合作的范例,包括:考古发掘和研究、古文献研究、甲骨和青铜礼器的分期研究、系列样品的^{14}C高精度测年、金文历谱排序、根据文献和甲骨中的天象记录推算武丁在位和武王伐纣的年代。多学科的综合研究要求各学科专家,包括考古学家之间有良好的沟通,沟通的基础是对对方学科的基本理解。

1.4.3 科技考古学属定量研究的学科

科技考古研究提供的信息一般都是观测数据，属量化信息，考古学家所面对的是一大堆数据。例如遗物的绝对年代、化学组成和同位素组成，地层中各植物种属和孢粉的百分组成，动物遗体各部位骨骼形态的测量值等。通常对于每组同类的数据，都要进行最基本的处理，这包括观察数据的分布规律，计算每组数据的平均值和反映数据间分散程度的标准差等。在对数据作上述的简单处理分析中，经常有可能会显露出某些有考古意义的现象和规律。例如袁靖等(Yuan, 2002)曾测量统计了山东半岛北岸距今约 5500 年的蓬莱县大仲家贝丘遗址第 3, 4 层(两层地层的时代相隔约二三百年)，称之为 *Venerupis variegate* 种的共 370 个贝壳的宽度。得到第 3 层(下部)和第 4 层贝壳的平均宽度和标准误差分别为 31.85 ± 0.37 mm 和 27.03 ± 0.37 mm。两地层贝壳的平均宽度差别达 4.82 mm，而平均宽度的标准误差为 0.37 mm。说明上层贝壳的体态总体上确实比下层的贝壳小。袁靖等认为这是因为人类的大量食用，特别是优先挑食个体大的贝壳，缩短了贝壳的期望寿命，从而导致后期的贝壳体态变小。量化思维要求在分析数据时特别注意测量数据的误差，误差反映数据的可信程度，提供分析数据时的尺度。在上面的例子中，标准误差 0.37 mm 就是一把尺子，是用以衡量上、下层贝壳的平均宽度间是否确有差别的尺子。

前一段时间对铅同位素溯源青铜矿料的可行性有些争论。有一种观点认为，因为在青铜冶铸过程中铅同位素会发生分馏，从而其同位素比值将变化，因此影响其溯源的功能。这里即缺少定量思维的因素。同位素分馏在理论上总是会发生的，但必须定量地比较仪器测量铅同位素比值的误差有多大、冶炼和铸造过程中的分馏导致铅同位素比值的变化有多大、一个矿体内部铅同位素比值的涨落有多大和不同矿体间铅同位素比值的差别有多大。通过对这一系列数据的定量比较，才能对"冶铸过程中铅同位素的分馏是否会影响其溯源的功能"这个命题作结论。这是一个定量判断的命题，而不是定性的、直觉思辨的命题。

科技考古学不仅给考古学家提供了数量化的信息，而且使考古学家所面对的信息量大幅度地增加。还应看到，各类别的信息往往不是孤立的，它们之间存在不同程度的关联。当考古学家主要凭自己的经验，用自然语言对观察结果进行描述，然后对这些信息资料作综合分析时，难免受人脑的记忆和思维能力的制约。通常的做法是从中找出少数几方面的主要信息，仅限于考虑少数几个，甚至一两个变量。好似在器物的分型定式时寻找典型的特征，在墓葬的分期中找典型的器物。这种传统的定性分析无疑是有效的，它首先寻找关键信息和主要矛盾。但这要求考古学家积累丰富的经验，掌握大量的相关知识，并花费大量的劳动。定性分析方法难免有不足之处，容易偏颇和难以顾全，在提取主要信息的同时可能忽略某些被认为非主要的信息。而且不同的考古学家对同一问题的研究所选取的典型特征、典型器物可能是不一样的，研究的结论也会有所差异。

多元统计方法，或称多变量分析方法，是为处理大批量复杂信息资料而开发的数学方法。多元统计方法可以对大量的考古实体进行分类和排序，而且考虑实体多方面的特征(变量)。在对考古实体进行分类和排序时，还可以给各变量加不同的权重。加权颇类似于传统方法中的选取典型特征，但选取的标准不单是凭研究者的个人经验和主观认识，也可以由数据结构本身导出（例如通过变量之间相关关系的分析）。多元分析方法处理数据都是借助于计算机的，数据处理计算过程甚快，适当地改变重点特征的选取和改变所加权量，很快又能得到另一个分析计算结果。这样，为研究者提供了多种选择，帮助研究者分析和考察各项测量指标在所研究课题中的作用。

还需提及，近年来地理信息系统正逐步地引入考古学研究，而地理信息系统的建立也是首先要求考古资料的量化。

1.4.4 科技考古学遵循统计推断的逻辑

考古学是根据实物遗存资料去复原古代社会的科学。但是考古发掘得到的资料相对于古代社会来说总是零星和不完整的资料，两者间是局部（或称样本）与全局（或称总体）的关系。古代实物遗存长期埋在地下会受到人为和自然的破坏，遗存的被发现和采集在一定程度上是随机性的。因此根据考古资料或科技考古的测量数据去推断古代社会，不可避免的是一个以偏概全的推断过程，统计学称其为统计推断。统计推断是一种概率性质的推断，不似形式逻辑的推断，形式逻辑的推断结论是必然性的。举例来说，在某墓地上发掘了37座古墓葬，经体质人类学家鉴定，墓主人男性为26人，女性为11人。考古学家发现男性墓葬中带有随葬品的占69.2%，而女性墓葬中带随葬品的仅占45.5%，前者明显高于后者。现在的问题是能否根据该墓地的发掘资料（样本），推断出优葬男性是该墓地所属考古学文化（总体，也是考古学研究的真正对象）的某种文化特征的结论。或者换一种提问方式：所观察到的男女两性墓葬有无随葬品百分数的差别，是因样品的随机性涨落引起的（例如任意抽偶数张扑克牌时，红、黑色牌的数目不一定正好相等），还是确实反映了该墓地所属文化存在优待男性的葬制？概率统计学用一种称为假设检验的方法来处理这一类问题。就上述例子而言，结论是：根据所观察到的该墓地男女两性墓葬有无随葬品的百分比差别，不能导致"总体上墓葬有无随葬品与墓主人的性别有关"的推论。当然这个判断并非绝对正确，有一定可能犯错误的概率（可以计算出，约为16%）。犯错误的概率较大，其原因之一是因为所统计的墓葬总数不够多，或者说样本的容量较小。如果所统计的该墓地的墓葬数增加10倍，为370座，而男女墓葬和带不带随葬品的比例数不变，那么概率统计学的推论将发生变化，即认为"有无随葬品与墓主人的性别有关联，并反映墓地所属考古学文化的总体特征"，推论的置信度达98%。

这个例子是有代表性的，因为考古发掘和科技考古所测试的资料相对于古代社会来说总是零星的资料，两者间永远是局部与总体的关系。^{14}C测年永远不可能给出一个确切没有误差的年龄值，而只能给出具有一定置信度的年龄区间或范围。这些例子说明，科技考古和考古学研究不仅要求量化，而且强调以概率统计的思维模式来考察考古学的资料、现象和规律。

1.5 科技考古学与相关学科的关系

1.5.1 科技考古学与科学技术史的关系

科学技术史的学科历史比科技考古学悠久，它是研究各类科学技术的创始和发展的过程、规律和内在动力,研究科学技术与社会发展间的相互关系的一门学科。它的研究对象包括古代科技的实物、考古资料以及古代有关的文字资料等。科技考古学与科学技术史的学科目标是不同的,但在研究对象方面有共同之处,它们都要对古代的科技实物遗存(传世品和发掘品),制陶和冶金等遗址进行研究和考察。但双方研究的视角有所不同,科技史学者更注重遗物的生产技术层面,考察技术的进步过程,而科技考古工作者则对遗物的功能、年代和产地等更感兴趣,试图通过遗物来了解人的活动和文化。因此这是两门基本上相互独立的学科,将科技考古学科归入科技史的观点,似不妥当。另外,科技考古学与科学技术史的共同点是都要求对古代科技遗存进行分析研究,因此有一些科技史专家,如华觉民等对科技考古也作出了重要的贡献,华觉民(1999)的专著《中国古代金属技术——铜与铁造就的古代文明》,也是科技考古工作者,特别是从事冶金考古的人所必读的。

1.5.2 科技考古学与文物保护科学的关系

文物保护科学是一门研究利用自然科学技术对博物馆收藏的,或尚处于自然状态的地上和地下古代遗物、遗存进行保护,以减缓其人为和自然损坏过程的学科。为了对遗物和遗存进行科学保护,首先要考察它们本身的状态和所处的环境,要研究损坏过程的机理,然后制定和实施有效的保护对策。科技考古与文物保护的研究目标虽不同,但它们有共同的研究对象,而且为了实现各自的研究目标都必须对文物的化学组成、金相和矿相结构、目前的保存状态以及环境对文物的影响等进行细致的考察和研究,并使用相同的仪器设备,观察测量步骤也基本相同。因此这是两门非常接近的学科,科技考古和文物保护工作者应该有相近的知识结构。在很多博物馆的实验室同时从事科技考古和文物保护两方面的科研任务。有一些科技工作者同时从事科技考古和文物保护两方面课题的研究,例如马清林等(2002)撰写的《中国文物分析鉴别与科学保护》一书,总结报道了他们在科技考古和文物保护两方面工作的成果。

目前我国在文物科技领域,公开发行的学术期刊只有一种,即上海博物馆主编的《文物保护和考古科学》,它是兼容科技考古和文物保护两方面内容的刊物。该杂志1989年创刊,最初是半年刊,2002年后改为季刊,得到了考古、科技考古和文物保护三方面人员的欢迎。我国科技考古协会和文物保护化学协会于2006年在西安西北大学联合召开学术会议。这些都反映科技考古学和文物保护是两门非常接近的学科,虽然它们的研究目标是有区别的。

1.5.3 科技考古学学科内部各分支间的关系

科技考古使用多种自然科学技术于考古学研究,因此涉及自然科学的多个领域,包括:考古遗址的勘查、遗存的年代测定、遗物的物相、化学组成和同位素组成测量、动物考古、植物考古、地质考古、环境考古、体质人类学、陶瓷考古、冶金考古以及最新的分子生物学考古等(数学是研究自然和社会现象中数量关系的学科,属方法论学科,是否归入科技考古学有不同的认识)。其中有些分支间的研究内容是交叉的;但也有的分支间的研究内容却相距甚远。有的分支,如环境考古、陶瓷考古等有自己的学会,定期召开专业学术会议。分支学科间的相对独立和内容交叉是科技考古的学科特点,但各分支的研究目标是相同的,都是从各自的角度提供有关古代环境和社会的信息。科技考古学各分支所提供的信息往往是局部和不完整的,一位优秀的考古学家应该能正确地理解和评价这些信息资源和它们的考古学涵义,处理不同来源信息间可能存在的矛盾并进行综合,尽可能准确、详尽地复原古代社会和古人的行为模式。

1.6 科技考古研究人员的培养问题

目前我国从事科技考古研究的人员基本上有两种不同的学术背景。多数是理工科的学士、硕士和博士,在科技考古的实际工作中学习考古学的知识;另有少数人员是科班考古出身,从事科技考古某个专门领域的研究。这两类人基本上都能胜任自己的工作,因为他们或者在自然科学的某个领域、或在考古学科接受过正规的培养,他们至少在某个学科领域的底蕴较厚,而且有志于科技考古的研究。学理工出身的人员必须学习考古学知识,学习考古学家善于联想、对比和综合的思维方法。当前学理工出身的人员也有一些苦恼,因工作负担重,很少有机会脱产一段时间去专门学习考古学的知识。他们深感自己因考古知识不足、不能深入理解考古学科当前的学术动态等因素,在研究选题、对测量数据的诠释方面可能会遇到一些困难,不易深入。对于考古科班出身的科技考古工作者,希望他们能扩展自然科学多学科的知识面,注意提高重视实证和定量思维方法的素养。

对于是否在大学本科设立科技考古专业,我们的态度是否定的,因为科技考古学本身包含的分支学科太多,而且多数大学本科学生没有能力在4年时间内同时掌握一门理科学科和考古学两方面的知识。目前我国主要在硕士或博士阶段培养科技考古人才的做法是合适的,多数西方国家也是这样做的。

科技考古学是正在蓬勃发展的新兴二级学科,为考古学研究作出了重要的贡献。虽然关于学科的知识体系和理论基础尚不易给出中肯的答案,但学科有着光明的前景,我们欣喜地看到我国很多年轻人有志于科技考古事业。

参考文献

[1] 陈淳.考古学理论.上海:复旦大学出版社,2005.
[2] 陈铁梅.我国科技考古发展的回顾.中国文物报,1999.
[3] 华觉民.中国古代金属技术——铜与铁造就的古代文明.郑州:大象出版社,1999.
[4] 马清林,苏伯民,胡之德,等.中国文物分析鉴别与科学保护.北京:科学出版社,2001.
[5] 赵丛苍.科技考古学概论.北京:高等教育出版社,2006.
[6] Clark D L. Archaeology: The loss of innocence. Antiquity, 14 (11), 1973. 中译文:考古学纯洁性的丧失.考古学文化论集 2.北京:文物出版社,1989.
[7] Yuan Jing, Liang Zhonghe, Wu Yun, *et al*. Shell Mound in the Jiaodong Peninsula: a Study in Environmental Archaeology. *Journal of East Asia Archaeology*, 2002,(4):1-4.

思考题

1. 试回顾与分析科技方法介入考古学研究的过程、意义和问题。
2. 为什么参与考古课题研究的各学科人员需要加强对相邻学科的了解?
3. 科技考古学的方法论特点是什么?

第二章 考古遗存的科技勘探方法

考古学是根据研究古代人类活动留下的遗存复原古代社会的学科。但是古人活动的遗存经过千万年的沧海桑田早已面目皆非，被后期自然和人为的活动所破坏、改造，被后期的堆积物所覆盖。因此考古研究的第一步是在不破坏遗存保存现状的原则下发现、寻找古代的遗迹、遗址和墓葬等。这就是考古勘探的任务，也是进行区域考古调查和制订考古发掘计划的前行工作。需要说明，考古勘探的任务不仅是单纯地"寻找遗迹"，而且要考察遗迹的地域分布，研究遗迹分布与地理环境的关系等。

传统的考古勘探方法是：查阅历史记载和传说、分析已掌握的考古资料、观察地区的地貌景观以及挖探沟钻挖孔，根据土质、土色和包含物等情况从自然沉积地层中鉴别出回填土和夯土等考古遗存的指示物。科技考古勘探主要包括空中的遥感和地面的地球物理勘探两个方面。前者多用于大尺度范围的遗址，如城址和大型聚落遗址的勘探以及测绘遗址群的分布图等；后者更适用于在遗址范围内勘探各类地下遗存的分布，两者是互补的。科技考古勘探与传统的考古勘探方法也是互补的。

2.1 遥感考古勘探

2.1.1 遥感考古勘探的原理、基本设备和发展概况

遥感，顾名思义是从远处，不接触被观察对象，而获得地表物体信息的技术。航空航天遥感起源于航空摄影。早在20世纪初考古学家就通过搭建高架或利用气球对考古工地进行空中摄影，但航空摄影真正应用于考古勘探始于1922年英国克劳福特的工作。1903年怀特兄弟发明了飞机，第一次世界大战期间航空摄影已广泛应用于地图绘制、资源勘查和军事侦察。克劳福特是一位地理学家，于大战前他已对英国Hampshire地区罗马时期的农田布局很感兴趣。战时克劳福特在空军服役，战后进入英国国家测绘局工作，有机会接触到大量航空照片。他在Hampshire地区的航片上，观察到小麦的长势与他熟悉的该地区罗马时期农田沟渠的布局相对应，尽管这些沟渠已被填平，但生长在原来为沟渠的位置上的小麦长势特别良好。1922年他公布了自己的发现。1924年他在英国的Wessex地区进行了专门计划的考古航空摄影，并于1928年发表了记录该次航空勘探的专著《从空中观察Wessex》。书中首次提出航空照片显示的植被作物标志、土壤标志和阴影标志等均有可能反映地表和地下的考古遗存。几乎同时，法国的坡德巴在叙利亚进行航空摄影，并发现了罗马帝国在那里建造的要塞和道路，又在地中海东岸的黎巴嫩地区鉴别出已被海水淹没的古代码头。20年代末，美国的基德和林德伯格在航空飞行中发现了墨西哥尤卡坦半岛上的古印第安文化遗址，随后他们在新墨西哥州和亚利桑纳州拍摄了大量航片。西方各国迅速认识航空摄影在测绘、资源勘查，包括考古遗存勘

探等方面的重要作用。

宋宝泉等(2000)提到，20世纪30年代德国汉沙航空公司的一位飞行员卡斯特尔曾在我国上空拍摄大量航片，并出版了《中国飞行》一书，目前尚留存约1200张航片，保存于慕尼黑的国家民族学博物馆和德意志博物馆。图2-1是卡斯特尔拍摄的河南巩县宋陵的航片。在现代农田的背景中，宋陵主墓、神道两旁的20多对石雕及其阴影和几座陪葬墓的布局一目了然，显示了空中摄影在观察的整体性方面比地面勘探优越。宋宝泉等还提到，在美国国家档案馆保存有数万张1949年前在我国拍摄的军事侦察航片，其中多数是日本空军拍摄的，而且最早可达1926年。这些早期的航片对于我国的考古勘探具有重要的价值。

图2-1　河南巩县宋陵的航片，德国飞行员卡斯特尔拍摄于20世纪30年代（宋宝泉，2000）

为什么空中观察比地面的考古勘探更容易发现地面和地下的考古遗存呢？因为地面观察时眼睛的位置太低，基本上是斜视地面，所见的视野很小，难以观察到遗址的总体面貌；而从空中可以以不同的角度俯视地面，而且视野大。举例说，在近代的农田中有一条古代道路的遗存，路基原本高于周围的地面，但因长年的耕作路基已被破坏，地表上仅零零星星地留下一些路面残存。因此地面的观察者只能看到自己身旁的地面上有一些孤立的、杂乱无章的鼓起，而空中的观察者会注意到这些略高于周围地面的鼓起（例如通过太阳斜照时的阴影）是排列在一条直线上的。此外在原路基上生长的农作物的长势会比周围差（生长期绿色浅，成熟期枯黄早），空中的观察者能见到这类形态特殊的作物排列成带状。这类现象提示考古学家可能是人为因素所致，再结合地面的考察，就能判断为古代道路遗存。克劳福特曾用一个简明的例子来说明航空勘探相对于地面勘探的优点。一个人和一只猫同时站在一幅地毯上，人眼的观察位置高，能看清地毯的图案，而猫眼离地面太近，只能看见一些线条和色斑，看不清地毯的全貌和图案（见图2-2）。飞行者能够鸟瞰遗址的全貌和遗址与周围环境的关系，而地面的考古工作者只能看到单个的遗迹，甚至遗迹的部分，他必须经过大量的地面考察以后才能拼组遗址的全局。古诗中说的"不识庐山真面目,只缘身在此山中",也是这个道理。

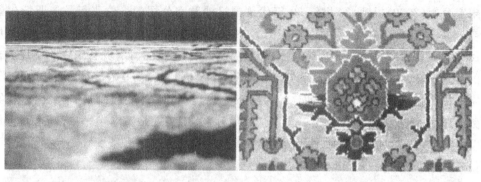

图 2-2 克劳福特显示的航空勘探的原理:右图为站在地毯上的人所见到
地毯上的图案,左图显示猫的眼睛只能见到的地毯上的线条和色斑

遥感技术发展很快,已有多方面的进展:(1)从航空摄影到航空航天多波段遥感。在飞机、飞船等航空航天器(称为遥感平台)上不仅安装有高分辨率的光学照相机,而且有能测量不同波段电磁波的传感器,即不仅测量地面反射的可见光,而且测量地面反射和发射的各波段的红外辐射和波长更长的微波辐射,因此能接受到更多的地面信息。例如已普遍使用的红外遥感,通过测量地表温度的非均匀性来分辨地貌和植被的类型、发现矿藏资源和探寻考古遗存等。(2)遥感平台除继续使用飞机外,还在人造卫星、载人飞船等航天飞行器上安装有遥感器,不间断地从外层空间观测地面情况,并将信息传回地面接收站,这称为航天遥感。(3)遥感信号记录方式的多样化。现代的遥感平台除使用航空摄影仪进行单帧的摄影外,还安装有点阵式的光电转换元件作扫描记录。每个元件约 $10\ \mu m$ 大小,几千个元件按垂直于飞行方向的直线排列,将接受到的光信号强度转化为电信号(像素)。随着飞行器的前进做扫描式的测量,并不断将电信号存储于飞行器携带的磁带或磁盘,或发送到地面接收站。飞行勘探结束后,存储的信号既可以转化为高清晰的图像输出,也可以通过专用的软件处理,判读所观察到的地面物体的信息。(4)有的遥感平台还装有雷达,向地面发射电磁波后,再探测地面对平台发射的电磁波的反射,称为主动遥感。其优点是雷达波能穿透云层、密林观察地面,也能勘探到深埋于地下若干米的考古遗存。雷达遥感还可以测量地面各测量点的高程,绘制地形图等。

遥感技术包括以下主要系统:(1)遥感平台(飞行器);(2)传感器;(3)地面的信息接受和预处理系统(对接受的信号作辐射校正和几何校正等预处理);(4)地面实况调查系统;(5)图像处理和解译系统。

空间遥感技术已得到极广泛的应用:包括测绘和全球定位系统、资源勘查、植被调查、气象预报、军事侦察和"核保护伞"、环境监测和考古勘探等。每个应用领域对遥感平台、传感器、图像处理和解译等系统都有不同的技术要求。需要指出,遥感勘探都需要与地面的实况调查相配合,遥感信息和遥感图像才能正确和高效地被解译。

空中遥感进行考古勘探基本上有两种途径:(1)各级测绘部门和有关机构保存有大量各种规格的航空照片和遥感资料,可以购买或下载,经过培训的考古人员都有可能尝试分析和解译已有的航片;(2)组织专门目的的考古勘探飞行,效果更好,但需要有关政府部门的批准和聘请专业的飞行和摄影人员。

2.1.2 航空照片的解译

航空照片的正确解译(也称为判读、译读等),是将考古遗存从其他的地面物体中分辨出来,这需要专门的技术和经验,初学者需要有专业人员的帮助。地面的实况调查对航片的正确解译是十分重要的,用以验证在航片上所观察到的异常是否能与某种类型的考古遗存相对应。每张航空照片都有不同的参数和性状,包括拍摄的年代、比例尺、拍摄的角度、记录的波段、黑白片还是彩色片、正片还是负片以及是否有数码记录等。

一般说来,早期的航片对考古勘探的意义更大,因为它们记录的图像更接近于古代的地貌景观,所保存的古代遗存信息也更多。对我国来说,1949年以后大规模的基本建设和农田改造显著改变了各地的地貌景观。因此前面提到的德国慕尼黑博物馆和美国国家档案馆所保存的我国1949年以前的航片有相当大的考古价值。我国在解放初期也曾进行一定规模的航测和航空摄影,这些资料也具有考古勘探的价值,它们保存在国内各级测绘部门,较易获得。

各级测绘部门的航片多数是航测用的照片,比例尺较小,一般为1:50 000左右,即50 m尺度的地物在图片上仅反映为1 mm的一个点,不可能分辨其内部细节。人造卫星的飞行高度高,其遥感图像的分辨率更低,例如美国航空与宇宙航行局(NASA)发射的地球资源卫星(LANDSAT)系列,其每帧图像覆盖的面积为185 km×185 km,能分辨的地物的最小尺寸为30 m(据了解,NASA掌握能分辨几厘米级别地物的军事卫星遥感技术,当然这类遥感资料是保密的)。考古勘探一般希望能寻找比例尺大于1:10 000的航空照片,当然比例尺的选择也取决于考古勘探的具体对象和目的。

航空照片因拍摄的角度不同可分为垂直摄影和倾斜摄影两类。以绘制地图为目的的航测,多进行垂直摄影,主光轴和垂线的夹角小于3°。所得到的航片称为水平航空照片。其优点是照片上的影像和地面实物的尺寸间基本上保持比例关系,地物的俯视轮廓清晰,相互间不阻挡。如果地面上有标志物,则地物的位置和大小按实际比例作调整后,可以将水平航空照片转换为地图。但水平航空照片的立体感差,从中识别考古遗存比较困难,更需要经验和训练,或者借助于立体镜等仪器。考古航空勘探一般采用倾斜摄影,所得到的航片称为倾斜航空照片。其优点是视野大、立体感强和比较容易识别考古遗存。

单幅照片和扫描技术获取的遥感图像,在目视解译前往往需要利用一些软件(包括一些商业软件)对图像进行预处理。预处理的目的是便于对图像的正确解译,例如前面提到的修正地物影像的尺寸使其更接近实际的比例关系。预处理的内容还包括增强相邻地物间的灰度差(增强对比度)、增强影像边缘的锐度和假彩色处理等。对于黑白相片,影像间是通过256个灰度阶来区别的,而彩色是由3种原色合成的多种中间色,而每种原色都有256个阶梯的亮度,因此彩色图像比黑白图像具有更强的辨认地物影像的能力。除真彩色摄影外,可见光和红外的黑白图像都可以通过彩色合成器转换成假彩色图像。

我国已有很多利用已有航片进行考古勘探的报道。较早的工作有曾朝铭等(1987)对北京地区长城的勘查调查。他们首先在1:67 000的彩红外航片上确定长城的分布,然后根据1:25 000的彩红外航片的目视解译,在1:25 000的北京市地图上标志了长城的分布、走向和城台位置等,并对各段长城的保存情况进行分类。通过对部分墙段的地面考察和参考部分地段比例尺稍大的

1∶10 000黑白航片,核对了对1∶25 000的彩红外航片的解译结果。他们测定北京地区长城的全长为629 km,有城台(包括墙台、敌台和战台)827座、圆台7座和关口11座。在城墙内侧观察到屯兵的营盘和遗址8处。此外在某些地段城墙外侧百米左右,建有与主墙平行的"边墙"。各段城墙的宽度不一,城台的分布不均匀,现在的保存情况也不同。据了解,国家测绘总局和国家文物局于2006年已开展从甘肃到辽东长城全线的全面调查,使用航片、实地调查、GPS定位、历史资料和计算机技术等多种手段,在1∶10 000比例尺的航测图上建立长城文物地理信息资源数据库。目前甘肃和河北两省作为试点省份已取得大量成果,计划2008年完成全部计划。

利用航片进行考古勘探取得显著成绩的实例还有对长江下游地区春秋时期的台型遗址和土墩墓的勘查。朱俊英(1996)报道,1987年华东师范大学和镇江市博物馆合作,通过对航片的解译,在镇江地区勘查到春秋时期的台型遗址185处和土墩墓3134座。由于台型遗址和土墩墓都高出于周围的地面,而且土墩墓一般呈圆形,比较容易从周围的背景中鉴别出来,因此判出的比例和判对率都很高,均高于90%,勘探效率远高于地面人工调查。刘树人(1998)更将该项工作扩展到长江下游的江浙皖赣四省和上海市,发现春秋时期的台型遗址和土墩墓共28 087座,还探讨了太湖以东地区遗址分布与地貌发育间的关系,将遥感技术应用于环境考古的研究。

我国社会科学院考古研究所(1997)利用1959年拍摄的1∶70 000黑白航片,在新疆库尔勒至轮台间东西192 km,南北94 km的浩瀚沙海中寻找古代城址遗迹。研究者用扫描仪将航片数字化后,对数字图像进行了反差调整、线性拉伸、影像放大和校正以及特征提取等处理,发现古城址图斑的形状、尺寸和边缘均显示特殊的形貌,能从周围环境背景中区分鉴别出来。在该地区共鉴别出22座古城址,并测定了它们的经纬度。城址的线性尺度在200~500 m间,形状有圆形、长方形或不规则形状。这些城址多数分布在库尔勒的孔雀河和轮台的迪纳尔河各支流近旁。值得一提的是,20世纪80年代曾在该地区进行的考古普查,也发现了22座古城址。但是两者间只有8座古城址是相同的。一方面,部分普查中发现的城址,或因面积太小,或因地形复杂,在航片上未能鉴别。另一方面,从1959年航片中判读出的部分城址,或在80年代前已被破坏,或地面调查时被遗漏。这个例子再次显示航空遥感和地面勘探的互补性和早期航片的考古勘探价值。

近期,邓辉等(2003)曾报道利用1∶10 000至1∶2 000的彩红外航空影像对古统万城的勘查。图2-3是根据判读彩红外航片绘制的统万城的城廓图。统万城地处于毛乌素沙地的南缘与黄土高原的交界地带,建于公元419年,为五胡十六国时期夏国都城,公元994年被宋太宗下令废毁后就不再见于史籍记载。公元1845年清代怀仁县知府何柄勋奉命在沙漠中找到了这座久被废弃的古城。新中国建立后,陕北文物调查征集组(1957)和陕西省文管会(1981)都曾对统万城遗址进行了实地考察和测量。虽然城内建筑现在已夷为平地并为黄沙所掩埋,城墙大部已被毁,但在航片上城的轮廓,特别是城墙四角的角楼基台和城墙上的马面依然清晰可见,墙下堆积有流沙。航片勘探的城

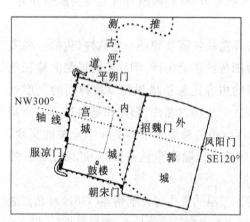

图2-3 根据彩红外航片判读所绘制的统万城的城廓示意图

廊,与陕西省文管会(1981)发布的《统万城遗址实测图》相比,大致相符,为东西相连的两城(4个门的位置不全相符),邓辉等(2003)认为分别为外郭城和内城。在大比例尺的航片上,分辨出内城西北和西南的护城河遗迹,以及城内的引水渠,这些在《统万城遗址实测图》中未曾提及。统万城位于无定河的西北,但在航片上,在城的北部也能鉴别出已干枯的古河道。航片的判读不仅是对陕西省文管会(1981)地面调查的补充和完善,而且也揭示出一千多年来统万城附近环境的恶化。这个现代沙漠中荒芜的古城,千年前曾是有4万居民的繁荣都城,其周围曾呈现"水系环绕,草地连绵"的景观。

与对统万城的航片解译相类似的研究是何宇华等(2003)利用航天遥感图像对楼兰古城衰亡原因的探讨。何宇华等使用的是美国陆地资源卫星的TM(专题勘测)图像,比例尺为1:200 000。1 km见方的楼兰城址在图上是一个5 mm×5 mm的正方形图像,位于罗布泊西北。TM图像显示,在流经楼兰古城的孔雀河上游8.5 km和20 km处有两处滑坡和两个堰塞湖。虽然目前不能确定这两个堰塞湖形成的时间,但何宇华等提出一个假设:如果两个堰塞湖是楼兰古城建立以后形成的,那么它们的形成阻断了孔雀河对楼兰的供水,导致了楼兰古城的衰亡。航天遥感比例尺小,一般不适用于考古勘探,特别不适用于考古遗址内部结构的勘探,但可应用于勘探遗址间的空间分布和揭示遗址与周围环境间的关系。楼兰古城衰亡原因的探讨是我国较早应用卫星图像于考古勘探的例子之一。

航片解释不仅帮助发现遗址,而且能高效、全面地揭示一定地区范围内遗址分布规律和遗址分布与生态环境的关系,因此在聚落考古中起重大作用。聚落考古的先驱者G·威利在秘鲁维鲁河谷大规模的聚落调查工作就得到航片的巨大帮助,在315个聚落遗址中半数是通过航片发现的。

2.1.3 专业的航空考古勘探

航空考古勘探是指专门为考古勘探目的安排的低空目视和摄影勘探,相对于解译测绘部门保存的航片和遥感资料有明显的优点。其他目的的航空遥感由于其飞行高度都比较高,因此比例尺小,而且航测摄影都是垂直摄影,飞行和摄影时间多数为中午(阳光产生的地物阴影最短),故不易发现小尺度的考古遗存。航空考古勘探飞行的高度低,多为倾斜照相,飞行时间更多选择早晨或傍晚,太阳斜照,地物的阴影最长,对观察地物的凹凸特别敏感,还可选择侧光、逆光或顺光摄影。考古勘探可选择在雪后、雨后或庄稼生长的不同阶段进行,也可选择夜间的红外摄影,充分利用雪标志、土壤标志、地表的湿度和温度标志以及不同生长期的作物标志等来勘寻和发现各类考古遗存。航空考古摄影可以利用可见光波段或红外波段(未见使用微波波段),其影像也有黑白、真彩色或假彩色诸类,影像也可以通过各类软件的预处理以便从背景中突显考古遗存的印象。通过地物影像的形状(圆形的坟丘、长方形的房子和城郭、带状的城墙和沟渠)、大小尺寸、位置和布局、色调、阴影和纹印等特征来识别考古遗存。航空考古不仅应用于探寻考古遗存,而且应用于文物普查、考古测绘、环境考古研究以及考古地理信息系统的建立。

航空考古勘探在欧美发达国家较为普及,建立有一些拥有飞机、遥感和摄影器材的商业公司。公司雇佣有航空摄影和解译遥感资料的专业人员,为考古单位服务。但在我国,由于各种原因,专业的考古遥感飞行远不如对已有航片资料的考古解译普及,飞行次数可数。我国的航空考古勘探较多的是从空中(飞机、直升飞机和气球)对一些重要遗址的发掘现场拍摄鸟瞰图,包括安阳殷墟、偃师商城宫殿区、广汉三星堆、西安唐长安城大明宫等,目的是显示遗址及其周围环境的全貌。我国规模较大的航空考古勘探应提到煤田航测遥感中心(1990)对秦始皇陵园进行的专业考古航空摄影。1985年11月专门航拍了161张1:7300的黑白片(飞行高度1600m),根据这些航片绘制了陵园区1:1000的地图,并在航片上解译识别出多处秦墓、秦代的马厩坑和城垣(夯土)遗迹。经与已知的考古资料核对,航片解译的正确率达85%。特别需指出的是,在航片上有一段带状的异常,经分析被认为可能是尚未经地面勘探的唐代华清宫的南墙遗迹。此外,航空考古勘探在秦始皇陵园范围内观察到两处有潜在滑坡危险的地点,为陵园的安全保卫提供重要提示。

20世纪90年代后期,中国历史博物馆(现国家博物馆)在宋宝泉博士(留学德国波弘鲁尔大学专攻考古遥感,后在德国长期从事航空考古勘探工作)帮助下成立了遥感和航空摄影考古中心。该中心于1996年5月曾对河南洛阳地区的二里头、偃师商城、汉魏故城、隋唐东都城、邙山古墓群、龙门、巩县宋陵等遗址进行了航空摄影。目的在于检验在欧洲颇有成效的考古航空摄影方法是否适用于我国中原的黄土地区,因为我国中原地区经历了约6000年不间断的农耕,古遗址被多次重复破坏或被深埋地下。该次航空考古摄影表明:"在我国黄土地区,埋藏在地下的夯土基址和建筑遗迹在一定条件下能够引起地表植被生长的变化,……这对研究我国广大地区土木结构建筑遗迹具有重要意义"。1997年秋,历史博物馆遥感和航空摄影考古中心与有关单位合作,在内蒙古赤峰地区的辽上京、辽中京、祖陵、祖州、庆陵、庆州、元应昌路、正蓝旗的元上都和金边堡等城址、陵墓和军事防御设置等遗迹进行了广泛的航空考古摄影,"取得了可喜的成果"(宋宝泉等,2000)。希望能尽早读到详细的勘探报告。图2-4是宋宝泉1997年航拍的内蒙古赤峰市辽代祖州城遗址的两张照片。小比例尺的照片显示出祖州城所处的地形环境,而在大比例尺的照片上,祖州城的城墙、城门和城内建筑(基址)布局,包括宫殿和道路清晰可见。

a

b

图 2-4 赤峰市辽代祖州城遗址航片：两张照片的拍摄角度和比例尺不同（宋宝泉 1997 年摄影）

a. 小比例尺，显示出祖州城所处的地形环境；b. 大比例尺，显示出祖州城的城墙、城门和城内建筑布局

总之遥感技术是传统考古勘探技术的重要补充。

2.2 地面的地球物理勘探

航空遥感多用于大尺度范围的考古遗存，如遗址、城址等的发现和勘查以及测绘遗址群的分布图等；而对于勘探遗址范围内部各类小尺度的地下遗存，如房基、墙基、墓葬、灰坑、窑灶、乃至陶器和工具等，则需要进行地面的勘探，包括钻探孔、挖探沟和探方等传统的技术以及多种地球物理勘探方法。相对于传统的考古勘探方法，地球物理勘探方法具有效率高、不破坏遗存等优点，但是地球物理方法的勘探结果往往只是表现为某些物理性状的异常，需要依赖传统方法的验证。因此传统和地球物理两种勘探方法之间也是互补的。

当地面下埋藏有房基、墓葬等考古遗迹遗物时，因为它们相对于其周围的自然埋藏土的物理性质不同，会导致遗存所在处的密度、弹性、电阻率、热传导率以及地面上方的磁场等物理性能的异常，即均匀性被破坏。这类异常可以通过地球物理的方法检测。各种地球物理的勘探方法，简称物探方法，原先是为了在山体岩石中和地下探寻各类矿藏而开发的。物探方法的种类繁多，但应用于考古勘探的主要是磁法和电阻率法，此外国内外也有应用探地雷达的例子，本节将简单介绍这 3 种物探方法在考古勘探中的应用。

2.2.1 磁法勘探

地球是一个大磁场，中纬度地区地磁场的强度大致在 40 000~50 000 nT 左右。nT 称为纳特，为 10^{-9} T，T 是磁场强度测量的基本单位特斯拉的符号。不同物质有不同的磁性质，有的物质，例如经历过高温的砖和窑灶以及土壤等保留有比一般埋藏土强的剩余磁性。因此在埋藏有这类物体的地面上方一定距离内，就会出现磁场强度的异常。反过来，如果在一定区域的地表上方测量各点的磁场强度,并发现某处存在异常,那么在异常范围的地表下面就有可能埋藏着什么异物。这就是磁法勘探的基本原理。

但是考古遗物所产生的磁场异常是很弱的,只有 $1\sim100\,\text{nT}$,而且离遗物越远,磁异常越不明显。要在约 $40\,000\,\text{nT}$ 的地磁场本底上检测出 $1\sim100\,\text{nT}$ 的变化,测量仪器必须十分灵敏、精密和稳定。常用的仪器有质子磁力仪和灵敏度更高的光泵磁力仪,后者的灵敏度一般可达 $0.1\,\text{nT}$。图2-5显示便携式铯光泵磁力仪工作的情况,磁力仪也可以安装在小推车上,实际操作更为方便。需要指出,某一地点的磁场强度会受雷电、太阳活动、邻近高压电线等因素的影响,随时间有所涨落而干扰考古勘探测量。因此先进的磁力仪是差分式的,亦称梯度磁力仪,即两个同样的磁力仪垂直安装,例如一个离地面 $30\,\text{cm}$,而另一个高 $180\,\text{cm}$。实际测量的是两个磁力仪读数的差值,从而排除了地磁场本身和地磁场变动的影响。

图 2-5　正在进行测量的便携式铯光泵磁力仪

使用磁力仪进行考古勘探,事先要对被勘探的地域进行网格式的"布方",譬如说将测区分划成 $1\,\text{m}$ 见方的网格,每个网格测量一个数据,然后根据测量数据画等值线,以判断哪里存在磁异常。网格的大小和磁力仪离地面的高度依赖于勘探的目的,如果试图探寻小尺度的遗物,则网格要更密集些,磁力仪离地面也要更近些。

张寅生(2002)曾报道利用差分式磁力仪测量多类考古遗存的情况。图 2-6 显示张寅生对安徽绩溪县北宋瓷窑遗址测量所得到的反映磁异常的等值线图。该瓷窑原为一座长度为几十米、顺山坡建造的的龙窑,后期破坏严重,遗址的地表现在已被农田覆盖。图中的网格为 $2\,\text{m}$ 见方,根据等值线,可见在图中央存在一个垂直方向的长方形磁异常区,其中心部位的磁场强度比正常值高出 120 nT。经考古发掘，确认磁异常区与一段残存的窑体相对应，因为窑体保存有较强的热剩磁。张寅生还利用磁力仪成功地勘探到南陵县江木冲一座东周到西汉时期的冶铜炉遗迹和霍丘县一座 17 m×12 m 的大型砖结构墓。钟建（2005）也报道应用垂直梯度磁力仪成功探测山西陶寺和山东较场铺城墙遗迹和西安木塔寺遗址塔基的例子。

相对于其他的地球物理勘探方法，地磁测量具有高效率的优点。车载的梯度式光泵磁力仪配有电源和计算机，每天可以测量 250 万个数据，每个测量点的坐标值（有的磁力仪还配有 GPS 装置）和磁异常值自动存入计算机。一块 1000 m 见方的土地，如果网格的间距为 0.5 m，那么两天就能完成测量任务。相应的软件可快速处理测量数据，显示各种规格的等值线图和磁异常区，甚至能对磁异常进行诊断，推测引起地表磁异常的地下物体的大小和埋深。当然这类仪器的价格不菲。需要强调的是，磁异常仅是地下物体在地面上的综合性表观反映，地表上面的异常仅提示地下可能埋有异物，但不能解释是什么异物，浅埋的近代铁质工具也会产生较强的磁异常，干扰考古遗存的信号。因此对磁异常图的分析和解译必须十分小心，需要传统考古勘探的验证。

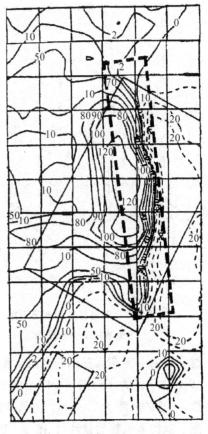

图 2-6　安徽绩溪县北宋瓷窑遗址的磁法勘探等值线图

2.2.2　电阻率勘探方法

电阻率方法主要应用于探寻墙基、房基、沟渠和古河道等中等尺度的长条形遗存，其工作原理是基于这类遗存与其周围埋藏土之间导电率（或电阻率）的差异。一般来说，建筑基址的电阻率大于周围的埋藏土，而古代沟渠和古河道的电阻率则低于自然的埋藏土。

图 2-7 为由 4 个电极组成的电阻率勘探仪工作原理图。电极间的距离一般为 2~4 m，4 个电极均插入地下，靠外面的一对电极间接通电源，电流从一个外电极，流经地面表层到达另一个外电极，由于地表有电流，在内侧的一对电极间将产生电位差。当电源的功率一定时，内电极间产生电位差的大小由测量点地表一定深度范围内物质的"综合"电阻率决定。因为这种电极安排和测量方法是由温纳（Wenner）首先提出的，因此称为标准温纳电极阵列测量方法。地表电流所能达到的深度取决于两个外电极之间的距离，距离愈大，电流穿透地层愈深。

实际的测量过程是先固定内电极的位置，然后不断地、等增量地拉大外电极间的距离（内电极的位置不变），测量以内电极所在位置为中心，不断扩大范围和深度的地表层的一系列"综合"电阻率，或称为视电阻率值。完成了一个点的测量后，将内电极位置向左或右移动一定距离，再重复进行上述的测量，又得到以内电极位置为中心的一系列视电阻率值。继续移动内电

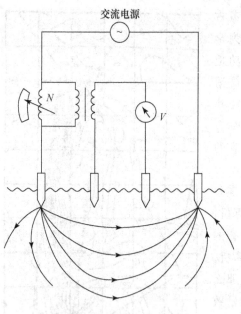

图 2-7 四电极阵列电阻率勘探法的工作原理图

极的位置和重复测量,最终得到一组以一条直线上多个等距离点为中心的不同宽度和不同深度范围的视电阻率数据。但是测量的最终目的是揭示地表下面电阻率结构的图像。为此需要建立复杂的数学模型来处理这些视电阻率测量数据,以得到地表下面实际电阻率的结构,这种数学模型方法有点类似于医学上人体 X 光透视的层析成像技术,即 CT(Computer Tomography)成像技术。下面通过一个实例更具体地阐明电阻率方法的测量过程和测量数据的分析。

中国社会科学院考古研究所的高立兵等(2004)与科学院地球物理研究所合作曾利用电阻率方法来勘探商丘东周城址的城墙位置。商丘地区的考古调查是社科院考古所与美国有关单位的合作项目。1996 年在商丘县城西南发现夯土城墙遗存,墙宽 12~15 m,高 10~12 m。据考古资料和历史文献,这应该是一座东周古城的遗址。整个城墙遗迹现在已被掩埋在黄河多次泛滥的泥沙堆积层 10 m 之下。为了勘探城墙的走向和长度,高立兵等在一条测线上等距离安置了 20~40 个电极,电极的间距为 2~4 m。由软件控制在不同的电极间接通电源和(或)记录产生的电位差数据。这种多电极的设计,比图 2-7 所示温纳式的四电极装置显著地提高了工作效率(避免来回移动电极),而且可以同时记录一对电极间、3 个或 4 个电极间的电位差,获得关于地表下各地点电阻率变化更多的原始信息。这样的测线布置了 30 多条,它们或者与城墙垂直、或者平行。每一条测线的数据,经过一定的数学模型处理后,可以得到相应剖面上地下电阻率变化的情况。图 2-8 显示根据一条垂直于西城墙测线的测量数据的分析结果,中央的一对电极处于城墙的位置。该图包含 a 和 b 两部分,图 a(图上部)显示该剖面的视电阻率等值线图,图 b(下部)是用改进的佐迪方法对图 a 显示的视电阻率等值线进行反演运算得到的该剖面实际的电阻率等值线图。在图 b 的中央可见一个高电阻率区,电阻率达到 12~16 Ω·m,是与残存墙体相对应的。墙体向外(向西)倾斜可能是"城墙重复利用和黄泛侵蚀"所致。在图 b 的中央偏西约 20 m,埋深约 10 m 处可见一低电阻率区(约为 4 Ω·m),应与城外的护城壕相对应。为了验证,高立兵等(2004)曾将测线西移(向外)30 m 再进行测量,得到实际电阻率等值线图,其中央部位确为低电阻率区。

张寅生(2002)对安徽绩溪县北宋瓷窑遗址也曾同时用电阻率方法进行了勘探。测线与龙窑的窑体相垂直,在测线的中央部位显示出与窑体对应的高电阻率区,与前述对该龙窑遗址使用磁力仪测量的数据相互印证。

电阻率勘探方法的一个关键是要保证每个电极插入地下时与周围介质紧密接触,不留空隙,因为空隙会对电流产生很高的电阻,导致测量数据的误差。此外沉积物、土壤等介质的电阻率受水分的影响很大,因此在测量过程中,整个测量区域内沉积物、土壤等的湿度必须保持均匀和恒定。相对而言，电阻率方法的测量过程比磁力法费事，而且不易发现地下小尺度的遗物，但适用于城墙、壕沟和古河道等大尺度线状地物的勘探。

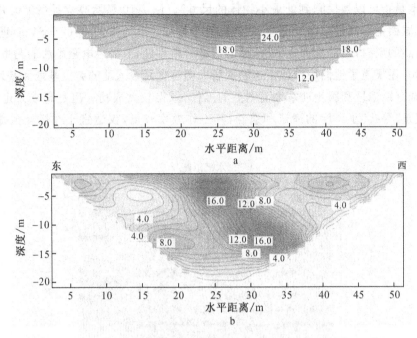

图 2-8　电阻率法勘探商丘东周古城墙的结果，测线剖面垂直于西城墙

a. 视电阻率等值线图；b. 用改进的佐迪方法反演运算得到的该剖面实际的视电阻率等值线图

2.2.3　探地雷达勘探

探地雷达又称地面透射雷达（Ground Penetration Radar，简称 GPR），被用来探测埋于地下的砖石结构的墓葬、建筑基址和大型的夯土遗迹等。便携式的探地雷达由发射天线、接收天线、控制系统以及信号记录和解释分析系统组成。图 2-9 是一台探地雷达仪的照片。

探地雷达不断往地下发射脉冲式电磁波。电磁波进入地下后被吸收和反射，并随透射深度的增加不断减弱。在均匀的沉积地层中产生的反射波是很微弱的，但如果沉积地层中存在夯土、石块等建筑基址遗迹，它们的电性能与周围的沉积物不同，这样在夯土、石块等建筑材料与沉积物的界面上，电磁波会产生较强烈反射。探地雷达的接收天线不断接收和记录不同延迟时间的反射电磁波的强度和相位差，并存入计算机。与磁力仪的测量安排相似，探地雷达的测点可以按直线排列而测量一个剖面，也可以是网格式的二维平面测量。测量完毕后，将各测点的数据综合并经计算机软件处理（减弱干扰，增强信

图 2-9　商用探地雷达仪

号)后,就可以获得关于地表下埋藏的考古遗迹遗物的分布和地层本身非均匀性的信息。通过改变电磁波的频率(1~1000 MHz)、天线间的距离和测点的安排等可以调整探测的深度和分辨率(分辨率是指可以被探测到的最小物体的尺寸)。图 2-10 显示高立兵(2000)用探地雷达测量商丘县城西南东周古城墙的图像,测线垂直于城墙。在水平距离 68~84 m,埋深 4~9 m 处观察到强烈的反射,系对应夯土城墙,墙的边缘清晰可见,与前述电阻率法的测量结果相符。高立兵(2000)还报道了他们用探地雷达勘探唐大明宫含元殿遗址的夯土基址和基址中的承础石、偃师商城宫殿遗址和滕州前掌大商周墓的工作,取得较大成功。但是高立兵也指出,探地雷达不适宜于"寻找"小尺度的遗迹和遗物,其工作效率较低,仅适宜于在已知的遗址范围内工作。

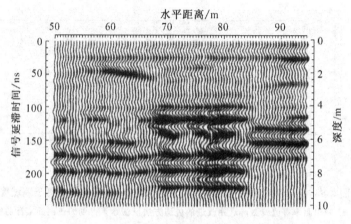

图 2-10 商丘东周古城墙的探地雷达图像
测线垂直于城墙,水平坐标 68~84 m,埋深 4~9 m 处的高反射区对应于城墙的夯土

前面 3 小节分别介绍了应用磁异常、地层电阻率和探地雷达等 3 种地球物理方法于考古勘探。此外我国的科技考古工作者还曾尝试其他的科技勘探方法,例如在秦始皇陵的陵区范围测量由冲击锤引起的地震波的转播和土壤中的汞异常(段清波,2005)。申斌等(1988)在殷墟的贵族墓区和宫殿区也观察到非常显著的汞异常,比背景值高出几十倍以上,认为与商代贵族大量使用汞和朱砂有关。但这两种方法在考古实践中并不常用,有兴趣的读者可参阅有关文献。

2.3 全球定位系统和考古地理信息系统

本节将简单讨论对考古遗存进行空间定位的全球定位系统和专为管理分析考古数据设计的地理信息系统。

2.3.1 全球定位系统和电子全站仪

全球定位系统是为全球范围内的"旅行者"提供高精确度的时间、三维空间位置和三维速度的系统。目前运行的全球定位系统称为 Global Positioning System (GPS),它是由美国耗资 200 亿美元,于 1994 年建成后提供全球服务,现在每年为美国产生几百亿美元的利润。

GPS 系统由三部分组成：(1) 在 $2.02×10^4$ km 高空，6 个轨道平面上，运行着 24(23+1) 颗人造卫星。卫星上装有精确的原子钟，并不断向地面发射确定频率的电磁波，载波上有精确的时间信息和轨道运行参数。(2) 设置在美国范登堡空军基地的地面控制中心，其任务是控制和保证卫星运行和发送的数据精确可靠。(3) 地面接收系统，即用户系统(图 2-11 是美军使用的手持定位仪)。地面上的每一地点可以同时接收至少 4 个卫星发射的信息，地面接收系统中也安装有相当精确的时钟，记录它接收到卫星信号的延迟时间，通过延迟时间可以计算地面接收点与卫星间的距离。原则上，地面观察点只要测量了与 3 个卫星间的距离就可以定位，即确定观察点的高度和经纬度，但实际上高度测量的误差甚大，需要同时测量 4 个卫星的信号，才能降低测量观察点高度的误差。

单台 GPS 仪的定位精确度为 15～30 m 左右。这是因为用户系统时钟的误差、大气传播涨落、多路径效应等都会引进定位误差。为了更精确的定位，需要使用两台地面定位仪。其中一台是固定位置的(一般也是更高质量的)，当用户站处于固定站附近时，鉴于两站测量数据的同步性和相关性，通过比较两站的测量数据，某些误差因素可以被校正。这种测量方法称为差分定位测量，其测量精确度可达 3 m。现在一些地区的汽车自动导航系统都是采用差分定位，或称相对定位。

GPS 差分定位的精确度为 3 m，而田野考古测量遗址范围内各遗存间相对位置需要更高的精确度。另外 GPS 测量因为要等待信号稳定，相对费时，而且 GPS 无法在洞穴中和墓葬内部工作。因此田野考古一般先使用 GPS 系统对遗址的若干位置定位后，往往还要使用电子全站仪在遗址内部进行细节的测绘。

图 2-11　驻伊拉克美军士兵使用的 GPS-12 型手持卫星定位仪

鉴于全球定位系统有极为重要的军事意义和为了免受美国的控制，前苏联也发展自己的格洛纳斯定位系统，曾有 18 颗卫星在运行，基本覆盖全俄及其周边地区，2007 年 12 月俄罗斯又发射了 3 颗卫星，总计达 21 颗，计划 2009 年将该系统推向全球。欧盟国家和我国正在分别建设伽利略系统和北斗系统，2003 年我国与欧盟签约合作，参与伽利略系统的建设。以色列、印度等国家也纷纷参加伽利略计划。而印度、日本还计划建立自己的定位系统。据了解，格洛纳斯、伽利略和北斗系统的定位精确度都将高于目前的 GPS 系统，地面分辨率将达到 1 m。但是美国正在建设自己的第二代系统，计划发射 20 颗卫星，据说分辨率将达到毫米级。全球定位系统的军事和民用重要性和各国的剧烈竞争可见一斑。据报道我国北斗卫星在勘察汶川地震灾情、确定装备有北斗终端机的救灾部队的实时位置、帮助政府救灾安排中起了作用。

电子全站仪集传统考古测量的经纬仪、平板仪和水准仪于一身，它不仅能测量角度，还能测量距离。它是通过测量仪器发射的红外线，被"待测点"反射返回全站仪，来回所经过的时间来测量仪器和待测点之间的距离。目前相位式的电子全站仪不仅测量发射和接收信号间的脉冲数，而且能测量它们间的位相差，其测距的精确度可以达到 5～20 mm(经温度和气压校正后)。测量的高精确度是电子全站仪的第一个优点。电子全站仪的另一个优点是快速,测距测角是自动读数,测量过程基本上由跑杆的时间决定,而且读数可自动存入计算机,自动处理,实时给出测量点的水平坐标和标高,按不同的比例尺画出地图,包括等高线图等。因此这类仪器也称为全站型电子速测仪。秦岭等(2006)曾介绍他们在邓州八里岗和忠县瓦渣池遗址的田野考古工作中使用了电子全站仪的情况,感兴趣的读者可参阅相关文献。

2.3.2 考古地理信息系统

考古地理信息系统是以考古信息为主要内容的地理信息系统(Geographic Information System,简称GIS)。因为GIS的诞生历史短,对其定义尚有争议。最通俗的定义是将GIS直观地理解为以各类地图为基础信息的计算机信息系统。譬如说,对某个地区已经建立了相同比例尺的地形图、行政分区图、水系图、交通图、植被分布图、各种资源的分布图,以及各时期考古遗址的分布图。每张地图记录某一方面(或称因素)的信息。如果希望研究植被分布与地形的关系,传统的方法就要把植被图绘制在透明纸上,再把透明纸重叠放在地形图上考察。这当然很不方便,特别是当需要探讨多个因素之间的关系时,就无法使用这种原始的方法了。地理信息系统将上述每张图用扫描仪数字化后,以计算机文件分别作为不同层面的信息存入计算机,地理信息系统软件能管理每张地图所包含的信息,根据研究者的要求分析每个层面和其他层面信息之间的关系,最终将分析结果以数字地图形式输出,既能形象清晰地显示,又能定量地描述感兴趣因素之间的关系。例如分析主要粮食作物在各行政区的分布、各类农作物与水系和海拔的关系等。因此地理信息系统也可以理解为采集、管理、检索、分析和表达输出地理空间数据的计算机信息系统。地理信息系统与一般信息系统不同之处,在于它处理的是地理空间数据,地理空间数据必须包含对象的空间位置和非空间的其他属性特征两方面内容。譬如对于一个考古遗址,作为地理空间数据,必须要知道它的空间位置(经度、纬度、边界和海拔),而它的属性特征可以包括时代、面积、文化性质、灰坑堆积物的数量、出土什么遗物、发掘年代和发掘者姓名等多方面的信息。因此地理信息系统也可简明地定义为管理和分析地理空间数据的计算机系统。

下面通过介绍刘建国(2006)建立陕西周原七星河流域考古遗址分布地理信息系统的实例,来说明考古地理信息系统的建立和应用,并进一步揭示什么是地理信息系统。七星河发源于岐山南麓,向南流经扶风城注入漳河。七星河流域南北长21 km,东西宽4~12 km。考古学家曾对该地区进行过拉网式的考古调查,对所发现遗存都做了详细记录,各遗址的边角位置曾通过全球定位仪(GPS)和电子全站仪确定。遗址分为仰韶文化、龙山文化、夏到早商、商中晚期和西周等5个时间段。研究者还掌握该地区1:50000的地形图,图上标有等高线、水系和现代主要城镇。上述考古调查资料和有关的地图,是建立考古地理信息系统的基础数据。

研究者将该地形图放大为1:10000的图。因为该地图放大后的纸张面积过大,不便于操作,将其分解为10多张常规尺度的1:10000地形图,它们能覆盖七星河流域地区。第二步是将调查所发现的遗址和其他考古遗存信息标注在这10多张1:10000的地形图上。这些地图通过数码相机或扫描仪转化为计算机图像文件。但是数码相机或扫描仪产生的图像文件是栅格形式的,即每幅图由点阵式排列的大量像素点组成,每个像素点有256个亮度级别。如果是彩色的像图,那么每个像素点包含3组256个亮度级别的数据,每组分别代表红、绿、蓝三原色。但是地理信息系统软件主要处理矢量格式的图形文件,不能处理栅格式的图像文件,为此需要先将栅格图格式的文件转化为矢量格式的图像文件,然后再输入计算机。矢量图由点、线、面组成,所谓"面"是由封闭的折线和曲线组成的几何图形。在 1∶10 000 的矢量图上,出土的单件器物或房基往往是一个点,遗址的边界、道路和小溪是线,而遗址本身和宽阔的河流则用"面"表示。矢量图相对于栅格图的优点是:(1) 点、线、面等要素都可以添加属性特征,例如等高线可标注高度,遗址标注编号、名称、面积、时代等属性;(2) 矢量图的比例尺可以随意变动;(3) 矢量图之间可以叠加,例如不同时代的遗址可以分开标注在几张图上,也可以标注在同一张图上。在建立地理信息系统时,矢量图中的各要素需要作为单独的层面输入地理信息系统软件,例如等高线作为一个单独的层面,5个不同时代的遗址各自分别作为一个层面输入,同时输入每个遗址的属性,建立遗址属性数据库。这样以考古遗址分布为主要内容的地理信息系统就初步建立了。地理信息系统的优点是可以随时修改完善和增补新的内容,例如研究者又将一张该地区的卫星影像图经过几何校正后作为一个层面输入该信息系统,从而可以富有立体感地直观显示各考古遗址与现代山川、水系、道路和城镇的关系。

　　地理信息系统的功能是可以方便地进行查询和统计,探寻研究对象(考古遗址)与地理因素间的关系,并将结果用文字和地图的形式输出。譬如可以规定以面积标准将遗址分为大小两类,在同一张地图上用不同的颜色标注,以观察大小遗址的分布规律是否相同。如果地图上不同海拔高度的地面用不同的颜色表示,则还可以清楚地显示遗址分布与海拔高度的关系。刘建国分析了遗址位置与河流的关系,他在每条河流的两岸设置不同宽度的"缓冲带"后,观察到当缓冲带宽度达到 600 m 时,所有的遗址都处于缓冲带内部。说明古人是傍水而居,古人不愿意自己的住地离水源超过 600 m,而且时代愈早的遗址,一般离河流愈近。在支流交汇处遗址最密集,周原这个大型的聚落遗址就处于多条支流的汇聚处,这里各支流的缓冲带互相连接,形成一个很大的扇形区域。利用这个系统还可以分析不同时期遗址的分布规律间有没有细微的差别。地理信息系统还具有预测的功能。例如计划在七星河流域的周围地区进行考古调查时,参考七星河流域遗址分布的规律,调查的重点应选择河流两岸 600 m 范围内一定海拔高度的地区。

　　美国伊利诺伊州立博物馆对该州南部 Shawnee 森林地区的考古调查也是一个应用地理信息系统的例子。根据地面调查 12 km^2 内 68 个遗址的地理特性(海拔、地面倾斜度、地貌和距水源的距离、土壤类型和地下水水位等),建立相应的地理信息系统,并由此预测该森林地区其他 91 km^2 的任一地点发现遗址的概率。

　　本节的开头我们是从地图信息的观点来了解地理信息系统的,现在可以介绍地理信息系统业界更倾向的一个定义,业界更看重地理信息系统作为"使用各种数学计算方法和计算机软件进行空间数据分析的工具箱"。工具是为研究目的而设计的,因此这个定义提醒我们,性能良好、使用方便的考古地理信息系统必须由考古学家自己亲手来建立和完善,别人是无法越俎代庖的,正好似考古资料的定量研究也必须由考古学家亲自操作一样。因为只有考古学家掌握考古资料,明确自己的研究目标。建议考古工作者学习和掌握有关的软件,在自己的工作中实践。随着我国考古发掘规模的不断扩大、资料的不断累积,建立考古地理信息系统的客观条件和必要性也日益增强,各地区考古地理信息系统的建立也将推进我国考古学研究的整体化和系统化。

参考文献

[1] 邓辉,夏正楷,王璋瑜.利用彩红外航空影像对统万城的再研究.考古,2003,(1):70.
[2] 段清波.秦始皇帝陵的物探考古调查.西北大学学报(哲学社会科学版),2005,(1):80.
[3] 高立兵.地面透射雷达(GPR)及其在考古勘探中的应用.考古,2000,(8):75.
[4] 高立兵,阎永利,底青云,等.高密度电阻率法在商丘东周城址考古勘探中的应用.考古,2004,(7):72.
[5] 何宇华,孙永军.空间遥感考古与楼兰古城衰亡原因的探索.考古,2003,(3):77.
[6] 刘建国.陕西周原七星河流域考古信息系统的建设与分析.考古,2006,(3):79.
[7] 刘树人.我国遥感考古回顾及展望.国土资源遥感,1998,(2):18.
[8] 煤田航测遥感中心.秦始皇陵园的摄影测量和遥感工程.文物,1990,(7):74.
[9] 秦岭,张海.电子全站仪在田野考古中的应用.考古,2006,(6):73.
[10] 陕北文物调查征集组.统万城遗址调查.文物参考资料.1957,(10):52.
[11] 陕西省文管会.统万城城址勘测记.考古,1981,(3):225.
[12] 申斌,边德芳.应用物化探方法研究殷墟遗址.华夏考古,1988,(2):105.
[13] 宋宝泉,邵锡惠.遥感考古学.郑州:中州古籍出版社,2000.
[14] 张寅生.磁法在田野考古勘探中的应用研究.考古,2002,(7):59.
[15] 曾朝铭,顾巍.北京地区长城航空遥感调查.文物,1987,(7):60.
[16] 钟建.物探在田野考古勘探中的应用.科技考古(第一辑).北京:中国社会科学出版社,2005.
[17] 中国社会科学院考古研究所.新疆库尔勒至轮台间古代城址的遥感探查.考古,1997,(7):67.
[18] 朱俊英.考古勘探.北京:科学出版社,1996.

思考题

1. 航空航天遥感勘探考古遗存的原理和优点是什么?试分析应用现有航片的可能性和有效性。
2. 请思考地球物理方法应用于考古勘探的原理和它们与传统考古勘探方法的互补性。
3. 请思考考古地理信息系统对考古学学科发展的意义,为什么需要考古人员亲身参加建立?

第三章 研究人类诞生和进化的时间标尺——上新世和更新世的测年

考古学研究人类创造的物质文化,当然也要研究人类自身的诞生和进化。人猿同祖,人科成员的出现是以两足直立行走为主要特征,而猿科成员依然是四足爬行。直立行走引起人体的骨骼发生一系列解剖学上的变化,包括脑量的不断增大、脊椎由弧形变直并使得头骨能平衡地支持在脊柱上而不前倾、骨盆趋向短而宽以支持上身的重量、股骨增长、脚弓和脚趾的缩短以适应直立行走的稳定性和力量。因此对人科和猿科化石体质形态的观测是研究人科成员的出现和进化的基础。

人科与猿科的分化发生在距今约 400—500 万年前或更早。人科的进化大致经南方古猿(约 400—150 万年)、能人(约 200 万年)、直立人(约 180—30 万年)和智人(约 30 万年以后)几个阶段。种系分类学又将人科成员分为南方古猿属和人属,南方古猿属下有南猿阿法种、非洲种、粗壮种等;而能人种、直立人种和智人种归于人属(吴汝康,1989)。图 3-1 是人类进化谱系的示意图。

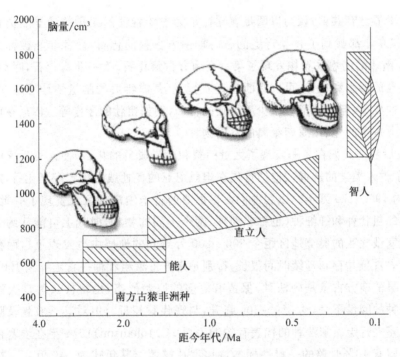

图 3-1 人科与人属成员的进化谱系示意图,显示大致时代和脑量变化(Lehman,2001)

研究人科成员的诞生和进化需要建立可靠的时间标尺,其时代跨度从第三纪的上新世到第四纪整个更新世。因为古人类化石材料稀少和年代久远,古人类学是一门充满了不确定性和争论的学科。新的测年结果往往导致古人类学已有认识的修正和引起新的争论,因此上新世和更新世时段测年技术的进步与古人类学的进展是紧密相连的。

本章将介绍除 ^{14}C 测年以外的多种测年方法。在从上新世到距今 78 万年的早更新世时段,钾氩测年方法起到了关键作用,裂变径迹测年方法和古地磁测年方法作为重要的辅助配合。而在中、晚更新世阶段,除继续使用前述的 3 种测年方法外,不平衡铀系测年、释光测年和电子自旋共振测年等方法也为人类进化的研究提供了重要的、可信度逐步增强的年代数据。本章将以早更新世和中更新世为分界,结合人类进化的前后阶段,先后介绍上述前 3 种和后 3 种测年方法。

本章在 3.9 节和 3.10 节还将分别讨论另外两种独立的测年方法:基于地球轨道参数周期性变化的天文学时标和生物分子钟。3.11 节还将简要介绍 ^{10}Be 和 ^{26}Al 等由宇宙射线产生的放射性核素应用于上新世和早、中更新世测年的前景。本章不准备讨论氨基酸外消旋和黑曜石水合层等两种第四纪测年方法,因为它们并没有为古人类研究提供可信的年代数据,而且缺乏发展前景。^{14}C 测年方法只能测定晚于 4 万年的地质和考古事件的年代,将在第四章,作为建立研究新石器文化和文明起源的时间标尺的测年方法专门详细讨论。本章 3.12 节还将简要讨论我国境内人类进化的年代学问题。

3.1 人科早期成员在非洲的进化及其时间标尺

目前在学术界已有共识,认为以两足直立行走为主要特征的人科的最早成员首先出现于非洲,在南非和东非都找到了直立行走的各时期南方古猿的化石,因此非洲被称为人类的摇篮。1924 年在南非的汤恩采石场发现了第一个南方古猿化石,为一儿童化石,昵称汤恩小孩。根据其枕骨大孔的形态和位置,可以判断为直立行走,其成年后的脑量估计可达 600 毫升,无疑应属于人科的成员,但仍保留有不少属于猿的特征,例如粗壮的牙齿等。以后在南非相继发现了上百具南方古猿的化石,属南猿属的不同物种。

1959 年以后利基夫妇在东非发现了大量南猿和人属成员的化石,使人类学家的目光都转向东非,推进了古人类学的进展。他们首先在坦桑尼亚的奥杜威发现了南猿化石,定名为南猿鲍氏种,距今约 190—170 万年。以后他们在肯尼亚的特卡纳湖地区又发现了一批南猿化石,分别属于南猿的粗壮种和纤细种(也称非洲种)两个不同的物种,时代上可能从约 200 多万年起。此外在埃塞俄比亚的奥莫地区距今 300—200 万年间的地层中也发现了这两种古猿的化石。这两种南方古猿共存和延续时间很长,特别是南方古猿粗壮种一直延续到 100 万年前。

时代上更早的南方古猿是阿法种,保留有更多的原始形态,也曾被认为是人科的最早成员。南猿阿法种的脑量不大,约 380~500 毫升,与现代猿相近。但对其下肢骨及膝关节的研究肯定他们已直立行走。阿法种的代表有约翰逊(D. C. Johanson)1974 年在埃塞俄比亚哈达地区发现的保留有 48% 骨骼的一雌性标本,命名为"露西",其年代为 340 万年。在阿法地区还发现了一个阿法种"最完整"的头骨 AL444-2 以及由 13 具南猿骨骼化石组成的一个"家庭墓地"。南猿阿法种的化石也在坦桑尼亚北部的莱托里地区发现,并在那里发现了两足直立行走的脚印,为一个成人和一个儿童在松软的火山灰上行走,后因雨水使火山灰硬化而将脚印保留下来。相应火山灰的钾氩测年为 380—350 万年。南猿阿法种可能同时是非洲种和粗壮种的祖先,也可能是最早的人属成员——能人的祖先。关于南猿各物种的进化体系以及他们与人属早期成员间的关系目前有多种不同的假设。

分子生物学的研究认为人和猿的分离可能早于500万年,但是不久以前所知道的最早的南猿距今才400万年,中间似有一段缺环。后来,1992年在埃塞俄比亚的中阿瓦什地区发现了距今440万年形态更原始的南猿化石,命名为地猿始祖种。1995年在肯尼亚的特卡纳湖地区也发现了比南猿阿法种更早的人科化石,其下肢显示直立行走的形态特征,但上肢保留树上攀爬的形态,命名为南猿湖畔种。这些是目前所知的最早的人科成员。

如果说南方古猿在东非和南非的一些地方均有发现,那么人属的早期成员主要在东非大峡谷发现的,那里是人类繁衍进化的地方,考古学家在那里发现了人类进化各个阶段的大量化石。最早的人属成员称为能人(又称鲁道夫人),是1964年路易斯·利基等首先命名的。1963年路易斯·利基在东非大峡谷的奥杜威发现了能人的下颌骨OH7,1968年他又发现第一个完整的能人头骨OH24。1972年利基夫妇的儿子里查德·利基在肯尼亚的特卡纳湖畔库彼福拉的距今约190万年的地层中发现了保存良好的ER1470号能人头骨。这类头骨的解剖形态比南猿更接近现代人,特别是脑量的明显增大,男性的脑量达到700~800毫升,女性小些,平均为631毫升,超出南猿粗壮种和纤细种的平均脑量(520和442毫升)。特别引人注意的是,能人化石往往与石器共存,例如在奥杜威峡谷发现有称之为奥杜威文化遗物的石器的10处地点中,有7处发现了能人的化石。因此利基等考古学家相信奥杜威石器是能人所创制的,因此人属的第一个成员被命名为"能"人种,打制石器也成为人属的特征。

在库彼福拉,直接覆盖ER1470号头骨的含KBS石器工业的凝灰岩的年代曾用钾氩法多次测量,开始定为260万年。随着测年技术的进步,最终库彼福拉KBS凝灰岩的钾氩年代定为188±2万年。综合考虑其他地点发现的能人化石的测年结果和发现有距今近250万年的最早石器,能人出现的年代应该在距今200万年前。南猿粗壮种的存在最晚可延续到距今约100万年,这表明人科的这两个物种在东非几乎共存了约100万年。关于能人的直接祖先是哪种南猿还是一个尚待研究的课题。

人属进化的第二个成员称为直立人。如果说能人化石的发现主要在东非大峡谷,那么直立人化石的分布则要广泛得多。第一个直立人化石是公元1893年荷兰解剖学家杜波依斯在爪哇岛发现的,当时命名为爪哇猿人。1929年裴文中在北京周口店发现了北京猿人的头骨化石(平均脑量1000毫升)。1960年路易斯·利基在东非奥杜威的Upper Bed II地层中发现了OH9头骨,脑量达1067毫升,年代为距今140万年,这是直立人中脑量最大的个体。1974年里查德·利基在特卡纳湖东岸发现了ER3733头骨,时代为180万年,脑量848毫升,是直立人中已知脑量最小的。1984年里查德研究组在特卡纳湖西岸发现了一个约12岁直立人小孩的头骨(编号WT15000),时代为160万年,估计其成年后的脑量约为909毫升。除东非外,在南非的斯瓦特克朗和北非的阿尔及利亚和摩洛哥也有直立人化石发现,但时代比东非的早期直立人化石晚,如阿尔及利亚和摩洛哥的化石分别为70和50万年。

直立人的出现比能人稍晚,但他们也共存了相当一段时间。直立人的体格一般比能人粗壮,但牙齿比能人的弱小。直立人的平均脑量为1000毫升左右,明显大于能人的平均脑量。为适应于脑量的增大,其颅壁厚和眉脊发达。直立人与能人的石器文化也有很大的差别,在较多情况下能人是与以砍砸器为主的奥杜威文化相联系,而非洲的直立人化石则往往与以手斧为特征的阿舍利文化和 KBS 石器工业共存。鉴于直立人与能人在体质形态和文化面貌上有显著差别,而他们最早出现的时代差别不远,因此有的人类学家并不认为两者在人属的进化链上是前后相继的,而都是由南猿进化而来的两个分支,只有直立人后来进化为人属最进步的成员——智人种。

在 20 世纪 90 年代以前除东非的直立人外,在北非、欧洲、爪哇和中国所发现的直立人化石的年代都不超过 100 万年(我国多数学者认为元谋人为距今 170 万年的直立人,但元谋人化石仅两颗门齿,不易准确判断其进化地位。而且元谋人的两颗门齿是在地质考察过程中找到的,其出土的层位并非考古科学发掘所确定。此外对 170 万年的古地磁年龄数据也有不同的解释,有学者认为所论地层的古地磁年龄应属中更新世。总之多数西方的学者没有接受"元谋人为距今 170 万年的直立人"的意见)。考虑到除非洲外在欧亚大陆没有发现比东非直立人更早的人科化石,人类学家自然曾设想,诞生于非洲的直立人是在约 100 万年前后走出东非,经北非来到欧洲和东亚。还有人提出先进的生产工具——手斧是东非直立人走向世界各地的"通行证"。但也有异议,为什么直立人要走出环境良好的非洲,他们有没有能力长途跋涉来到东亚,为什么非洲的直立人向东亚殖民时不把自己先进的生产工具——手斧也带到东亚,东亚的直立人广泛使用的是砍砸器与石片石器。

20 世纪 90 年代,新的测年数据和新的发现对于直立人走出非洲的年代提出了不同的看法:(1) 1994 年加州大学伯克利分校的 Swisher 等重新测定了爪哇人化石出土地层的年代。他们从与化石同层的火山灰中挑取角闪石矿物作为钾氩测年的对象。通过对比所采集的测年用样品和粘在人化石头骨上的火山灰的化学元素组成,确定采样层位是正确的。他们使用了钾氩测年的新技术——高灵敏度的 $^{39}Ar/^{40}Ar$ 激光逐步加热技术。逐步加热技术所给出的坪曲线显示被测样品对氩有良好的封闭性,而且多个样品的重复测年结果的离散性不大,说明测年结果是可信的。Swisher 等测定爪哇莫佐克托小孩头骨的年代为 181±4 万年,而在桑吉兰出土的 S27 与 S31 头骨地层的年代为 166±4 万年。这样 Swisher 等把爪哇人的年代推前了 60—80 万年。(2) 在欧亚大陆交界处格鲁吉亚的德玛尼斯(Dmanisi)新发现了人下颌骨、头盖骨和相伴的石器也引起注意,因为其下伏的火山熔岩的钾氩年代达 180 万年(Bar-Yosef, 1994)。爪哇直立人和德玛尼斯人与非洲最早的直立人几乎是同时代的。(3) 在我国也有重要的新发现,重庆巫山在距今 200 万年的地层中出土了带有两颗牙齿的人科下颌骨和石器,在河北省泥河湾的马圈沟 160 多万年的早更新统地层中发现了相当数量的石器。上述这些新的发现要求重新考虑亚洲直立人在人类进化过程中的地位,他们是否可能由当地的更早的人科成员(但至今未发现)独立进化而来的。当然也有反对的意见,例如对德玛尼斯的人化石与火山熔岩间的地层关系、对巫山下颌骨的分类地位、对马圈沟地层剖面的古地磁年龄等提出质疑。古人类学家们总是争论不休的。

由前文可见,东非大峡谷是研究人类起源和进化的最重要的地区,这里发现了从南猿到直立人,乃至智人等人科各阶段的化石,而且数量最多,利基夫妇在此工作了整整 40 年(路易斯去世后,玛利亚仍坚持他们共同的事业)。研究人类进化必须要建立可靠的时间标尺,在这方面东非也是最理想的地区,因为在这里堆积有经历 300 多万年的厚厚地层,其中夹有约百层不同时期的火山灰层。同一层火山灰在峡谷的不同地点有相同而独特的化学组成,因此能被识别并已被命名。因此整个东非大峡谷广大地区的地层的相对年代序列是明确肯定的。对于上新世和更新世的火山灰层(成岩的凝灰岩层)的年代可以用钾氩法精确地测定,测量误差仅为3万年左右,或者说测年的相对误差仅为1‰~2‰。例如前面已提到的肯尼亚库彼福拉覆盖1470头骨的KBS凝灰岩层,其钾氩测年结果为188±2万年,而著名的奥杜威地层序列下部BedⅠ的编号Tuff-IB的凝灰岩层的钾氩年龄为179±3万年。钾氩法如此小的测年误差,也许只有^{14}C测年方法能与之相比。因此从东非各地出土的古人类化石的年代都能被精确地确定,东非地区的人类进化研究有精确可靠的年表。

南非的斯特克方丹和斯瓦特克朗等地也是出土了大量的南猿、直立人化石和石器的重要遗址。但南非人科化石的测年精度远不如东非,因为在南非缺乏这样一层层的凝灰岩,找不到钾氩法测年的材料。需要通过与东非相应地层中动物群之间的对比,或使用古地磁测年方法来确定南非出人科化石地层的年代,测年的精确度也相应要低很多。

这里需要着重指出,钾氩法并不是直接测量化石的年代,而是测量火山喷发物的年代,因此必须认真观察分析人科化石与测年用火山喷发物样品之间的地层关系。这一点对于正确确定人科化石的年代是至关重要的。在考古测年工作中"用以测年的样品与需要定年的对象之间属两个不同的客体"的情况是普遍存在的,必须认真考察分析它们之间的相对地层关系。

钾氩法在建立人类进化的时间标尺中的关键作用是不会被过分强调的,后面要介绍的古地磁时间标尺也是建立在钾氩测年的基础之上的。虽然裂变径迹方法能独立测量凝灰岩等火山喷发物的年代,但受限于径迹数目的观察统计,一般其测年的统计误差远大于钾氩法。裂变径迹年龄仅被用来验证同一地层层位的钾氩年龄,通过互校以增强测年结果的可信度。

3.2 钾氩测年和氩-氩测年方法

3.2.1 钾氩法测年的基本原理和年龄计算公式

钾氩法测年的主要对象是各类火成岩和火成岩中的含钾矿物,测量这类岩石和矿物形成的年代,钾氩法也能应用于测量变质岩最后一次受热的年代。它一直是测定第三纪以前古老地质事件年龄的主要方法,在地质年代学方面得到广泛的应用。近年来因质谱仪灵敏度的不断提高,已能用以测定第四纪更新世乃至1万年以来全新世火山喷发物的年龄。

钾氩测年法的基本原理如下:钾是地壳中8种丰度最高的元素之一,其质量百分比为2.6%。很多造岩矿物如长石、云母和角闪石中都含有相当量的钾。钾主要由^{39}K和^{41}K两种稳定同位素组成,但也含有微量的^{40}K,其摩尔丰度为0.01167%。^{40}K是一种放射性同位素,它的半衰期是1.277×10^9年,其衰变过程能以约11%的概率生成^{40}Ar(89%的概率生成^{40}Ca)。火山岩中含有多种富钾的矿物,当火山岩刚形成时因温度甚高,里面不能保存氩气,即岩石刚形成时一般是不含氩的。岩石冷却固化后,^{40}Ar就会因^{40}K的衰变而不断地积累,并存留于岩石和矿物中。只要测定岩石或矿物中^{40}K的含量K和积累的^{40}Ar的含量Ar,就能根据放射性衰变和增长的规律计算出相应岩石或矿物形成以来的年代。应用第十章的公式(10-18e)可以

写出钾氩法测年的基本公式为

$$样品年龄\ t = \frac{1277}{\ln 2}\ln\left(\frac{Ar}{0.11K}+1\right)\quad(百万年) \tag{3-1a}$$

式中的 Ar/K 为被测年样品中 ^{40}Ar 和 ^{40}K 摩尔含量比或原子数的比值。测定这个比值后,就可以计算出样品的年龄 t。

公式(3-1a)的成立要求被测样品满足下面 3 个基本条件:(1)岩石或矿物形成时的确不含氩(称为过剩氩),即当 $t=0$ 时,$Ar=0$。这样,被测样品当前所含的 ^{40}Ar 全部是样品形成后由样品中的 ^{40}K 衰变所产生的放射成因氩,这称为零初始条件。(2)岩石或矿物形成后对于 ^{40}Ar 和 ^{40}K 是一个封闭体系,由 ^{40}K 衰变新生成的氩能全部保存在该岩石或矿物中而不外泄,这称为封闭条件。(3)大气中的氩对被测样品和测量装置的污染能得到校正。零初始条件和封闭条件是包括钾氩法在内的各种放射性测年方法所共同要求的。

因为 ^{40}K 的半衰期甚长,约 13 亿年,对于几百万年范围的古人类测年,Ar/K 是一个很小的、接近于零的数。因此对于晚于第三纪的样品,公式(3-1a)可作近似处理,简化为公式(3-1b),样品的年龄 t 正比于样品的 Ar/K 比值,如图 3-2 所示。

$$样品年龄\ t = \frac{1277}{\ln 2}\frac{Ar}{0.11K}\quad(百万年) \tag{3-1b}$$

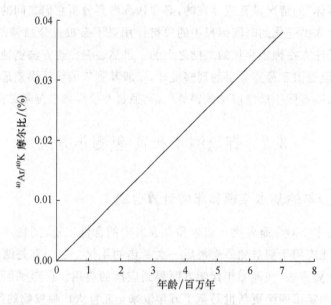

图 3-2　上新世和更新世样品的钾氩年龄 t 与样品中 ^{40}Ar 和 ^{40}K 摩尔含量比 Ar/K 的近似线性关系

由上面的讨论可知,钾氩法测年的技术要求在于准确测量样品的 ^{40}Ar 和 ^{40}K 摩尔含量比 Ar/K。钾氩测年技术经历了大致 3 个阶段的进步发展:(1)在钾氩测年方法发展的早期,曾使用原子发射或原子吸收光谱方法测量样品的钾含量,再将样品称重后在真空容器中加热,通过测量加热过程中释放的放射成因氩导致容器中气压的改变来测定 ^{40}Ar 的含量。显然,这种方法测量氩含量的灵敏度极低、误差大,只能测量古老的火成岩中含钾量高的矿物的年龄,无法应用于几百万年范围的古人类测年。(2)后来发展了 ^{38}Ar 同位素示踪方法,即将确定量

的 ^{38}Ar 作为示踪剂加入到已收集的由样品加热释放的气体中,再通过质谱仪测量 ^{40}Ar 和 ^{38}Ar 的峰面积比来计算样品加热释放的 ^{40}Ar 含量。这在相当程度上提高了测量 ^{40}Ar 的灵敏度,降低了钾氩法测年的下限年代。在上面两种测量技术中,K 和 Ar 都是分开独立测量的。此外还需要注意样品和测量设备是否有被大气氩的污染。目前地球大气中的氩有 3 种同位素按固定的丰度组成:^{40}Ar(99.6%)、^{38}Ar(0.06%)和 ^{36}Ar(0.34%)(顺便指出,当前大气中 ^{40}Ar 丰度高是因为地球形成以来地壳中的钾长期衰变使大气 ^{40}Ar 不断累积所致。在宇宙气体中 ^{36}Ar 的丰度比 ^{40}Ar 高很多,^{40}Ar/^{36}Ar=0.005)。如果样品被大气氩污染,那么所测得的钾氩年龄将偏高。因此需要用质谱仪分析样品加热释放的气体,如观察到存在 ^{36}Ar,就说明有大气氩的污染,需要根据 ^{36}Ar 的量来作相应的污染校正。上述的两种技术现在已基本被淘汰。(3)现在使用的是 ^{39}Ar-^{40}Ar 测年技术。

3.2.2 ^{39}Ar-^{40}Ar 测年技术

20世纪80年代末发展了一种新的钾氩测年技术,称为 ^{39}Ar-^{40}Ar 测年技术,或称氩-氩测年技术。这是先将被测年样品放入快中子反应堆中辐照,样品中一定数量的 ^{39}K 在快中子的轰击下发生原子核反应转化为 ^{39}Ar,所生成的 ^{39}Ar 数量正比于样品中钾元素的含量和样品吸收的积分中子通量,后者是可以标定的。辐照后再加热样品,样品中的 ^{39}Ar 和 ^{40}Ar 将同时析出,根据质谱仪测量的 ^{39}Ar 和 ^{40}Ar 的峰面积,可以直接换算出样品中 ^{40}Ar 和 ^{40}K 含量的比值 Ar/K,并计算得到样品的年龄。在 ^{39}Ar-^{40}Ar 测年技术中 ^{40}Ar 和 ^{40}K 含量是同时测量的,因此不需要对样品进行称重,减少了一个方面的测量误差来源。^{39}Ar-^{40}Ar 测年技术除测量灵敏度高外,更突出的优点是可以通过逐步升温技术来检验钾氩法测年的前提要求是否被满足。

所谓的逐步升温技术是对样品逐步分若干个温度段加热并分段收集气体,测量每一段气体的 ^{40}Ar/^{39}Ar 比值,并计算相应的表观年龄值,再建立表观年龄值和加热温度之间的关系曲线。对该曲线的分析可以帮助检验前述的三个前提要求是否满足,并得到更正确可信的测年结果。年龄-温度曲线可能出现以下 4 种情况:(1)如果三个前提要求全部满足,那么各温度段所给出的年龄值是相等的,该曲线将是一条水平线,称为坪,如图 3-3a 所示,所得年龄值应该是可信的。(2)如果样品或测年装置有大气氩的污染,那么除了在质谱测量时会观察到 ^{36}Ar 的存在外,低温段的年龄值可能偏高,因为作为污染物的大气氩在较低温度下就会析出,这时如果高温段依旧出现年龄坪(见图 3-3b),那么可以取高温坪段的年龄值作为样品的年龄。(3)钾氩测年的对象可以取火山岩的全岩,也可以从全岩中挑选特定的含钾矿物。不同的矿物在常温下对放射成因氩的保存能力是不同的,在常温下正长石和细晶石等矿物并不能很好地保存矿物晶体中所生成的氩,而多种云母、斜长石、角闪石和浮石等却是对氩封闭良好。因此用全岩样品测年时,有可能出现低温段年龄值偏低的情况,但高温段依然出现坪(见图 3-3c)。这种情况下高温段的坪年龄代表岩石样品的实际年龄。(4)如果"零初始条件"不满足,或者测年样品在形成后曾经历过复杂的变质或受热历史,年龄-温度曲线的形状会复杂化,往往缺乏明显的坪(图 3-3 未显示这类情况)。这种情况下对测年结果的解释需要十分慎重,也可能所采集的样品不适宜于钾氩法测年。

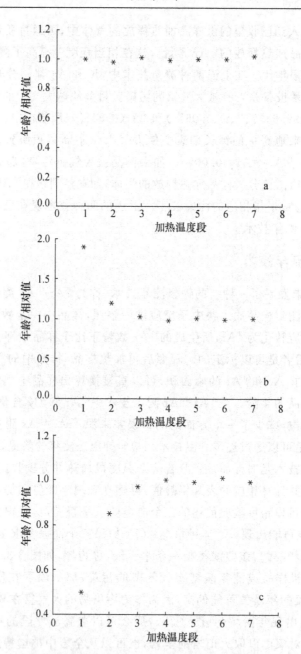

图 3-3 逐步加热氩-氩测年中岩石的表观年龄与加热温度间的关系曲线

a. 表观年龄与加热温度无关,坪存在于全部温度范围；b. 可能存在大气氩的污染,低温区的表观年龄偏高,坪仅存在于高温区；c. 全岩样品中可能含有对氩保存不良的矿物,低温区的表观年龄偏低,坪仅存在于高温区。坪区的年龄均代表样品的真实年龄

3.2.3 含钾单矿物的激光熔融 ^{39}Ar-^{40}Ar 测年

目前越来越多的实验室重视测量单矿物的激光熔融 ^{39}Ar-^{40}Ar 年龄。该种技术也称为微区熔样氩-氩测年,不仅本底信号低,适合于晚第三纪和第四纪年轻火山岩的测年,而且可以同时对岩石中的多种矿物或某种矿物的多颗晶粒进行测年,通过对多个测年数据的比较,获得更

可信、更精确的测年结果。

图 3-4 是激光微区熔样 ^{39}Ar-^{40}Ar 测年的流程图。其具体操作过程大致如下：选择新鲜、无风化的岩石标本，切薄片，抛光，清洗，快中子辐照（积分中子通量用一起辐照的参考样品来标定）。将标本放在图 3-4 所示测量装置的测量位置上，显微镜下将激光束聚焦于所选的矿物晶体上，使矿物熔融。激光束斑的直径从几十到几百微米可调。用液氮温度下的活性炭管收集矿物熔融时释放出的氩气，气体经纯化后导入质谱仪进行测量，数据处理系统给出样品的年龄值。

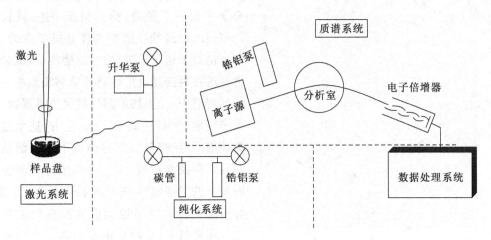

图 3-4 激光微区熔样 ^{39}Ar-^{40}Ar 测年的流程图（戴橦模等，1999）

3.2.4 钾氩法测年的应用实例和测年误差

本章的第一节已指出，钾氩法为研究东非地区人类进化过程建立时间标尺起了关键作用。在全球的其他地方，只要古人类化石或石器文化与火山喷发物之间有明确的地层关系，多数也是由钾氩法提供年代数据，例如前面所述测定爪哇莫佐克托小孩头骨的年代的例子。钾氩法测年的精确度甚高，对于 200 万年的样品，测量误差仅 2—3 万年。我国是一个发现甚多古人类化石和旧石器文化的地区，可惜没有哪一个古人类或旧石器遗址与同时代的火山喷发物有关联，无法应用钾氩测年方法而不得不依靠古地磁方法建立时间标尺。后者可信度和精确度是远低于钾氩法的。

随着质谱仪测量灵敏度的不断提高，钾氩测年方法已应用于 1 万年来全新世历史时期考古事件的测年。一个颇为有趣的例子是：Renne 等（1999）用钾氩法测定了导致罗马时代庞倍古城毁灭的维苏威火山的喷发年代，为公元 72 年，与维苏威火山喷发的真实年代（公元 79 年）相差仅 7 年，测年精确度优于 ^{14}C 测年方法。

3.3 裂变径迹测年方法

在建立东非古人类进化年表的研究中，裂变径迹测年方法是钾氩法的重要补充，起到了佐证作用。裂变径迹方法测年的对象是火山喷发物中含铀的矿物，如锆石、云母、榍石和磷灰石等，也包括含铀的玻璃质物体，如黑曜石等。测年的结果代表这类矿物和玻璃形成或最后一次受热事件以来的年龄。

3.3.1 原理与技术

裂变径迹法测年的原理如下：含铀矿物晶体或玻璃中的铀同位素^{238}U的原子核不仅进行α衰变，而且有一定的概率自发地裂变为两个质量大致相等的碎片。裂变过程中释放出的巨大能量使得两个碎片以相反的方向高速运动，高速运动的裂变碎片强烈的电离作用导致其运动路径周围的介质受到损伤，因此裂变碎片在介质中留下了径迹，称为裂变径迹，其长度在5~20 μm。这些径迹的直径是极细微的，即使在显微镜下也不易观察到，属潜径迹，但如果将含有潜在裂变径迹的矿物或玻璃浸泡在一定的酸碱溶液中，受损伤的部位将优先被腐蚀，这样径迹变粗，直径达到100 nm左右，这个过程称为蚀刻。经蚀刻后，在显微镜下可以清楚地观察到这类裂变径迹，而且可以统计在单位视野面积下的径迹数目，并计算径迹密度ρ_s。图3-5显示磷灰石矿物经蚀刻后的裂变径迹显微照片。在常温下，矿物中潜在的裂变径迹可长期地保存，但在高温情况下（例如在500 ℃以上），介质受到的损伤可以部分或全部的修复，造成径迹衰退和消失。

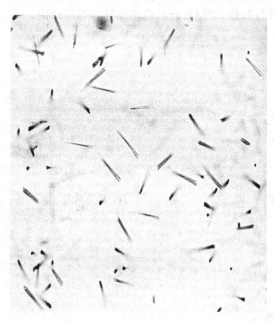

图 3-5 磷灰石的自发裂变径迹照片（郭士伦提供）

含铀矿物形成后，因铀的不断衰变，其中的裂变径迹作为衰变产物，其数量将按照公式(10-25)的规律随时间不断增长。因为铀的半衰期比所测矿物颗粒的年龄长很多，径迹密度ρ_s近似地与矿物的年龄t成正比，当然ρ_s也与矿物的铀含量成正比。矿物的铀含量可以通过将样品放入热中子反应堆后，测量样品中由热中子引起的^{235}U的诱发裂变的径迹密度ρ_i来确定。这样裂变径迹法测年的公式为

$$t = \frac{T_{1/2}}{\ln 2}\phi I\sigma\left(\frac{\rho_s}{\rho_i}\right) = \frac{T_{1/2}}{\ln 2}J\left(\frac{\rho_s}{\rho_i}\right)(年) \quad (3\text{-}2)$$

式中$T_{1/2}$为^{238}U自发裂变的半衰期，其精确测量较为困难，目前多数研究者使用Fleischer等1964年的测量值$T_{1/2}=1.00\times 10^{16}$年。$\phi$，$I$和$\sigma$分别为热中子积分通量，^{235}U相对于^{238}U的同位素丰度比和热中子诱发^{235}U原子裂变的截面，其中I和σ是常数，ϕ由热中子照射条件所决定，可以实验测定。这3个量的乘积可用仅与照射条件有关的参数J表示。因此，在固定的中子辐照条件下，只要测量自发裂变与诱发裂变的径迹密度之比ρ_s/ρ_i，就能计算矿物样品的年龄t。

3.3.2 测量误差与应用

20世纪中叶，径迹密度是在光学显微镜下肉眼观察和测量的，这是非常辛苦和费时的工作。后来显微镜的视场传输到荧光屏上，并配置了自动扫描、搜索和记录功能，显著提高了工作效率。裂变径迹法和钾氩法都是以火山岩为测年对象，但一般情况下前者的测量误差要大于后者。裂

变径迹测年主要有以下三个误差来源：(1) ^{238}U 自发裂变的半衰期太长，其精确测定目前还有困难，因此会带来系统误差。(2) 潜在的裂变径迹有可能在样品的存在期间，因受热或风化等因素而部分衰退，因此实际测得的裂变径迹年龄有可能偏低。目前发展了一种对样品逐步加热使自发裂变与诱发裂变径迹同时人工逐步衰退的方法，来观察裂变径迹年龄与加热温度是否有关。与图 3-3 的钾氩法相似，通过观察年龄-温度的关系曲线是否出现"坪"来验证自发裂变径迹是否有衰退和所测年龄值的可靠性。另外，也可以通过比较自发和诱发径迹数相对于径迹长度的分布，来检验自发裂变径迹是否有部分衰退以及对所测年龄值作校正。(3) 裂变径迹测年方法的误差还依赖于所统计的径迹总数。径迹的数目服从统计学中的泊松分布，如果仅统计了 100 条自发裂变径迹，那么年龄值将有 10% 的相对统计误差。统计误差属于随机误差，可以通过增加测量径迹的数目而降低(见 10.7 节)。如果测量统计了 1000 或 10 000 条径迹，那么年龄的相对统计误差降低到约 3.3% 或 1%。统计误差也限制了裂变径迹方法的最低可测年龄。如果规定至少需统计 100 条径迹为下限，那么对于一个含铀量为 5 ppm 的矿物，其最低可测年龄为 2 万年。当然随测年技术的进步，裂变径迹测年的精确度也在不断的提高。

在测定东非的奥杜威和肯尼亚的库彼福拉两个最重要的古人类遗址年代的研究中，裂变径迹方法为钾氩年龄的可靠性作了验证。发现有南猿鲍氏种化石的奥杜威下部 Bed I 地层序列中编号 Tuff-IB 的凝灰岩层的钾氩年龄为 179±3 万年，其裂变径迹年龄为 203±28 万年，后者虽误差稍大，但钾氩年龄包含在裂变径迹年龄范围之内。在库彼福拉，直接覆盖 1470 号能人头骨并含 KBS 石器工业的凝灰岩的年代，因曾有争议而多次重复测量，最终钾氩年龄定为 188±2 万年(McDougall, 1985)，而裂变径迹年龄为 187±4 万年(Gleadow, 1980)，两者符合十分良好。在我国，郭士伦等(1980)从周口店猿人遗址的用火灰烬层中挑选榍石矿物作裂变径迹测年，测得该遗址第四层和发现第一个猿人头骨的第十层的年代分别为 30.6±5.6 万年和 46.2±4.5 万年。裂变径迹方法还曾对巴基斯坦北部 Riwat 附近旧石器地层中的锆石进行测年，为 160±18 万年(Johnson, et al, 1982)。这个年龄值得到古地磁测年数据的支持，表明人属成员在南亚的出现比东非并不晚很多。

在某些粗粒的陶器中可以找到锆石。陶器的烧制达到 800 ℃以上的高温，锆石中原有的地质时期累积的裂变潜径迹将被退火消失，这相当于时钟的置零。锆石的含铀量甚高，达 100～1000 ppm，在陶器烧成后的几千年中，锆石中会重新积累起相当数量的裂变径迹。测量锆石中的径迹密度，就可以计算得到陶器的烧制年龄。当然陶器裂变径迹测年的统计误差可能较大，但它可以与陶器的热释光年龄互校。在 18 世纪欧洲曾用铀的氧化物作为玻璃的着色剂，这类黄色的玻璃中的铀含量可达百分之几。裂变径迹法测量这类玻璃生产年代的下限可达几十年，对于某些其生产年代已知的含铀玻璃，裂变径迹测年的结果与玻璃生产年代非常接近。

3.3.3 α径迹测年方法

含铀的矿物和玻璃中，除存在裂变径迹外，也存在有因铀原子 α 衰变而产生的 α 径迹。α 径迹的数目也是与矿物的年龄和含铀量成正比，也可以经酸碱蚀刻变粗而在显微镜下观察计数，并计算矿物的年龄。在同一个样品中，α 径迹的密度显著高于裂变径迹密度，因此 α 径迹测年的灵敏度、其可测年代下限均应优于裂变径迹测年。但是 α 径迹比裂变径迹短很多、细很多,观察时与矿物晶格的某些缺陷不易区分,此外样品蚀刻前潜在的α径迹的稳定性也远不如裂变径迹。鉴于这些问题,α径迹测年技术目前尚不成熟,仍处于研究阶段。

3.4 古地磁测年方法

地磁测年方法包括古地磁测年和考古地磁测年两种方法,本节将介绍前者。

古地磁测年方法不是像碳十四(^{14}C)、热释光和钾氩等方法那样用以测定某个具体样品的年代,而是为连续堆积的地层剖面提供粗略的、大致的年代范围。严格地说,它也不是像同位素测年方法那样独立地给出绝对年龄值,而是一种基于与标准(地磁极性年表)对比的某种"比较年代"测年方法。对于建立东非古人类进化年表,它的作用最多是辅助性、旁证性的,但我国的早期古人类和旧石器年表的建立主要是基于古地磁测年。

3.4.1 地磁场的反转和地磁极性年表

实际测量表明,地球的磁场基本上是一个"地心轴向偶极子场",即地球的磁场好似是由处于地心、基本上沿地轴方向的一根磁棒所产生的。地磁北(南)极的位置靠近地理南(北)极,但并非完全一致,两者相距1000 km左右,并在后者附近移动。现代地表各地的地磁场方向都是指北的,但是在地球历史上地磁场曾经经历过多次180°的反转,即也曾有过地磁场指南的时期。目前不知道地球磁场的产生和发生反转的原因和机制,但对地磁反转的历史却已比较清楚(见图3-6)。它表现为大致100万年周期的指南指北交替。距今78万年(90年代前曾定为73万年)以来的绝大部分时间内,地磁场是指北的,这段时段称为布容正极性期。78—250万年间地磁场绝大部分时间指南,称为松山反极性期。250—340万年是高斯正极性期。再早是吉尔伯特反极性期。布容、松山、高斯和吉尔伯特等都是对地磁场研究作出了重要贡献的科学家。但是在每段极性期间也曾发生过若干次延续时间从几万年至约20万年不等的短期极性反转事件,称为地磁极性亚期或极性事件。例如在布容正极性期间,距今10.4—11.7万年曾发生短时期的地磁极性反转,称为布拉克负极性亚期(图3-6上未标出)。于松山反极性期间的90—105万年和178—200万年间地磁场却是正向的,分别称为贾拉米洛和奥杜威极性亚期。极性亚期也属于全球同步的事件,它们是以最早发现短期极性反转的地点来命名的。图3-6显示了近200多万年来各个地磁极性期和极性亚期的顺序和它们发生的时间。这张图

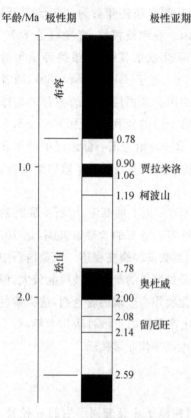

图 3-6 地磁极性年表图,图的最下部早于 259 万年的黑色部分为高斯正极性世期段

称为地磁极性年表,它是古地磁方法测量地层剖面年代的标准。此外,在个别地方的地层中还曾观察到延续时间更短的,譬如说几千年的地磁反转事件,例如布容正极性期的哥德堡事件(约1.2万年)、芒果湖事件(约3万年)、拉尚事件(3—4.5万年)等等,松山期中的吉尔萨事件(约158万年)和"X"事件(约231万年)等。但这类更短时段的地磁反转不一定能为其他地点地层剖面的磁性研究所发现和证实,也可能并不是全球性的事件。这类事件往往没有得到公认,被称为地磁极的漂移,它们在图3-6的地磁极性年表中也未予标注。

上面描述了地球磁场反转的序列,但并没有讨论多次地磁反转的时标是怎样刻的,这将在3.4.3小节中介绍。

3.4.2 岩石和沉积物的剩余磁性

在讨论地磁极性年表是怎样建立前,需要先介绍岩石和沉积物的剩余磁性。剩余磁性大致可分为下列若干种:(1)热剩磁(TRM)。岩浆等火山喷发物中均含有大量不同粒径的磁性矿物。当温度很高,高于居里温度时,热运动使得这些矿物颗粒是随机排列的。但当岩浆逐步冷却时,它们将按照冷却时的地磁场方向排列。因此冷却后的火山喷发物,如玄武岩、凝灰岩等是带有磁性的,称为热剩磁。岩石的热剩磁记录了冷却过程中岩石所在地的地磁场方向。相对其他剩磁而言,热剩磁很强,而且非常稳定。(2)沉积剩磁(DRM)。粉尘中也带有铁磁性物质,它们在大气、海洋、静水的湖泊里缓慢沉降过程中,会顺着沉降地点当时的地磁场方向排列,因此黄土类风积物、深海沉积物和湖相沉积物等也都带有剩余磁性,称为沉积剩磁,并记录了沉积地点当时的地磁场方向。相对于TRM,DRM磁性弱且稳定性差。(3)沉积后剩磁(PDRM)。如果沉积物表层的粉尘颗粒依然有活动的空间,例如表层处于泥浆状态,那么铁磁性的微粒将按沉积后的地磁场定向。PDRM剩磁记录的不是沉积当时,而是沉积后成岩过程时的地磁方向。PDRM形成的时间会稍晚于沉积年代。(4)化学剩磁(CRM)。沉积物如果处于缺氧的还原环境下,沉积物中的赤铁矿物质将转化为磁铁矿物质,此外某些厌氧细菌也能帮助磁铁矿的形成。黄土剖面中的古土壤层因有机物降解造成的还原环境会导致CRM的形成。因此古土壤层的磁性显著高于黄土层的磁性,黄土剖面中古土壤记录的应该是成壤过程时当地的古地磁方向,时代可能稍晚于沉积过程本身的年代。黄土剖面中古土壤层记录的剩磁主要是DRM还是PDRM或CRM,目前学术界有争论,但它关系到我国黄土地层年表的精确标定(Zhou, et al, 1999)。(5)粘滞剩磁。岩石或沉积物长期处于现代地磁场的环境下,会获得与现在地磁场方向一致的磁性,称为粘滞剩磁。粘滞剩磁的存在会干扰对地层沉积过程中所获得的DRM,PDRM和CRM的准确测量。为此在古地磁测年工作中要对所采集的样品先作退磁处理,以清除后期产生粘滞剩磁的影响。

3.4.3 地磁极性年表的时间刻度

图3-6所显示的地磁极性年表是全球适用的,Cox等(1963)首先提出了第一个地磁极性年表,并不断得到修正。地磁极性年表主要是依据三方面的研究资料建立的。(1)玄武岩是岩浆冷却而成,它记录其冷却时的地磁极性(稳定的热剩磁),玄武岩又适宜于钾氩法精确测年。因此测量连续堆积的玄武岩各层的剩磁极性和钾氩年龄,就能确定地磁极性随时间变化

的规律。(2) 在太平洋和大西洋洋脊两边的洋底,可以观察到其剩磁极性正负相间的条带。上地幔的岩浆从洋脊处不断涌出向两边扩张,形成新的玄武岩质的洋底,并记录了当时的地磁场方向。因为全球性地磁极性的周期性反转,洋脊两边新形成的洋底的剩磁从洋脊往外形成了左右对称、正负相间的条带状,记录了全球性地磁极性反转的历史。新的玄武岩质的洋底的形成年龄可以用钾氩法或氩、氩法测定。(3) 深海沉积是一个连续不断的平稳过程,深海钻孔岩柱的沉积剩磁 DRM 也记录了全球地磁极性反转的历史。深海岩柱的沉积年龄可以通过天文学时间标尺来刻度,因为深海岩柱保存了全球性气候变化的记录,这个记录可以根据深海岩柱中有孔虫残体的 $\delta^{18}O$ 值来解读。而全球性气候变化的时间标尺可以根据地球运行轨道参数的周期性变化计算而得到(见 3.9 节)。此外深海岩柱上部地层的年龄也可以用不平衡铀系方法测量(见 3.6 节)。

3.4.4 肯尼亚库彼福拉遗址和我国巫山龙骨坡遗址的古地磁测年

了解了全球地磁极性反转的历史,即建立了地磁极性年表,就有可能对堆积时间很长、沉积很厚、未曾发生过沉积间断的地层作古地磁测年。为此需要对地层剖面分层采样,并测量每一层样品的剩磁方向,就得到该剖面整个沉积过程时间内所记录的地磁场反转序列,这称为该地层剖面的磁性地层。将剖面的磁性地层与地磁极性年表对比就能给出该地层剖面的年代框架。当然采样过程要按照一定的规则,例如需要给样品标志编号、层位、现代的地理正北方向、地层剖面是否有沉积间断和采样点地层的产状等。采样工作要有专业人员参加,样品剩磁的测量是在实验室专门的仪器上实现的。

图 3-7 显示了库彼福拉地点的磁性地层与标准地磁极性年表的对比。肯尼亚特卡纳湖西岸的库彼福拉是一个重要的早期古人类和旧石器遗址。这里堆积约 450 m 厚的上新世-更新世沉积物,其中夹杂有多层凝灰岩层,包括出 1470 号能人和 KBS 石器的 KBS 凝灰岩层。古地磁测量表明 KBS 凝灰岩层对应于地磁的正极性时期,处于两段负极性时期之间。研究者(Hillhouse, et al, 1986)认为 KBS 凝灰岩层与奥杜威正极性亚期(178—209 万年)相当,因此 KBS 凝灰岩层的古地磁测年结果是与该地层的钾氩年龄(188 万年)和裂变径迹年龄(187 万年)是相符的。古地磁测量不支持早期对 KBS 凝灰岩层测得的约 250 万年钾氩年龄,因为 250 万年左右的地磁极性应该是负的,而 KBS 凝灰岩层的剩磁极性是正向的。由图 3-7 可见,库彼福拉的地层堆积过程曾有两段沉积间断,一定程度上这会影响剖面的磁性地层与标准地磁极性年表的对比。

我国巫山人化石的年龄也是通过古地磁测年方法确定的。20 世纪 80 年代中叶在重庆巫山大庙的龙骨坡发现了一个残破的带有两颗牙齿的下颌骨和一枚上门齿化石(黄万波等, 1991)。黄万波等鉴定为人属的直立人种,但有的人类学家认为该下颌骨并不属于人科。与"人"化石同层位也出土有石器(对此也有一些争议),相应地层中还出现了相当数量的早更新世的动物化石。图 3-8 显示了龙骨坡地层剖面剩磁的磁偏角 D 和磁倾角 I 随深度的变化,由此建立该剖面的磁性地层。黄万波将该剖面的磁性地层与地磁极性年表相对比(见图 3-9),认为"这个磁性地层柱子是负向极性占着主导地位,它应属于松山负向极性期。在这个磁性地层柱子中显示出的几个正向极性,它们自上而下可以依次与奥杜威正向极性亚期、留尼旺-I 和留尼旺-II 正极性亚期相对应"。这样出"人"化石的层位应与留尼旺-II 相对应,其年代为

201—206万年。

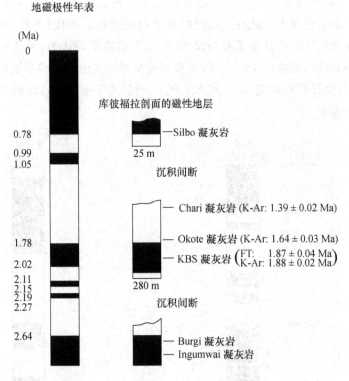

图 3-7 肯尼亚库彼福拉古人类遗址的古地磁测年（Wagner，1995）

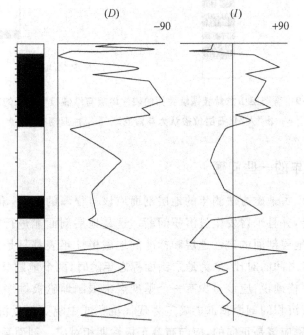

图 3-8 重庆巫山龙骨坡遗址剖面地层剩磁的磁偏角(D)和
磁倾角(I)随剖面深度的变化曲线以及该剖面的磁性地层

如果对巫山下颌骨的种属鉴定和测年结果均正确,那么巫山人是比元谋人、比印尼爪哇岛的莫佐克托人更早的东亚直立人化石,它甚至比东非的直立人还要早。这将改变"人属的早期成员诞生于东非"的主流观点。此外这也将把早更新世的起始年代(下限)推前到早于200万年(目前对早更新世的下限年代也是有争议的,国际上多数学者认为,早更新世的起始年代应该与奥杜威事件相对应,距今约180万年;而我国地学界的主流意见将早更新世的底部与松山和高斯极性世间的交界面相对应,距今约250年)。当然关于巫山的古地磁年龄仍有一些不确定的、值得探讨的因素。

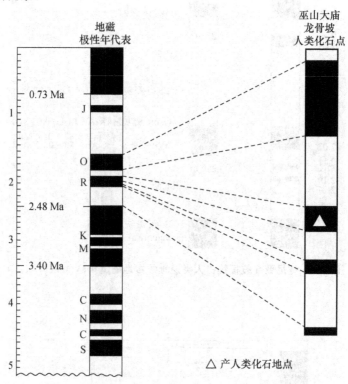

图3-9 重庆巫山龙骨坡遗址坡面的磁性地层与地磁极性年表的对比,出"人"化石层位被认为与留尼旺-Ⅱ极性亚期相当

3.4.5 古地磁测年的一些问题

前面已指出,使用古地磁方法测年的地层剖面应该有很厚的堆积,堆积的时间非常长,记录了多次地磁的反转,并且未曾发生过沉积间断。这是地层剖面能进行古地磁测年的基本条件。此外还需强调,地层剖面的磁性地层和标准的地磁极性年表都只是地磁正负极性相间交替的序列。通过两者之间的对比,来为地层剖面标志年龄时,两个地磁极性序列原则上是可以上下滑动的。因此严格地说,应该至少有一个基准点来限制地磁极性序列对比过程中的上下滑动。如果一个连续沉积的剖面顶部能确定为现代沉积或中晚更新世沉积,这就是一个基准点,该剖面顶部的剩磁应该是正向的,应与布容正极性期相对应。剖面某个层位的同位素年龄也同样可以作为对比时的基准点。对于巫山龙骨坡剖面,缺乏这样一个同位素年龄基准点,这

里可供参考的"基准"是地层中的动物群化石,它们应属于早更新世。

古地磁测年在建立我国早期古人类和早期旧石器考古年表方面起到了决定性作用。因为前面已提到在我国所有的早期古人类和旧石器遗址中均没有发现有同期的火山喷发物共存,无法进行钾氩测年。这些遗址的年代范围也超出了不平衡铀系的最大可测年限,因此古地磁测年方法是目前唯一可能的选择。我国的元谋人、蓝田人、巫山"人"、泥河湾石器地层等地点的年代都是主要靠古地磁方法测定的。但我们也应清楚地认识到,古地磁年龄在缺少可靠的基准点时,其可靠性需要进一步验证。

3.4.6 古地磁测年和考古地磁测年的区别

古地磁测年和考古地磁测年是两种不同的测年方法。在英语中分别称为 Palaeo-magnetic dating 和 Archaeo-magnetic dating。后者主要是测量几千年范围的历史时期曾经被火烧过的考古遗物的年代,如砖、瓦、陶瓷器、窑炉残体以及被火烧过的建筑物残存等的年代。其原理是基于每一地区的地磁三要素:倾角、偏角和地磁场强度随时间的变化规律。考古地磁测年与研究人类进化完全无关,我们将在第四章简要介绍。

3.5 中更新世时段的人类进化和研究现代人起源的时间标尺

3.5.1 中更新世各大洲的直立人和早期智人

中更新世开始于距今 78 万年,相当于古地磁极性年表中布容正极性期和松山负极性期的交界。进入中更新世后,在旧大陆的欧、亚、非三洲几乎到处(除北方的高寒区外)都生存着直立人,而且也仅有直立人生存。除在非洲的东、南和北部继续有相当数量的直立人化石被发现外,在欧洲发现直立人化石的地点有英国的 Swanscomb、西班牙的 Atepuerca、法国的 Arago(称为 Tautavel 人)、德国的 Mauer(称为海德堡人)、Ehringsdorf 和 Steinhaim 等地,还有东至匈牙利的 Vertesszöllos 和希腊的 Petralona 等。在亚洲有印度尼西亚的 Trinil、Sangiran 和昂东、印度的 Narmada 以及我国的蓝田、郧县、周口店和和县等地。因为中更新世时期在旧大陆直立人和古智人化石数量众多、分布广泛,王幼平(2005)把这一时期称为"繁荣的中更新世"。

旧大陆各大洲直立人的总体形态有明显的相似性,但也各有其特点。例如亚洲直立人的头骨(以北京猿人为代表),与非洲和欧洲的材料相比,表现出较明显的矢状脊、角圆枕、颧骨较宽和鼻骨扁平等特征。人类学家对这些差别的意义有不同的认识,多数人认为是同一物种内部的地区差别,属亚种级的差别,另一种意见却认为是两个不同的种,把非洲和欧洲的直立人称为"匠人"或海德堡人种。我国的学者一般支持前一种观点。

中更新世直立人的形态是不断进步演化的,逐步进化为智人。早期的直立人具有更多的类似于能人的原始性状,而时代愈晚的直立人愈接近智人。例如以平均脑量而言,直立人为 1000 毫升,能人为 700 毫升,而智人为 1400 毫升。由于人的进化是逐步渐进的,晚期的直立人和最早期的智人间有时很难明确区分。不少学者将欧洲的 Tautavel 人和 Petralona 人化石归类于早期智人或古智人。印尼的昂东人因头骨粗厚等特征被归类为直立人,但昂东人的测年结果才 13 万年甚至更晚。另一个例子是归类于直立人的郧县人头骨化石,其 ESR 年龄为 58±9 万年、古地磁年龄为 83—87 万年,却观察到某些进步的属古智人的特征。人类学家不仅对某些化石的归类有分歧,而且对于直立人向智人的过渡也有不同的观点。一种意见认为直立人和智人是人属的两个不同的种,而年代学数据表明,直立人种和智人种在距今约 40—20 万年间曾经共存。另一种意见认为,直立人和智人并没有"物种"水平上的差别,而是同一人种进化的不同阶段,建议把直立人归入智人种。

3.5.2 解剖学现代人的出现

中更新世的晚期,人类的演化进入一个关键的阶段,即晚期智人的出现。由于晚期智人在解剖学上与现代人之间已观察不到明显的差异,因此晚期智人也称为解剖学上的现代人,或简称现代人。目前最早的晚期智人化石发现于南非的 Borders Cave 和 Klasies River Mouth,东非埃塞俄比亚的 Omo Kibish I 等遗址。它们都在非洲,距今 13—11 万年。此外在西非摩洛哥的 Jebel Irhoud 还发现了几具距今约 19—12.5 万年的、具有某些现代人特征的古智人化石。关于全球现代人的起源存在两种对立的观点:一种以 Stringer 为代表,认为全球现代人都是非洲晚期智人的后代,而后者是非洲的直立人进化而来的,欧亚大陆早期人类的后裔都已灭绝,被来自非洲的晚期智人所替换。这一学说称为现代人非洲单一起源说,或称"非洲夏娃"理论。另一种观点以 Wolpoff 和我国的吴新智为代表,他们认为欧、亚、非洲各地早期的人种先后独立进化成现代人,在这个过程中各地人种之间不断进行着基因的交流,从而使得现代各种族的人依然组成单一的物种。这一学说称为多地区连续进化说。这两种学说间的争论是当前人类学研究的热点之一。

3.5.3 关于尼安德特人

关于现代人起源的争论,涉及距今 10—3.5 万年间曾生活在欧洲和西亚的一种形态上较为特殊的人,称为尼安德特人,或简称尼人,这是根据 1856 年发现于德国杜塞尔多夫的尼安德特河谷的化石而命名的。

尼人体态矮而粗壮。前额后倾,头颅低而长,向两边鼓出,特别是枕骨后面有鼓瘤,因此脑量大(平均达 1520 毫升),眉脊粗壮,脸中部突出而下腭后倾(俗称没有下巴)。尼人化石在德国、法国和西班牙有众多的发现。根据尼人生存的时代,其总体解剖形态和所创造的莫斯特文化,他们无疑应该归入智人种。但是西欧的尼人(称为典型尼人),在解剖形态上与现代人的确有明显的差异。还因为德国著名的人类学家 Marcellin Boule 丑化尼人的复原画像曾广泛流传,欧洲的人类学家,甚至一般公众一直都不愿意接受尼人是现代欧洲人的祖先,他们提出尼人是人类进化谱系中绝灭的旁支。但是也有不同的认识,认为西欧尼人体态粗壮和脑袋硕大等特征是为了适应西欧末次冰期时寒冷的环境,而在中东和西亚发现的尼人化石就不如西欧的尼人那么典型,其形态与现代人较为接近。

20 世纪 80 年代中更新世测年技术有了相当大的发展,主要是不平衡铀系测年(U 系)、释光测年[包括热释光(TL)和光释光(OSL)]以及电子自旋共振测年(ESR)等 3 种测年技术。已经较为精确可靠地测定了一些尼人和解剖上现代人遗址的年代,这些年代数据为研究尼人与现代人关系以及现代人起源提供了新的论据。这里特别要提到地中海东岸现今以色列境内的几个遗址。它们是尼人遗址 Tabun 和 Kebara 以及晚期智人遗址 Qafzeh 和 Skhul。这 4 个遗址彼此相距不远,在几十千米范围内。Tabun 和 Kebara 都是从 20 世纪 30 年代开始就一直进行发掘,出土了重要的尼人材料,例如 Kebara 的尼人骨架几乎是完整的,是一个最粗壮的骨架,其下颌上还保存有可用以研究尼人语言能力的舌骨。这两个遗址的人化石都是与莫斯特石器共存。Qafzeh 和 Skhul 是两个洞穴遗址,分别出土有 21 个和 10 个个体,虽然他们在一定程度上也呈现某些尼人的特征,也伴有莫斯特石器,但根据他们的体质形态被分类为现代智人。20 世纪 80 年代以前,考古学家和人类学家都认为 Tabun 和 Kebara 遗址在时代上应早于 Qafzeh 和 Skhul 遗址,后者是前者的继承和进化。但是对这 4 个遗址年代的实际测量改变了这种认识,表 3-1 列出测年结果。热释光方法测量的是燧石工具的制作年代,因为古人在制作燧石工具时往往先用火烧燧石原料(释光测年的置零)。铀系方法以动物的骨、牙化石和遗址地层中的碳酸盐沉积物为测年对象。动物牙化石的年代也可以用 ESR 方法测量,铀系和 ESR 测年结果常用一个年龄区间来表示,区间的上下限分别表示铀的早期加入模式和线性加入模式年龄,后者一定早于前者(见 3.6 节)。

表 3-1 Tabun, Kebara, Qafzeh 和 Skhul 等遗址人化石层位的测年结果

遗址名和化石类属	测年方法和结果(万年)		
	TL	U 系	ESR
Tabun(尼人)		5—10.5	(7±1)—(13±4)
Kebara(尼人)	6.0±0.4		6.2±0.8
Qafzeh(现代人)	9.2±0.5		9—12
Skhul(现代人)	11.9±1.8	10±0.5	(8±1.5)—(10±1.2)

表 3-1 中 3 种方法对同一遗址的测年结果是互相吻合的,其令人震惊之处是,Qafzeh 和 Skhul 等现代人遗址竟早于尼人遗址。由此提出一种观点,认为现代人在西亚的最早出现要早于尼人在西亚的最后消亡,这两种人种在西亚曾在几万年内长期共存并生殖隔离。因此尼人不可能是现代人的祖先,而被认为是人类进化谱系上一个绝灭的旁支。西亚以色列古人类遗址的测年结果改变了原先"尼人可能是欧亚大陆西部现代人祖先"的看法,成为现在流行于西方的"现代人非洲单一起源说"的重要证据之一。

关于尼人与现代人的关系和现代人的起源至今依然是人类学的热点争议命题,本章后面各节将继续讨论。下面将先介绍不平衡铀系等 3 种中更新世的测年方法。

3.6 不平衡铀系测年方法

不平衡铀系技术是测量 60 万年以来地质和考古事件的一种重要测年方法。其测年的对象有动物骨和牙化石、地层中自生的碳酸盐、珊瑚和深海沉积物等。对于未风化和未重结晶的珊瑚和洞穴碳酸盐,铀系测年的精确度非常高。例如测量年龄为 100 年的珊瑚样品,2 个标准差(2σ)仅约±3 年。1 万年珊瑚样品的 2σ 为 30 年,10 万年样品的 2σ 约为 1000 年。洞穴碳酸盐的高精确度铀系年龄已被用来校正更新世年代范围的 ^{14}C 年龄(参见图 4-8)。铀系测年在第四纪环境研究中起到极为重要的作用。例如珊瑚的铀系测年提供了60万年以来全球海平面变化规律的时间标尺,而洞穴碳酸盐和深海沉积物中有孔虫的铀系测年结合氧同位素等气候标志物的测量,刻度了中、晚更新世冰期和间冰期多次交替的时标。铀系测年也是建立中更新世以来人类进化的时间标尺的主要手段之一(希望详细了解铀系测年的读者可参阅 Bourdon, et al, 2003)。

3.6.1 自然界的3个放射性衰变系

不平衡铀系测年方法是基于3个天然放射性衰变系,它们分别以长寿命的核素^{238}U、^{235}U 和^{232}Th 为衰变系的母体,分别称为铀系、锕系和钍系。图3-10列出了3个衰变系和有关的长寿命核素的半衰期 $T_{1/2}$。

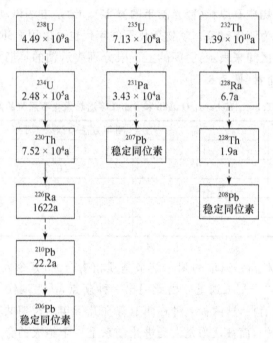

图 3-10　3个天然放射性衰变系,仅列出衰变系中寿命较长的子体(Wagner, 1998)

3个天然放射性衰变系中与不平衡铀系测年有关的核素是:(1) 铀系的^{238}U($T_{1/2}$=4468±5 Ma)、^{234}U(245.3±0.5 ka)和^{230}Th(75.69±0.23 ka);(2) 锕系的^{235}U(703.8±1.0 Ma)和^{231}Pa(32.76±0.22 ka)。这里3种子体核素(^{234}U、^{230}Th 和^{231}Pa)的寿命均与第四纪的年代跨度相当,因此有可能应用于第四纪测年。钍衰变系各子体核素的半衰期均很短(钍衰变系中寿命最长的子体核素为^{228}Th,其半衰期为1.9年),因此它们不能应用于第四纪测年。铀系测年的基础是基于^{234}U、^{230}Th 和^{231}Pa 分别与其母体间放射性平衡的破坏和重建。

3.6.2 铀系法测年的基本原理和前提条件

我们以碳酸盐沉积物和骨化石为例来说明^{230}Th 和^{231}Pa 测年方法的基本原理。在古老的含铀矿物中^{230}Th与其母体^{238}U,^{231}Pa与其母体^{235}U分别处于放射性平衡状态(见10.5.3小节)。但U和Th、Pa的化学性质不同,六价铀离子可溶于水而随地下水和地表水运移,而钍和镤的化合物是难溶于水的。因此新生成的碳酸盐沉积物,一般情况下仅含有来自地表水中的铀而不含钍或镤。活体动物的骨、牙等硬组织本身虽不含铀和钍,但在石化过程中因原有的有机质降解所形成的还原环境,使得周围环境水中的铀还原成四价而结合进骨、牙化石。因此这两种材料在初始时应该只含铀,而不含钍或镤。这是铀系法测年的第一个前提条件,也称为铀系法测年的"初始条件"。

铀系法测年的第二个前提条件:样品形成后组成一个封闭体系,即样品形成以后不再有铀的进一步加入,也不发生铀、钍和镤的析出。该条件也称为铀系测年方法的"封闭条件"。

如果上述两个前提条件成立,那么样品形成后,随着铀的衰变,样品中的^{230}Th和^{231}Pa会按照放射性衰变和增长的规律不断增长,直至与其母体^{238}U和^{235}U重新达到放射性平衡[参见公式(10-23)]。根据^{230}Th和^{231}Pa的增长程度,即根据^{230}Th/^{238}U和^{231}Pa/^{235}U的比值(放射性活度比或原子数目比,即摩尔比),就可以测定碳酸盐样品形成或骨、牙化石埋藏至今的年代。这两个比值分别给出两个独立的年龄值,分别称为被测样品的钍年龄和镤年龄。在满足上面两个前提假设下测量得到的年龄,称为早期加入铀系模式年龄。需要补充说明一

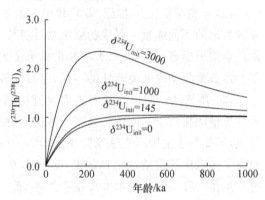

图3-11 铀系测年样品的^{230}Th/^{238}U比值与样品年龄之间的关系(以样品的^{234}U/^{238}U初始值为参数)

点,在碳酸盐和骨化石等样品刚形成时,它们的^{234}U和^{238}U同样不处于放射性平衡状态,即^{234}U/^{238}U放射性活度比一般是偏离1.000的。样品钍年龄的计算应该同时由^{230}Th/^{238}U(或^{230}Th/^{234}U)和^{234}U/^{238}U两个比值来决定,这里我们没有列出计算年龄的复杂公式,而给出样品的^{230}Th/^{238}U值与样品年龄之间的关系曲线图(以^{234}U/^{238}U为参数,见图3-11)。^{231}Pa/^{235}U值与样品年龄间的函数关系较为简单,用一般的指数饱和曲线描述[参见公式(10-25)]。

3.6.3 铀系法测年前提条件的检验

前面提到,铀系测年的样品必须满足"初始条件"和"封闭条件"这两个前提。初始条件对于骨、牙化石经常是满足的。自生碳酸盐样品如果纯净度差,样品形成时有碎屑物质带入,就可能有初始的^{230}Th带入样品。为此,碳酸盐样品的铀系测年需要同时测量样品的^{230}Th/^{232}Th比值,作为检验样品是否有初始^{230}Th带入的指示,并用已知的初始比值(^{230}Th/^{232}Th)$_0$等时线方法对钍年龄作相应的校正。

封闭条件对于未风化和未发生重结晶的碳酸盐样品(珊瑚、洞穴碳酸盐等)一般是满足的,但对于骨、牙化石样品很多情况下是不满足的,为此对于骨化石样品,必须同时测量其钍年龄和镤年龄,如果这两个年龄值在误差范围内一致,那么一般情况下可以认为,所测骨、牙样品是封闭的,所得铀系年龄值可信。如果这两个年龄值之间有明显差异,则表明所

测样品不是封闭系统,它不适宜于铀系测年,或者只能把测得的钍年龄看作为真实年龄的上限或下限。虽然测量样品镤年龄是较为费时而且其本身误差较大,但动物化石样品的铀系测年必须同时测量其钍年龄和镤年龄,以检验封闭性假设是否成立。否则钍年龄意义是不明确的。前提条件不满足时,铀系测年是会产生系统误差的,即使 ^{230}Th/^{238}U 和 ^{231}Pa/^{235}U 等比值被高精确度测定。

3.6.4 铀系测年法的三种技术

铀系测年主要是测量样品的 ^{230}Th/^{238}U(或 ^{230}Th/^{234}U)、^{234}U/^{238}U 和 ^{231}Pa/^{235}U 等比值。先后曾发展了三种技术来测量这几个比值。

(1) α能谱法。20世纪80年代中期前主要应用α能谱法,即通过测量这些放射性核素衰变放射出的不同能量α射线的强度来计算样品中这些核素之间的放射性活度比。在我国,中国科学院地质研究所、北京大学和南京师范大学等曾先后建立了α能谱铀系测年实验室,测量了相当数量我国古人类遗址的年代,但目前该技术基本上已很少被应用。

(2) 质谱法。质谱法是用质谱仪直接测量这些核素的摩尔比,这是20年前才发展的技术。质谱法相对于α能谱法具有灵敏度高、使用样品量少、测量时间短和测量精确度高等显著优点,因此是当前国际上铀系测年实验室普遍应用的技术。可惜在我国目前仅中国科技大学建立了热电离质谱铀系(TIMS-U系)测年技术(彭子成,1997),此外有的学者借用国外的设备进行工作。质谱铀系技术本身也在发展,除 TIMS-U 系外,新发展的多通道电荷耦合等离子质谱(MC-ICPMS)具有更优良的性能。表3-2列出α能谱、TIMS 和 MC-ICPMS 诸铀系测年技术之间性能的比较,可见质谱法,特别是 MC-ICPMS 显著优越于传统的α能谱法。

表 3-2　α能谱、TIMS 和 MC-ICPMS 等铀系测年技术的性能比较

	α能谱法	TIMS	MC-ICPMS
样品最少含铀量/μg	1～100	0.1～2	0.01～0.5
测量核素比值的相对误差 2σ/(%)	2～5	0.3～0.5	0.05～0.2
所需测量时间	几天～十几天	3～4小时	少于1小时

(3) γ能谱法。使用低本底γ能谱仪,通过直接或间接测量样品中 ^{238}U、^{234}U、^{230}Th 和 ^{231}Pa 诸核素衰变放射出的γ射线强度来测量核素间的含量比。其突出的优点是对样品的无损测量,可直接将珍贵的古人类化石作为测年对象,无须损坏样品。这对测定某些出土层位不清楚的古人类化石,例如著名的柳江人头骨化石等的年龄有特殊的意义。但是该方法测年的精确度远不如上述的两种方法高,特别是因为测量 ^{234}U 时,它的两条γ射线均被其他核素的更强的γ射线所覆盖,由此导入严重的误差。Schwarcz(1998)曾用γ能谱法测量了以色列 Tabun 遗址尼安德特人下颌骨的钍年龄为 3.4±0.5 万年,低于前面表3-1中其他方法测定的结果,看来这个下颌骨对铀并不是一个封闭体系。γ能谱铀系法对珍贵化石样品的无损测年是吸引人的,但测量精确度的提高尚需进一步工作,还不能确定其前景如何。

3.6.5 铀系法在建立中更新世古人类进化年表中的应用

铀系方法为建立60万年以来的古人类进化年表起了重要的作用,因为与人化石共存的动

物化石或者与人化石地层关系明确的自生碳酸盐都可以作为铀系测年的对象。另外3.8节中将介绍的电子自旋共振(ESR)测年方法往往也需要利用铀系测年的中间数据。前面表3-1所列的以色列的Tabun和Skhul等4个遗址的铀系测年结果曾为"现代人非洲起源说"提供重要的证据。曾用质谱方法同时测量Tabun和Skhul遗址中猛犸象的牙本质和牙珐琅质的年龄，这两种材料的铀含量相差甚大，但给出的年龄值却是相符的。由此McDermount(1993)认为，铀在猛犸象牙埋藏后很快就进入牙化石，而且封闭体系假设成立，Tabun和Skhul的早期加入模式的铀系年龄应该是可信的。

著名的希腊Petralona人头骨化石被认为属于直立人向尼人的过渡类型，其年代是通过对同层位的碳酸盐沉积物的铀系和电子自旋共振两种方法测定的。人化石被碳酸盐沉积物所包裹并附着于洞穴壁上。包裹物的含铀量太低，未能得到α能谱铀系测年结果，但根据地层关系和微量元素含量分析，包裹物应与该洞穴的第一层钙板同时形成，而包裹物的电子自旋共振测年为19.8±4.0万年，与第一层钙板的铀系年龄相符。第二层钙板的铀系测年结果大于35万年。由此Latham等(1992)认为，Petralona头骨年龄反映的直立人向智人过渡的时代应不晚于16—20万年。

本书的作者与同事们曾用α能谱铀系法测量了约20个我国古人类和旧石器遗址的年代，主要是以这些遗址中的动物化石为材料，并同时测量了样品的钍年龄和镤年龄以检验所测样品对铀的封闭性。根据铀系测年结果，并结合早更新世遗址的古地磁年龄和晚更新世遗址的^{14}C年龄，我们于20世纪80年代末，提出了我国古人类进化和旧石器考古的第一个年表(陈铁梅，1988；Chen，et al，1991)。20世纪90年代以来，沈冠军一直坚持我国古人类遗址的铀系测年工作，他除使用α能谱铀系法外，还与国外学者合作进行质谱铀系测年，并发表了不少遗址的年龄数据(沈冠军，2004)，包括一些可能早于6—10万年的晚期智人遗址的年代。沈冠军更偏重于采集遗址中纯净的碳酸盐沉积物作为测年样品，他认为骨、牙化石样品因可能对铀不封闭，其α能谱铀系年龄往往偏年轻。例如，对于周口店第一地点，沈冠军根据地层剖面中钙板的铀系年龄，认为北京猿人第一个头盖骨所在的第8层年代应为80万年(Shen，et al，2001)，比先前其他方法测年的结果(约45万年)为早。关于我国古人类年表的一些争论和问题，将在3.11节详细讨论。

3.7 释光测年方法

释光测年包括热释光(Thermoluminescence，简称TL)和光释光(Optical stimulated luminescence，简称OSL)两种技术。热释光测年的对象主要是陶器、砖瓦、炉壁、冶金用坩埚、金属器上残存的陶范和红烧土等曾经受加热历史的黏土质样品，也包括经过加热的燧石质工具，所测年代反映样品最后一次受热以来的时间。光释光测年的对象主要是各种沉积物，所测量的是沉积年龄，前提条件是要求沉积物在沉积过程中曾经经受充分的阳光照晒。释光的测年范围也许可达几十万年，目前低于15万年的样品的释光年龄的可信度较高。相对于^{14}C和质谱铀系方法，释光测年的误差较大，相对误差约为±10%左右。

3.7.1 热释光(TL)测年的原理和热释光的测量

热释光是石英、长石等透明矿物的磷光现象。将天然的石英等矿物快速加热(加热速度约 20℃/s),当温度超过 100℃后往往会发出微弱的光(图 3-12 曲线 a),这就是热释光现象。但是,如果对已加过热的样品第二次再加热时,在低于 400℃的温度范围样品不再发光,需要超过 400℃时才开始发光(图 3-12 曲线 b)。高温时石英的发光已不再是热释光,而是另一种物理现象,是与电灯泡发光原理相同的白炽光,即物理学上的黑体辐射。但是,如果用放射性射线去辐照已经过加热的石英矿物,那么被辐照过的石英再加热升温时,从 100℃开始又会发出微弱的热释光,而且辐照剂量愈高,样品释放的热释光也愈强,因此说,热释光是一种磷光现象。

磷光现象的物理机理是这样的:放射性辐照激发矿物中处于低能态的束缚电子,这些被激发的电子中的一部分会被矿物中因杂质和晶格缺陷所形成的电子陷阱所俘获。样品中电子陷阱随时间逐步被填充就是能量的积累过程。在常温下,电子陷阱中的被俘获电子是稳定的,可以存留很长的时间。加热过程使电子陷阱中的电子热运动加剧,并使其能逃离电子陷阱回到低能级的基态,其能量以发光的形式放出,称为热释光。粗略地说,样品的年龄愈老,其电子陷阱所俘获的电子数愈多,热释光的强度也愈高。石英矿物第二次再加热不再发光,是因为第一次加热已使所有电子陷阱中的电子都释放了,陷阱排空了。这个加热释放能量的过程也称为石英样品热释光信号的置零过程。

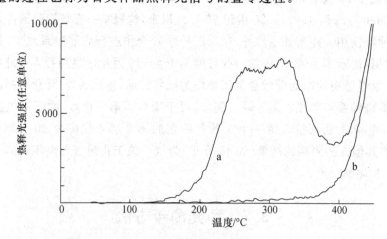

图 3-12 石英等矿物的热释光曲线图(Aitken, 1990)
a. 显示样品第一次加热时的热释光发光曲线;b. 是样品第二次加热时的
发光曲线,仅在高温段观察到样品的白炽光

微弱的热释光的测量需要用专门的热释光测量仪。热释光测量仪有一块电加热板,样品放在板上快速加热;另一个部件是光电倍增管,它探测样品在加热时释放的微弱的光,并转化为电信号输出。电信号输出强度随加热温度变化的曲线就是图 3-12 的曲线 a,这条曲线也称为被测样品的热释光曲线。曲线的峰高或一定温度区间曲线下的面积称为热释光强度。它正比于:(1) 样品加热时所发出的热释光光子的数目;(2) 样品的电子陷阱中的被俘获的电子数目;(3) 在一定条件下也正比于样品所接收的总辐照剂量[辐照剂量用戈瑞(Gy)作为测量单位]。因此根据热释光测量仪光电倍增管输出的电信号强度,可以测得样品自形成以来,或其最后一次受热以来所接收的总辐照剂量,也称为等效剂量、累积剂量或样品的历史剂量,经常用 AD 来表示。样品每年所接收的辐照剂量称为年剂量率 D,其计量单位是戈瑞/年(Gy/a)。如果被测样品的埋藏环境是固定的,那么 D 应该是一个常量。这样样品的年龄 T,或者更确切地说自样品最后一次受热以来所经过的时间 T,可以用下面的简单公式表示:

$$样品年龄 = \frac{累积剂量}{年剂量率} \quad (3\text{-}3a)$$

或者

$$T = AD/D \quad (3\text{-}3b)$$

由上面公式可知,样品年龄的测定归结于测量累积剂量和年剂量率。还需要指出,公式(3-3)不仅是热释光测年的基本公式,也是光释光测年和电子自旋共振测年方法中计算年龄的基本公式。

制作陶器用的陶土中富含石英和长石等矿物颗粒,而燧石是一种石英质的岩石。陶器烧制过程的高温,或古人打制燧石工具时先用火烧燧石,使陶土和燧石中的石英、长石等矿物在其地质时期所积累的能量全部释放了,可以理解为"时钟"置零。新烧制的陶器或新打制的燧石工具是没有热释光信号的,但随着时间的流逝,陶器(燧石工具)中的石英、长石矿物将受到陶器(燧石工具)本身物质和周围埋藏土中的天然放射性元素铀、钍和钾等所放出的 α、β 和 γ 等射线的不断辐照,能量开始积累,即"时钟"启动。烧制后所经历的时间越久,陶片(燧石工具)中石英和长石等矿物所接受的累积剂量越高,加热时放出的热释光信号也越强。这就是陶器和燧石工具热释光测年的基本原理。关于热释光测年的详细介绍可参阅相关书籍(王维达等,1997)。

3.7.2 累积剂量和年剂量率的测量

本小节以陶片为例,说明累积剂量和年剂量率是怎样测量的。热释光测年有细颗粒和粗颗粒两种技术,下面仅介绍细颗粒技术。首先将陶片夹碎,通过控制不同粒径的碎末在水中的沉降速率不同,挑选粒径为 $3\sim8~\mu m$ 的细颗粒。再使这些细颗粒均匀地沉降在很多 8 mm 的小铝盘上,就完成了样品的置备。上面的工作都是在暗室中避光操作的。

测量累积剂量有两种主要的方法:附加剂量法和再生法。

1. 附加剂量法

上述承载有样品粉末的小铝盘以 6~8 个为一组。第一组不进行辐照,其他各组用 β 放射源分别辐照不同的人工剂量 β_1、$\beta_2\cdots$。每组安排多个铝盘是考虑到每个盘承载的样品粉末量有一定涨落等因素,多盘测量求平均可降低误差。在热释光测量仪上测量每个铝盘的热释光增长曲线,测量数据平均后显示在图 3-13a 上(图中仅显示了未辐照样品 N 和一组辐照样品 N$+\beta$ 的释光曲线)。根据某一温度值时各曲线上的热释光强度 I_i 与对应的人工辐照剂量 β_i 作图,并线性(或指数)外推就可以求得累积剂量值 AD(图 3-13b 的 Q)。这称为附加剂量法测量 AD 值。在理想情况下,在一定的温度范围内,外推测得的 AD 值与测量温度是无关的,即对于各个温度值,由 I_i 和 β_i 关系外推求得的诸 AD_i 值应在误差范围内相等,称为能观察到"坪

(见图 3-13a 上的虚线)。"坪"的形状可以作为样品是否适宜于热释光测年的指示,如果诸 AD_i 值之间差别很大或 AD 值随温度变化,则该陶片的热释光年龄将难以确定、也不可信。

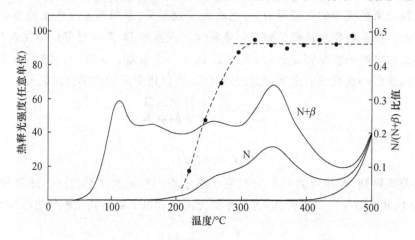

图 3-13a 样品的天然热释光曲线(N)和样品辐照人工剂量 β 后的
热释光曲线(N+β)(Aitken, 1990)

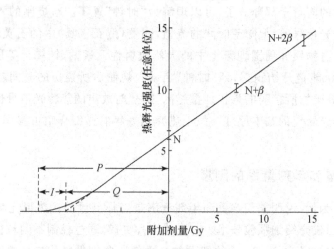

图 3-13b 人工附加计量外推法计算累积剂量值的示意图,
直线在横轴上的截距 Q 代表累积剂量值(Aitken, 1990)

2. 再生法

使用再生法测量样品的累积剂量原则上只需制备一片铝盘。先测量其天然热释光增长曲线,测量过程中的高温使样品完全退激,再多次辐照铝盘以不同的剂量并重复上述的测量过程。确定一个温度值,画出该温度值时释光强度对应于辐照剂量的曲线(图 3-13c 中的虚线)。因为该铝盘在辐照前已先测量了原始的热释光增长曲线,各温度值时的原始释光强度是已测量的。这样,对应图 3-13c 的曲线可以确定该温度值时样品的累积剂量(本例是 60 Gy)。再生法可以在多个温度值下测量累积剂量值,并考察所测的累积剂量与测量温度是否有关,即检验是否存在"坪"。这种单片测量技术在光释光测年中应用较普遍。

年剂量率 D 主要根据来自陶片本身和样品周围埋藏土中铀、钍、钾等元素的放射性辐射强度进行计算,此外宇宙射线对年剂量率也有少量贡献。放射性辐射有α,β和γ三种,它们在陶瓷样品中的射程是有很大差别的。α是高能的氦核,它在陶器和燧石中的射程短于10 μm。β射线是高能的电子束,其射程为1～3 mm。而γ射线是电磁辐射,其射程可达几十厘米。不同射线对年剂量的贡献情况也是不同的。年剂量的大小还与陶片和埋藏土的含水量有关。年剂量率的测量和计算过程比较复杂,由热释光测年专业人员根据样品本身和样品周围环境中铀钍钾含量来计算,这里不作详细介绍。

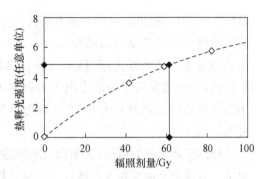

图 3-13c 再生法测量样品累积计量的原理图

3.7.3 热释光测年应用于古人类研究实例

热释光测年可以直接测定陶器和砖瓦的烧制年代。而陶器是考古研究重要的对象,因此陶器的热释光测年得到重视。关于陶器的热释光测年将在第六章陶瓷考古中详细介绍。

热释光测年应用于古人类研究的著名例子是20世纪80年代初法国的Valladas等(1998)测量了以色列Kebara、Qafzeh和Skhul等遗址中采集的燧石工具的年代。这几个遗址的居民用燧石打制石器前往往先用火烧燧石原料,再放入冷水中使其裂开。加热使燧石中原有的热释光信号置零,因此燧石工具的热释光年龄代表其制作年代。

Valladas等测量结果是,出土有现代人化石的Qafzeh和Skhul遗址的年代分别为距今9.2 ± 0.5万年($n=20$,即20件燧石样品测年的平均值)和11.9 ± 1.8万年($n=6$),而尼人遗址Kebara的年代才6.0 ± 0.4万年($n=30$)。而且这几个以色列遗址的热释光、铀系和ESR诸方法测年的结果是一致的,都是现代人遗址竟早于尼人遗址(见表3-1)。这些测年数据被作为"现代人非洲单一起源说"的重要证据之一。

除燧石工具外,在古人遗留的用火灰烬层中也可能找到能进行热释光测年的材料,以测量火种最后被废弃的年代。沉积物的热释光测年有一定困难,需要用光释光技术,下一小节将详细讨论。

3.7.4 光释光(OSL)测年方法的原理和应用于沉积物测年的优越性

光释光测年是20世纪90年代才发展起来的,但已受到考古和第四纪地质工作者的高度重视,1999年在罗马召开的国际释光测年学术会议上,TL与OSL测年论文数的比例为1:10。人们偏爱光释光的主要原因之一是它能测量各类沉积物的沉积年龄。

光释光测年的原理与热释光十分相似,都是利用石英和长石等矿物晶体的磷光现象,即因放射性辐照使矿物中的电子陷阱逐步被填充导致能量的积累。热释光测年是通过加热使电子逃离陷阱回到基态,其能量以发光的形式放出;而光释光是通过光照样品(用红外光照长石或用波长为514 nm的单色绿光照石英和长石)来激发陷阱中的电子使其从陷阱中逃逸,并退激发光。由于激发用的光和被俘获电子退激时所发的光的波长是不一样的(长石释光的波长在390～440 nm,石英为360～420 nm,均在紫光范围),可以用滤光片挡住激发光源的光而只测量样品的释光。样品的光释光,或称光激释光的强度同样正比于样品中积累的能量。由此可见,光释光与热释光测年的原理是相同的,都是测量样品所接受的辐照总量,只是激发电子陷阱中电子的技术不同,加热激发或光照激发。顺便提一下,释光测年在采样和样品制备过程中必须避光操作,就是为了防止光照引起样品信号的部分退激丢失。

  根据释光测年的原理,这两种技术除能测量陶片等曾经历加热历史的样品外,原则上也应能用以测量黄土地层和考古遗址文化层堆积物的年代,因为:(1)这些地层堆积物,与陶片一样也含有石英和长石等矿物颗粒;(2)地层中的这些矿物虽不像陶片那样经受过加热过程,但它们在沉积前的搬运过程中往往会受到阳光的晒照,其原先地质时期所积累的能量会被阳光所晒退,称为光晒置零;(3)沉积以后这些矿物颗粒又因地层中放射性物质的辐照而开始积累能量。但是在实际工作中发现,黄土地层和考古地层的热释光测年结果往往偏老。这是因为石英和长石等矿物中的电子陷阱有两种:一种对光灵敏,另一种对光不灵敏。沉积过程中的光晒只能使矿物的"光敏陷阱"中的电子逃逸退激,而另一部分对光不灵敏的电子陷阱中的电子仍保存在那里。对于石英和钾长石晶体,在阳光下分别晒照10秒和9分钟后,99%的光释光信号被晒退了,但如果希望将它们的热释光信号也晒退到1%,则需要一整天的阳光晒照。换句话说,对于热释光测年而言,沉积过程中的光晒置零往往是不充分的,不能将沉积物中的矿物在沉积前已积累的能量完全置零。这样,热释光测量所获得的信号既来源于沉积物样品自沉积后新增加的被俘获电子,也包括沉积以前所积累的、对光不灵敏的陷阱中的电子。后者将产生残余热释光信号。如果不对残余信号作校正,沉积物的热释光年龄就会偏老。20世纪60年代热释光测年方法发明以来,人们就试图测量各类沉积物的热释光年龄,但因残余信号不易精确校正,一直未获得满意的测年结果。而光释光测年所涉及的只是光灵敏陷阱中的电子。在沉积的过程中,矿物晶体"光敏陷阱"中的电子很容易被晒退,因此对光释光测年而言,沉积物样品的信号置零往往是充分的,一般不存在残余信号问题,因为在光激释光测量中对光不灵敏的陷阱中的电子是不起作用的。所以,光释光比热释光更适宜于沉积物的测年。

  相对于热释光测年,光释光测年的另一个重要优点是它具有更高的测量灵敏度,用0.5～1秒的短脉冲光激发样品时,样品所释放的光量就足以被仪器所探测。因此经常选择单颗粒矿物或单片沉积有矿物细粉末的铝盘进行测年,它们可以多次重复地用光激发和重复地辐照,每个颗粒或每片铝片都可以独立给出一个年龄值。现代的光释光仪都安装有辐照源,其测量程序受计算机控制,因此单颗粒和单片技术能快速、高效地给出年龄数据。在同一沉积地层中选取多个矿物颗粒,或制作多片沉积有矿物粉末的铝片,对该地层就能测到多个年龄值。如果沉积物曾经受充分的光晒退,那么在测量误差范围内这些年龄值应该是相等的;而如果沉积物经受的光晒退不充分,那么这些年龄值之间可能有差异。因此单颗粒和单测片光释光测年技术能鉴别沉积物是否经历了充分的光晒退,并选择晒退完全的矿物颗粒用以测年。这是光释光技术比热释光技术更适用于沉积物,包括考古遗址中堆积物的年代测定的另一个优点。

  光释光测年与热释光测年使用同一个计算年龄值的公式,即公式(3-3),都是由累积剂量和年剂量率的比值决定被测样品的年龄值,但光释光测量在技术和仪器方面都和热释光测量有所不同。光释光测量仪除有加热电炉外(光释光样品经常在提高的温度下测量),还装有激光源和滤光片。激光源不断地发出约 1 秒长度的光脉冲,光电倍增管测量释光的光量。相对于热释光的"温度-释光曲线",光释光方法测量"释光强度相对于激光照射时间"的关系曲线。后者称为 Shine-down(照退)曲线,如图 3-14 所示。根据照退曲线和附加剂量等方法可以测得样品的累积剂量 AD。测量和计算年剂量率的方法与热释光方法是类似的。我们不拟进入光释光测年的技术细节,而主要介绍它的应用。

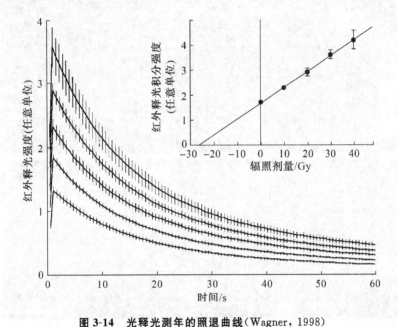

图 3-14　光释光测年的照退曲线(Wagner, 1998)

最下面的曲线为天然样品的照退曲线,上面 4 条为样品先经 10～40 Gy 人工辐照后的照退曲线。右上角的附图显示用外推法求样品的累积剂量

3.7.5　光释光技术应用于古人类与考古遗址堆积物测年的实例

Rees-Jones 等于 1997 年发表了用光释光方法测量英国 8 个考古遗址中 9 个地层年龄的结果,其年代跨度从 1 千年到 18 万年,除 3 个地层因沉积物在沉积前阳光晒退不充分外(这可以在实验室检查出来),其他地层的 15 个光释光年龄值均与已知年龄相符。

2002 年《科学》杂志发表了 Henshiwood 等用光释光和热释光技术联合测量人类最早的认知活动实物证据的年代。在南非 Blombos 洞穴的中石器文化堆积层中发现了大量赭石,它们应该是人类活动带进洞的。在其中两块赭石上有明显的人类有意刻画的痕迹(见图 3-15),被认为是反映了人类的认知活动。热释光测量文化层中被烧过的石器的年代为距今 7.7 万年,而光释光技术测量文化层上覆的砂层的年代为 7 万年,两者符合良好。这是目前所知的人类最早的认知活动,比南非最早的旧石器晚期遗址早 3—4 万年。

我国裴树文等(2006)曾用光释光单片再生剂量方法,测量了重庆三峡井水湾遗址的年龄。该遗址显示以砾石和大石片加工的砍砸器和刮削器为主的我国南方砾石石器工业传统。文化层中除出土石器、石核和石片外,还有属大熊猫-剑齿象动物群的化石,其年代可能超出^{14}C的测年范围。在文化层的5处不同地点采样,每个样品又多次重复测量。总结于表3-3的测量数据显示,无论是同一采样地点的多个测量样品,或者文化层的不同采样点,测年数据的一致性良好,均在7万年左右(根据晒退较好的样品)。这说明测年结果有较高的可信度。裴树文等认为,测年结果表明三峡地区于晚更新世早期有人类繁衍生活,从而支持东亚现代人的本地区连续进化假设。

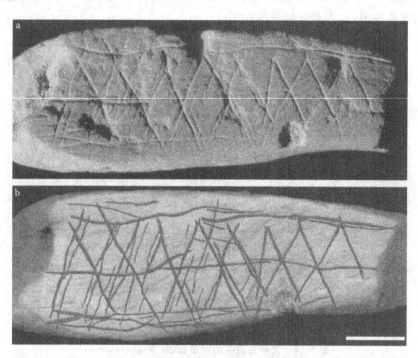

图3-15 南非 Blombos 洞穴中中石器文化地层出土的带刻画痕迹的赭石,被认为是目前所知的现代人最早的认知活动的实物证据,释光测年早于7万年

表3-3 重庆三峡井水湾旧石器遗址的光释光测年结果

采样点编号	全部样品		晒退较好的样品	
	测量样品数	平均年龄±标准差/ka	测量样品数	平均年龄±标准差/ka
PKU-L056	22	71.2±5.6	20	69.8±5.3
PKU-L057	20	76.9±7.5	12	64.5±4.1
PKU-L058	38	72.2±3.7	25	67.8±3.9
PKU-L060	18	77.3±4.3	10	71.1±5.2
PKU-L091	25	77.1±3.8	20	75.9±3.7

上面的例子说明,光释光方法应用于沉积物测年,不仅是可行的,而且能帮助了解解剖上现代人的进化和他们全球移民的时间。在我国有不少中更新世晚期和晚更新世的古人类和旧石器遗址,它们或因早于4万年,或因地层中缺乏有机物,找不到适合^{14}C测年的样品(例如湖北荆州地区的鸡公山旧石器遗址)。对于这类遗址的测年,光释光测年是很有用武之地的。目

前光释光法测量沉积物年代的范围在1千年到十多万年,有些情况下也能测量更老的地层的年代,测年误差一般可控制在10%～15%。我国的测年和科技考古工作者充分认识到光释光测年方法对于建立古人类和旧石器年表的潜在力量,国家地震局地质研究所、中科院西安黄土研究所、上海博物馆、香港大学和北京大学等单位都在进行着光释光测年的研究工作。我们期待着新的研究成果。

3.8 电子自旋共振测年方法

日本学者池谷元伺(Ikeya)于1975年首先成功地应用电子自旋共振现象于地质样品的年代测定。电子自旋共振法(ESR)测年与释光测年的原理是相同的,都是测量矿物晶体(碳酸盐或组成牙珐琅的羟基磷酸钙)中俘获有电子的电子陷阱的数目。但是测量的方法不同。释光测年通过加热或光照使陷阱中的电子被释放并导致发光而被记录,而ESR方法则是通过电子自旋共振现象来测量俘获有电子的电子陷阱的数目。

3.8.1 电子自旋共振现象和测年的原理

什么是电子自旋共振现象呢？每个电子都有自旋角动量和与之相对应的磁矩,即每个电子好似一根陀螺和磁针。矿物中未被激发、处于基态的束缚电子总是成双成对地存在,并且每个电子对的两个电子的自旋和磁矩的方向总是相反的,因此每个电子对的总磁矩为零。但是每个电子陷阱只能俘获一个电子,已俘获了一个电子的陷阱称为顺磁中心,顺磁中心具有不等于零的磁矩值。如果矿物样品处于一个外加的磁场中,样品中各顺磁中心的磁矩就会顺着外磁场的方向排列(能量最低)。如果同时再加上一个微波电磁场,当微波的频率符合一定的共振条件时[公式(3-4)],样品中的顺磁中心会从微波场吸收能量,磁矩反转而与外磁场的方向相反,这个过程称为电子自旋共振。电子自旋共振的条件是：

$$h\nu = g\beta H \tag{3-4}$$

式中h和β分别为普朗克常数和玻尔磁子等两个物理学常数;ν和H分别为微波场的频率和外磁场的强度;g称为g因子。g因子对不同的矿物取值不同,自由电子的$g=2.0023$,组成牙珐琅质的羟基磷酸钙的$g=2.0018$,黄土中石英的E'顺磁中心的$g=2.0005$。如果磁场强度变化或微波频率变化使得共振条件不再满足时,顺磁中心磁矩的空间定向又会恢复到原来的初始状态,即顺着外磁场的方向排列。

ESR测年与释光测年的年龄计算公式是完全相同的,都是根据公式(3-3)。为了计算样品的年龄T,需要测量样品所接受的累积剂量AD和年剂量率D。

样品自形成以来所接收的累积剂量AD是通过电子自旋共振谱仪(也称电子顺磁共振谱仪)测量的。样品接受的AD值愈大,则单位重量的样品中顺磁中心的数目(即样品的顺磁中心的密度)也越多,当共振条件满足时自微波场吸收的能量也越多。图3-16是用ESR谱仪测量牙珐琅质样品时得到的典型的ESR谱图。图中的横轴表示磁场强度H(也可以用g值表示),纵轴反映从微波场吸收的能量(曲线是经过微分处理的)。图中的峰谷位置相当于共振发生时的g值,峰谷间的振幅正比于样品从微波场吸收的能量,也正比于被测样品

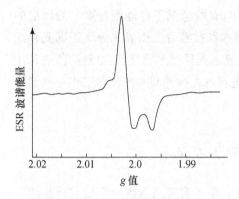

图 3-16 牙珐琅质中羟基磷酸钙的 ESR 谱图

中顺磁中心的数量。

ESR 谱的测量,并不改变样品中顺磁中心的数量,不似释光测量那样会释放陷阱中的电子。如果给样品以一系列已知剂量的人工辐照,并重复上述的测量,那么根据测量得到峰谷间的振幅随人工辐照剂量的变化曲线,进行外推,可以计算出样品自形成以来所接受的总辐照剂量,即 AD 值。

ESR 测年中的年剂量率 D 也是根据样品内部和样品周围物质中的铀、钍、钾等放射性元素的含量计算得到。ESR 方法应用于古人类遗址测年中经常以动物牙珐琅质为对象,因此计算年剂量率 D 时需要对铀进入牙珐琅质和牙本质的模式作假设。在 3.6 节关于动物化石的不平衡铀系测年中,我们曾强调指出,必须同时测量样品的钍年龄和镤年龄以检验化石样品是否对铀组成封闭体系。如封闭体系假设成立,那么可以认为,在动物骨牙埋藏和石化的早期,铀已进入化石,这称为铀的早期加入模式(EU)。如果封闭体系假设不成立,往往提出另一种假设,假设在样品存在的整个时期中,铀是不间断地、匀速地进入化石。这称为铀的线性加入模式(LU)。两种模式计算的同一样品的年剂量率是不同的,也导致两个不相等的 ESR 年龄值。铀早期加入模式 ESR 年龄总是低于铀线性加入模式 ESR 年龄。有的研究者认为,在对被测的牙化石样品未作封闭性检验的情况下,样品的真实年龄可能处于上述两个 ESR 模式年龄之间。

3.8.2 电子自旋共振方法应用于古人类遗址测年实例

电子自旋共振方法应用于古人类遗址测年,除以动物牙珐琅质为对象外,遗址地层中的自生碳酸盐晶体也能作为测年样品,即 ESR 方法与铀系法的测年对象基本上是共同的。此外黄土地层中的石英矿物、珊瑚、软体动物的硬壳和海洋沉积物等也都是 ESR 测年的对象。目前 ESR 测年的最佳应用年代范围为几万年到几十万年的样品,由于样品中电子陷阱的数量有限和常温下顺磁中心的有限寿命等因素,限制了 ESR 方法应用于更老的样品的测年,人们正在探索使用该方法测量早于 100 万年的样品的可能性和误差。ESR 测年的误差大致与释光测年相近,或更大些。因为 ESR 测年的误差来源更为复杂,依赖于样品本身情况及其埋藏环境。如果牙珐琅样品的铀加入模式应用不当,或碳酸盐样品曾发生过蚀变或其埋藏环境曾有显著变化,都会引起严重的误差。

已测量和发表了很多古人类遗址的 ESR 年龄。例如已多次提到的以色列著名的尼人遗址 Tabun 和 Kebara 以及现代智人遗址 Qafzeh 和 Skhul,都曾进行了 ESR 测年(Grün, et al, 1991),而且 ESR 年龄与热释光、铀系方法的测年结果之间可以互相印证(见表 3-1)。此外也使用 ESR 方法测量了非洲几个早期的现代智人遗址的年代。南非的 Klasies River Mouth 洞和 Borders 洞都出土有多个现代智人头骨化石和相应的"非洲中石器文化"遗物。这两个遗址下部文化层的 ESR 年龄分别为 7(EU)—9(LU)万年和 12.8 ± 1.0 万年。北非摩洛哥 Jebel

Irhoud 现代智人遗址的 EU 和 LU 的 ESR 年龄分别为 9.0—12.5 万年和 10.5—19.0 万年，苏丹的现代智人遗址 Singa 的 EU 和 LU 的 ESR 年龄分别为 9.7±1.5 和 16.0±2.7 万年。这两个北非遗址和南非 Borders 洞是目前所知最早的现代智人年龄，也是"现代人非洲起源说"的年代学证据之一（Grün, et al, 1991）。

ERS 方法不仅为研究现代人起源提供年代数据，而且也测量了欧洲不少重要的直立人遗址和早期尼人遗址的年代，例如法国出土 Tautavel 人化石的 Arago 洞穴遗址、德国的 Bilzingsleben 遗址和希腊的 Petralona 遗址等。Arago 遗址牙珐琅的 EU-ESR 年龄为 21—24 万年，其 LU-ESR 年龄高出 30％，后者与地层中覆盖牙化石样品的钙板的 ESR 年龄（24.2—31.3 万年）和铀系年龄（22—35 万年）(Hennig, et al, 1983)更为接近。曾报道过南非著名的南方古猿遗址斯特克方丹出土的动物牙珐琅样品的 ESR 年龄接近 400 万年。

在我国，中国科技大学黄佩华等和本书作者曾对一系列遗址进行了 ESR 测年，包括周口店第一地点、和县、巢湖、金牛山、南京汤山、郧县等，都是采用牙珐琅作为测年对象。本书作者对所测样品都尽可能进行了铀的封闭性检验，因此所发表的年龄都是 EU-ESR 年龄。对出土较完整早期智人化石的辽宁金牛山遗址的铀系-ESR 联合测年结果为 23 万，从而提出了早期智人在我国的出现不晚于非洲和欧洲的观点（Chen, et al, 1994）。北京大学和中国科技大学应用 ESR 方法还尝试测量了元谋、重庆巫山、安徽繁昌、河北泥河湾的小长梁和东谷坨等早更新世遗址的年代。ESR 测年为检验这些遗址古地磁年龄可信度提供了可能性。但是目前电子自旋共振方法测量早更新世遗址的年代结果似乎系统地偏年轻，可能是因为部分电子陷阱中的电子在样品的埋藏期间自发退激的结果，即常温下样品的顺磁中心的寿命不够长所致。ESR 方法测定早于 100 万年早更新世样品的年龄的可能性正在进一步的研究之中，这对于缺乏同期火山喷发物伴存的我国早期古人类遗址的测年是有意义的。

3.9 基于第四纪全球气候变化的时间标尺和天文学时间标尺

第四纪是地质历史的最后一个阶段，起始于约 250 万年前，第四纪的下限在时间上与地磁场从高斯正极性世向松山负极性世的转换相当（多数西方学者认为第四纪起始于约 180 万年前，与松山负极性期的奥杜威事件相当）。在西太平洋和东亚各地第四系地层的最下部可观察到大量微玻璃陨石和铱元素的异常，表明在第三纪末或第四纪初可能曾发生一次天外星体与地球相撞的事件，并引起地球环境的变化。第四纪也是人属成员的最早出现和进化繁衍的时期，最早的石器发现于距今约 250 万年。

第四纪的主要特征除全球气温显著变冷，还表现为冰期和间冰期的多次更替。在欧洲从近到远记录有武木（玉木）、里斯、明德、贡兹、多瑙和拜伯等多次冰期。冰期和间冰期的交替是全球性的事件，虽然它们在各地有不同的名称，例如在北美从近到远命名为威斯康幸冰期、桑加蒙间冰期、伊利诺冰期、亚茅斯间冰期，等等。冰期和间冰期交替的周期一般为十多万年，长短不一。万年尺度的全球性的气温交替变化会引起全球环境多方面的变化。例如冰期时大陆山地冰川和高纬度地区的冰盖发育,导致大洋水体减少,全球海平面降低;反之,间冰期时冰川溶化,海平面上升。海平面的升降幅度为几十米,甚至达一百多米。已有很多的证据表明,海平面的升降与全球气温变化是基本同步的。冰期和间冰期间堆积的地层中的化石动物群组合和反映当时植被的孢子花粉组合也是不同的。全球性的气温交替还可能导致地区性降雨量和蒸发量的变化、喀斯特地区洞穴中碳酸盐沉积物的快速生长或生长停滞、黄土地层中的黄土堆积或古土壤发育等。

地质学家很早就将冰期和间冰期的序列作为第四纪分期的时间标尺,考古学家也以这些冰期和间冰期的名称标志相应地层中考古遗存的时代。例如西欧的尼人遗址应该处于武木冰期的早、中期,现代智人最早出现于武木冰期的晚期,而属于晚期直立人的 Tautavel 人的时代与里斯冰期相当。我国北方曾将萨拉乌苏等古人类遗址的时代标志为马兰黄土期,将较早的丁村等遗址的时代标志为离石黄土晚期等。虽然这类时间标尺是很粗放的,分辨率很低,而且缺乏绝对年代数值,但能用以标志古人类及其文化进化的相对年代序列。

随着对第四纪环境,特别是对冰芯、深海岩心和黄土地层等第四纪以来连续堆积的沉积物中一系列气候指标变量研究的深入以及分析技术的进步,目前基于全球气候变化的时间标尺已显著地精细化,分辨率显著提高,而且更重要的是,气候变化时标已被赋予了绝对年代值。

3.9.1 深海沉积物的氧同位素时标

深海沉积物中含有海洋生物有孔虫的介壳,其主要组成为碳酸钙。深海岩心中介壳碳酸钙的氧同位素组成是随深度变化的。氧同位素组成用 $\delta^{18}O$ 定量表征,$\delta^{18}O$ 的定义如公式(3-5)所示:

$$\delta^{18}O = \frac{(^{18}O/^{16}O)_{样品} - (^{18}O/^{16}O)_{标准}}{(^{18}O/^{16}O)_{标准}} \times 1000‰ \qquad (3-5)$$

式中的标准称为 PDB 标准,使用美国北卡罗来纳州白垩系皮迭组地层中的似箭石作为标准物质。

有孔虫介壳的 $\delta^{18}O$ 值取决于海水的 $\delta^{18}O$ 值和海水的温度,在赤道附近海水的温度变化不大,因此那里深海岩心中有孔虫介壳的氧同位素组成主要反映海水的 $\delta^{18}O$ 值。海水的氧同位素组成是随全球气温变化而变化的。冰期时大量海水蒸发,大陆山地冰川和高纬度地区的冰盖发育,海平面降低。蒸发过程伴随着氧同位素的分馏,蒸汽中轻同位素 ^{16}O 相对于重同位素 ^{18}O 富集,而海水中则 ^{18}O 富集,海水的 $\delta^{18}O$ 值增加。而间冰期时,冰川融化,富集 ^{16}O 的冰川水又回归大洋,海水和生成的有孔虫的 $\delta^{18}O$ 值又降低。因此深海岩心中有孔虫介壳的 $\delta^{18}O$ 是古气候的标记物。图 3-17 显示深海岩心的氧同位素组成随年代的变化情况。

由图 3-17 可见,深海岩心 $\delta^{18}O$ 随深度变化的特征是峰谷交替,因此深海岩心可以根据其 $\delta^{18}O$ 值分期,反映冰期和间冰期的交替。间冰期 $\delta^{18}O$ 值小,用奇数段表示;冰期 $\delta^{18}O$ 值大,用偶数段表示。图 3-17 的时代跨度为 80 万年,观察到 11 个 $\delta^{18}O$ 旋回,共 21 个氧同位素期段。在跨越 250 万年整个第四纪的深海岩心中可以观察到 50 多个氧同位素旋回,分辨出 104 个氧同位素期段,其中某些期段中还观察到次一级的峰谷变化。有的学者已对第四纪的氧同位素曲线作了更精细的研究,提出了一条已被广泛接受的氧同位素曲线——SPECMAP曲线(Imbrie, et al, 1984)。

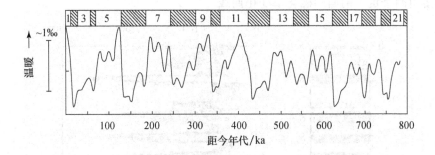

图 3-17　深海岩心的氧同位素组成变化曲线(Aitken, 1990)

横轴的年代刻度根据米兰柯维奇理论计算(参见 3.9.3 小节)。纵轴为同时代 5 个深海岩心同层位样品 $\delta^{18}O$ 的平均值,纵轴的方向是向下为正。图上标志了奇数段的氧同位素期,即间冰期

可以用多种方法刻度深海岩心氧同位素期段的绝对年代,最常用的方法是将深海岩心的氧同位素地层与其磁性地层作对比。地磁极性变化的布容/松山、松山/高斯界限和一些极性亚期,都可以为岩心对应层位处的氧同位素期段作年代刻度。对于晚于 60 万年的深海岩心,还可以用不平衡铀系方法直接测定其年代。在 3.9.3 小节中还将介绍怎样根据米兰柯维奇理论中地球轨道参数的周期变化来刻度氧同位素期段的年代。

3.9.2　黄土地层剖面中古气候代指标记录的冰期与间冰期交替

在我国的黄土高原地区,在第三纪红黏土上面发育厚达一百多米的第四纪黄土地层,黄土的底部与地磁极性的高斯/松山界面大致相当。黄土地层的特点是黄土层和古土壤层的交替,而且各地黄土剖面间的黄土-古土壤层交替系列是可以相互对比的,反映整个黄土地区曾经历相似的干凉和湿暖气候的交替规律。干凉条件下黄土堆积,而在湿暖条件下古土壤发育。在跨度约为 250 万年的剖面上记录有 30 多个黄土-古土壤旋回,从上往下分别命名为 S_0, L_1, S_1, $L_2 S_2$…,S 与 L 分别表示古土壤和黄土。

除黄土层和古土壤层本身可以作为古气候的指示剂外,黄土剖面的诸多物理性质和地层中的"生物化石"也可以作为古气候的指示剂,而且它们更精细、更灵敏地反映黄土剖面所在地的古气候变化,因为它们可被定量标志。这些气候指示剂有:黄土剖面的磁化率、一定粒径颗粒物的百分比、地层中的植硅石、孢粉、蜗牛化石、碳酸钙含量、三价铁和二价铁的比值、结核的 $\delta^{13}C$ 和 $\delta^{18}O$ 值以及宇宙成因核素 ^{10}Be 的含量等。它们也称为气候代指标。因此说黄土剖面是详细记录古气候变化的一本历史书。下面简要介绍磁化率和颗粒物的粒度分析。

1. 黄土地层的磁化率 χ 变化

物质在外磁场感应下会被磁化,在等同场强的外磁场中,不同物质被磁化生成的磁化强度是不一样的。物质的磁化率 χ 是定量描述物质在弱外磁场中被磁化的难易程度。实验表明黄

土和古土壤的磁化强度有很大差别,前者弱而后者强,可能是地层成壤过程中赤铁矿等含铁矿物颗粒转化为磁化率高的磁铁矿所致。图 3-18 显示了韩家懋发表的约 120 万年以来我国陕西吉县和洛川两个黄土剖面的磁化率变化曲线。

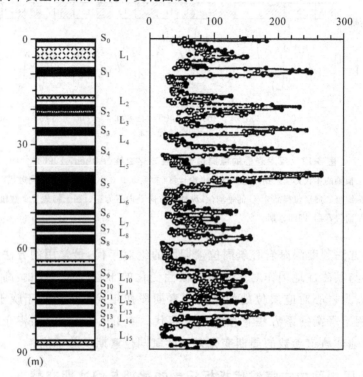

图 3-18 吉县(空心圆点)和洛川(实心圆点)两个相距约 100 km 的黄土剖面的磁化率变化曲线,地层的厚度单位已作归一化处理(Han,1991)

由图可见:(1)高磁化率与古土壤层相对应,而黄土层的磁化率低。在古土壤中可以观察到相当数量几十纳米粒级的强磁性颗粒,应该是磁铁矿颗粒。(2)黄土-古土壤序列粗放地反映地区干冷和湿暖气候的交替,而磁化率是数量化的气候代指标,有可能与古环境参数(气温、降雨量等)之间建立起一定的函数关系。(3)两个剖面虽相距 100 km,但有相似的磁化率曲线,反映整个黄土地区的气候和环境变化的同步性。

2. 黄土剖面的粒度曲线

黄土和古土壤由不同粒度级别的粗沙、细沙、粉沙和更细的黏土矿物组成。黄土剖面是风成堆积物,因为源区、搬运距离的不同和堆积后的风化、成壤情况不同,剖面的不同层位处各粒级颗粒所占的百分比也不同,因此黄土堆积中的粒级组成也是古气候古环境的代指标。图 3-19 是丁仲礼等发表的宝鸡黄土剖面 250 万年以来 2~10 μm 粒度的黏土的百分含量变化曲线(第 5 列),显示该粒级的黏土的百分含量在古土壤层中高于黄土层(对比第 5 和第 2 列)。

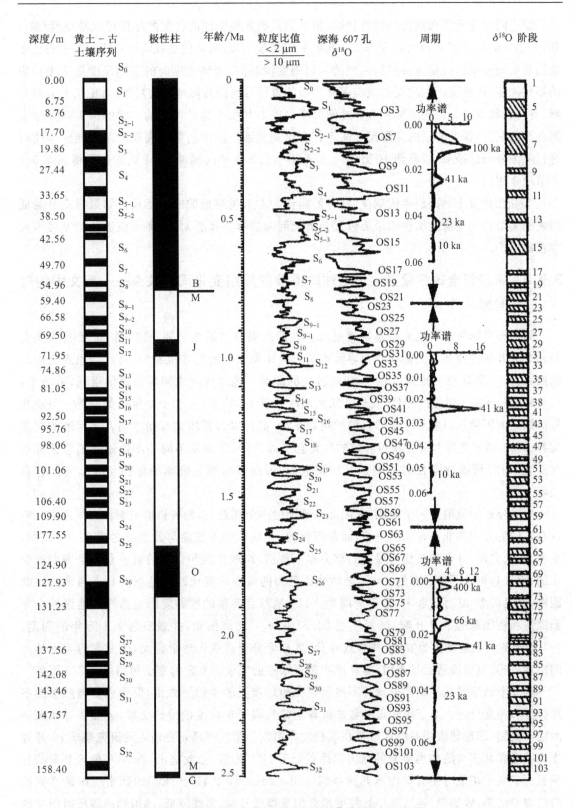

图 3-19 宝鸡黄土剖面的粒度曲线与深海氧同位素曲线的对比（Ding, et al, 1994）

图上同时显示了该剖面的磁性地层(第 3 列),因此整个剖面各层的年代可以被刻度(第 4 列)。图中的第 6 列显示的是深海 607 孔的氧同位素曲线,第 8 列是氧同位素期。图中的粒度曲线和氧同位素曲线都是参照第 4 列的年代刻度绘制的,即该图纵向的实际尺度正比于相应的年代跨度,这样黄土的粒度曲线与深海岩心的氧同位素曲线间可直接对比,可见基本上峰与峰、谷与谷相对应。说明陆地和大洋之间万年尺度的气候变化是同步的。图的第 1 列显示宝鸡剖面的深度,深度与图的实际尺寸间不存在比例关系。图中的第 7 列显示对氧同位素曲线进行频谱分析的结果,观察到 10 万年、4.1 万年和 2.2 万年的周期(关于频谱分析将在 3.9.3 小节中介绍)。

"标准的"黄土剖面经年代刻度后,有可能作为古人类遗址的时间标尺。如果有充分的证据表明某个古人类遗址所在的地层位置与黄土剖面的哪一段相对应,那么该遗址的绝对年代也就确定了。

3.9.3 第四纪全球气候变化与地球轨道参数周期变化间的关系——天文学的时间标尺

第四纪全球气候变化的基本特点是冰期与间冰期的周期性交替,观察到 10 万年、4.1 万年和 2.2 万年的周期。人们在寻找导致冰期与间冰期交替的内在机制时,自然会想到太阳的辐照,因为太阳辐照为地球提供了 99% 以上的能量。地球接受太阳辐照量的强弱,取决于:(1) 太阳本身辐射强度的变化,我们已知太阳活动有 11 年、22 年和 200 年的周期等。但这些短周期的太阳活动只能导致地球气候的短期振动,似难以解释冰期与间冰期万年尺度的气温交替。(2) 地球自转和公转轨道参数的变化会引起全球,特别是不同纬度带阳光辐照量分布的变化,而轨道参数变化的周期是万年量级的,因此有可能与全球的冰期与间冰期交替有关联。

地球公转的轨道是一个椭圆,太阳处于椭圆的一个焦点上,公转轨道平面称为黄道面。地球自转轴的方向并非与黄道面垂直,而是倾斜的,即地球的赤道面与黄道面之间有一个夹角。由于地球、太阳、月亮和其他行星间的重力相互作用,地球公转和自转的轨道参数是周期性变化的,而且是可以严格计算的。(1) 公转轨道椭圆的偏心率变化改变地球近日点与太阳间的距离,并表现为 40 万年和 10 万年的周期。(2) 地球自转轴的倾斜度影响高纬度地区的全年辐照量和辐照量的冬夏分配,倾斜度在 $21.8°\sim24.4°$ 之间摆动,并表现为 4.1 万年的周期。(3) 地轴的长期运动称为岁差,并导致春分、夏至等分至点在天球上移动,改变它们与近日点的距离,当夏至点接近近日点时,容易产生热夏寒冬的气候。岁差的变动周期约为 2.2 万年。

这 3 个轨道参数的不同取值并不显著改变地球接受的年辐照总量,但会改变辐照量的冬夏分配和纬度分配。为了用轨道参数来解释全球气温万年尺度的冷热交替,还需要寻找某种激励的机制,即地球表层系统应该存在某种放大机制。米兰柯维奇在前人的研究基础上,并考虑到欧亚和北美大陆相当部分的冰川和冰盖处于 N65°地区,由此提出,当 N65°地区夏季的日照量低于某个阈值时便会促使冰期的降临(Milankowich,1941)。冰期的到来应该是某种反馈机制的结果,譬如说,连续多年高纬度地区的夏季低日照,雪线就低,冰川和冰盖反射阳光的面积大,高纬地区地面接受的辐照量就更少,冰川就更加发育。而北半球高纬度地带大洋水的下沉和南传又导致全球气温的降低。图 3-20 是米兰柯维奇计算的北纬 75°和 45°的日照曲线，图上也标志了距今 60 万年以来实际发生的冰期，观察到高纬地区夏日照强度与冰期间的对应关系。

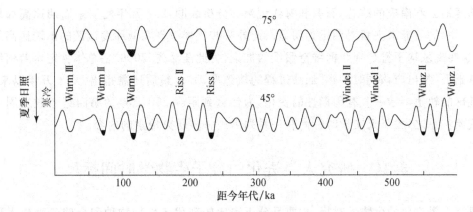

图3-20 米兰柯维奇计算的北纬 75°和 45°的夏季日照曲线和实际的阿尔卑斯冰期对比图（Aitken，1990）
低纬度日照变化受 2.2 万年周期的岁差变动影响大，因此 N45°地区日照曲线的变化周期短

20 世纪 40 年代初米兰柯维奇理论初发表时，测年技术尚不发达，阿尔卑斯冰期的年代尚未可靠测定，因此当时未能被学术界所接受。20 世纪下半叶后，第四纪冰期年代的测量精确度已显著提高，特别是对深海岩心氧同位素记录的频谱分析，观察到深海岩心 $\delta^{18}O$ 的涨落也存在 10 万年、4.1 万年和 2.2 万年的周期，与地球轨道参数变化的周期一致，导致人们重新重视米兰柯维奇的理论。

频谱分析是一种数学分析技术，用于分析一个随时间变化的变量是否存在周期性并测定周期为多长，相应的涨落幅度有多大。由古地磁时标或放射性核素测年刻度的深海氧同位素记录、黄土剖面的磁化率或粒度变化记录都可以进行频谱分析。图 3-19 的第 7 列显示了对深海 607 孔岩心的 $\delta^{18}O$ 数据的频谱分析结果。岩心分为上、中和下三段分别作频谱分析。在剖面的上部布容极性世段主要观察到 10 万年的周期，伴有 4.1 万年和 2.2 万年的周期。中段以 4.1 万年周期为主，伴有约 1.9 万年的周期。下段虽然仍以 4.1 万年周期为主，另可见 40 万年和 6.6 万年的周期。下段的情况比较复杂，这可能与早更新世测年数据的精确度不高有关。频谱分析反映的深海沉积物氧同位素周期与地球轨道参数周期如此良好的符合，不应该是偶然的，受制于轨道参数的高纬度地区夏季日照的强弱与冰期-间冰期的交替之间应该存在有因果关系。

如果同意上述的因果关系，那么可以根据轨道参数的变化建立一个天文学的时间标尺，也称米兰柯维奇时标。图 3-17 的横轴（时间轴）就是根据米兰柯维奇理论计算的天文学时间标尺。米兰柯维奇天文学时标已经受了同位素年代的验证，天文学时标给出氧同位素 5 期与 6 期间的分界为 12.7 万年，而铀系测年结果为 12.7—12.8 万年。古地磁 B/M 界限的天文学年龄为 77.79±0.18 万年，而钾氩年龄为 77.82±0.35 万年（Tauxe，et al，1996），符合良好。

当米兰柯维奇天文学时标被广泛接受的时候，也应当看到它的局限性。日照量是可以根据轨道参数严格、精确地计算，但轨道参数的变化对地球总辐照量的影响是很小的，相对变化仅在 0.1% 左右,因此必须假设一系列反馈机制或放大机制使得总辐照量的微小变化能激发全球气温万年尺度的显著变化。米兰柯维奇选择辐照地区纬度值为 N65°和对激发冰期的辐照量阈值的选择都带有一定的任意性,提出的反馈机制也只是一些未经证实的假设。近年来对低纬度地区和南极的冰芯、石笋和海洋记录的分析表明,2.2 万年的岁差周期比高纬地区日照的 4.1 年的黄赤道夹角周期更为明显。此外某些气候事件在低纬度地区的出现比高纬度地区早,这些现象均不符合米兰柯维奇假设的推论,为此汪品先(2006)在总体肯定米兰柯维奇理论的基础上,指出应该同时注意"低纬过程的轨道驱动"。最后还需指出,几千万年以来,甚至更早地球的轨道参数一直有周期性的变化,为什么到距今 250 万年的第四纪才激发周期性的冰期现象?总之,关于天文学时标尚有一系列需进一步研究探索的内容。

3.10 研究人类进化的分子生物学时间标尺

研究人类进化的生物学时标,主要是分析和比较现代各生物物种和全球各种族人群的蛋白质分子和脱氧核糖核苷酸分子(DNA)组成的异同,以此来确定不同物种和人类各种族群体之间的遗传距离,确定两个物种多久以前分离并独立进化的,因此也称为"生物分子钟"。本节将首先介绍血红蛋白分子钟的原理和怎样用以确定人科与猿科的分离时间,即两足直立行走的人科成员最早出现的时间。然后介绍 Cann 等(1987)怎样利用线粒体 DNA 分子钟来支持"现代智人非洲单一起源说"和确定现代人最早何时走出非洲的。

3.10.1 估测人猿分离时间的血红蛋白分子钟

最早的生物分子钟是基于对动物的血红蛋白的研究。各种各样的生物蛋白质都是由 20 种基本氨基酸组成的,只是氨基酸的数目不同和排列不同。动物血液中的血红蛋白是红血球的主要组成部分,它的功能是将氧气自肺部运载到全身的细胞。血红蛋白由两条 α 蛋白链和两条 β 蛋白链组成,分别含 141 个和 146 个氨基酸。不同物种的血红蛋白链上氨基酸的排列是不同的。生物学家分析了人、马和鸡三个物种的 α 蛋白链上 15 个连续排列的氨基酸,发现人与马之间在两个位置上的氨基酸不同,而人与鸡之间在 6 个位置上的氨基酸不同,马与鸡之间也有 6 个氨基酸不同。现有的资料表明,哺乳动物是在距今约 7500 万年前地球上的那次大灾难事件后开始大发展,而鸟类是 2 亿年前出现并多样化,这样就可以确定血红蛋白中每 4000 万年大致有 1/15 的氨基酸发生了变化。因此比较两个物种血红蛋白链上氨基酸的异同,不仅可以确定它们之间的遗传距离,而且根据 4000 万年有 1/15 的氨基酸发生变化的速率,可以大致估计它们之间是在距今多少年前分离的。

为了用血红蛋白时标来估计人科与猿科分离的时间,检测了人和大猿的整个 α 血红蛋白链上的氨基酸,发现有一个位置上的氨基酸不同。而它们与猪 α 血红蛋白链比较,检测到 19 和 20 个位置的氨基酸有差别。这表示人与猿之间是近亲,而且由此估算人科与猿科分离的时间约为距今 500—700 万年。在 3.1 节中曾介绍,根据考古学资料和钾氩方法测年,目前发现的最早的人科化石为 400 多万年,生物分子钟与放射性同位素时钟显示的时间相近。但需指出,学术界对血红蛋白"生物分子钟"时标是有保留的。利用人、马和鸟的资料确定每 4000

万年血红蛋白的每 15 个的氨基酸中有一个氨基酸发生变化的速率,所依据的样本是一个仅由 3 种动物的 15 个氨基酸组成的系列,动物物种和氨基酸的数量均太少,因此随机性高。此外还没有证据肯定,血红蛋白链不同位置上的氨基酸发生的变化具有相等的频率。因此血红蛋白分子钟是相当粗糙的,可能包含有相当大的误差。

3.10.2 估测现代人最早共同祖先年代的核苷酸分子钟

本书第九章将介绍,各种生物体细胞核中的染色体都是由 4 种脱氧核糖核苷酸(DNA)按不同次序排列的双链。线粒体脱氧核糖核苷酸(mtDNA)是存在于细胞核外面细胞质中的一段核苷酸单链,它比核内染色体的核苷酸链要短很多,仅由约 16596 个核苷酸组成,而核内每个染色体则有 1 亿个左右的核苷酸组成。线粒体或 mtDNA 有点像"寄生"在细胞体内的一段病毒,但它具有为细胞供应能量的功能。线粒体的主要特点是母系单性遗传,它不似核内染色体的 DNA 双链那样,一条来自父体,另一条来自母体。如不发生突变,子体和母体线粒体上核苷酸的排列序列是完全相同的,并通过母系一代一代地传下去(男子的线粒体是不遗传的)。

线粒体是最短的 DNA 链,又是母系单性遗传,因此在研究遗传过程的实验中,它自然成为首选对象。线粒体各位置上的核苷酸有一定的概率发生突变,因此如果一个群体各个体的 mtDNA 序列完全相同,则表明他们有不很久远的共同的母系祖先,反之若各个体间的 mtDNA 序列差别愈大,表明其共同的母系祖先愈久远,或者说该群体形成的历史愈久远。在这个研究领域首倡性的工作是,凯恩(Cann,1987)和威尔逊(Wilson,1992)对现代各种族人群线粒体的研究,他们从遗传学角度支持了"现代人种非洲单一起源学说",即"非洲夏娃说",并估测了现代人最早祖先走出非洲的年代约为 19 万年。他们分析测量了 182 位现代人的线粒体上一段 DNA 片段,这 182 个人来自非洲、欧洲、亚洲、澳洲和新几内亚(土著)等地区,相应组成 5 个群体。分析表明:(1)非洲人群是线粒体异质性最大的人群,因此非洲人群最古老。(2)对 182 个体,依据其线粒体核苷酸序列间差别的大小进行了聚类分析。聚类系统树的第一个分叉将 182 个体分为二组,第一组 7 个个体全部是非洲人。第二组有次级的分叉,继续分解为第二级和第三级的组群。每一地区的人群基本上分在同一组,仅个别属于其他地区组,因此聚类分析也表明非洲人最古老。凯恩和威尔逊假设人与猿的分离发生在 500 万年前,他们比较了人与猿之间线粒体 DNA 片段上核苷酸的平均差别数,计算出核苷酸突变的平均频率大约为每 100 万年 2‰~4‰,从而对线粒体核苷酸分子钟作了刻度。根据这个突变频率,上述聚类系统树第一个分叉发生的时间,即"现代人非洲起源说"认为的现代人最早走出非洲的时间为距今约 19 万年,如果考虑各种误差因素则为 15—30 万年。这个年代值接近或略早于表 3-1 中给出的以色列两个最早的现代人遗址(Qafzeh 和 Skuhl)的年代(10 万年左右),而以色列所在的西亚地区是现代人走出非洲进入欧亚大陆必经的第一站。这是分子生物学研究现代人起源的重要论文,但它基于两个基本的假设:(1)人类的 mtDNA 除发生突变外不发生共组;(2)由人猿分离数据估测的 mtDNA 的突变速率是正确和稳定的。

凯恩和威尔逊的研究引起学术界,乃至公众和媒体对现代人起源问题的广泛兴趣和争议,"非洲夏娃说"在西方被大多数人所接受,已成为主流学派,但是争论依然未休,贬褒之词均可听闻。支持凯恩的有 Krings 等(1997),对 1856 年发现于德国杜塞尔多夫尼安德特河谷尼人由379个核苷酸组成的线粒体分子片段的测序研究,提出尼人不是现代欧洲人的祖先,而是绝灭的旁支(详见9.3节)。我国的宿兵等(Su, et al, 1999)和柯越海等(2001)对现代各种族人体的Y染色体核苷酸序列片段的分析,也均支持现代人,包括现代中国人的非洲起源说。如果说线粒体是母系单性遗传的,那么细胞核内的Y染色体则是父系单性遗传。柯越海等所采集的样本,包含了12 127个各种族的现代个体,分析了Y染色体上三个遗传标志点,他们明确提出东亚的早期智人对现代东亚人的基因库没有什么贡献。

但是Lahr等(1994),Zhao等(2000)对现代各种族人的第22对染色体上由11 000个核苷酸组成的序列分析后认为,非洲人、欧洲人、亚洲人和大洋洲人最晚的共同祖先的年代不是20万年,而是不晚于129万年,非洲以外的群体的形成年代在64万年前,这个年代与广泛接受的关于直立人最早走出非洲的时代大致相当。Yu等(2002)根据各种族人群的第1对染色体上由约10 000个核苷酸组成的序列分析,认为他们最晚的共同祖先不晚于100万年。他们还观察到在非洲以外的人群中有约35%基因变异是在非洲人群中所未见的,这是"现代人非洲起源说"所难以解释的。因此他们认为个别染色体少量基因研究的结果不能无条件地推广到人类的整体基因历史。

总之,生物分子钟,特别是DNA分子钟为人类进化的研究提供了全新的视野和微观机理的研究角度。但是要得到具有严格证据并能为绝大多数人所接受的论点,还有很多问题需要进一步的研究,包括对微观的基因变异与宏观的生物机体的形态和功能差异之间关系的研究等。感兴趣的读者可参阅本书第九章,以及周慧等(2002)和吴新智(2005)有关的综述。

3.11 ^{10}Be和^{26}Al等宇宙成因核素应用于上新世和早、中更新世测年的前景

宇宙成因核素是指宇宙射线的高能粒子轰击大气和地表物质所产生的一些放射性核素,例如宇宙射线中的中子轰击大气中的^{14}N原子生成^{14}C原子,对宇宙成因核素^{14}C的产生率、分布等的研究,导致了^{14}C测年技术的建立。其他的宇宙成因核素还有^{10}Be、^{26}Al、^{21}Ne、^{36}Cl和^{3}H等,本节主要讨论应用^{10}Be和^{26}Al两种核素于古人类测年的可能性。^{10}Be是由中子和μ^-介子轰击^{16}O和^{28}Si生成的,而^{26}Al是μ^-介子和中子分别与^{28}Si和^{27}Al作用生成。^{10}Be和^{26}Al的产量高(便于测量),它们的半衰期分别为150与70万年,正适宜于时代为几十万到几百万年的考古和地质事件的测年。

^{10}Be和^{26}Al测年方法无论从原理层面或技术层面都是非常复杂的,基于很多尚待验证的假设。从原理方面需要了解这两种核素的产生率,生成以后的地球化学行为和分布,技术上需要在超高分辨率和灵敏度(丰度灵敏度达10^{-16})的加速器质谱仪上测量,要避免和排除各种污染等。

因测量的对象不同,有多种可能实现^{10}Be和^{26}Al测年的方法,包括为连续堆积地层提供时标和测量某些样品的暴露年龄或埋藏年龄等,分别介绍如下。

3.11.1 连续堆积地层的^{10}Be时间标志

^{10}Be在大气中产生后,被气溶胶吸附,并很快被降水和干降带到地面。如果^{10}Be的沉降速

率是常量,那么^{10}Be在黄土中的浓度与黄土的块体堆积速率负相关。沈承德等(1994)是我国较早从事^{10}Be应用研究的,他们系统测量了我国洛川黄土剖面^{10}Be浓度随深度的变化,并观察到,80万年以来黄土剖面中^{10}Be浓度随深度的变化不仅与黄土-古土壤旋回相关联,而且与深海δ^{18}O变化曲线间存在较强的相关关系(图3-21)。因此黄土中的^{10}Be浓度与黄土的磁化率和粒度等参数相似,也可以作为黄土剖面的时标。

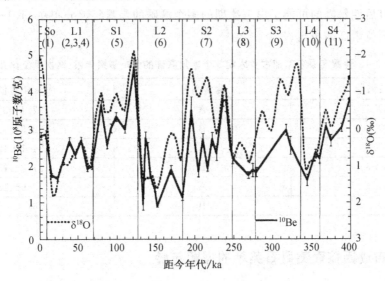

图 3-21 洛川剖面 40 万年以来的 ^{10}Be 浓度变化曲线(实线),显示 ^{10}Be 浓度变化与黄土(L)-古土壤(S)旋回相关联,与深海 δ^{18}O 变化曲线(虚线)也相关,图上还标明了氧同位素期段的编号(括弧中的数字)

3.11.2 宇宙成因核素测量岩石的暴露年龄

测量岩石暴露年龄的原理如下:宇宙射线不仅在大气中不断产生^{10}Be,它还可以到达地面,在浅地表2～3 m的含有氧、硅、铝等元素的岩石中产生^{10}Be 和^{26}Al,称为宇宙成因核素的就地生成。宇宙射线进入地表物质后,其通量(强度)很快衰减,大约在10 m深处,强度已很弱,基本可忽略不计。当深埋于地下的岩石,由于某种地质作用(构造运动、冰川作用、崩塌等)而暴露地面后,在宇宙射线的轰击下含有氧、硅、铝等元素的岩石的表层将不断地生成^{10}Be 和^{26}Al 等放射性核素。如果宇宙射线的强度不变、岩石暴露地面后未发生构造抬升、其表层不发生风化侵蚀,那么根据宇宙射线的通量,岩石中氧、硅等靶元素的浓度以及高能粒子与靶元素的作用截面(概率)等,可以计算岩石中不同深度处每年每克样品中生成的^{10}Be 和^{26}Al 的原子数。随暴露时间的延长,每克岩石样品中的^{10}Be 和^{26}Al 的原子总数将按照放射性核素增长的一般规律[见公式(10-25)]不断增长。测^{10}Be 和^{26}Al 的原子数增长的程度,就能计算岩石暴露时间的长短。

我国学者已将测量暴露年龄的方法比较成功地应用于冰碛物的测年。赵志忠等(2002)曾测量了川西理塘海子山口几条冰碛垄上花岗岩漂砾的暴露年龄,为1.5—2.3万年间,与深海氧同位素2期相当。而在唐古拉山地区,测量到自7—20万年的漂砾暴露年龄。他们同时测量了^{10}Be、^{26}Al 和 ^{21}Ne 等 3 种核素,对同一个漂砾得到 3 个可以互相印证的年龄值。周尚哲等(2007)用 ^{10}Be 核素测量了青藏高原东南部古乡冰期和白玉冰期的冰川漂砾的暴露年龄。表3-4 列出了对古乡冰期 3 个漂砾的测量数据,每个样品测量两次。由表可见,测量数据的重复性是可以接受的。其中 3 号和 4 号样品的暴露年龄接近,为 12 万年左右,因此古乡冰期应与深海氧同位素 6 期相当。1 号样品的 ^{10}Be 暴露年龄偏晚,它离支沟较近,根据它的位置和地质情况,不排除有后期暴露的可能。白玉冰期的多个漂砾的暴露年龄分布在 11.1—18.5 千年区间,与深海氧同位素 2 期相当。

表 3-4 青藏高原东南部古乡冰期 3 个冰川漂砾的 ^{10}Be 暴露年龄(两次重复测量)

样品编号	测量编号	^{10}Be 年龄值/ka
GX-1	A	27.1±3.3
GX-1	B	32.3±4.2
GX-3	A	131.1±12.9
GX-3	B	121.2±15.7
GX-4	A	113.9±15.8
GX-4	B	136.5±16.8

3.11.3 宇宙成因核素测量石英砂的埋藏年龄

测量石英砂埋藏年龄的原理如下:石英砂的化学组成是 SiO_2。宇宙射线中的中子与石英砂的氧原子反应生成 ^{10}Be,而 μ^- 介子在硅原子上生成 ^{26}Al,即在石英砂中同时生成 ^{10}Be 和 ^{26}Al 两种核素。在高纬度的低海拔地区,处于地表的每克石英砂中平均每年生成约 6 个 ^{10}Be 原子和 37 个 ^{26}Al 原子(约 1∶6)。如果某些石英砂的暴露时间在 10—30 万年间,则已累积足够量的 ^{10}Be 和 ^{26}Al 原子可供加速器质谱测量(目前加速器质谱测量的极限灵敏度达个 10^6 原子,或 10^{-15} 的同位素丰度);而 ^{10}Be 和 ^{26}Al 的衰变可忽略,那么石英砂中 ^{10}Be 和 ^{26}Al 原子数之比也保持在 1∶6 左右,如果这类石英砂因某种原因被带入被厚层岩石覆盖的洞穴中,那么石英砂中将不再产生新的 ^{10}Be 和 ^{26}Al,而已积累的 ^{10}Be 和 ^{26}Al 将不断衰变。因为 ^{10}Be 和 ^{26}Al 的半衰期不同,^{26}Al 衰变快,石英砂中 ^{10}Be 和 ^{26}Al 的原子数之比值将偏离 1∶6 而不断提高,偏离的程度将给出石英砂被带入洞中的时间,即它们的埋藏年龄。

1977 年 Granger 等首次用此方法测量了美国弗吉尼亚洲 New 河下切的速率,也有人通过测量冰碛垄覆盖的石英砂的埋藏年龄来估测冰碛垄形成的年代。在古人类研究方面,Partridge 等(2003)曾测量南非著名的斯特克方丹古人类洞穴遗址文化层中石英砂的埋藏年龄为 417±35 万年。石英砂应该是从洞外带进的,其埋藏年龄应与文化层的堆积同时。测得的埋藏年龄早于原先根据古生物估计的年龄 150—350 万年,但与 ESR 年龄非常接近(见 3.8.2 小节)。我国有的学者计划用这种方法测量周口店遗址洞穴中石英砂的埋藏年龄。

需要指出,无论是测量暴露年龄或埋藏年龄都还是很不成熟的技术,基于一系列有待验证的假设。例如,宇宙射线的通量并不是严格的常量,石英砂在埋藏前可能有复杂的暴露-埋藏历史,μ^- 介子有比中子更强的穿透能力使得在冰碛垄下或洞穴中的石英砂中可能继续有少量 ^{26}Al 的继续生成等。这些问题都需要进一步的研究。

在我国最早进行^{10}Be 和^{26}Al 等宇宙成因核素测量的是原子能科学研究院,目前北京大学和西安交通大学等也已建立测量^{10}Be 和^{26}Al 等核素的加速器质谱仪。

3.12 我国境内人类进化的年代学问题

3.12.1 我国早更新世的人化石及石器文化

我国是除非洲以外发现人属的各时期化石及其文化遗存最多的地区之一,时代上属于早更新世的重要的的化石和石器地点统计如表3-5 所示。

表 3-5 我国早更新世部分人化石及石器地点及其测年结果汇总

遗址名	人化石	石器	年代/万年*	说明和有关文献
元谋	2颗上门齿	少量	170	牙化石不是考古发掘所得。文集编委会,1998
建始	3颗牙齿	有	早更新世晚期	牙化石的分类地位待定,郑绍华(2004)
巫山	带牙的下颌骨、门齿	有	>126(EU-ESR) 204	人化石的分类地位有争议。黄万波等1991; chen, et al, 2001
繁昌		有	200—240(推测)	对石制品有争议。金昌柱等,2000
郧县	两具人头骨	有	87—93, 57(EU-ESR)	我国较早、较完整的人头骨化石。阎桂林,1993; chen, et al, 1997
公王岭	头盖骨	有	115	我国最早的较完整的人头骨化石。安芷生等,1990
西侯度		有	180	
泥河湾 马圈沟		有	166	Zhu, et al, 2004

*未标注者为古地磁年龄。

由表3-5 可见:(1) 这些遗址多数分布于秦岭以南。(2) 我国早期古人类测年数据的准确度显然不能与东非遗址的钾氩年龄相比。除巫山和郧县遗址曾尝试测量电子自旋共振年龄外,其他全部为古地磁年龄。ESR 方法应用于早于100 万年的牙珐琅化石年龄的测量,其准确性还在探索中,龙骨坡和郧县的ESR 年龄值均晚于相应的古地磁年龄。(3) 很可能我国境内于100 万年前已有直立人活动繁衍。至于直立人最早于何时开始生活于我国,能否早达170—180 万年,即能否与最早的东非直立人同时代,目前尚缺乏坚实的证据。

人们必然要提问,"谁"是我国早期直立人的祖先,他们来自非洲,还是植根于本土。我国学者曾经试图在我国境内上新世的地层中寻找更早的人科成员,但至今未有发现。在云南的禄丰发现了禄丰古猿化石(年代为距今约400 万年)和在元谋发现了禄丰古猿元谋种(祁国琴等,2006),在广西和四川曾发现大猿化石,但它们均没有显示直立行走的迹象,至今仍被归属于人猿超科。目前我国多数人类学家接受"我国境内的早期人类非洲起源说"的假说。

3.12.2 我国中更新世古人类遗址测年中的一些问题

在我国已发现了相当数量属中更新世的古人类和旧石器地点,比较重要的有蓝田陈家窝子、丁村、大荔、甘肃泾川、周口店、泥河湾、沂源、金牛山、庙后山、和县、巢湖（巢县）、南京汤山、观音洞、岩灰洞、盘县大洞和百色等地。与早更新世相比，遗址的数量明显增加，地域已扩大至我国东北地区南部、甘肃东部和山东半岛等地。而测年方法除古地磁法外，已广泛使用铀系、释光和ESR等多种方法。本书作者曾与同事们用α能谱铀系法测量了约20个我国古人类和旧石器遗址的年代。以动物化石为测年材料，并对所测样品作了封闭性检验。结合早更新世遗址的古地磁年龄和晚更新世遗址的^{14}C年龄，我们于20世纪80年代末，提出了我国古人类进化和旧石器考古的第一个年表（陈铁梅，1988；Chen, et al, 1991）。但随着测年方法的改进、多样化和年龄数据的累积，对某些遗址出现相互矛盾的测年结果。其中特别要指出的是关于北京猿人的故乡，周口店第一地点的年代问题。

周口店第一地点是中更新世我国最重要的一个古人类遗址，30多米厚的堆积由上到下可以划分为13层，在各层位共发现有14个直立人头骨、12具下颌骨、147枚人牙和枕骨碎片等，还出土大量的动物化石和石器。因此周口店第一地点各层位年代的准确测定可以作为我国华北地区的标准地层。赵树森等（1985）曾用铀系、古地磁、裂变径迹、热释光和氨基酸外消旋等方法综合测量了第一地点的年代，认为北京猿人的生活时代范围（相当于第10至第3层）在46—23万年间。其中特别值得注意的年龄数据为郭士伦等（1980）从用火灰烬层中挑选的榍石矿物作裂变径迹测年，给出该遗址第4层和第10层的年代分别为30.6±5.6万年和46.2±4.5万年。第3层化石的铀系年龄为23万年。古地磁测量发现B/M界限的位置低于第13层，说明早期或晚期的北京猿人都生活于布容正极性世，晚于78万年。另一方面，沈冠军（Shen, et al, 2001）测量了第一地点地层剖面中相当于第2层下部和相当于第5层上部地层钙板的质谱铀系年龄，分别为41.4±1.3万年和大于60万年。由此他认为出北京猿人5号头盖骨的第3层的年代应早于40万年，而北京猿人生活的年代（相当于第8、9层）可达80万年，甚至更早。

对于周口店新洞和第十五地点的测年结果同样出现了矛盾。对于新洞，陈铁梅等（1984）测量骨化石的α能谱铀系年龄为13.5—17.5万年，赵树森等（1991）测量碳酸盐沉积物的α能谱铀系年龄为约20万年，沈冠军等（Shen, et al, 2003）测量碳酸盐沉积物的质谱铀系年龄为早于26万年。对于第十五地点，骨化石的铀系和ESR年龄为11—14万年（高星，2000），而钙板的质谱铀系年龄为15.5—28.4万年（Shen, et al, 2004）

同一遗址骨化石和碳酸盐沉积物的铀系测年结果不一致的情况也反映在对安徽巢湖智人遗址的测年。陈铁梅等（1987）依据α能谱骨化石铀系测量，给出遗址上部层位的年代为16—20万年，但不排除下部有20—30万年的化石存在。沈冠军等（1994）用α能谱方法同时测量了骨化石和地层中的碳酸盐沉积物的年龄。两位作者测量骨化石年龄的结果符合相当良好。但沈冠军根据碳酸盐沉积物的测年结果，认为巢湖遗址的年龄应早于31万年，为此曾引起争论，沈冠军认为由于骨化石有可能对铀不封闭，因此其铀系年龄很可能系统地偏年轻，而碳酸盐沉积物是铀系测年的优良对象。陈铁梅则认为通过封闭性检验的骨化石铀系年龄应该是可信的，而洞穴中碳酸盐沉积物与人化石和文化遗物之间的地层关系和年代关系是非常复杂的。后来沈冠军又通过测量、比较其他遗址的骨化石和碳酸盐样品的铀系年龄，认为陈铁梅等（1987）主要基于骨化石铀系测年结果提出的我国古人类和旧石器年表是"整体上被压缩的"，也就是说年表中大多数遗址的年龄偏年轻。

我国中更新世古人类和旧石器遗址的测年矛盾,不仅产生于铀系法测量骨化石和碳酸盐沉积物的年龄结果之间,和县遗址、大荔遗址和南京汤山遗址的铀系年龄与 ESR 年龄之间也有差别。目前我国尚缺乏为多数学者所共同接受的古人类和旧石器年表,仍需考古学家和测年工作者的合作努力,重新测量和验证已有的年龄数据。

我国中更新世人类进化中的一个重要问题是晚期直立人和早期智人之间的关系。尽管各种测年方法的数据有差别,但还是观察到某些直立人遗址(例如和县遗址)与早期智人遗址(例如巢湖、金牛山遗址)的年代重叠,因此张银运(1999)曾提出直立人和早期智人共存的问题。近年来张银运等还提出,直立人和智人并没有"物种"水平上的差别,而是同一人种进化的不同阶段,建议把直立人归入智人种。

3.12.3 中国境内现代人的起源问题

3.5.2 和 3.5.3 小节曾介绍关于现代人起源的两种对立观点:非洲单一起源说和各地区连续进化说。联系到中国境内现代人的起源,前一种观点认为中国境内的现代人不是北京猿人的子孙,而是约四五万年前从非洲来的现代人取代了中国境内原有的人种(或者当时中国境内根本就没有人属的成员生存),中国的现代人都是那批外来人的后裔。

但是在我国,以吴新智(2005)为代表的多数体质人类学家则认为,现代东亚人种是当地早期人种进化的后裔,他们不排除在这个独立的进化过程中,不同地区不同种族的个体之间的基因交流。他们注意到各时期东亚人头骨的一系列的特殊形态,例如头骨有矢状脊、铲状上门齿、鼻梁低塌和颧骨宽等,这些特征在东亚各时期人种的出现频率明显高于非东亚人,它们是各时期东亚人种和现代蒙古人种共同的、长期遗传的体质特征。此外,在我国约 1000 多个旧石器地点出现的石器与非洲和欧洲的石器也不同,既少见西方直立人的手斧,也未见欧洲的莫斯特石器和奥瑞纳石器,却一直保持着以石核、砍砸器为主的传统,而在 3 万年后出现了石叶和细石器工业。从年代学的角度分析,中国的早期智人(大荔人、金牛山人和巢湖人等)开始出现于距今 30 万年前后,与旧大陆西部地区是同步的(Chen, et al, 1994),为什么只有非洲的早期智人能进化为现代人,而中国的早期智人却应该绝灭。

但是年代学研究也提供另一方面的难以用地区连续进化说予以解释的资料。(1) 目前已发现的我国晚更新世智人的较完整的头骨化石非常少,仅发现于周口店山顶洞、广西柳江和四川资阳三地。山顶洞遗址的加速器质谱^{14}C 测年约为 3 万年(陈铁梅等,1992),虽然山顶洞人头骨具有现代蒙古人种的明显特征,但是某些西方人类学家却认为个别头骨显示有高加索人种的某些特征。广西柳江人是一个保存良好的典型晚期智人头骨,但它是劳改犯在山洞中挖肥料时发现的,其确切的地层关系不清楚,因此至今无法可信地确定头骨本身的年代(除非将来通过无损或微损铀系和^{14}C 测年方法来测量)。资阳人头骨也是脱层的,有一个 3 万年的^{14}C 年龄,仅有参考价值。(2) 在我国发现了相当多其年代晚于 4 万年的古人类和旧石器遗址,而且遍布全国各地。比较重要的遗址在北方有:辽宁海城仙人洞,冀东北的东灰山和亭泗洞、北京的山顶洞、田园洞和东方广场,山西的峙峪、塔水河、蒲县薛关、吉县柿子滩、丁村,河南的小南海、南召小空山和舞阳大岗,河北北部阳原的西白马营和油坊、泥河湾的一系列遗址,宁夏的水洞沟等。在南方有：云贵高原的桐梓马鞍山、普定穿洞和白脚岩洞、兴义猫猫洞、威宁草海、丽江木家桥，四川资阳黄鳝溪（出资阳人头骨）和鲤鱼桥、铜梁和汉源的富林，汉水流域的丹江口张家营、房县兔子洼和樟脑洞、安康关庙，湖北荆州的鸡公山，湖南石门燕儿洞，广西桂林宝积岩、柳州白莲洞和百色定模洞等。另一方面，年代略早于十多万年的遗址也有不少发现：广东马坝、湖北长阳、浙江建德、河北许家窑、贵州桐梓岩灰洞和贵州观音洞，其中马坝和长阳都发现有早期智人的化石。但是年代处于4—10万年间的古人类和石器遗址却明显偏少，似乎在这一时间段中国境内的人类进化中断了。大致从距今8万年以后全球气候进入寒冷的玉木冰期，因此有些持"非洲单一起源"观点的学者认为，玉木冰期寒冷恶劣的环境影响了中国境内人类的进化和繁衍。

如果能在我国境内找到较早（例如10万年左右）的现代人头骨化石，将是支持"各地区连续进化说"的有力证据。最近沈冠军等（2001a）测量了广西柳江岣前洞钙板的铀系年龄，在9.4和23万年的两层钙板间曾发掘出土17枚牙化石，这些牙化石被鉴定属于晚期智人。在柳州的白莲洞遗址曾发现两枚可能属于晚期智人的牙齿化石，沈冠军等（2001b）测量了覆盖牙化石钙板的铀系年龄为16万年。在内蒙古的萨拉乌苏河谷1958年就发现有脱层的智人顶骨和股骨各一件，1980年后更在原生的萨拉乌苏组下部地层中采集多件人化石材料。以前曾报道萨拉乌苏组的铀系年龄为4.4—6.3万年，最近黄慰文等（2004）报道红外光释光年龄为6.1—6.8万年，而热释光年龄为早于7万年。黄慰文认为，萨拉乌苏组下部地层的人化石是目前所知东北亚最早的现代智人化石。虽然，上述岣前洞等遗址的测年结果不能确切地证明10万年前在我国已有现代智人生存，不能完全肯定"各地区连续进化说"的成立，但至少表明，4万年前在我国境内很可能已有现代智人在生活繁衍，是对"现代中国人非洲起源说"的质疑。

总之，目前人们对中国境内现代智人的起源问题的认识尚有分歧。需要更多的考古资料、更精确可信的年代学数据和分子生物学的研究，才能回答人类关于自身的一个根本问题："我们是从哪里来的"。

参考文献

[1] 安芷生,等.蓝田人的磁性地层年龄.人类学学报,1990,9(1):1.

[2] 陈铁梅,原思训,高世君.铀系法测定骨化石年龄的可靠性研究和华北地区主要旧石器地点的铀系年代系列.人类学学报,1984,3(3):259.

[3] 陈铁梅,原思训,高世君,等.安徽省和县和巢县古人类地点的铀系年代测定和研究.人类学学报,1987,6(3):249.

[4] 陈铁梅.中国旧石期考古年代学的进展和问题.考古学报,1998,(3):331.

[5] 陈铁梅,R E M Hedges,袁振新.山顶洞遗址的第二批加速器质谱^{14}C年龄数据与讨论.人类学学报,1992,11(2):112.

[6] 戴橦模,陈文寄.激光微区^{39}Ar-^{40}Ar定年技术及其应用与发展.年轻地质体系的年代测定(续)第三章.北京：地震出版社,1999.

[7] 高星.周口店第十五地点剥片技术研究.人类学学报,2000,19(3):199.

[8] 郭士伦,周书华,孟武,等.用裂变径迹法测定北京猿人年代.原子核物理,1980,2(2):183.

[9] 黄万波,方其仁,等.巫山猿人遗址.北京：海洋出版社,1991.

[10] 黄慰文,董光荣,侯亚梅.鄂尔多斯化石智人的地层、年代和生态环境.人类学学报,2004,23卷增

刊:272.
[11] 金昌柱,郑龙亭,董为,等.安徽繁昌早更新世人字洞古人类活动遗址及其哺乳动物群.人类学学报,2000,19(3):184.
[12] 柯越海,宿兵,李宏宇,等.Y染色体遗传学证据支持现代中国人起源于非洲.科学通报,2001,46(5):411.
[13] 裴树文,张家富,高星,等.三峡井水湾遗址的光释光测年.科学通报,2006,51(12):1443.
[14] 彭子成,王兆荣,等.高精度热电离质谱(TIMS)铀系法对标样年龄测定的研究.科学通报,1997,42(19):209.
[15] 祁国琴,董为.蝴蝶古猿产地研究.北京:科学出版社,2006.
[16] 沈冠军,房迎山,金林红.巢县人年代位置新证据及其意义.人类学学报,1994,13(3):249.
[17] 沈冠军,王颀,王谦,等.广西柳江土博咁前洞的铀系年代.人类学学报,2001a,20(3):238.
[18] 沈冠军,王家齐,徐必学,等.广西柳州白莲洞的铀系年龄.地层学杂志,2001b,25(2):89.
[19] 沈冠军.我国石器时代遗址年代研究的现状和展望.人类学学报,2004,23卷增刊:251.
[20] 沈承德,易惟熙,刘东生.高分辨^{10}Be记录和黄土地层定年.第四纪研究,1994,13(3):203.
[21] 王幼平.中国远古人类文化的源流.北京:科学出版社,2005.
[22] 王维达,金嗣昭,高钧成.中国热释光与电子自旋共振测定年代研究.北京:中国计量出版社,1997.
[23] 汪品先.低纬过程的轨道驱动.第四纪研究,2006,26(5):964.
[24] 文集编委会."元谋人"发现三十周年纪念暨古人类国际学术讨论会文集.昆明:云南科技出版社,1998.
[25] 吴汝康.古人类学.北京:文物出版社,1989.
[26] 吴新智.从中国晚期智人颅牙特征看中国现代人的起源.人类学学报,1998,17(4):32.
[27] 吴新智.与中国现代人起源问题有联系的分子生物学研究成果的讨论.人类学学报,2005,24(2):259
[28] 阎桂林.湖北郧县人遗址磁性地层的初步研究.地球科学——中国地质大学学报,1993,18:221.
[29] 张银运.直线进化仰或分支演化-中国人类化石证据.第四纪研究,1999,9(2):106.
[30] 赵树森等.北京猿人遗址综合研究.北京:科学出版社,1985.
[31] 赵树森,刘明林.北京周口店龙骨山新洞的铀系测年.人类学学报,1991,10(10):58.
[32] 赵志忠,吴锡浩,Schluchter C,等.青藏高原第四纪冰川的宇宙核素暴露年龄的首次测定.地质力学学报,2002,8(4):306.
[33] 郑绍华.建始人遗址.北京:科学出版社,2004.
[34] 周慧,朱泓.现代人起源问题与DNA——"线粒体夏娃理论"述评.考古,2002,(3):76.
[35] 周尚哲,许刘兵,Colgan P M,等.古乡冰期和白玉冰期的宇宙成因核素^{10}Be定年.科学通报,2007,52(8):945.
[36] Aitken M J. Science-Based Dating in Archaeology. Longman Archaeology Series, 1990.
[37] Bar-Yosef. The Lower Palaeolithic of the Near East. *Journal of the Prehistory*, 1994,8(3):211.
[38] Bourdon B, Henderson G M, *et al*. Uranium-series Geochemistry. Geochemical Society and Mineralogical Society of America, 2003.
[39] Cann R L, Stoneking M, Wilson A C. Mitochondrial DNA and Human Evolution. *Nature*, 1987, 325:31.
[40] Chen T M, Zhang Y Y. Palaeolithic Chronology and Possible Coexistence of Homo Erectus and Homo Sapiens in China. *World Archaeology*, 1991, 23(2):147.
[41] Chen T M, Yang Q, Wu E. Antiquity of Homo Sapiens in China. *Nature*, 1994, 368:55.
[42] Chen T M, Yang Q, Wu E. ESR Dating of Tooth Enamel from Yunxian Homo Erectus Site, China. *Quaternary Science Reviews*, 1997, 16 (3~5):455.

[43] Chen T M, Chen Q, Yang Q, Hu Y Q. The Problems in ESR Dating of Tooth Enamel of Early Pleistocene and the Age of Longgupo Hominid, Wushan, China. *Quaternary Science Reviews*, 2001, 20(5~9): 1041.

[44] Cox A, Doell R R, Dalrymple G B. Geomagnetic Polarity Epochs and Pleistocene Geochronology. *Nature*, 1963, 198: 1049.

[45] Ding Z L, Yu Z W, Rutter N W, Liu D S. Toward an Orbital Time Scale for Chinese Loess Deposits. *Quaternary Science Reviews*, 1994,13: 39.

[46] Gleadow A J W. Fission Track Age of the KBS Tuff and the Associated Hominid Remains in North Kenya. *Nature*, 1980, 284: 225.

[47] Granger D E, Kirghner J W, Finkel R C. Quaternary Downcutting Rate of the New River, Virginia, Measured from Differential Decay of Cosmogenic ^{26}Al and ^{10}Be in Cave-deposited Alluvium. *Geology*, 1997,25: 107.

[48] Grün R, Stringer C B. Electron Spin Resonance Dating and the Evolution of Modern Humans. *Archaeometry*, 1991,33(2):153.

[49] Han J M. Palaeo-climate Impact on the Magnetic and Stable Isotopic Characteristics of the Chinese loess, Ph. D. Thesis, Vrije Universiteit Brussel. 1991: 190.

[50] Henshiwood C S, d'Errico F, et al. Emergence of Modern Human Behavior: Middle Stone Age Engravings from South Africa. *Science*, 2002,295: 1578.

[51] Hennig G J, Grün R. ESR Dating of Quaternary Geology. *Quaternary Science Reviews*, 1983, 2(2): 157.

[52] Hillhouse J W, Cerling T E, Brown F H. Magnetostratigraphy of the Koobi Fora Formation, Lake Turkana, Kenya. *J. Geophys. Res.* 1986, 91B11: 11581.

[53] Imprie J, Hays J G, Martinson D C. The Orbital Theory of Pleistocene Climate: Support from a Revised Chronology of the Marine δ^{18}O Record, in" Milankowich and Climate: Understanding of the Response to Astronomy Forcing" (edit by Berger AL, Imprie J, et al). 1984: 260.

[54] Krings M, Stone A, Schmitz EW et al. Neandertal DNA Sequences and the Origin of Modern Humans. *Cell*, 1997,90:19.

[55] Lahr M M. The Multiregional Model of Modern Human Origins-A Reassessment of its Morphological Basis and Review. *Journal of Human Evolution*, 1994,26(1): 25.

[56] Lehman A. Exploring Patterns in Neuropsychology for Support for an Alternative Theory of Human Evolution. *The Glozel Newsletter*, 2001,6(5).

[57] Latham A G, Schwarcz H P. The Petralona Hominid Site: U-series Re-analysis of "layer 10" Calcite and Associated Palaeomagnetic Analysis. *Archaeometry*, 1992,34(1): 135.

[58] McDermott F, Grün G, Stringer C B. Mass-spectrometric U-series Date for Israeli Neanderthal/Early Hominid Sites. *Nature*, 1993,363: 252.

[59] McDougall I. K-Ar and ^{40}Ar-^{39}Ar Dating of the Hominid Bearing Pliocene-Pleistocene Sequence at Koobi Fora, Lake Turkana, Northern Kenya. *Bull Geol Soc Am*, 1985,96: 15.

[60] Milankowich M M. Canon of Insolation and the Ice-age Problem. *Königlich Serbisch Akademie*, Beograd, 1941.

[61] Partridge T C, Granger D E, Caffee M W, et al. Lower Pliocene Hominid Remains from Sterkfontein. *Science*, 2003, 300: 607.

[62] Rees-Jones L, Tite M S. Optical Dating Results for British Archaeological Sediments. *Archaeometry*, 1997,39(1): 177.
[63] Renne P R, Shorp W D, Deino A L. $^{40}Ar/^{39}Ar$ Dating into the Historical Realm, Calibration Against Pline the Younger. *Science*, 1997,277: 1279.
[64] Schwarcz H P, Simpson J J, Stringer C B. Neanderthal Skeleton from Tabun: U-series Data by Gamma-spectrometry. *Journal of Human Evolution*, 1998,35: 635.
[65] Shen G J, Ku T L, Cheng H, et al. High-precision U-series Dating of Locality I at Zhoukoudian, China. *Journal of Human Evolution*, 2001, 41: 679.
[66] Shen G J, Cheng H, Edwards R L. Mass Spectrometric U-series Dating of New Cave at Zhoukoudian, China. *Journal of Archaeological Science*, 2003, 31: 337.
[67] Shen G J, Gao X, Zhao J X, et al. U-series Dating of Locality 15 at Zhoukoudian, China, and Implications for Hominid Evolution. *Quaternary Research*, 2004, 62: 208.
[68] Su B, Xiao J, Underhill P, et al. Y-chromosome Evidence for a Northward Migration of Modern Humans into Eastern Asia During the Last Ice Age. *American Journal of Human Genetics*, 1999,65(6): 1718.
[69] Swisher C C, Curtis G H, Jakob T, et al. Age of the Earliest Known Hominids in Java, Indonesia. *Science*, 1994,263: 1118.
[70] Tauxe I, Herbert T, Shackleton N J, et al. Astronomical Calibration of the Matuyama-Brunchs Boundary: Consequence for Magnetic Remanence Acquisition in Marine Carbonates and Asian Loess Sequences. *Earth Planet Sci Lett*, 1996,140: 133.
[71] Valladas H, Reyes J L, Joron J L, et al. Thermoluminescence Dating of Mousterian 'Proto-Cro-Magnon' Remains from Israel and the Origin of Modern Man. *Nature*, 1998,331: 614.
[72] Wagner G A' Age Determination of Young Rocks and Artifacts. Springer, 1998
[73] Wilson A C, Cann R L. The Recent African Genesis of Human Genes. *Scientific American*, 1992,248: 86.
[74] Yu N, Zhao Z, Fu Y, et al. Global Pattern of Human DNA Sequence Variation in a 10-kb Region of Chromosome 1. *Mol Biol Evol*, 2001,18(2): 214.
[75] Zhao Z, Li J, Fu Y, et al. Worldwide DNA Sequence Variation in a 10-kilobase Noncoding Region on Human Chromosome 22. *Proceeding of the National Academy of Science*, 2000,97: 11354.
[76] Zhou L P, Shackleton N J. Misleading Positions of Geomagnetic Reversal Boundaries in Eurasian Loess and Implications for Correlation between Continental and Marine Sedimentary Sequences. *Earth and Planetary Science Letters*, 1999,168: 117.
[77] Zhu R X, Potts R, Xie F, et al. 2004, New Evidence on the Earliest Human Presence at High Northern Latitudes in Northeast Asia. *Nature*, 2004,431(7008): 559.

思考题

1. 请总结人类的诞生、进化和殖民的大致过程,探讨测年对研究这个过程的意义。
2. 你认为钾氩、裂变径迹、铀系、宇宙成因核素(包括第四章的 ^{14}C)诸同位素测年方法的共同的假设前提是什么?试评价更新世各测年方法(从可靠性,误差,测年对象,技术实施等方面)。
3. 你对现代人起源的两种假设的争论有什么看法?
4. 你认为我国的古人类和旧石器考古年表中的主要问题是什么?探讨进一步工作的方向。

第四章 全新世新石器文化和历史时期考古遗存的测年

大约距今 10500 年,第四纪最后一次冰期结束,进入冰后期。人们将末次冰期结束、全球气温变暖和海平面全面回升的时间作为更新世的结束和全新世的开始。但是因为各地冰川退缩的时间有先后和气温的反复,对于更新世-全新世界限的确切年代存在有不同的看法,在 1—1.2 万年之间波动。

与全新世的开始大致相当,人类在旧大陆欧、亚、非三洲的很多地区几乎同步地进入以农作物栽培为主要特征的新石器时代。农作物栽培要求原本以狩猎采集为生计的流动群体逐步建立固定的居住地,而定居是动物饲养的必要条件。农业和家畜饲养使人类社会由长期的单纯消耗型经济转化为再生型经济,促进了社会的发展和人口快速增加,因此柴尔德将农业和家畜饲养的出现,看成是人类社会的关键性转折,称之为"新石器革命"。与农作物栽培和定居生活几乎同时,人类开始了陶器的生产。陶器是人类创造的第一种非自然的人造材料,第一次有目的地改变自然资源的性质。陶器的出现也标志着人类流动生活方式的结束。

随着新石器时代经济、文化和社会组织的发展,在距今约 6000—4000 年,西亚、埃及、中国和印度先后进入了文明社会和历史时期。早期的文明社会以城市和国家的形成作为其主要特征,同时在经济上出现冶金,文化方面出现文字、天文历法和规模型的祭祀宗教活动等。

相对于更新世的旧石器时代,新石器时代和文明社会的基本特点是发展速度猛增,变化越来越快。在旧大陆西部,旧石器时代以手斧为特征的阿舍利石器文化存在了 100 多万年,莫斯特文化延续了二三十万年,而旧石器晚期的奥瑞纳和马格德林石器文化也存在有二三万年。但进入新石器时代以后,文化面貌变化极快,每种文化类型的延续时间一般不超过 2000 年,而且文化类型还可以进一步分期。在我国,对于距今近约 4000 年的二里头文化和更晚的文化,每一段考古分期的延续年代大致为 50 年。研究快速发展的文化和社会,要求使用更精密的时间标尺。对于每期约 50 年的文化分期序列,如果样品的测年误差超过 100 年,那么就难以判断该样品在前后相邻两文化期中的位置。因此新石器和青铜时代考古研究对测年技术的精确性提出了更高的要求。

本章将先后讨论:(1)第三章介绍的更新世诸测年方法应用于全新世测年的可能性;(2)基于地球公转年周期的高精密度测年方法;(3)^{14}C 测年,它是建立新石器和青铜文化考古年表的最主要的方法,也是本章讨论的重点。

4.1 钾氩法测年等更新世测年方法应用于全新世考古测年的探讨

1. 钾氩法测年

由于质谱技术和单颗粒矿物氩-氩测年技术的发展,钾氩方法已能相当精确地测定全新世时期火山喷发的年代。最著名的例子是,Renne 等(1997)用激光氩-氩法测定了导致罗马时代庞培古城毁灭的维苏威火山的喷发年代为公元 72 年,与实际年代公元 79 年相差仅 7 年。测年误差竟优于 ^{14}C 测年方法。应用钾氩测年方法于考古测年的局限性在于,要求新石器的文化层中包含有同时喷发的火山灰,这种情况并不多见。如果在陶片和用火灰烬层中能找到合适的高钾含量的矿物颗粒,可以作为钾氩测年的对象,测量陶器烧制和灰烬层最后一次熄火的年代。

2. 裂变径迹测年

因为 ^{238}U 自发裂变的概率极低,为了在样品中积累足够数量的裂变径迹数,要求样品的铀含量高并且样品的年龄足够老。因此裂变径迹测年方法很难应用于全新世的样品。仅有的例外是:在 18 世纪的欧洲,人们还不知道化学元素铀的放射性辐射对人体的危害,曾用铀的氧化物作为玻璃和瓷釉的着色剂,玻璃中的铀含量可达百分之几。裂变径迹法测量这类玻璃生产年代的下限达几十年,测年结果与其生产年代非常接近。

3. 应用地磁场的长期变化测年

第三章曾介绍了古地磁测年方法,该法是基于全球性地磁极性的周期性反转。但是整个全新世都处于布容正极性世,也不存在短时间尺度的地磁倒转亚事件。不言而喻,古地磁测年方法与全新世测年没有任何关系。

应用于全新世测年的方法称为考古地磁测年,它与古地磁测年的原理是完全不同的。在地表的任一地区,地磁场的倾角、偏角和地磁场强度等地磁三要素都是随时间变化的,有时在几十年中可以发生明显的变化。曾经被火烧过的考古遗物,如砖、瓦、陶瓷器、窑炉残体以及被火烧过的建筑物残存等,都保留有剩余磁性(热剩磁),热剩磁记录了这些样品最后一次冷却时其所在地的地磁三要素。如果在某地区,采集了一定数量各时期年代已知的砖、瓦和窑炉残体,测量了它们的剩磁,就可以建立该地区地磁三要素随时间变化的经验曲线。利用这些曲线可以测量该地区采集的未知年代的砖、瓦、陶瓷器等考古遗物的烧制年代。当然必须要求被测样品自受热以来没有被移动过,或者其移动情况可知,这样才能正确测量其古倾角和古偏角。鉴于这些复杂的要求,至今考古地磁测年法未得到普遍应用。在我国,魏青云等(1980)曾建立了陕西姜寨和湖北关庙山等地区的地磁三要素变化曲线,并尝试考古地磁测年研究,可惜他们的工作并未坚持。

4. 铀系测年

质谱铀系法具有很高的测年精确度,例如测量年龄为 100 年的珊瑚样品,2 个标准差(2σ)仅约±3 年;测 1 万年珊瑚样品的 2σ 约为 30 年。应用于全新世考古测年的铀系样品应该是与考古遗存的层位关系非常明确、含铀量较高而且质地纯净的新生碳酸盐。但是,在新石器考古遗址中很少能采集到这类碳酸盐样品,因此铀系方法对建立新石器和青铜时代考古年表没有什么贡献。

5. 释光测年

释光测年的精确度并不高,上海博物馆曾对 31 片其年代已知的陶片进行热释光测年,相对误差在 4‰~13‰ 之间,这大致反映了热释光测年的精确度。但是陶器是研究新石器和青铜文化最重要的遗物,在考古遗址中发现众多,而且目前只有释光技术能测定陶瓷的烧制年代(^{14}C 方法仅能测量夹碳陶的年代)。此外,近年来光释光技术应用于测量各类沉积物(包括全新世沉积物)的年代取得了显著进展,因此释光测年方法在新石器和青铜文化研究中仍可以作出贡献,测年工作者正努力提高释光测年的精确度。

6. 更新世其他测年方法

电子自旋共振测年和生物分子钟的分辨率太低,基于地球轨道参数周期变化提出天文学的年代标尺的跨度太长,为万年级,它们都与全新世测年无关。但是地球公转导致的气候周期性变化却提供了以年乃至季节为尺度的时间标尺,这正是下一节将讨论的。

4.2 基于地球公转周期的高精确度测年

地球环绕太阳作公转运动,由于地轴与公转平面之间有一定的夹角,地球在公转轨道的不同位置上所接受的太阳的辐射量也不同,地球的气温就有四季的变化。生物的生长过程和某些地表过程的速度在不同的季节是不同的,例如中纬度地区的树木、高寒地区冰川融化所形成的纹泥沉积和降雪层堆积等。树木、纹泥和冰雪层等都有每年一层的记录,树木每年的生长记录就是树轮。对于现生的树木、现在还在继续堆积的冰雪层和纹泥,那么计时的起点是已知的,就是当今年。再通过一层一层的向前计数,就可以确定每一层的生长年代,测年的精确度达到"年",这是最精确的测年方法。还需指出,每层的厚度和每层物质的化学组成是不一样的,反映了生长或堆积当年的气候和环境。因此树轮、冰雪层和纹泥是一本历史书,逐年记录了当地气候和环境的变化(参见7.3.5小节)。有的生物,例如贝壳和某些哺乳动物的牙釉层也可鉴别出年生长线,但因其生长期太短,无用于考古测年,而只能用以判断贝壳和哺乳动物的生存年龄。目前能应用于全新世高精确度考古测年的是树木年轮、纹泥和冰雪堆积层。

4.2.1 树木年轮测年

1. 原理

众所周知,树木每年生长一层年轮。年轮的宽度取决于两个因素:(1)树龄,幼年的树生长快而老年的树生长慢,因此树干中心部位的树轮宽而边缘部位的树轮窄而密集。(2)环境因素,风调雨顺的年份生长的树轮宽而干冷的年份生长的树轮窄。树龄对树轮宽窄的影响是可以校正的,校正后的树轮宽窄序列称为树轮的相对宽窄序列,它主要是由环境因素决定的,记录了树木生长地区气候变化的历史。因此,同一地区同时期生长的同一树种的树轮相对宽窄序列具有相同的模式,它们之间是可以互比(Cross-dating)的。

假设有两棵树,一棵是现生的(A树),另一棵(B树)在若干年前已经死亡,但这两棵树曾经共存了一段时期,譬如说不短于100年。那么在这100多年间,两树树轮的相对宽窄序列模式是相同的,即A树内层的一段年轮和B树外层的一段年轮有相同的相对宽窄序列模式,从而可以推断,这两段年轮应该是同时生长的。对于现生的A树,每一年轮生长的绝对年代是确切已知的。对于B树,虽然不能直接判断它是哪一年死亡的,但是通过与A树的Cross-dating,也就能确定B树的死亡年代和每一年轮的生长年代,实现了将相对宽窄序列从近现代向早期的延伸。在森林地区能找到大量不同时期生长的树木或木料,通过Cross-dating可以建立起该地区跨度几千年乃至上万年的树轮相对宽窄序列的标准模式,从而也就可以确定在该地区随意发现的该木料的树种的生长年代。如果所发现的木料存在于考古遗址中,而且木料与考古遗存的"层位关系"明确,那么就可以用木料的定年结果来推测考古遗存的年代。

图 4-1 形象地显示了树木两两间年轮宽窄变化的 Cross-dating 和树木年轮方法考古测年的原理和工作流程。图中最右面的树是现生的,左面两棵是在森林中找到的树木,通过对树轮宽度的测量和相互间的 Cross-dating 确定了建房用木料和两棵古树的生长年代。

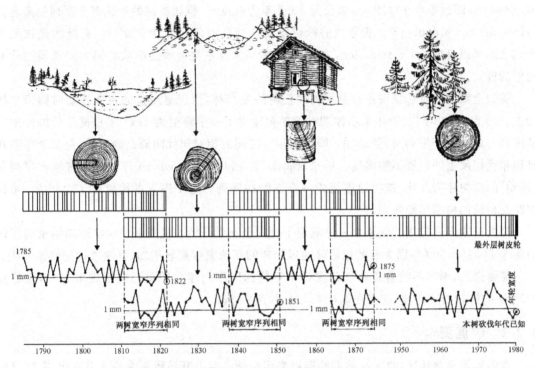

图 4-1　树木年轮测年方法的示意图(Wagner,1995)

确定树轮生长年代的精确度甚高,如果能正确地判断在极端气候的年份可能发生的年轮缺失或形成伪年轮,定年的精确度可达到二三年。但是树轮序列方法应用于考古测年,则需要考虑另外一些误差因素。如果木构房子未经后期的翻修,其建造年代应该稍晚于所用木料最外层年轮的生长年代。但是木料的最外层年轮是否保存良好、树木砍伐后是否很快用于建筑以及木料可以被再利用等因素都会在推测房子的建造年代时引起误差。为此需要同时考察多根其边材保存良好的木料,取它们之中最晚的生长年代作为房子的建造年代。Schweingruber(1984)曾对树轮测年方法应用于考古测年作详细的讨论。

2. 北美刺果松年轮序列和中欧橡树年轮序列

树木年轮方法应用于考古测年的前提条件是在一定地区建立某种树种的年轮标准宽窄序列。年轮标准宽窄序列的建立需要掌握大量生长于不同时间直径粗壮的木材,在它们之间进行反复的 Cross-dating。因此除要求客观上有可能采集到足够数量的木材外,还需要长期艰苦地工作。树木年轮测年的先驱者是 Douglass,他于 20 世纪 20 年代初开始在美国加州白山地区采集刺果松(bristlecone pine)的树干,刺果松是长寿命树种,最长寿命可达 4000 多年。后来阿里松纳大学的 Ferguson 等继续了 Douglass 的工作,并将研究地区扩大到阿里松纳州、新墨西哥州等地。目前已建立了 BC 6700 年以来的美国西南部地区刺果松的标准年轮序列，并用该年轮序列精确测定了该地区印第安人一些木质结构建筑物年代。

20 世纪 40 年代起分别在欧洲的爱尔兰和德国也开始了建立橡树的标准年轮宽窄序列。橡树的生长期并不长，为了建立长时间跨度的标准年轮宽窄序列，必须采集大量的橡树树干标本，Huber 等在德国采集了 6000 棵橡树。目前建立的德国橡树年轮宽窄序列的跨度已达到 BC 8480 年，即达距今 10 429 年（以公元 1950 年为起点）。德国橡树的年轮宽窄序列被命名为"Hohenheim Chronology"。爱尔兰的橡树年轮序列的时间跨度达 7300 年，有趣的是这两个序列之间可以良好地 Cross-dating，表明 7000 多年来爱尔兰与地处中欧的德国间气候变化有相似的模式。

德国全新世的森林景观主要是橡树和松树的混交林，而于更新世的末次冰期时则以松树为主。20 世纪 90 年代，对于末次冰期时的松树建立了一个跨度为 1941 年松树年轮的标准宽窄序列。最初这个序列是"浮动"的，即虽然年轮之间的相对年代间隔是确定的，但整个序列在日历年代标尺上的位置不能确定。后来，Björk 等（1996）和 Friedrich 等（2004）将橡树序列和"浮动"的松树序列互比，成功地连接成一个连续的序列。这个序列的跨度达 12 460 年，是目前跨度最长的树木年轮序列。

德国树轮序列应用的成果之一是确定了德国全新世开始与晚更新世末次冰期结束的年代为距今 11 510±20 年，因为自此以后该地区松树的年轮宽度明显增加，反映气候的快速变暖。

需要指出，树木年轮研究和长跨度树木年轮标准序列建立的重要应用成果之一，是建立 ^{14}C 年龄的树轮校正曲线，这将在本章 4.5.4 小节中讨论。

4.2.2 纹泥测年

在瑞典等高寒地区，自末次冰期晚期以来因全球气温上升导致夏季的冰川融化，在冰缘湖湖底每年形成新的沉积层，每层的厚度从几毫米到几厘米不等，每层都可观察到从上到下黏土-粉沙-细沙的分选变化。与树木年轮情况相似，每层的沉积厚度也反映沉积当年的气温。后来冰缘湖干枯，因每层中黏土、粉沙和细沙的颜色不同，一层一层的沉积纹理清晰可见，称为纹泥。每个湖的纹泥沉积可达几千层，通过对纹泥层的计数可以确定每个沉积层的相对年代。因冰缘湖所处的纬度和高度的不同，全球气温回升期瑞典各地形成纹泥沉积的时段也不同，但是不同时段形成的纹泥层可以根据纹泥层厚度变化序列的对比而连接，颇类似于树轮系列的 Cross-dating。在瑞典已经建立了距今至 13 000 年的纹泥序列。根据纹泥序列曾推断当地的全新世-更新世界限为距今 10 700+50、-120 年，这比前述依据德国树轮测年推断的结果晚了近 800 年，这可能是纹泥序列中有缺失层所致（Björk, et al, 1996），因为纹泥测年的精确度不如树轮测年，也可能两地气候变暖的时间有早晚。除斯坎第那维亚半岛外，在美国中北部的明尼苏达和威斯康辛等地也建立了当地的纹泥序列，跨度近 10 000 年。

纹泥测年的考古应用主要在两个方面：（1）纹泥沉积中包含有相当数量的孢粉，因此纹泥层的孢粉分析给出了纹泥所在地孢粉组合随时间的变化规律。孢粉组合随时间的变化规律有可能间接应用于当地考古遗址的测年。（2）纹泥层的年代跨度达 13 000 年，比北美刺果松树轮序列久远约 4000 年，比德国橡树-松树年轮序列长约 1000 年，因此曾试图利用纹泥中有

机物的 ^{14}C 测年来延长 ^{14}C 年龄校正曲线。但是因为纹泥测年本身的误差和纹泥中有机物 ^{14}C 年龄的代表性等复杂因素,这方面的应用前景尚需探讨。

4.2.3 冰芯测年

在南北极和格陵兰等地区,每年的积雪层厚度达几十厘米。年复一年的堆积和被压实,形成厚厚的冰层,肉眼或镜下可分辨出年层。例如格陵兰编号为 Dye-3 的钻孔冰芯,自上而下已分辨出的冰层的年代可前推至 BC 3870 年,误差为 10 年。埋藏更深,即更早的冰层因厚度太薄而难以目数,但是可以通过其氧同位素组成(δO^{18})、灰尘、酸度(SO_4^{2-})等气候指示剂的年度变化来识别。不同年代、甚至每年不同季节积雪的氧同位素、灰尘、酸度、Ca^{2+} 和 NH_4^+ 等指标的数值是不同的,相当一些指标值的变化是以年为周期的。目前 Dye-3 冰芯中可识别的冰层数已达到 14 500 层,而且定出更新世最后一次冰期-新仙女木期的起始年代为距今 12 660±100 年,而其结束,即全新世起始于距今 11 510±70 年,这与德国树轮测年的结果(见 4.2.1 小节)符合良好。

冰芯测年或冰芯年代学曾被用以测定锡拉火山(也称桑托利火山)喷发的年代。欧洲的考古学家认为,公元前 16 世纪爱琴海桑托利岛上的锡拉火山曾大规模地喷发,并导致了该地区米诺斯文明的衰落和米诺斯宫殿的毁坏。锡拉火山该次大喷发的年代曾根据米诺斯文化的陶器与埃及的陶器对比,并参考埃及的历史年表进行粗略推测。另一方面,火山喷发向高空喷射大量尘埃和 SO_2 等酸性气体,猛烈的火山喷发事件在冰芯中应该被记录,从而有可能确定其年代。测量格陵兰 Dye-3 钻孔冰芯的酸度变化曲线,在对应于 BC 1645±20 年的层位上观察到一个明显的峰(见图 4-2),其 SO_4^{2-} 的含量异常,判断是对应一次规模巨大的火山喷发。此外,在格陵兰的 Summit 冰芯对应于 BC 1645±7 年的层位同样观察到 SO_4^{2-} 的强峰。由此推断导致米诺斯文明衰落的锡拉火山喷发的年代可能为 BC 1645 年左右。

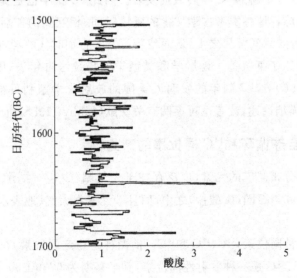

图 4-2 格陵兰 Dye-3 钻孔冰芯的酸度变化曲线,BC 1645 年冰层的酸度出现峰值,应对应于一次剧烈的火山喷发事件(Hammer, et al, 1987)

剧烈的火山喷发将大量的尘埃带入高空,尘埃完全沉降需经过一段时间,从而影响当年度的太阳辐照和年平均气温。因此当年的树木年轮也应该记录剧烈的火山喷发事件。在美国加州刺果松年轮序列中观察到,对应于 BC 1628 年的年轮极窄,推测因当年寒冷的气候条件所致,被认为可能与冰芯 BC 1645 年的 SO_4^{2-} 峰相对应。如果上述的冰芯酸度异常和异常树轮的确是对应导致米诺斯文明衰落的那次火山喷发,那么冰芯测年和树轮测年给出的的米诺斯文明衰落的年代,比根据器物对比和埃及历史年表的考古定年结果要早一个世纪。应该说明,冰芯 BC 1645 年层位的 SO_4^{2-} 峰与锡拉火山喷发间的对应关系需要更可信的论证,因为火山喷发是地球上常见的事件。在近万年跨度的格林兰冰芯中观察到 69 次 SO_4^{2-} 和其他阴离子异常,其中有多次异常可以与已知年代的火山喷发所对应。目前有学者拟通过对比米诺斯宫殿遗址的火山灰与 BC 1645 年冰层的化学组成,来探讨两个事件间的对应关系。

4.3 ^{14}C 测年概述、基本原理和假设前提

碳十四(^{14}C)测年方法是晚更新世晚期和全新世考古测年中精确度最高、应用最广的一种测年方法。原因如下:(1) 其测年范围从二三百年到 5 万年,即适用于旧石器晚期以来各时期考古遗存的测年。(2) 测年的精确度高,对于晚于 1 万多年的样品,因可进行树轮校正,精确度可达五六十年。如果是一组相互间相对年代已知的系列样品组,采用与树轮校正曲线匹配拟合的方法,测年误差可进一步减小。而对于生长期超过百年的古树树轮样品,理想情况下其测年精确度可达二三年。(3) 测年样品广泛易得,^{14}C 方法主要以动植物残骸等有机物作为测年对象,而且加速器质谱技术使得样品碳用量降到 100 μg,因此几乎在所有的考古遗址中都能找到合适的 ^{14}C 测年样品。

每年全球约有 10 万个新的 ^{14}C 年龄数据发表。因此 ^{14}C 测年也是提供测年数据最多的一种测年方法。它使全球各地各类考古学文化的延续时间、相互间的前后次序均可放在一个客观、统一而且精确定量的时间标尺之上,从而使新石器和青铜时代的考古编年建立在科学的基础之上。^{14}C 测年曾修正了某些基于地层学和类型学的传统考古年表,因此被誉为"考古学的放射性碳素革命"。1960 年 ^{14}C 测年的发明人美国的放射化学家利贝被授予诺贝尔化学奖。下面将对 ^{14}C 测年作详细论述,读者也可参阅有关文献(Libby, 1955;仇士华等,1990)。

4.3.1 碳元素的全球循环和 ^{14}C 同位素的产生

碳是在自然界中分布甚广的元素,广泛存在于大气圈(CO_2)、水圈(碳酸根和重碳酸根)、生物圈(各类有机物)和岩石圈(碳酸盐)之中,而且碳元素在大气、地表水和活体生物之间不断进行着快速地交换。

自然界的碳有三种同位素,^{12}C、^{13}C 和 ^{14}C。前两种是稳定同位素,在自然界它们的丰度分别为 98.9% 和 1.1%。^{14}C 是一种放射性同位素,其半衰期为 5730±30 年。在老的,譬如说早于 10 万年的化石和岩石中是不存在 ^{14}C 的,因为即使它们在刚形成时其中曾有过 ^{14}C 原子,也因长期衰变而耗尽了。

^{14}C 的半衰期远短于地球的寿命,地球上为什么还有 ^{14}C 原子存在呢? 这是因为从外层空

间不断到达地球的宇宙射线中的中子与地球大气中的氮原子的原子核反应会产生新的^{14}C原子,新产生的^{14}C原子很快与大气中的氧结合生成$^{14}CO_2$并参加全球的碳循环,$^{14}CO_2$从大气中溶解进入地球的水圈,也通过光合反应和食物链而进入整个生物圈。大气圈、水圈和生物圈是碳的3个循环交换库(见图4-3)。虽然岩石圈和上述3个库之间也有一定的碳的交换,但交换速度较慢且交换通量也较低。

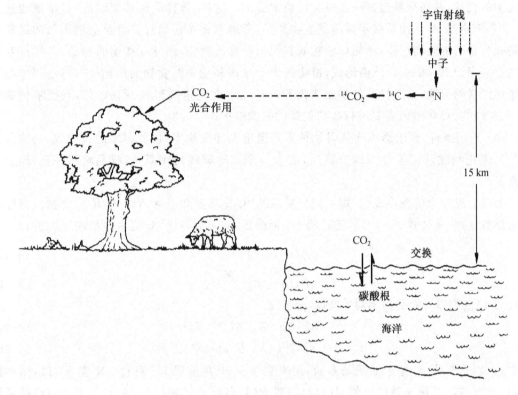

图 4-3　全球^{14}C的形成和循环交换示意图(Aitken,1990)

4.3.2　^{14}C测年的4个基本假设前提

^{14}C测年方法基于以下4个基本假设前提:

(1) 假设若干万年以来到达地球的宇宙射线的通量是一个不变的常量。这样全球每年产生的^{14}C的总量是不变的。^{14}C是放射性同位素,会不断衰变。匀速的产生和衰变之间将达到一个平衡[参见公式(10-25)],使得地球上^{14}C的总量保持一个固定的、不随时间而变化的数量。实际表明这个前提是基本成立的(仅是基本成立),全球每年产生约$8\,kg\ ^{14}C$,在3个碳的循环交换库中^{14}C的总量大致保持有$68\,t$。

(2) 要求大气圈、水圈和生物圈这3个碳的循环交换库中碳的总量也是常量,不随时间变化,并且碳在这3个库之间的交换相当迅速(相对于^{14}C的半衰期)。这样在循环交换库中^{14}C的同位素丰度在空间上是均匀分布的,并且不随时间变化。实际表明第二个前提也是基本成立的(全球的气温变化会在一定程度上影响3个库的碳总量,全球大气每年可完成一次循环),以大气为代表的循环交换库中^{14}C同位素的丰度基本上不因时间和地点而变化,为一常量 $R_0 =$

1.18×10^{-12},称为现代碳标准丰度。^{14}C 是放射性同位素,恒定的同位素丰度意味着循环交换库中每克碳的放射性活度(称为比活度)也是恒定不变的,库中的每克碳每分钟平均有 13.6 个 ^{14}C 原子衰变,称之为现代碳标准比活度,$A_0 = 13.6$(衰变数/g·min)。

上面两个假设前提是基础性的,而后面两个前提仅涉及具体测年样品。

(3) 第三个前提称为初始条件,它要求用以测年的样品曾经与大气等循环交换库有过充分的碳的交换,并在交换过程中不发生同位素分馏。这样,该样品刚形成时的 ^{14}C 丰度也应是 R_0,比活度也是 A_0。如果测年样品是生物遗存,考虑到树木是通过光合反应把大气的二氧化碳转化为自己的生物组织,动物以植物或其他的动物为食物,因此动植物的初始 ^{14}C 丰度和比活度也应当为 R_0 和 A_0。严格地说,植物的光合作用和动物对食物的消化吸收等过程中都存在碳同位素的分馏,各类样品的初始丰度和初始比活度是稍偏离 R_0 和 A_0 的,当要求精确测年时,实测的 ^{14}C 年龄值需要进行碳同位素的分馏校正。

(4) 封闭条件,要求测年样品因某种原因退出循环交换库(例如树木的被砍伐、动物的死亡等),停止与循环交换库的碳交换后,成为一个对于碳的封闭系统,样品将得不到新的 ^{14}C 补充。

如果上述 4 个前提均成立,那么测年样品的 ^{14}C 比活度和丰度 $A(t)$ 和 $R(t)$ 将按放射性衰变的指数规律[见公式(10-18)],随时间 t 不断降低,并可以写出 ^{14}C 测年的基本公式如下:

$$A(t) = A_0 e^{-\frac{\ln 2}{5730}t} \qquad (4\text{-}1\text{a})$$

或

$$R(t) = R_0 e^{-\frac{\ln 2}{5730}t} \qquad (4\text{-}1\text{b})$$

公式(4-1)也可以对样品的年龄 t 求解,改写成

$$t = 8267 \ln (A_0/A(t)) \text{(年)} \qquad (4\text{-}2\text{a})$$

或

$$t = 8267 \ln (R_0/R(t)) \text{(年)} \qquad (4\text{-}2\text{b})$$

式中的 8267 年是 ^{14}C 原子的平均寿命,用半衰期 5730 年除以 $\ln 2$ 可得。丰度 R 可以用样品中 ^{14}C 与 ^{12}C 或 ^{13}C 原子数的比值 $R(14/12)$ 或 $R(14/13)$ 来代表。$A_0/A(t)$ 与 $R_0/R(t)$ 都是可以直接测量的物理量,由此可以计算得到样品的 ^{14}C 年龄 t。

4.3.3 关于 ^{14}C 同位素的半衰期

由公式(4-1)和(4-2)可知,样品 ^{14}C 年龄的测量值直接依赖于 ^{14}C 的半衰期或平均寿命。放射性同位素的半衰期不是理论值,而是通过专门的实验测定的,实验测量值本身必然有一定的误差。目前 ^{14}C 半衰期的最精确测量值是 5730 ± 30 年,这个数值是 20 世纪 60 年代初测定的。50 年代初,利贝刚建立测年方法时测量所得到的半衰期值是 5568 年。现将"5568 年"称为 ^{14}C 的利贝半衰期,而"5730 年"称为物理半衰期。用两个不同的半衰期值计算得到的样品的年龄值是不一样的,两者之间相差 1.029 倍,通过乘或除 1.029,两个年龄值之间是可以相互转换的。

5730 年更接近于 ^{14}C 半衰期的真值,用 5730 年半衰期算得的 ^{14}C 年龄值也更接近于样品的真实年龄。但是因为在 60 年代初测得 5730 年这个数值以前,已经发表的相当数量的 ^{14}C 年龄数据是以 5568 年为半衰期计算的,如果接受并改用 5730 年这个新半衰期值,那么 60 年代以前发表的全部 ^{14}C 年龄数据都要作相应的修正。另外,即使使用 5730 年这个新半衰期值计算 ^{14}C 年龄值,它与样品的真实年龄之间依然有系统误差,这是因为 ^{14}C 测年的基本假设前

提——"全球碳的循环交换库中^{14}C的比活度是恒定不变的"并非严格成立,测得的^{14}C年龄要根据树轮年代作校正(见 4.4.4 小节)。鉴于上述情况,1962 年第五届^{14}C测年国际会议建议,今后依旧沿用老的 5568 年这个半衰期代入公式(4-2)计算样品年龄,称为样品的惯用^{14}C年龄。欧美等西方国家的同行们都遵守这个决定。但是在一些建立^{14}C测年方法较晚的国家,包括前苏联和我国的一些实验室并没有遵循西方同行们的约定,而采用 5730 年半衰期计算年龄。20 世纪,我国已发表的相当数量的^{14}C年龄数据是以 5730 年为半衰期计算的。为了与国际接轨,大致于 20 世纪 90 年代末以后,我国地质部门的某些^{14}C实验室和北京大学加速器质谱^{14}C测年实验室决定用 5568 年半衰期计算和公布测年数据。因此目前我国文献中的^{14}C年龄数据所依据的^{14}C半衰期不统一,情况比较混乱,考古和文物工作者在应用^{14}C年龄数据时必须十分注意所用的数据是基于哪一个半衰期计算所得到的。前面已提到,虽然这两个年龄值之间是可以相互转换的,但在涉及相同的考古课题时,引用的^{14}C年龄数据必须基于同一个半衰期。如果^{14}C年龄已作树轮校正,得到样品的日历年龄,则可以避免因采用不同的半衰期所导致的混乱。

4.3.4 ^{14}C 测年的测量对象

由^{14}C测年的第三、四条前提可知,任何物质,如果曾与大气进行过充分的、直接或间接的碳交换,然后又处于封闭状态,均可以用于测年。例如植物通过光合反应把大气的二氧化碳转化为自己的生物组织,这当然是与大气间充分直接的碳交换,动物通过食物链间接地与大气进行充分的碳交换。动植物死亡后如果能保存下来,无霉菌的后期作用,一般都可以看成是封闭体系。因此考古遗址中的木头、木炭、特别是碳化的单年生的粮食和种子、动物遗骸等都是合适、理想的^{14}C测年样品。

此外对于以下 5 类样品,其^{14}C年龄的解释需要十分小心,它们是:(1)含有有机质的泥炭、淤泥和古土壤;(2)水生动植物残体中保留的有机质;(3)贝壳、洞穴中的钟乳、灰华等无机碳酸盐物质;(4)封闭的地下水库中的水;(5)含微量杂质碳的古陶器和古代铁器等。因为它们与循环交换库之间碳的交换可能不够充分,或者样品的封闭性不够完善,曾受到非样品碳的部分污染等。

总之,^{14}C测年的对象相当广泛,但每一类物质的适用程度均不一样,对于相当一些样品需要考虑因样品本身的问题所引进的误差因素。

4.4 ^{14}C测年的技术实施

4.4.1 现代碳标准物质和^{14}C测年的计时起点

从^{14}C测年公式(4-2)可以看到,只要测量样品与现代碳标准的放射性比活度之比或同位素丰度比,就能计算样品的年龄 t,并不需要测定样品的比活度或丰度[$A(t)$或$R(t)$]的绝对值。这极大地降低了对测量技术的要求,因为在一般情况下测量两个样品间某物理量的比值的误差,远小于测量每个样品该物理量绝对值的误差。

关于现代碳标准 A_0 和 R_0,国际上规定取美国国家标准局的 SRM-4900 草酸作为标准物质,以其比活度的 95% 作为 A_0,折合成 $^{14}C/^{12}C$ 值约为 $R_0=1.18×10^{-12}$。由于 SRM-4900 草酸的保存量不多,后来又生产了一些次级标准。我国是以经国家标准局审批的"中国糖碳标准"作为现代碳标准。中国糖碳标准的放射性活度是经中国社会科学院考古研究所、北京大学考古系和中科院地球化学研究所的 ^{14}C 测年实验室精确标定的,它的比活度为 A_0 的 1.362 倍(仇士华等,1983)。

无论用那一种现代碳标准物质,无论是哪一年进行测量,实际测得的样品 ^{14}C 年龄都是以公元 1950 年为计时起点。即无论何时我们说某样品的距今多少年,都是指距公元 1950 年,因为各种现代碳标准物质都是直接或间接地根据公元 1950 年生长的树木年轮的 ^{14}C 放射性比活度标定的。

4.4.2 ^{14}C 测年的常规技术和加速器质谱技术

20 世纪 80 年代中期以前,各个 ^{14}C 测年实验室都是通过测量样品的放射性比活度 A 来测年的,常用的测量仪器有气体正比计数管和液体闪烁计数器。前者将样品碳转化为二氧化碳或乙炔气体进行测量,而液体闪烁计数器是将样品制备成苯作为测量对象。它们都是通过探测样品中 ^{14}C 原子衰变所释放出的 β 粒子来测量样品的 ^{14}C 比活度,称为 ^{14}C 测年的常规技术。在我国曾建有十多个使用液体闪烁计数器的常规 ^{14}C 测年实验室。

加速器质谱 ^{14}C 测年技术简称 AMS-C14(accelerator-mass-spectrometry)测年技术。这是 20 多年来发展的先进的超高灵敏质谱测试技术,在带电粒子加速器上测量样品中 ^{14}C 相对于 ^{12}C 或 ^{13}C 原子数的比值 $R(14/12)$ 或 $R(14/13)$。在技术上是先将测年样品转化为石墨,然后在加速器中将石墨中的碳原子离子化,加速碳离子达"兆电子伏"量级的高能量,现代的加速器技术能将高能碳离子束流中的 ^{12}C、^{13}C 和 ^{14}C 离子分开,分别测量 ^{12}C 和 ^{13}C 的束流强度,并用粒子探测器对束流中 ^{14}C 离子进行计数探测,从而实现对样品与现代碳标准物质中 ^{14}C 相对于 ^{12}C 或 ^{13}C 的原子数之比 $R(14/12)$ 或 $R(14/13)$ 的测量。加速器质谱进行的也是相对测量,即测量样品相对于现代碳标准物质的 ^{14}C 丰度比 $R_0/R(t)$。

4.4.3 ^{14}C 测年加速器质谱技术的优点

常规 ^{14}C 测年技术的主要缺点是耗费的样品量大和每个样品的测量时间长,一般要求样品中至少含有 1g 碳和测量时间延续一天以上。因为放射性衰变是一种随机事件,为了保证测年的统计误差(见 4.5.1 小节)足够小,必须测量足够数量的衰变事件。对于现代碳样品,其比活度 A_0 是每分钟每克碳中平均有 13.5 个原子发生衰变,一克现代碳样品每天约有 2 万个 ^{14}C 原子衰变。如果 2 万次衰变全部被探测到,那么可以计算得到相对统计误差为 0.7%,转换为年代误差为 60 年。而古老样品的比活度就更低了,1g 古老的碳样品测量一整天的统计误差将远大于 60 年。为了降低测年的统计误差只有增大样品量和延长测量时间。常规技术的这些缺点是原则性的,不可能依靠技术改良以获得明显的改善。每克现代碳样品中含有 47 亿个 ^{14}C 原子,常规方法测量一整天,仅有 2 万个原子衰变,说明样品的利用率极低,仅为二十四万分之一。加速器质谱 ^{14}C 测年技术是通过直接测量样品与现代碳标准物质中 ^{14}C 和 ^{12}C

（或^{13}C）原子数之比（$R(t)/R_0$）来定样品的年代的，不必像常规技术那样被动地等待样品中^{14}C原子的衰变，因此极大地提高了样品的利用率。它相对于常规技术的主要优点是：（1）减少了样品的用量，从常规方法的几克碳降到1 mg或更少量的碳。（2）缩短了测量时间，AMS-C14方法测量每个样品仅需几十分钟，从而提高了工效。每台AMS-C14测年设备每年可测量几千个样品，而每台常规设备每年才能测量一百多个样品。

AMS-C14的上述原则性的优点导致：（1）扩大了样品的选择范围，使一些含碳量低的微量样品也可以进行测年，例如考古地层中筛选出的的小骨片、单颗植物种子、少量的孢粉和生物微体化石等。AMS-C14技术曾测量了包裹于南极冰芯气泡中二氧化碳的年龄和对珍贵的有机文物进行准无损测年。（2）提高了测年结果的可靠性。需要的样品量少，就可以挑选最合适的样品和样品中最合适的含碳组分进行测年，样品也经得起"彻底的清洗"，以去除可能的污染物。例如本书作者曾从湖南彭头山遗址的陶片中挑检已炭化的稻壳稻草等夹杂物作为测年对象，所得年龄能比较确切地代表陶片的烧制年龄（陈铁梅等，1994）。（3）AMS-C14测年的高工效也有利于提高考古测年的精确度，因为对一个考古单元的测年数据多了，推测其年代的随机误差将减少，因而更可信。

加速器质谱技术是^{14}C测年技术的革命，但它是以高技术和高投入为代价的。20世纪90年代初我国国家自然科学基金委员会资助北京大学建成了我国第一台加速器质谱^{14}C测年装置。1996年以后"夏商周断代工程"又促进了该装置的改进。2004年北京大学拨款150万美元购置了美国NEC公司生产专用于^{14}C测年的加速器质谱仪和改造石墨样品置备装置。目前北京大学的加速器质谱^{14}C测年装置每年可测量超过2000个样品，测量的精密度可达到3‰，相当于测年的随机误差为30年左右（刘克新等，2007），与国际同行间的比对测量表明，该装置已进入国际先进水平之列。2005年夏我国第二台^{14}C测年用加速器质谱仪已由中科院黄土与第四纪研究所与西安交通大学合作建立，并开始工作。图4-4是北京大学^{14}C测年专用加速器质谱计和石墨置备装置的照片。

图4-4a 北京大学的^{14}C测年专用加速器质谱仪

图4-4b 北京大学的加速器质谱^{14}C测年用石墨置备装置

4.5 ¹⁴C测年数据的误差分析和误差校正

考古测年最基本的要求是测年数据的可靠性,但是测年数据不可能避免误差,因此必须要正确地估计误差的大小,作校正减少误差并合理地解释和应用测年数据。有的考古工作者会问"¹⁴C测年的误差究竟有多大?"。应该说,这样提问不甚恰当,也无法给出简单、直接的答复。首先在概念上要分清两类不同性质的误差:(1) ¹⁴C测年数据与样品真实年龄之间的差别,样品的真实年龄一般是指样品形成的年龄;(2) 考古单元中含碳样品的形成年龄能否代表考古单元本身的年代。前者是因¹⁴C测年的假设前提不完全成立和测量过程中的误差所导致的,我们称之为¹⁴C测年数据本身的误差。后者是关系到样品的形成年代与样品所在考古单元形成年代之间的关系,我们称之为样品年龄的代表性,属于广义的层位关系,涉及怎样正确地解释和应用测年数据。关于样品年龄与考古单元的年代间的关系将于4.6节中讨论。本节仅讨论的¹⁴C测年结果本身的误差,¹⁴C测年数据本身的误差也是多来源的,有不同的性质,误差的大小因测年用样品的材料、年代、保存情况的不同而变化,其中有的误差是可以部分校正的。下面将详细讨论。

4.5.1 ¹⁴C测年的随机统计误差

放射性样品中每个原子的衰变是一个独立的与其他原子无关的随机事件,一定量的放射性物质样品中每分钟发生衰变的原子数不是严格的常量,而是必然有一定涨落。这种涨落服从统计学上的泊松分布。因此统计误差也称泊松误差,是属于放射性测量所不可能避免的误差。加速器质谱测量样品中的¹⁴C原子数同样是随机过程,也存在统计误差。因此两种¹⁴C测年技术所给出的¹⁴C年龄都必然带有统计误差。可以证明,¹⁴C测年数据近似服从统计学中的正态分布。

约定俗成地规定,实验室发表¹⁴C年龄数据时必须同时标出年龄数据的统计误差,一般是标出一个标准差(σ)的统计误差。例如实验室给出某样品的测年结果是距今4000±50年,50年就是一个标准差的统计误差。因为年龄数据服从正态分布,统计误差的含义是,如果不考虑其他误差因素,样品的真实年龄应该有68.3%的概率落在宽度为±σ区间中,对于本例,68.3%可信度的置信区间是距今3950—4050年区间。同时真实年龄有95%的概率落在±2σ区间,在距今3900—4100年之间,有99.7%的概率在±3σ区间,在距今3850—4150年之间。距今4000年称为最可几年龄值,±σ区间,即本例中的±50年或100年,称为68.3%的置信区间。图4-5显示了¹⁴C年龄所服从的正态分布和标准差的含义。

有的¹⁴C测年实验室发表年龄数据时标出2σ的统计误差,用愈宽的置信区间去估计样品年龄的真值,估计的精密度愈差,但估计正确的概率(置信度)却愈高。使用±σ区间或者±2σ区间标注统计误差,仅是标注方式的不同,并不改变年龄数据的实际测量精确度,但是考古工作者在使用不同实验室发表的年龄数据时应该注意误差标注的一致性。

统计误差反映¹⁴C测年数据的精密度,反映测年数据的可重复性程度。统计误差的大小取决于实验室的工作水平和情况,目前我国常规¹⁴C测年实验室一般控制一个标准差的统计误差在±60年左右。但是根据考古研究课题的需求,可以通过延长测量时间来缩小统计误差,提高测年精密度。例如在夏商周断代工程中,历史时期样品的测年要求更高的精确度,常规^{14}C年龄的标准差控制在±35年左右,这是通过延长测量时间来达到的。当然如果样品的总含碳量太少,实测的统计误差就会大些。成熟的加速器质谱^{14}C测年实验室比较容易将标准差控制在±30年。

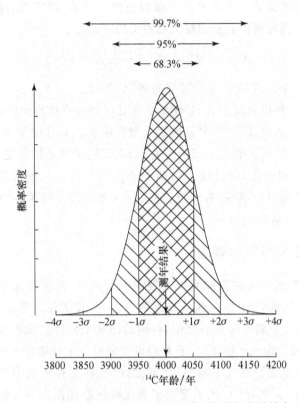

图 4-5 ^{14}C年龄所服从的正态分布和^{14}C年龄标准差的含义

在实际的测量过程中,除上述随机性的统计误差外,还可能因设备和技术的不完善、制样和测量过程中的其他随机因素或实验工作者主观过失所造成的误差。这里既有其他的随机误差,也有系统误差。实验室通过多次重复测量同一样品的年龄,通过测量已知年龄的树木样品,通过与其他实验室之间的比对测量,来检查本实验室测年数据的可重复程度和系统误差的情况,即检查自身测年数据的精密度和准确度。目前成熟的^{14}C测年实验室一般可以将总的测量误差控制在三四十年,当然这并不是说所有^{14}C年龄的测量误差均小于三四十年,有的样品可能有稍大的测量误差。

4.5.2 碳同位素分馏所导致的误差

^{14}C测年的第三条假设前提要求样品曾与大气等碳的循环交换库进行充分地交换,但是交换过程中的同位素分馏效应会导致样品的初始^{14}C丰度和比活度不同程度地偏离现代碳标准丰度R_0和现代碳标准比活度A_0。此外样品在实验室制备过程中也可能出现同位素分馏。分馏效应使得样品的测年结果偏离其真实年龄,需要进行校正。同位素分馏效应所引起的测年误差是通过测量样品的δ^{13}C值来校正的。δ^{13}C定义如下:

$$\delta^{13}C = \frac{(^{13}C/^{12}C)_{样品} - (^{13}C/^{12}C)_{标准}}{(^{13}C/^{12}C)_{标准}} \times 1000‰ \quad (4\text{-}3)$$

式中的$(^{13}C/^{12}C)_{样品}$和$(^{13}C/^{12}C)_{标准}$分别是被测样品和标准物质的^{13}C和^{12}C的同位素丰度比值,可以由质谱仪测量。标准物质规定取美国产的一种箭石,称为国际PDB标准。根据现代碳标准物质的定义,要求将被测样品的$\delta^{13}C$值校正到$-25‰$,即实测的样品比活度$A_{实测}$需用下面的公式校正,以得到经同位素分馏校正后的比活度$A_{校正}$。

$$A_{校正} = A_{实测}\left[1 - \frac{2 \cdot (25 + \delta^{13}C)}{1000}\right] \quad (4\text{-}4)$$

然后将$A_{校正}$代入公式(4-1)或(4-2)中计算样品的^{14}C年龄。

我国在20世纪90年代前发表的^{14}C年龄数据几乎都没有进行同位素分馏校正,这是因为受制于当时客观条件。因此那些^{14}C年龄数据是带有因同位素分馏所引起的系统误差的。例如动物骨骼样品,其$\delta^{13}C$值一般在$-15‰$左右,如不作同位素分馏校正,^{14}C年龄会偏年轻约160年。对于树木和木炭样品,它们的$\delta^{13}C$值一般在20‰~29‰间波动,未进行同位素分馏校正的^{14}C年龄也会略偏早或偏晚,最多可偏离达80年。现在我国各^{14}C测年实验室发表的^{14}C年龄一般都经过同位素分馏校正。

4.5.3 贮存库效应所导致的误差

石灰岩地区的某些水生动植物样品以及溶洞中的钟乳、钙板等无机碳样品,它们的初始^{14}C丰度和比活度可能是偏低的,因此这些样品的^{14}C测年结果往往是偏老的。石灰岩是碳酸盐沉积物,但这些碳是长期封闭于岩石之中,与碳的循环交换库已隔离很久,因此石灰岩不含或含不足量的^{14}C(相对于现代碳标准)。石灰岩可以和地下水或地表水相互作用,使岩石圈中的碳释放,导致水中乃至溶洞空气中的^{14}C比活度降低,在这种环境中形成的样品,如水生动植物和石笋、石钟乳等,其初始^{14}C比活度低于现代碳标准比活度A_0,导致它们的^{14}C年龄偏老,这就是贮存库效应所导致的^{14}C测年误差。问题的复杂性在于偏老的程度随样品和环境而异,精确校正这类样品的测年误差是非常困难的。因此应该尽量不用石灰岩地区的水生动植物和无机碳样品作为测年对象。当然全盘排斥石灰岩地区的所有样品也是不正确的,实际表明,由于全球大气的快速循环,石灰岩地区陆生植物的^{14}C年龄还是非常接近样品的生长年龄的。与石灰岩环境相似,活火山也会不断喷出^{14}C丰度被稀释的CO_2,在喷口下风方向生长的树木的^{14}C年龄也可能偏老。海洋也是一个碳的贮存库,碳在海水中有一定的存留时间,因此海生动植物等海洋样品,特别是深海海水上涌海域样品的^{14}C年龄一般也是偏老的,海洋样品的^{14}C年龄数据的表述和校正比较复杂,另有一套程序,本书不予讨论。

4.5.4 大气^{14}C比活度的变化和^{14}C年龄系统误差的树木年轮校正

^{14}C测年的第一、二条假设前提是最基本的,其严格成立才能保证大气有恒定不变的^{14}C同位素丰度和放射性比活度,保证R_0和A_0是不随时间和地点变化的常量。但大量研究表明,这两条前提仅是近似成立,R_0和A_0随时间有一定幅度的变化和涨落,因此用固定的现代碳标准值R_0和A_0计算的^{14}C年龄[公式(4-1)]会导致一定的系统误差,需加以校正。校正是通过系统地测量已建立标准树木年轮宽窄模式的树轮样品的^{14}C年龄,建立^{14}C年龄树轮校正

曲线来实现的。

本章的 4.2.1 小节已介绍，树木每年生长一圈年轮，同一地区同一树种的不同个体在同一时段中生长的年轮有相似的宽窄序列，通过树木间年轮宽窄序列的互比（Cross-dating），可以建立一定地区长年代跨度的标准年轮宽窄序列。目前已建立的有跨度为近 9000 年的北美刺果松的年轮序列和跨度达 12 460 年的德国橡树-松树年轮序列。对于北美地区的刺果松样品和中欧德国的橡树-松树样品，可以确定其每一年轮的生长年代，同时每个年轮也记录了该年轮生长当年的大气 ^{14}C 比活度（作同位素分馏校正后）。树木年轮形成以后是一个封闭体系，不再与大气有任何交换，即对于树木样品 ^{14}C 测年的第四条假设前提是成立的。对一系列北美刺果松（或德国橡树）的树轮样品作 ^{14}C 测年，再将测得的 ^{14}C 年龄（取 5568 年为 ^{14}C 半衰期）与已知的树轮年龄作比较，就能检验 ^{14}C 测年的第一、二条假设前提在多大程度上成立，即检验约一万年以来 R_0 和 A_0 随时间的变化。用测得的大量树轮样品的 ^{14}C 年龄为纵坐标，已知的树轮年龄，即样品的的真实年龄或日历年龄为横坐标作图，就得到 ^{14}C 测年的树轮年龄校正曲线。需要指出，利用北美和德国树轮系列样品建立的两条 ^{14}C 测年的树轮年龄校正曲线是基本一致的，说明全球大气 ^{14}C 比活度空间上的均匀性，因此 ^{14}C 测年树轮年龄校正曲线适用于全球各地的样品。图 4-6 是约一万年跨度的 ^{14}C 树轮年龄校正曲线，由图可见曲线有两个明显的特点：(1) 对于公元前的样品，^{14}C 年龄系统地偏年轻，而且样品年龄愈老，偏离愈大，对于 BC 8000 年的样品，实测的 ^{14}C 年龄仅距今约 9000 年，即 ^{14}C 年龄偏年轻约 1000 年。因此 ^{14}C 测年结果必须作校正。(2) ^{14}C 年龄树轮曲线不是一条单调变化的曲线，而是有很多百年和几十年范围和幅度的起伏，称为 Wiggles。将图 4-6 的坐标放大后，这些起伏更为明显（见图 4-7）。

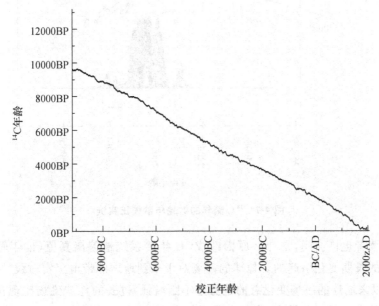

图 4-6　一万年以来的 ^{14}C 年龄树轮校正曲线图

利用 ^{14}C 年龄树轮校正曲线可以将样品实测的 ^{14}C 年龄校正为样品的真实年龄，或称日历年龄。图 4-7 显示用 OxCal 软件（Ramsey, 1998）进行校正的实例，图上画出 BC 2600—BC 1400 年时段的树轮年龄校正曲线（由于 ^{14}C 半衰期本身的实验误差，图上两条基本平行的曲线代表^{14}C年龄树轮校正的上下限)。样品的实测^{14}C年龄及其泊松误差为距今3600±50年(bc 1650),图中显示了样品^{14}C年龄的概率分布,系标准差为50年的正态分布,概率为68.3%的置信区间为距今3550—3650年,宽度为100年。树轮校正后得到的日历年龄的最可几值约为BC 1980年(图中未标出),校正量达330年。校正后日历年龄的68.3%置信度区间却变宽了,为BC 2030—BC 1890年,宽度达140年,而其95.4%的置信区间则由3个不相连的区间组成。图中涂黑的部分表示校正后样品日历年龄的概率分布。

这里需要说明两点:(1)经常用"BP"、"bp",及"BC"、"bc"等表示"距今"和"公元前",并规定小写字母表示实测的^{14}C年龄,而大写字母则表示经树轮校正后的年龄值。(2)虽然树轮年龄校正曲线是根据北美和北欧的树木年轮样品建立的,但它全球适用。树轮校正曲线不仅适用于树木样品,也适用于其他样品。目前已编写了关于树轮年龄校正曲线的软件,如牛津大学编的OxCal,华盛顿州立大学编的CALIB 3.0等,都可以自由地从因特网上下载,使用十分方便。这里还要强调,在使用各种树轮校正软件时,都必须输入用以5568年为半衰期计算的惯用^{14}C年龄。如果样品的^{14}C年龄是以5730年为半衰期计算得出的,那么作树轮年龄校正前,实测^{14}C年龄必须先除以1.029,转化为惯用年龄。

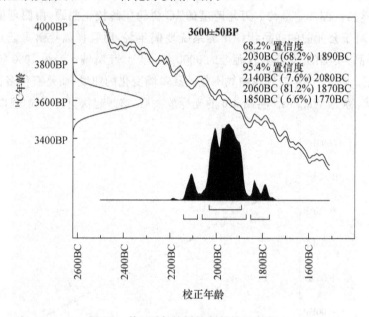

图 4-7 ^{14}C测年的树轮年龄校正实例

爱思考的读者也许会问,是什么原因造成^{14}C年龄系统地偏离真值(偏年轻)。这主要是因为地球磁场的长期变化引起的。地球的磁场对于来到地球的带电宇宙射线粒子能起到屏蔽作用。3万年以来地球的磁场变化总的趋势是不断增强,过去的地球磁场比现在的弱,因此到达地球大气层的宇宙射线通量高,当时全球每年产生的^{14}C原子数比现在多,从而过去全球碳的循环交换库中碳的放射性比活度也高于现在的数值。用现在测定的大气放射性比活度作为标准A_0代入公式(4-2)计算得到的年龄就系统偏低了。细心的读者还会注意到,图4-6和4-7中的树轮校正曲线不是一条单调平滑的曲线,而是有涨落起伏的。起伏的周期为一二百年,或几十年不等,起伏的幅度为几十年至一百多年。说明大气放射性活度除有前面讨论的由地磁场长期变化引起的系统性偏离外,还叠加有短周期的起伏。现已清楚,短周期起伏是源于太阳活动的周期性。太阳磁场的屏蔽作用,影响着到达太阳系的宇宙射线的通量,另外太阳本身也向地球发射带电粒子,因而太阳的周期性活动也会影响地球上 ^{14}C 原子的产生。树轮校正曲线上的短周期起伏(Wiggles)给 ^{14}C 年龄的校正带来复杂性,有时一个 ^{14}C 年龄可以与三个日历年龄相对应。在图 4-7 的例子中 95% 置信区间的校正年龄由三个分离的时段所组成。在多数情况下相同置信度的校正年龄区间是加宽的,因此在校正公元前样品 ^{14}C 年龄偏低的系统误差的同时,却增加了样品年龄估计的不精密性,即树轮年龄校正在提高测年的准确度的同时却往往降低了测年的精密度。这是单个样品 ^{14}C 年龄树轮校正所难以避免的缺点。为了同时高准确又高精密地测定考古和地质事件的年龄,需要测量由多个其时序关系已知的样品组成的"时序系列样品组"的 ^{14}C 年龄,然后将实测的 ^{14}C 年龄数据组与树轮年龄校正曲线拟合作校正。我们将在 4.7 节中专门讨论时序样品组 ^{14}C 年龄的树轮校正问题。

目前尚未找到树龄老于约 1.3 万年晚更新世年代范围的树木年轮样品,因此树轮年龄校正曲线的应用范围限于 1.3 万年以内。更老的样品 ^{14}C 年龄的可靠性和校正问题正在研究之中。研究的方法与建立树木年轮校正曲线相似,是将 ^{14}C 年龄与其他独立的、高精确度的测年数据作对比。3.6 节曾介绍,未风化的石笋样品的铀系年龄是可信的(对碎屑物质带进石笋的钍作校正后),石笋同时可以进行 ^{14}C 测年。图 4-8 的曲线 a 是多个洞穴石笋样品的一系列铀系年龄和 ^{14}C 年龄的关系图,曲线 b 显示两组年龄值的相对差别。图 4-8 显示,如果将铀系年龄看作日历年龄,晚更新世样品 ^{14}C 年龄偏离真值的幅度更大,例如真实年龄为 3 万年的样品的 ^{14}C 年龄偏年轻可达 5—6 千年。特别是在早于 3.4 万年的时代范围,两组年龄值间的差异表现为千年尺度的巨大起伏。对此现象目前尚缺乏解释。

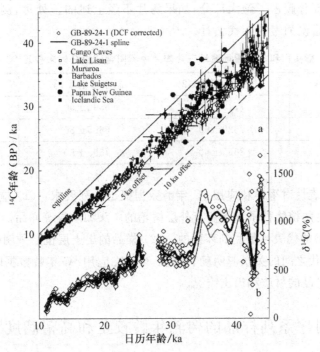

图 4-8 根据石笋等样品铀系测年的 ^{14}C 校正曲线(Bourdon, *et al*, 2003)

4.6 ^{14}C 测年结果的代表性问题

^{14}C 测年结果代表样品本身形成的年代。样品形成的年代与样品所在地层堆积或样品所在考古单位形成的年代并不是同一个概念，两者之间的关系必须具体分析。同一考古单位或同一地层单元中不同的含碳样品可能有不同的年龄，分别代表不同考古与地质事件的年代。举例来说，发掘一所房址，房址内如发现的残存粮食、炭化果核等，它们的测年结果应很接近房子被废弃的年代。另一方面如用房基下作为吉祥物奠基用的动物遗骸，或采集砌墙时掺和在墙泥中的草茎、麦秆等材料测年，它们的年龄应代表房子建造的年代。如果用建房的木材测年，则应选取木材的边材，测年结果有可能接近建房的年代，也可能偏老，取决于该木材的砍伐年代与建房年代之间的差距。如果用木材的中心部分测年，其结果必然是偏老的。

不仅同一考古单位中不同的含碳样品可能有不同的年龄，而且同一含碳样品中不同的碳质组分也可能有不同的年龄，代表不同考古事件的年代。例如本书作者曾测量湖南彭头山和胡家屋场遗址出土的以掺稻壳稻草为筋的陶片的年龄见表 4-1（陈铁梅等，1994）。从陶片中挑出的已炭化的稻壳稻草的年龄基本代表陶器烧制的年代。从陶片中用碱液萃取出的陶片吸附的腐殖酸测年，得到稍偏年轻也可能稍偏老的年龄，它大致代表陶片所埋地层的堆积年龄，因为腐殖酸可以在地层中一定程度地上下运移。经挑出炭化的稻壳稻草、又经用碱液萃取腐殖酸后的陶片测年，得到陶片中基质碳的明显偏老的 ^{14}C 年龄，它代表制陶用陶土中各种有机质的混合年龄，这个年龄值的考古意义是含糊的。对彭头山和胡家屋场陶片而言，第三部分碳占了绝大部分，如果陶片不经上述的预处理，测年结果要早于陶器的烧制年龄，得到错误的考古年代估计。

表 4-1 彭头山和胡家屋场遗址三片陶片中不同含碳组分的未校正 ^{14}C 惯用年龄

陶片中挑出的材料	彭头山 T1②H2	胡家屋场 T3④	胡家屋场 T3⑤
炭化稻壳和稻草	7775±90	6395±90	6500±100
萃取的腐殖酸	7520±90	6695±80	6715±80
基质碳	8550±80	7590±80	7385±80

测年样品的代表性对采样和应用 ^{14}C 年龄数据提出下列要求：(1) 应尽量采集保存良好的动物骨骼、单年生的植物种子和保留有外层树轮的木头和木炭等样品。无机碳、混合物中的碎屑状碳的 ^{14}C 年龄的代表性是受到怀疑的。(2) 样品的出土层位必须明确，样品形成年龄与相应考古层位的年代之间的关系应明确、肯定。(3) 在应用 ^{14}C 年龄数据时需要持严谨、分析的态度，关注测年样品的材质和出土情况。

4.7 时序系列样品的树轮年龄校正和高精确度 ^{14}C 测年

时序系列样品是指可按相对年代早晚正确排列的一组样品，例如有一棵生长期为 120 年的古树,其年轮可数,按年轮从外到里每十轮取样,这组 12 个样品的相对年代早晚有序,组成时序系列样品组。而且这组样品中两个相邻样品间的年距也是已知的,均为 10 年。这棵古树作为时序系列样品进行 ^{14}C 测年,再通过树轮年龄曲线校正后,得到的样品日历年代的准确度和精密度都将是相当高的,理想情况下误差仅为几年。具体做法是:先测定这 12 个样品的 ^{14}C 年龄,然后用 OxCal 等专用的树轮年龄校正计算机软件来确定这棵古树的生长和砍伐的日历年龄。为了形象、直观地说明对系列样品 ^{14}C 年龄的校正过程,简介人工作图法如下:根据这 12 个排列有序并相互间隔为 10 年的树轮样品的 ^{14}C 惯用年龄,像建立树轮年龄校正曲线一样把测定结果作图,横轴是树轮年龄,纵轴是实测的 ^{14}C 年龄(经同位素分馏校正后),作图的比例尺要与树轮校正曲线图一致。12 个样品点给出

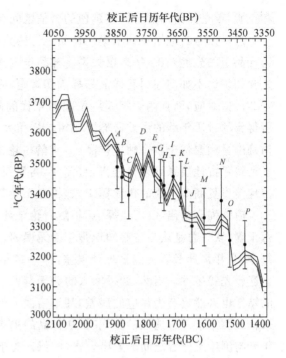

图 4-9 长白山某曾被火烧的古树样品的
树轮年龄校正曲线拟合图

一段横轴跨度为 120 年,样品间隔为 10 年的曲线。因为样品的日历年代是未知待定的,这段曲线在横轴上的位置是未定的,可以左右移动。下一步把这一小段曲线放在树轮年龄校正曲线图上,并左右水平移动(曲线的垂直位置是根据实测的 ^{14}C 年龄确定的,不能移动),使得两条曲线的 Wiggles(起伏)间拟合最佳,以定出该曲线段在横轴上的最佳的位置,从而定出该古树的树轮校正年龄,其最外层树轮的校正年龄代表该树被砍伐的实际日历年代。时序系列样品 ^{14}C 年龄经树轮校正后的测年精确度要远远高于单样品的情况,据报道对日本奈良古坟时期一土墩墓中一根保存有树皮的古木,经树轮年龄曲线校正后,确定该树为 AD 350±5 年所砍伐,标准差仅 5 年。蔡莲珍等(1999)也曾用此法精确测定了我国长白山地区一棵被火烧过的炭化大树的年龄,由该树最外层年轮的年龄可以推断烧毁该树的长白山火山那次喷发的年代为 AD 1215±15 年(见图 4-9),误差仅 15 年。

上面介绍用手工作图法对系列样品作树轮年龄校正,只是为了形象地说明其原理,实际工作中当然应该使用树轮年龄校正的软件,后者还允许考虑关于系列样品组其他方面的先验知识。

为什么系列样品校正得到的精确度远比单样品校正高呢?除了因为样品的数量多、与单样品相比可降低统计误差外,更主要的是因为利用了人们掌握的对于被测样品组的先验知识,包括关于样品间的相对早晚序列、样品间的年代间隔、该系列样品的日历年代的上下限以及系列中间是否需要插入年代间隔等。系列样品的树轮校正是综合考虑样品的实际 ^{14}C 测年结果和关于样品组的先验知识。后者给校正过程加上了限制条件,必然减少年龄校正过程的不确定性,缩小校正后日历年龄置信区间的范围。系列样品组中的样品数目愈多,先验知识愈丰富

和正确,校正后给出的日历年龄值的置信区间愈窄,即校正后的年龄值愈精确。

严格按考古地层系列采集的样品也可构成时序系列样品组,将样品间的考古层位关系作为样品组的先验知识,按地层关系将样品排列成序列。当然关于考古样品间相对年代关系的先验知识远不如前述树轮样品那样确切肯定,因为样品出土层位的早晚与样品间的相对年代并非严格对应,而且两个相邻层位间的年代间隔也是未知的。考古系列样品^{14}C年龄校正后所得到的日历年龄的误差必然要比树轮样品大,其日历年龄的置信区间也要宽些,但其定年的精确度显然要优于单个独立样品^{14}C年龄树轮校正的情况。国家科委组织的夏商周断代工程正是按考古地层系列采样进行^{14}C测年,再用树轮年龄校正软件来校正,试图尽可能准确和精密地给出夏商周三代的年代框架,这将在4.9节中专门讨论。

应该强调指出,OxCal等^{14}C年龄树轮年龄校正软件没有能力判断输入的先验考古知识是否正确,软件总是认为先验知识是正确无误的。从某种意义上讲,树轮校正软件是利用实测的每个^{14}C年龄所具有的测量统计误差,即一定年代宽度的置信区间,将^{14}C年龄尽可能合适地去迎合先验条件。当然,如果输入的关于考古系列样品的认识不正确,那么软件进行树轮校正的结果也必然会产生相应的误差,甚至错误。因此当决定用系列样品组和树轮年龄校正软件来精确测定某考古遗址的年代时,从样品的采集开始到最后数据分析的每一步都需要考古工作者与测年工作者之间的紧密合作,以保证关于样品间相对年代的先验知识尽可能地正确,并正确地解读计算机软件的输出结果。

还需指出,在不同的年代段,无论是单个样品或系列样品通过树轮曲线校正得到的日历年龄的精确度是不一样的,例如在BC 1250—1040年共210年的范围中(大致相当于殷墟从武丁到帝辛的年代),树轮校正曲线的^{14}C年龄变化为距今2900—3000年仅100年,而且曲线还有明显的起伏(见图4-10)。因此在这个年代段^{14}C年龄经树木年轮校正后的置信

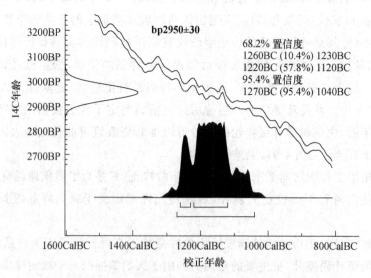

图4-10 BC 1400—BC 1000年的年龄树轮校正曲线和一个假想的
距今为2950±30年的^{14}C年龄校正后,68%置信度区间
从原本的60年扩大为140年(BC 1260—BC 1120)

区间宽度将明显增大。图 4-10 显示某个假想距今 2950±30 年的 ^{14}C 年龄值（其 68% 置信区间的 ^{14}C 年代宽度为 60 年），经树轮校正后其 68% 置信度的日历年龄范围为 BC 1260—1120 年，区间宽度增加为 140 年。殷墟各期甲骨的年代正处于上述范围，因此甲骨的 ^{14}C 年龄校正后的随机误差是比较大的。如果甲骨的分期是正确已知的，那么通过系列甲骨样品组的 ^{14}C 测年和随后的树轮校正可以较精确地推断各期甲骨的年代范围（最好还补充测量早于武丁和晚于帝辛的样品的 ^{14}C 年龄，并与甲骨样品一起作树轮校正）。但是反过来试图通过甲骨的 ^{14}C 测年来判断甲骨的分期，例如判断有争议的历组甲骨的分期位置，则是极为困难的。

4.8 我国 ^{14}C 测年技术的发展概况及其对史前考古年代学的贡献

世界各地全新世史前文化的年代基本上都是依靠 ^{14}C 测年来确定的。^{14}C 测年改变了西方考古学中某些传统的概念，例如纠正了认为"古埃及文明的起源早于西亚两河流域"的看法，因此被誉为"放射性碳素革命"。1955 年，当 ^{14}C 测年在国际考古界初露端倪时，夏鼐就认识到，^{14}C 测年对我国考古学的重要意义，他撰文介绍 ^{14}C 测年技术并亲自领导筹建实验室（夏鼐，1955），1965 年中国社科院考古研究所建成我国第一个 ^{14}C 测年实验室。"文化大革命"后，北京大学考古系首先在我国的 ^{14}C 测年中应用液体闪烁技术，使 ^{14}C 测年方法在我国很快推广。到 20 世纪 70 年代末社科院考古研究所、北京大学和中国文物研究所等 ^{14}C 测年实验室已测定了相当数量考古样品的 ^{14}C 年龄数据，据此夏鼐于 1977 年声称，我国的史前考古年代学已脱离了主观臆测而建立在科学的基础之上。现在我国几乎所有重要的考古遗址都有 ^{14}C 年龄数据，建立了我国各地区新石器和青铜文化的年表。20 世纪 90 年代，北京大学建立了我国第一台专用于 ^{14}C 测年加速器质谱仪，经过十多年的改进和设备更新，目前该装置已达到国际水平。中科院西安黄土和第四纪研究所与西安交通大学合作建立的另一台用于 ^{14}C 测年的加速器质谱仪也已开始运行。在 ^{14}C 数据的整理研究方面，社科院考古研究所（1991）编辑出版了专集，汇总了当时我国已发表的 2100 多个考古年龄数据。在这本专集中，可以按样品的年龄值、样品的实验室编号、样品出土的遗址名和省名等多个项目检索，使用方便。1991 年以来又有大量新的 ^{14}C 年龄数据发表，建立我国 ^{14}C 年龄数据库的任务迫在眉睫。

4.9 ^{14}C 测年与夏商周断代工程

1996 年国家科委启动攻关项目"夏商周断代工程"，其目的是通过多学科的综合研究，试图对争论了 2000 多年的关于 BC 841 年以前的夏商周三朝的年代（武王灭商的年代，西周、商代早晚期和夏朝的积年）提出一个能为大多数学者接受，反映最新研究成果的年代框架。工程充分考虑了前人的研究成果，分析最新的考古发掘资料，并采用多学科综合研究的方法，包括天文、历法和 ^{14}C 测年等自然科学的方法。工程于 2000 年验收结题。工程的阶段性成果正式发表于《夏商周断代工程 1996—2000 年阶段成果报告（简本）》（以下称为"简本，2000"）。

^{14}C 测年在这个项目中的作用在于为夏商周三朝提供可信的年代框架。夏商周断代工程中 ^{14}C 测年的主要特点是：(1) 在多个重要的三代遗址（沣西、琉璃河、曲村、殷墟（含甲骨）、郑州二里岗、偃师商城和二里头等）采集出土层位清楚的一系列样品进行高精度测年，再对时序系列样品的 ^{14}C 年龄作树轮年龄校正，以求得到样品的尽可能精确的日历年龄。(2) 同时进行常规和加速器质谱两种方法测年，数据间的互校提高了数据的可信度。^{14}C 测年对这个项目较为重要的贡献是为武王克商、"夏商交界"和二里头遗址提供了年代框架。

4.9.1 武王克商年代的范围

^{14}C 测年给出周武王克商的年代较大可能在 BC 1020—1050 年间。周武王灭商前，文王曾迁都于今陕西长安沣西地区，考古学家对沣西张家坡遗址的探坑 I 确定了 TI③层叠压 TI④层再叠压灰坑 H18 的文化层关系，在这三个考古单位中分别出土西周中期、西周早期和先周的文化遗存。在这些考古单位中尽量采集了炭化小米、动物骨骼和炭化细树枝等与地层堆积年代接近的样品。对张家坡遗址样品，常规 ^{14}C 测年和树轮校正结果列于表 4-2 和图 4-11 中。

表 4-2 沣西张家坡遗址探方 I 和 H18 系列样品常规 ^{14}C 测年和树轮校正结果表

时代	地层	样品编号	^{14}C 年龄 (bp)	单样品校正 (BC)	系列样品校正 (BC)
先周	T1H18③	ZK5752	2893±34	1130—1010	1055—1005
先周	T1H18③	XSZ001	2890±32	1120—1010	1055—1005
先周	T1H18②	ZK5724, XSZ002	2860±33	1120—970	1050—1005
先周	T1H18①	ZK5757, XSZ032	2837±37	1050—930	1050—1005
西周初	T1④	ZK5730	2872±33	1120—1000	1030—990
西周初	T1④	ZK5728	2854±33	1110—930	1030—990
西周初	T1④	XSZ005	2830±32	1020—925	1025—985
西周初	T1④	XSZ006	2817±37	1010—915	1025—985
西周中	T1③	ZK5732, XSZ037	2845±33	1050—930	1015—945
西周中	T1③	XSZ009	2858±34	1120—940	1015—945
西周中	T1③	XSZ034	2761±34	980—830	1015—935

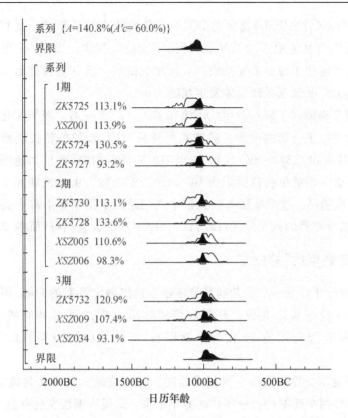

图 4-11 OxCal 程序给出的沣西张家坡^{14}C 系列样品树轮校正年龄的概率分布图,曲线下涂黑的部分显示作为系列样品校正情况,曲线下未涂黑的部分显示作为单个样品的校正情况

表 4-2 中的第 4 列列出三期共 11 个样品的^{14}C 实测年龄(距今)和它们的标准差,一个标准差大致在 35 年左右。第 5 列列出单样品的树轮校正年龄的 68％置信度区间,校正后的日历年龄值均早于实测的^{14}C 年龄,68％置信区间的宽度均大于未校正的^{14}C 年龄的相应置信度区间。第 6 列显示考虑了样品分为前后三期这个先验条件(第 1 列)后,作为系列样品树轮校正年龄的 68％置信度区间。可见校正后除日历年龄偏老于实测的^{14}C 年龄外,68％置信度区间明显变窄(多数在 45 年左右),即同时提高了测年结果的准确度(如果先验条件正确)和精密度。

武王灭商的年代范围应该由表 4-2 中 H18 先周样品组的校正年龄与 T1④西周早期样品组的校正年龄限定,断代工程给出了武王灭商的年代区间为 BC 1050—BC 1020,这个区间的置信度大致也为 68％。图 4-11 显示了每个样品校正年龄值的概率分布,曲线下涂黑的部分为系列样品校正情况,未涂黑的部分为单个样品的校正情况,从图上也可大致估计武王灭商的年代。

常规^{14}C 测年确定武王灭商的年代区间为 BC 1050—BC 1020 的结论,得到加速器质谱^{14}C 测量张家坡样品结果和常规^{14}C 测量"殷墟-琉璃河联合系列样品"结果的支持(简本,2000)。因此作者认为工程对武王灭商年代范围估计应该是可信的。

武王灭商的年代是争论了 2000 多年的疑案,存在几十种意见,可以归结为:(1)以刘歆《世经》提出 BC 1122 年为代表的长年说;(2)根据殷历等古历推算的中年说,大致在 BC 1070—

BC 1030 间;(3) 古本《竹书纪年》提出的 BC 1027 年为代表的短年说。夏商周断代工程系列样品的 ^{14}C 测年结果较肯定地排除长年说,倾向于支持短年说。由于 ^{14}C 测年的各种可能误差,目前不能完全否定中年说。需要指出,^{14}C 测年只能以一定的置信度给出武王灭商的年代区间,完全没有能力判断武王灭商具体发生在哪一年。

工程的 ^{14}C 测年推断武丁即位的年代应该在 BC 1250 年左右。殷墟文化从盘庚到帝辛分为四期,武丁即位对应于一期的晚段。殷墟系列样品 ^{14}C 年龄的树轮校正给出殷墟一期和二期的年代区间分别为 BC 1370—BC 1240 和 BC 1255—BC 1195,此外加速器质谱还测量了甲骨系列样品,将甲骨一期的年代范围定为 BC 1320—BC 1195,由此推断武丁即位年代应该在 BC 1250 年左右,或稍早。这个推断与根据带干支记录的宾组甲骨卜辞中关于武丁时 5 次月蚀记录用天文方法所推算的武丁年代(BC 1250—BC 1192)大致相符(简本,2000)。

4.9.2 "夏商交替年代"的框定

推断夏商交界的年代是一个复杂和目前还难以给出确定答案的命题,因为目前考古学界对于夏商的界限本身还缺乏共识。从目前测年结果分析二里岗早期的年代似难以达到 BC 1600 年,更大可能为公元前 16 世纪中叶以后,与刘歆《世经》推算的 BC 1751 相距近 200 年。

^{14}C 测年推断夏商交界年代的主要根据是对二里头遗址二里头文化晚期、郑州二里岗文化早期,郑州和偃师两个商城的始建年代的测年结果。二里头遗址文化共分为五期,一至四期为二里头文化,五期已是二里岗文化。根据简本(2000),系列样品常规 ^{14}C 测年树轮校正方法给出第四期的年代范围为 BC 1565—BC 1520,三期为 BC 1610—BC 1555。偃师商城(含大城和小城)一期一段为 BC 1605—BC 1505(加速器质谱 ^{14}C 测年为 BC 1605—BC 1535),一期二段为 BC 1530—BC 1485(加速器质谱为 BC 1560—BC 1490)。对于郑州商城的年代,常规方法给出洛达庙类型晚期为 BC 1680—BC 1540(更大可能是 BC 1630—BC 1540,加速器质谱为 BC 1690—BC 1605);二里岗下层一期早段为 BC 1580—BC 1490(加速器质谱为 BC 1600—BC 1530);二里岗下层一期晚段为 BC 1520—BC 1480(加速器质谱为 BC 1530—BC 1495)。从上面数据分析,对两个商城的始建年代,常规和加速器质谱两种技术给出基本相符的年代范围,两个商城最早都在 BC 1600—BC 1580 年左右始建。因为"简本"发表时两种测年方法的数据数量都较少,例如常规方法对洛达庙类型晚期和二里岗下层一期早段都仅测量了一个样品,因此对这两期文化的测定年代区间相当宽,不够精密。但是如果接受两个商城几乎同时始建于 BC 1600—BC 1580 年左右,那么它们将与二里头三期年代相当,早于二里头四期。但又怎样解释二里头和二里岗文化的年代部分重合的矛盾呢?

在工程结题后,^{14}C 测年工作继续进行,张雪莲等(1991)根据新测量的郑州黄委会 A 区二里岗遗存与郑州商城系列样品的 ^{14}C 年龄,对简本的有关年代作了修正。给出洛达庙类型晚期的年代为 BC 1580—BC 1515,二里岗下层一期早段和一期晚段的年代范围分别为 BC 1510—BC 1465 和 BC 1485—BC 1450,把郑州商城的始建年代推晚了 70 年,这个结果基本上得到加速器质谱新测数据的支持(数据尚未正式发布)。

总之,^{14}C 测年初步给出了二里岗文化及两个商城的起始年代,但是对于夏商的交界年代、对二里头遗址晚期文化的性质、对郑州商城和偃师商城历史地位的认识尚需进一步探讨。

4.9.3 二里头遗址的起始和分期年代

二里头遗址文化分五期,关于三、四期的年代在 4.9.2 小节已有讨论,断代工程^{14}C 测年给出二里头一期的年代范围为 BC 1880—BC 1640 间,二里头二期的年代范围为 BC 1685—BC 1610 间(简本,2000)。断代工程结题后,除又增加测量了二里头样品的年代外,加速器质谱^{14}C 方法还对早于二里头文化的新砦遗址和属龙山文化晚期的王城岗遗址也进行了系列样品的^{14}C 测年,张雪莲等(2007)将王城岗—新砦—二里头作为一个长系列进行分析,由此推断新砦的年代应在 BC 1870—BC 1720 间。并将二里头遗址的起始年代更推延到 BC 1735 年。也就是说二里头遗址的起始年代怎么也不能早于 BC 1800 年,二里头遗址二里头文化的延续年代范围仅 200 年上下。如果二里头遗址确是夏朝的都城,而各历史文献都认为夏朝建国应早于 BC 2000 年,那么二里头遗址不应是夏朝最早的都城。总之,^{14}C 测年为今后探讨夏代的起始年代和二里头遗址的历史地位准备了必要的基础资料。

夏商周年表是争论了 2000 多年的历史疑案,西汉初期的司马迁谨慎地回避了这个难题。自西汉晚期的刘歆以来,历代学者进行了大量研究,众说纷纭。清末甲骨的发现证明史记所记商代历王系列应属信史,但三朝年表仍为疑案。夏商周断代工程相对于古代学者的有利之处是:(1)掌握了新中国成立以来考古发掘和研究的大量成果;(2)天文历法和^{14}C 测年等自然科学的方法的进展。断代工程为武王灭商、武丁即位乃至盘庚迁殷等重要历史事件圈定了小于 50 年的年代范围,推断了商朝建国的年代范围。工程项目组并不认为已经解决了三代的年表问题,而仅是阶段性的成果。简本(2000)公布后,国内外学术界贬褒毁誉,争论激烈。批评和质疑是正常和健康的现象,其实参加该项目的成员之间的意见也是有分歧的。正如蔡元培所言"万物并育并不相害,道平行而不相悖",争论将推进对三朝年表的完善。

4.10 加速器质谱^{14}C 测年技术对有机文物真伪的"准无损"鉴定

AMS-C14 测年技术使用样品量少(样品含碳量少于 1 mg)的特出优点使它能"准无损"地鉴定有机质类古代文物的真伪。揭穿流传近 700 年的关于所谓的耶稣裹尸布的谎言,就是成功的并颇具新闻效应的例子。意大利的都灵大教堂几百年来一直供奉着一块被认为耶稣受难时裹尸用的麻布,视其为"圣物"。该物最早出现于公元 13 世纪,当时一位奥地利的公爵夫人声称该"圣物"是她夫家的祖先随十字军东征时从耶路撒冷带回欧洲后传下来的,并把它献给了教会。但对此裹尸布的真伪一直争论了几百年,已发表的有关论文几千篇,依然是莫衷一是。20 世纪 50 年代经意大利教会同意,美国科学院曾派两架专机携带当时最先进的科学仪器到都灵进行分析,也未能得出最终肯定的结论。90 年代初牛津、苏利世和亚利桑纳等三个国际上最有影响的 AMS-C14 实验室各分到一小块(1 cm×7 cm)从该麻布上剪下的布条测年。三个实验室测年的结果一致,都表明这块麻布不是公元初的,其年代为公元 13 世纪,从而揭露了是那位公爵夫人作伪。罗马教廷发表声明接受科学检验的结论,几百年的公案被加速器质谱^{14}C 测年技术了结了。需要指出,现代的 AMS-C14 技术并不需要如此大的一块麻布,从布上抽取一小段棉、麻线就足以测年用了。

加速器质谱^{14}C技术已被用以鉴定油画的真伪,因为伪造古代名家油画的暴利吸引着一大批冒险家,油画市场上充满了赝品。常识告诉我们,早期的画家决不可能用他身后生产的布作画,从画布上抽取一小段线测年也不至于导致原画明显地受损。但是,用加速器质谱^{14}C技术对古代名家油画作品的鉴别与其他文物鉴定情况相似,辨伪的把握性较大,确认是真品却是要十分慎重的。"高明"的伪造者会在老画布上作新画,甚至他会购买古代三流画家的廉价作品,刮掉画布上的油彩,再在上面仿造古代名家的画面。单靠加速器质谱^{14}C技术有可能对这类赝品作出错误的鉴定,需要结合中子活化照相、X射线透视和油彩的化学分析等技术,才能识别出这类赝品。中国字画一般是写在宣纸上的,现代的伪造者想要找到古代的宣纸不是太容易,在字画的边角处取一小点纸样作加速器质谱^{14}C测年,能提供对辨别真伪有用的信息。特别是使用1962年以后生产的纸张上作伪的古字画是十分容易鉴别出来的,因为20世纪60年代初美苏两国进行了大量大当量的核爆试验,核爆产生的中子人为地产生了大量^{14}C原子,使大气的^{14}C丰度和放射性活度几乎提高了一倍,导致20世纪60年代以后生成的生物中的^{14}C含量呈现一个"峰",极易与较早生成的生物区别开。60年代以后的"^{14}C峰"也使加速器质谱^{14}C测年技术成功地应用于刑事侦察。

北京大学的加速器质谱^{14}C实验室曾成功地鉴定过古代漆器、鹿角雕塑品的真伪。总之,在谨慎和仔细的条件下,加速器质谱^{14}C测年技术能实现古代有机文物"准无损"的真伪鉴定。

参考文献

[1] 蔡莲珍,仇士华.贝叶斯统计应用于^{14}C系列样品的树轮校正.考古,1999,(3):85.
[2] 陈文寄,彭贵.年轻地质体系的年代测定.北京:地震出版社,1991.
[3] 陈文寄,计凤桔,王非.年轻地质体系的年代测定(续).北京:地震出版社,1999.
[4] 陈铁梅.加速器质谱^{14}C测年在考古研究中的应用.考古与文物,1990,(2):100.
[5] 陈铁梅,R E M Hedges.彭头山等遗址的陶片和我国最早的水稻遗存的加速器质谱^{14}C测年.文物,1994,(3):88.
[6] 刘克新,丁杏芳,付东坡,等.北京大学AMS^{14}C国际比对样品测量.第四纪研究,2007,27(3):469.
[7] 仇士华,蔡莲珍,陈铁梅,原思训.^{14}C测定年代用"中国糖碳标准"的建立.科学通报,1983,28(3):170.
[8] 仇士华,陈铁梅,蔡莲珍.中国^{14}C年代学研究.北京:科学出版社,1990.
[9] 魏青云,李东节,曹冠宇,等.新石器时代姜寨遗址的考古地磁研究.地球物理学报,1980,(4).
[10] 夏鼐.放射性同位素在考古上的应用.考古通讯,1955,(4):73.
[11] 夏鼐.^{14}C测定年代与中国史前考古学.考古,1977,(4):217.
[12] 夏商周断代工程专家组.夏商周断代工程1996—2000年阶段成果报告(简本).世界图书出版公司,2000.
[13] 张雪莲,仇士华.关于夏商周^{14}C年代框架.华夏考古,2001,(3):59.
[14] 张雪莲,仇士华,蔡莲珍,等.新砦—二里头—二里岗文化考古年代序列的建立和完善.考古,2007,(8):74.
[15] 中国社会科学院考古研究所编.中国考古学中^{14}C年代数据集.北京:文物出版社,1991.
[16] Aitken M J. Science-based Dating in Archaeology, Longman, London and New York, 1990.
[17] Björk S, Kromer B, Johnson S *et al.* Synchronized Terrestrial-atmospheric Deglacial Records around the

North Atlantic. *Science*, 1996, 274: 1155.

[18] Bourdon B, Henderson G M, *et al*. Uranium-series Geochemistry, Geochemical Society and Mineralogical Society of America, 2003.

[19] Friedrich M, Remmele S, *et al*. The 12460-year Hohenheim Oak and Pine Tree-ring Chronology from Central Europe—a Unique Annual Record for Radiocarbon Calibration and Paleoenvironment Reconstruction. *Radiocarbon*, 2004, 46(3): 1111.

[20] Hammer C U, Clausen H B, Friedrich W L, *et al*. The Minoan Eruption of Santorini in Greece Dated to 1645 BC. *Nature*, 1987, 328: 517.

[21] Libby, W F. Radiacarbon Dating. Chicago: Chicago University Press, 1955.

[22] Ramsey C B. Radiacaobon Calibration and Analysis of Stratigraphy: The OxCal Program. *Radiocarbon*, 1998, 37(2): 425.

[23] Renne P R, Sharp W D, Deino A L. 40Ar/39Ar Dating into the Historical Realm, Calibration Against Pline the Younger. *Science*, 1997, 277: 1279.

[24] Schweingruber F H. Tree-rings: Basics and Applications of Dendrochronology, Kluwer Academic, Dordrecht, 1988.

[25] Wagner G A. Age Determination of Young Rocks and Artifacts. Springer, 1995.

思考题

1. 试述考古学对全新世测年的主要要求与更新世测年的异同。
2. ^{14}C 年龄的误差和它的代表性有什么不同？试分析一、二个你所熟悉的考古遗址的^{14}C 测年数据。
3. 系列样品组^{14}C 年龄树轮校正的优点是什么？需要注意什么问题？
4. 你对^{14}C 测年所提出的夏商周三代的年代框架有什么看法？你认为哪些推论较可信？哪些需要进一步的工作？测年数据对认识某些重要的夏商遗址的历史地位有什么意义？

第五章 冶金考古概述

冶金技术,尤其是青铜和钢铁技术的发展在人类的文明史中具有至关重要的作用。早在1932年,柴尔德在他撰写的 Man Makes Himself 一书中,就把青铜冶炼技术的发明看作早期文明起源的主要因素之一。柯俊认为,始于春秋早、中期的铸铁和随后出现于春秋战国之交的铸铁脱碳技术应该是古代中国的第五大发明,因为铁质的农具、兵器和车马器造就了中国在汉代时成为东亚的超级经济和军事强国,而且这种强国地位延续了1000多年。

冶金包含找矿、开采、选矿、冶炼、铸造、锻造、热处理、焊、铆到表面处理等一系列的过程。冶金考古的内容包括古代采矿遗址和冶铸遗址的考察和发掘,以及对各类遗址中出土的金属器物的分析和研究。但是考虑到多数的考古工作者经常接触的只是各类考古遗址中的金属遗物,因此本书的重点是介绍对金属遗物的科技研究,以获取关于古代各类冶金技术的创造和发展、地区间冶金制品、原料和技术的交流等多方面的考古信息。对金属遗物进行自然科学方法研究的主要手段为:(1)化学组成测量;(2)显微结构观察;(3)物相分析;(4)同位素组成分析。古人使用的金属主要为铜、锡、铅、铁、金、银和汞等,稍晚还冶炼锌。本书的论述仅限于青铜器和铁器。

5.1 铜和青铜的物理性质

铜在自然界可以以纯铜,又称自然铜、红铜的形式存在。在新旧大陆,古人最早都是使用自然铜,并且多数是一些小件的纯铜饰品。但是自然铜的产量很少,熔点高(1084 ℃),纯铜制品因其机械性能(硬度等)不佳而发展受限。自然界的铜矿经常与含有锡、砷的矿物共生,由于铜锡和铜砷合金的熔点低,特别是铜锡合金(称为锡青铜)的硬度和抗拉强度高,因此在各古文明的发源地,红铜技术均迅速地被砷铜技术,最终被青铜技术所替代。图5-1和5-2分别显示锡青铜的熔点以及硬度和抗拉强度随锡含量的变化。

由图5-1和图5-2可见,含18%锡的青铜,其熔点为900 ℃左右,明显低于纯铜的1084 ℃,其硬度和抗拉强度等机械性能也有明显改善。

除锡青铜(铜锡合金,铅含量低于2%)和砷青铜外,古人还广泛使用铅青铜(铜铅为主,锡含量低于2%)、锡铅三元青铜(锡和铅

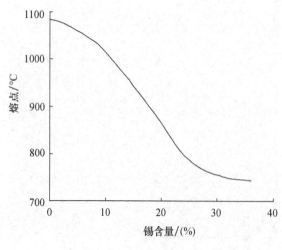

图 5-1 锡青铜的熔点随锡含量增加而降低的变化曲线

的含量均高于2%,而且锡含量高于铅含量)和铅锡三元青铜等。此外也发现有黄铜(铜锌合金)和白铜(主要指镍白铜)的制品。当然早期的黄铜和白铜都是由铜锌和铜镍的共生矿物冶炼的。我国在距今约5000年的山东城子崖遗址就开始冶炼黄铜,大约在明代我国开始黄铜的规模化冶炼。东晋时我国云南就生产镍白铜,色泽如白银,称为"鋈",唐宋时我国的镍白铜制品出口西亚,17世纪出口欧洲,被名为"中国银"和"中国白铜",但18世纪德国的海宁格尔兄弟使用现代科技仿制、改进并大量生产镍白铜的餐具和饰品,并改名为"德银",销售全球各地,获得大量利润。因缺乏现代科技理念而受损的教训,我国近代史中比比皆是。

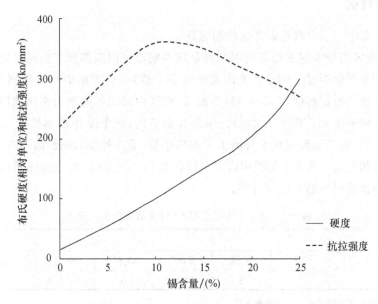

图 5-2　锡青铜的硬度和抗拉强度随锡含量变化的关系曲线

5.2　我国青铜冶炼技术的起源及其早期发展

大约在公元前第五"千纪",首先在西亚地区出现了铸铜技术。在我国,早期的青铜冶铸遗存和青铜器物主要发现在甘青地区和中原地区,时代大致在前第三"千纪",此外在辽西和山东也有一些发现。

5.2.1　甘青地区

在甘肃属马家窑文化的东林乡遗址(BC 2740年)出土的锡青铜刀(含锡量6%~10%)是目前我国发现的最早的青铜制品,金相分析为铸造制品,刃部有冷锻的痕迹。在发现该刀的灰坑中还出土了一小块"碎铜渣"。BC 2300—2000年的马厂文化遗址发现有两件红铜器和一件锡青铜刀。在齐家文化(BC 2000—1600年)的6个遗址中发现45件铜制品。根据对其中24件的分析结果统计,20件为红铜器,而4件青铜器出土于齐家文化晚期的皇娘娘台遗址。这4件器物却包含了锡青铜、铅青铜和锡铅青铜等三种类型。在偏晚的四坝文化(BC 1900—1400年)的遗址中已出土了几百件铜器,其中红铜制品的相对数量就很少了,主要是砷青铜和锡青铜,而且早期砷青铜占多数,晚期以锡青铜为主。砷青铜可能是砷铜矿直接冶炼的,鉴于砷铜矿资源有限、砷的毒性和砷铜配比的不易控制,砷青铜逐渐消失了,砷青铜向锡青铜的转化反映青铜技术的进步。四坝锡青铜的锡含量绝大多数在5%～10%间,并含铁等多种金属杂质。上述资料揭示了甘青地区青铜技术发展的大致脉络,四坝的青铜技术尚处于原始阶段。至于四坝文化早期为什么突然出现了相当数量的砷铜制品,四坝文化的砷铜与我国新疆和中亚草原的砷铜技术间存在何种关系,是冶金考古目前关注的研究课题(梅建军,2006)。

5.2.2 中原地区

1. 二里头文化——中原青铜文化的初始期

我国中原地区迄今发现的最早的铜制品是陕西临潼和渭南仰韶文化晚期地层中出土的铜片和铜笄,它们是黄铜制品。随后在龙山文化的多个遗址,有零星的小件铜器出土,其材质有红铜、砷铜和黄铜。另据梅建军(2007)口头报道,在陕西西北部的龙山文化地层中出土一件北方式的青铜刀(Sn=9.9%,Pb=1.3%)。作为青铜文化,在中原地区起始于二里头文化时期(公元前18世纪),在二里头遗址本身出土了相当数量、不同种类的铜制品,并在那里发现了铸铜的炉渣、炉壁和泥范。表5-1是根据淑云等(2003)和金正耀(2000)发表的资料,对二里头Ⅰ至Ⅳ期67件铜器按材质的分类统计表。

表 5-1　二里头Ⅰ至Ⅳ期67件铜器按材质的分类

分期	Ⅰ		Ⅱ		Ⅲ		Ⅳ	
材质	红铜	青铜	红铜	青铜*	红铜	青铜	红铜	青铜
数量	1	1	3	6(2)	3	12	3	29

* 注:第Ⅱ期的6件青铜器中2件为砷铜制品

尽管所统计的数据还存在一定的随机性,该表反映了二里头遗址青铜技术的进步轨迹。二里头铜制品的总体数量随时间不断增长,Ⅲ、Ⅳ期的数量明显多于Ⅰ、Ⅱ期,而且青铜在铜制品中的比例也随时间增长。砷铜制品仅发现2件,均属Ⅱ期。二里头的青铜制品中铅锡青铜占相当大的比例,铅和锡的含量涨落很大(见表5-2的"标准差"栏),未观察到铅、锡含量与器物类型间存在关联,绝大多数制品的锡含量低于8%(平均值仅为5.2%,见表5-2),但二里头青铜的锡含量总体上也呈现随时间增长的趋势。金相观察表明二里头的铜制品全为铸造,含杂质很多,部分显示有冷加工的痕迹。上述诸现象均反映了青铜技术初级阶段的特点。金正耀(2000)还认为,二里头的工匠们对锡与铅的区分可能有一个认识过程。

^{14}C测年界定二里头遗址Ⅰ至Ⅳ期的年代范围为公元前18世纪中叶至16世纪中叶,其时代大致与甘青地区齐家文化的中晚期和四坝文化的早期相当,二里头二期还发现有砷铜制品,而且中原龙山文化地层中唯一的青铜制品出土于陕西西北部。因此中原青铜技术的出现是否受发展较早的我国西部青铜文化的影响,是一个受关注的研究课题。

2. 商周时代——我国青铜技术的鼎盛期

商代是我国青铜文化鼎盛期的起步阶段,已发现的商代青铜器的数量和分布范围,器型种类、器型大小和工艺复杂程度都是二里头期所无法比拟的。郑州二里岗遗址、湖北盘龙城和安阳殷墟被认为是商代早、中和晚期的代表(考古界对郑州商城系早商或中商有分歧,但对上述三个遗址的相对年代早晚的意见是一致的)。而周代则进入了我国青铜文化的鼎盛期,许多大型、精美装饰、并带有铭文的王室用青铜礼器和冥器至今令人惊叹。下面通过青铜器含锡量的变化来考察商周青铜技术的成熟过程。表5-2统计了自二里头、早商、晚商和两周的部分青铜制品的锡平均含量及其涨落(殷墟和两周只统计青铜容器的数据)。由表可见,从二里头期到二里岗期,青铜制品锡含量明显增加和涨落幅度(见变异系数)降低,而且这个趋势一直延续到盘龙城和殷墟期。但自殷商到西周、东周,青铜器(主要是容器)的锡含量稳定在14%～16%左右,锡含量的相对涨落控制在15%上下,说明殷墟以后,青铜容器的铸造已有稳定的铜锡配方,而且含锡量16%的青铜的机械性能也接近最佳,这些都是青铜技术成熟的重要标志。商代青铜技术成熟的另一个标志是,不同的器物类型有不同的铜锡配比。例如盘龙城青铜礼器和容器的锡含量在4%～22%间波动,但青铜兵器和工农具的锡含量都超过11%;青铜礼器和容器的铅含量在2%～32%间波动,而青铜兵器和工农具的铅含量均低于14%(孙淑云等,2003)。表明工匠们开始懂得,如果青铜兵器和工具的锡含量太低,其硬度则不够;而较高的铅含量能改善青铜的铸造性能,使得青铜容器的表面光滑,纹饰凹凸清晰。

表 5-2　三代青铜器锡含量随时间的变化

遗址	样品数量	锡平均含量/(%)	标准差/(%)	变异系数/(%)	资料来源
二里头	13	5.2	5.2	100	金正耀,2000
二里岗类型	24	10.2	4.6	45	孙淑云等,2003:158
盘龙城	37	12..8	3.5	28	孙淑云等,2003:159
安阳殷墟(锡铅青铜容器)	23	15.8	2.1	14	华觉明,1999:253
安阳殷墟(锡青铜容器)	69	16.3	2.5	16	华觉明,1999:260
西周(锡铅青铜容器)	19	13.3	2.0	15	华觉明,1999:255
西周(锡青铜容器)	12	16,0	2.5	16	华觉明,1999:261
东周容器	13	15.8	2.3	15	华觉明,1999:257,262

秦汉以后,随着铸铁和铸铁脱碳技术的进步,青铜在经济生活和军事应用方面的重要性相对减弱。

5.3　青铜制品化学组成的测量及其考古学意义

对考古遗址出土的金属遗物的科技分析,能揭示遗物本身和出土遗物的考古单位的有关信息。青铜遗物的科技分析主要包括:(1)测量其化学元素组成;(2)金相分析,观察其显微结构;(3)如果要寻求青铜制品的产地,探索铜、铅原料的矿源,那么还需要测量遗物的铅同位素组成。本节仅讨论金属遗物的化学组成。

5.3.1 分析青铜制品化学组成的考古学意义——"六齐"说的检验

古代铜合金制品的主要化学元素是铜、锡、铅、砷、锌和镍等,它们的含量决定了古代铜合金的材质。一般来说,单件器物化学组成数据提供的信息是有限的,但是对考古遗址中相当数量的青铜器物,分别按其考古分期和器物类型测量它们的元素组成,并进行比较,往往可以揭示出有意义的考古信息。例如表5-2列出的,从二里头到东周青铜器含锡量的变化和涨落,显示了我国古代青铜技术进步的轨迹。

孙淑云等(2003)对比了殷墟妇好墓和同期中、小型平民墓青铜器物的锡、铅组成,注意到妇好墓116件被分析的铜器中70%为锡青铜和锡铅青铜,锡含量在10%~19%间,而铅含量低于4%。而同期中、小型墓铜器中铅青铜和铅锡青铜分别占44%和26%。王室与非王室成员陪葬的青铜器物其锡铅相对组成的不同,反映了当时锡是比铅稀缺和珍贵的资源。锡矿资源少,而且锡的化学性质活泼,其冶炼也比铅的难度高。类似的现象也反映在王畿和地方城市之间,与郑州和殷墟相比,盘龙城出土青铜制品的铅相对含量要高很多。

青铜化学组成测量数据也被用以检验《考工记》记录的关于东周青铜技术铜锡配方的真实性。据传成书于春秋战国时期的《考工记》中的"六齐"说记录了铸造不同类型青铜器物的铜锡"标称配比",这应该反映当时工匠对锡含量如何影响青铜机械性能的认识。上世纪随着东周青铜器化学组成测量数据的累积,学术界对"六齐"说的客观真实性和合理性产生了不同的认识,包括郭沫若(1947)在内的很多学者曾撰文讨论(华觉明,1999)。表5-3汇总并计算了相当数量不同器类东周青铜制品的锡平均含量和标准差,并和"六齐"说记录的标称锡含量(斧斤类样品的测量数据太少,未列入)。由表5-3可见,"六齐"说中除钟鼎齐外,其他"四齐"记录的锡含量均明显高于实际的测量值。

表 5-3 根据东周各类青铜制品的锡铜含量比对"六齐"说的检验

青铜器种类	"齐"名	样品数量	实测锡平均含量/(%)	标准差/(%)	六齐说锡含量/(%)	资料来源(华觉明,1999书中的页码)
钟、铃	钟鼎	11	14.4	2.0	14.2	239
容器	钟鼎	13	15.8	2.3	14.2	257,262
	斧斤	统计数量太少			16.6	
戈戟	戈戟	15	15.99	2.29	20	267
剑	大刃	43	16.27	2.42	25	269
削、篦刀	削、杀矢	7	13.6	4.1	28.6	272,273
镜	鉴燧	9	21.4	2.8	33.3	274

戈戟、大刃以及削、杀矢均为工具和兵器,它们有相近的使用功能,其含锡量似不应有太大的差别。陈铁梅(2005)曾对这三类青铜制品含锡量的实测值作了统计学中的"总体均值一致性"检验,未观察到它们之间存在显著的差异。但"六齐"说却区分为三种不同的"齐",与实际情况矛盾。此外,"六齐"说要求多数器类的锡含量高于20%,但含锡量过高的青铜的质地很脆,硬度也下降,战国的工匠不太可能生产这类既费锡(珍贵资源)而性能又差的青铜制品。根

据表5-3的实测数据,东周青铜制品按含锡量的高低,可以分为:(1)低锡的钟铃等响器;(2)中锡的容器、兵器和工具;(3)高锡的铜镜。东周战国时,这三类青铜制品的锡含量之间是存在一定差别的,与"六齐"说记录的差别次序也相符。这大致反映了东周工匠的认识和技术,不能要求他们对铜锡的配比有"六齐"说所记录的精细分类和精确定量的认识水平。"六齐"说中另一个令人不解的问题是它完全不提及铅的配比。铅同样可降低青铜合金的熔点,影响合金的铸造和机械性能。潘春旭(2006)对湖北出土的部分青铜制品的分析,注意到青铜刀剑戈含铅量甚低而箭镞和鼎的含铅量高。他提出箭镞是一次性使用的兵器,不必多用珍贵的锡,而铅的高比重使得箭镞射程更远和杀伤力更大。潘春旭还提出高比重的铅使得鼎等象征帝王权势的器物更为凝重。

总之,今天我们读到的《考工记》是汉代学者(他们不一定是冶金专家)重新整理的版本,这里是否包含有整理者美化、不顾实际科技内容的文字修饰就不得而知了。但《考工记》确实反映了东周工匠对于锡含量影响青铜的机械性能有一定的,但仅是半定量的认识,在青铜铸造时已有意识地调整铜锡配比。但"六齐"说分类过细,定量要求过于精细和对锡含量总体估计过高。

5.3.2　青铜制品化学组成的测量方法

考古研究中对于铜合金制品中铜、锡、铅、砷等主量元素含量的测量一般不要求很高的精确度,2%甚至更高的相对测量误差是完全可以被接受的,因此有多种测量仪器和技术可供选择。但是取样时必须注意:(1)避开锈蚀的部分,因为锈蚀和矿化会改变青铜原来的化学组成,有硫、氧、碳和氯等元素的进入和铜的优先流失等;(2)青铜制品无论在小尺度或大尺度范围都不是均质的。铜与锡可以组成不同重量比或摩尔比的物相。铅并不与铜锡组成合金,往往形成大小不等的铅粒均匀或不均匀地分布在铜锡合金的基体中。因此取样的量不能太少。此外还要考虑,在大型青铜器物铸造过程中铅因其比重大而下沉,导致器物基底部的铅含量高于口沿部位,青铜器表面可能因铸造时的偏析而锡含量偏高(俗称锡汗)。因此必须考虑取样部位的正确选择和测量结果的代表性。

在20世纪中叶以前普遍应用滴定、沉淀和称重等传统的湿化学定量分析方法来测量青铜制品的化学元素组成。湿化学定量分析的测量数据可靠性高,但是测量费时、灵敏度和精密度低。随着分析仪器的进步,湿化学方法现在已很少被使用,已发展有多种仪器分析的方法,它们各有优缺点。根据文献调研统计,在冶金考古中应用较广泛的是原子发射光谱仪、电子探针和X射线荧光分析,也有使用原子吸收光谱和电感耦合等离子质谱技术的报道,但中子活化分析技术的应用较少见。下面将对其中的几种仪器和技术作介绍。

5.3.3　原子发射光谱仪(AES)

这是冶金考古最常用的测量试样元素组成的仪器。原子发射光谱是指原子或离子的外层电子被激发后,退激并跃迁到其基态能级或较低能级时发射的光谱,多数在可见光波段。每种元素的原子发射光谱是若干组具有特征波长的线光谱,而不同元素的原子发射光谱是不一样的(参见10.1.2小节)。因此鉴别特征波长的发射光谱就能确定有哪种元素的存在,而特征谱线的强度正比于发光源中相应元素的含量,因此原子发射光谱仪能进行定量分析。虽然每种元素有多条发射光谱线,但跃迁到基态的谱线称为共振谱线,从能量最低的激发态跃迁到基态的谱线称为主共振谱线。因为主共振谱线最易被激发,一般它的强度也大,经常被认为是相应元素的灵敏线或代表线。例如常用波长为 235.484 和 220.353 nm 的谱线来检测青铜中锡和铅的含量。

原子发射光谱仪由激发光源、分光仪和探测器三部分组成。(1) 激发光源的功能是引入试样、提供能量使试样原子化(或离子化)和使原子(或离子)被激发。早期的发射光谱仪使用火焰光源或电弧光源等,新开发的原子发射光谱仪一般使用电感耦合高频等离子激发(ICP)光源,配 ICP 光源的光谱仪称为 ICP-AES。ICP 激发光源是用高频电流线圈产生轴向高频磁场,高频点火使磁场区的辅助气体氩(Ar)电离,氩离子和电子在高频磁场中形成强大的涡流,使局部 Ar 达到近万度的高温,形成等离子炬。试样需先配成溶液,液态的试样经雾化后带入高温的等离子炬区,试样蒸发、原子化和被激发。试样溶液中各元素的原子都被激发和发射出各自特征的原子光谱。ICP 光源具有原子化效率高、稳定性好和线性范围宽等优点。(2) 分光仪一般使用光栅,并配有一套光学系统。光栅将试样中不同元素原子的发射光谱色散为单色光,并聚焦到探测器的不同位置上。(3) 现代的探测器多数是多通道的,同时测量全波段各谱线的强度,测量数据输入计算机。多通道直读式的 ICP-AES 是测量试样元素组成的高灵敏、高精确度和高效率的仪器。同时测量主量元素、多个次量和微量杂质元素的含量。它测量青铜样品主量元素的精确度不难优于 1%,测量微量元素的检测限可低达每毫升一纳克,即 10^{-9} g/mL,而相对标准偏差为 5%左右。

使用多通道 ICP-AES 时,青铜试样需要全溶,而且要准备和测量一系列标准试样溶液以刻度仪器。

如果在 ICP-AES 仪器上加配激光烧蚀取样头,则无须将试样全溶,可以直接将高强度的脉冲激光轰击试样表面微区(直径几十微米),导致微区的物质蒸发,蒸发的物质引入到等离子炬区。这种仪器称为 LA-ICP-AES,LA 表示激光烧蚀。LA-ICP-AES 测量的是样品表面局部区域的元素组成,其测量精确度比不上全溶样品的情况,但避开了费时费力的溶样过程。

5.3.4 原子吸收光谱仪(AAS)

原子吸收光谱仪的工作原理简述如下:原子吸收和原子发射是两个相逆的过程。当光线通过某种元素的原子蒸气时,波长等于该元素原子的共振线波长的光线被优先吸收,而其他波长的光线则自由通过。原子蒸气中该元素的浓度愈高,吸收愈强烈,因此测量某元素共振线波长范围内光线被吸收的程度,就可以得知原子蒸气中该元素的浓度。原子吸收光谱仪由光源、试样原子化装置、分光单色器和探测器等四部分组成。光源使用空心阴极灯,待测元素的金属或化合物熔入灯的内腔,当阴极灯通电时发射出待测元素的共振线光谱。空心阴极灯的特点是它发射出的共振线光谱的半宽度极窄,称为锐谱线光源。光线进入原子化装置。在原子化装置中试样溶液被喷雾进火焰中(乙炔焰或氢气焰),在火焰的高温下待测元素被气化和原子化,形成原子化蒸气。当然需要控制一系列条件保证光源和原子化装置工作的稳定性。光线通过火焰后被单色器分光和被探测。AAS 中单色器和探测器的工作原理与 AES 的情况类似。原子吸收光谱方法测量元素的含量也需要待测元素的标准溶液。有的原子吸收光谱仪能直接测量固体试样中元素的含量，不必先将试样溶解。

原子吸收光谱仪具有高灵敏度（不同元素的测量灵敏度有一定差别）、样品中的共存元素对待测元素干扰少等优点，因此常用以测量样品中微量元素的含量。其主要缺点是：不同的待测元素需要用不同的光源，每次测量只能给出单一元素的含量。因此工作效率低，冶金考古研究中较少使用 AAS 测量青铜样品中锡、铅、锌等主量元素的含量。

5.3.5 X 荧光光谱仪（XRF）

X 荧光光谱仪的原理和特点将在 6.3.3 小节详细介绍。XRF 也可用以测量青铜的元素组成，这需要制备一个一定面积（不小于几平方毫米）经打磨抛光的青铜样品截面。无标样的 XRF 测量属半定量测量，但经过标准样品刻度后，XRF 仪测量青铜中铜锡铅等主量元素含量的精确度也能达到 1%，特别是波长色散型仪器的精确度更高。XRF 仪还可以同时测量青铜中常见的铁、锰、锌和硫等杂质元素，但检测微量元素的灵敏度不如 ICP-AES，检测限为 ppm 量级。顺便指出，XRF 方法测量黄铜中锌的含量时需要注意锌的 K_α 线会受到铜 K_β 线的干扰。XRF 相对于 AES 的优点是免除了溶解试样的流程。

手提式的 XRF 仪可以在现场快速、无损地测量青铜器表面的化学元素组成，使用非常方便，但这是半定量的测量，测量的误差较大。

微束 XRF 分析仪是近年来新开发的仪器，它将 X 射线聚焦到样品的表面，X 光束斑的直径约 $1\mu m$。而样品台是可以前后左右精密移动（手动或自动）的。在每个聚焦点测量特征 X 荧光谱，并存入计算机。数据经处理后，可以同时给出多个主量和次量元素各自在测量面上的含量分布图像。分布图像的空间分辨率为微米级，图像经处理和放大后可以在荧光屏上直观地显示。微束 XRF 分析仪测量青铜材质的元素分布有广泛的应用前景，也是 XRF 测量的特殊优点。

5.3.6 电子探针（EPMA）

电子探针实际上是一台扫描电镜，但能同时测量试样的电子能谱或 X 射线能谱。电子探针也称为电子能谱仪或 X 射线能谱仪。其优点是，当电镜对样品作金相显微观察时，通过探测电子束激发的俄歇电子或特征 X 射线，同时测量了电子束聚焦点样品的主、次量元素含量，一石二鸟。其缺点是测量的误差较大（因为电子探针测量不使用标准样品），不如 AES、AAS、XRF 等仪器精确。另外青铜材质是非均匀相的，电子探针是测量微米量级范围内的元素组成，属微区测量，因此必须作多点测量后再求平均值以得到试样的平均元素组成。但是微区测量的优点是能提供非均质试样中关于元素分布的信息。

关于扫描电镜的详细情况将在 5.4.4 小节中介绍，这里对什么是俄歇电子作一说明。当某元素原子的最内层，即 K 层的电子被电子束轰击逐出后，第二层，即 L 层的电子会跃迁到 K 层，跃迁时释放的能量有可能使另一个 L 电子脱离原子逸出，称为 K-L-L 俄歇电子，当然也可能发生 K-L-M 或 K-M-M 俄歇电子逸出，但 K-L-L 俄歇电子的强度最大。不同元素的俄歇电子有其特征的能量谱,因此测量俄歇电子谱,与测量特征 X 射线谱相类似,也可以揭示电子束聚焦点的元素组成。俄歇电子的逸出与 X 荧光是竞争过程,对于低原子序数的元素,逸出俄歇电子的概率高于发射特征 X 射线,因此俄歇电子能谱测量低原子序数的元素的灵敏度高,而 X 荧光能谱则测量高原子序数的元素的灵敏度高,两者是互补的。还需要指出,俄歇电子是测量试样浅表、纳米级厚度层中的元素分布,而特征 X 射线给出微米乃至数十微米量级厚度层的元素分布,两者是有差异的。

5.3.7 电感耦合等离子质谱(ICP-MS)和中子活化分析(INAA)

关于 ICP-MS 和 INAA 的工作原理,将分别在青铜的铅同位素测量(5.7.7 小节)和陶瓷的化学组成测量(6.3.4 小节)中介绍。ICP-MS 测量试样元素组成的主要优点是它的超高灵敏度,常应用于测量微量样品中痕量元素的含量。但是 ICP-MS 是功能丰富和价格昂贵的设备,应用于测量青铜的主、次量元素组成似属"杀鸡用牛刀"。

中子活化分析经常使用粉末状的试样和标准样,用于测量青铜制品的元素组成,实际操作很不方便。另外锡和铅也不是很适宜于中子活化分析的元素。因此很少应用中子活化分析于古代青铜的元素组成的测量。

5.4 青铜制品的显微结构研究

决定青铜制品机械性能的不仅是铜、锡、铅的相对含量,还需要考虑青铜合金内部的显微结构。铸造、锻造、退火和淬火等不同的加工过程会使青铜形成不同的显微组织。为了研究青铜的锈蚀机理,研究青铜制品表面的镀层和斑纹也需要观察其显微结构。因此显微结构观察是冶金考古中极为重要的内容。观察、研究显微结构的主要仪器有:(1)实体显微镜;(2)光学金相显微镜;(3)电子显微镜。

5.4.1 实体显微镜

实体显微镜是一种构造简单、价格便宜和使用方便的仪器,可用以直接观察青铜制品外表的显微特征。它由物镜、目镜、载物台和照明系统组成,其放大倍数为几倍至上百倍。考古人员可以亲自操作,观察青铜制品表面的纹饰、图案和铭文、铸造和焊接特征、是否粘有泥范残留物、使用痕迹和食物残存以及锈蚀和机械损伤等肉眼所不易察觉或不易清晰分辨的痕迹。观察的视角可以随意改变,显微图像可以显示在荧光屏上,也可以照相保存。实体显微镜应该是考古单位必备的仪器,它也可被用来观察陶瓷、纸张、纺织品等多类考古遗物外表的显微特征。因放大倍数受限,实体显微镜不能显示青铜材质精细的显微结构。

5.4.2 光学金相显微镜

光学金相显微镜虽然其放大倍数远不及电子显微镜,但价格相对便宜,使用相对方便,其金相图谱有时比电子显微镜的图像更清晰和容易解读,是冶金考古研究的主要工具,它与电镜的作用是互补的。为了在显微镜下观察青铜样品,首先需要制备被观察样品。

1. 取样与样品制备

从金属遗物上取样应尽量减少对文物的破坏,此外因为偏析等因素,金属制品不同部位的显微结构可能是有差别的,因此取样应当与考古学家共同商议,注意取样部位的代表性。

光学显微镜进行金相分析的关键是试样的正确制备,金相显微镜比生物显微镜的使用晚了约200年,就是因为掌握试样制备技术曾经是一个漫长的过程,经历了长期的经验累积。试样制备过程包括:(1)截样:截取几毫米大小的青铜试样。(2)镶样:如试样太小或形状不规则,需将试样固定在树脂或凝性塑料中。(3)磨光和抛光:粗糙的金属表面对入射光进行漫散射,无法观察其组织结构,必须打磨和抛光得到一个光亮的表面。打磨和抛光需十分小心,不应使试样材质的组成发生变化,也不应产生人为的划痕。(4)表面腐蚀:包括青铜在内的多数金属,在微观尺度上不是均质的,而是由不同的"相"组成的,金相分析的目的就在于观察这些"相"。但是不同的相往往对光具有相近的反射能力,因此镜下观察很可能是白亮的一片,无法分辨试样中不同"相"之间的差异。为此要用一定的化学试剂(对青铜通常用含3％三氯化铁的盐酸酒精溶液)进行腐蚀,不同的相腐蚀速度不同,即使是匀相的金属,晶粒与晶粒之间的部位(称为晶界)也较易腐蚀。因为腐蚀是有选择性的,其结果是使试样表面高低不平。腐蚀液及其浓度、腐蚀时间和温度需严格控制,使得试样表面凹凸的程度在显微镜的景深之内,这样就能清晰地观察到相界、晶粒的大小、形态和分布了。试样的制备质量直接影响到金相图像和金相照片的质量,试样的打磨抛光和腐蚀都要求丰富的经验。

上一段论述中多处提到了金属和合金组织的"相",这是金相分析中经常使用的概念。"相"是指合金中具有相同化学组成、相同结构和原子聚集状态的组成部分。相与相之间有界面,称为相界。纯铜是单相,青铜则可能有若干个相。因形成的条件不同,各相以不同的数量、大小和形态结合,金相分析就是观察金属和合金的"相组织"。

2. 金相显微镜

金相显微镜是由物镜、目镜、聚焦透镜、棱镜、光栏等组成的复杂的光学系统,它将试样表面的形态放大,校正各种像差,最后形成真实、清晰的物像。金相显微镜的放大倍数等于物镜和目镜各自放大倍数的乘积,一般在几十倍至两千倍。新开发的带有变焦镜头的金相显微镜,其放大倍数在一定范围内连续可调。与使用透射光的生物显微镜和岩相显微镜不同,金相显微镜使用折射光。改变入射光的角度可实现明场成像(垂直光照射)和暗场成像(大角度斜照射),有的金相显微镜还使用偏振光和干涉光的光学系统,以提高分辨率和适用于不同情况下的金相分析。现代的金相显微镜都配有大的投影屏,以便于多人同时观察。金相显微镜配有数码相机和计算机,并开发各种功能的图像处理软件。载物台可以水平精密移动。

5.4.3 青铜的显微结构和金相图谱

本小节将介绍锡青铜和锡铅青铜的金相图谱的一些基本概念。锡青铜一般都是铸造产物,它的显微结构取决于铜锡的含量比、铸造过程本身和铸造后曾否经过冷、热的锻造加工。对于低锡青铜,当锡含量低于5％~6％时,锡可以无限地溶于铜中,合金相保持金属铜(溶剂)

的面心立方晶格的晶体类型,锡(溶质)大体均匀地分布于铜中,称为青铜的单相α固溶体,其显微结构与金属铜相似,且呈橙红色(见图5-3)。但古代实际铸造时,冷却过程不可能非常缓慢,固相中的原子扩散不可能充分,因此凝固后每个晶粒内的成分是非均匀的,高熔点的铜先凝固,而后凝固的部位含低熔点的锡较多,这种现象称为晶内偏析。非平衡态的快速冷却凝固还可能使得固液界面不稳定,晶粒以树枝状形态生长,称为枝晶偏析。图5-4是经常看到的锡青铜的枝晶状金相图谱。如果这类铜锡合金在接近铜锡二元相图固相线的温度(400～500℃)下长时间加热退火后,因原子扩散会使枝晶偏析消失。

图5-3　低锡青铜单相α固溶体金相照片
(本图和本章多数图照由陈建立友善提供)

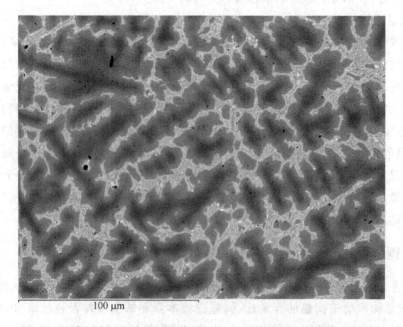

图5-4　锡青铜中α固溶体树枝状晶偏析,(α+δ)共析体细密并连成网状

当锡含量高于6%时,出现δ相(以复杂立方结构的电子化合物$Cu_{31}Sn_8$为基的固溶体),δ相脆而硬,使合金硬度增加但塑性下降。金相观察可见(α+δ)共析体分布在α固溶体枝晶间。δ相呈银白色,随锡含量的继续增加,(α+δ)共析体的量也增多。如果Sn>20%,锡青铜变脆且硬度下降,已不适宜铸造工具和容器。对于锡青铜的腐蚀产物、镀锡层附近、铜镜表面和某些青铜器表层的锡汗处,在它们的金相图谱中可以观察到含锡量更高的ε相(Cu_3Sn)和η相(Cu_6Sn_5)金属化合物。

古人常将铸造的青铜制品或青铜坯料加热至500℃以上,再锤煅成器,称为热加工。热加工导致α固溶体的再结晶,形成α等轴晶和孪晶。等轴晶系也称立方晶系,晶体有若干个对称轴,并表现为各向同性。孪晶是指两个晶体(或一个晶体的两部分)沿一个公共晶面构成镜面对称的位向关系。等轴晶和孪晶在金相照片中可以清楚地看到(见图5-5),从而可以判断青铜器物或器物的某部分,如刀剑的刃部曾否经历过热加工。对于含锡量较高,有δ相或(α+δ)共析相存在时,热加工还可导致原子的扩散和材质组成一定程度的均匀化,导致δ相或(α+δ)共析相晶粒的细化,使它们附着在α等轴晶的晶界面上,消除气孔等铸造缺陷和提高塑性等。

图5-5　α固溶体等轴晶及孪晶,存在大量滑移块

在低于固相点温度的条件下锤煅青铜铸件,也可以提高其硬度和强度,称为冷加工。经过冷加工的青铜制品金相图谱的特点是晶粒的拉长变形和铸态树枝状晶沿一定方向排列。图5-6显示青铜制品经冷加工后的金相图谱。青铜工具和兵器经长期使用,其刃部的显微组织有可能出现类似冷加工的变化。

将包括青铜在内的金属或合金加热至高温,然后急剧冷却,称为淬火。淬火提高合金的硬度,改善机械性能。淬火过程因原子小范围的偕同位移而形成的针片状组织,称为马氏体。马氏体可以在金相显微镜下观察辨认。

我国古代的锡青铜制品中一般都含有一定量的铅,因为铅更容易获得,其价格比锡便宜。铅与铜锡合金不互溶,而是以独立相存在。它的熔点低(372℃),因此在青铜冷却凝固过程的后期,形成大小和形态不同的颗粒填充在铜锡合金的晶粒之间,改善合金溶液的流动性和铸造的充填性。因含铅量的不同和铸造过程的不同,铅在青铜中的分布情况也不同,可以是小颗粒的均匀弥散分布或沿枝晶界面分布(见图5-7),有时也可以呈细枝晶状或较大的块状。另外铅因比重大($11.68\,\text{g/cm}^3$),在大型的青铜器物中会出现重量偏析。

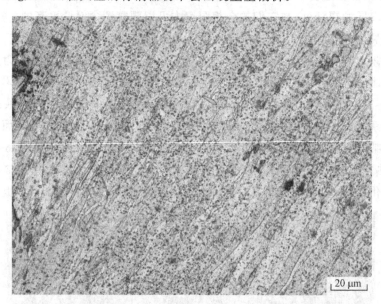

图5-6　经过冷加工的青铜制品金相图谱,可见晶粒的拉长变形和铸态树枝状晶沿一定方向排列

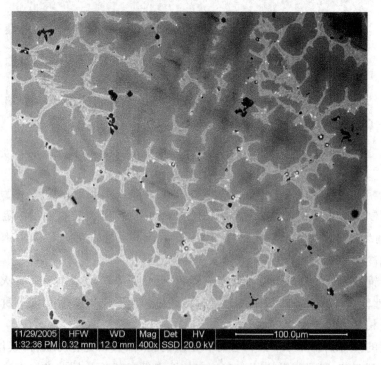

图5-7　铅在青铜中的独立相分布,黑色的为铅

鉴于研究青铜显微组织的重要性，北京科技大学冶金和材料史研究所曾对我国隋唐以前的 748 件青铜制品作了金相分析。韩汝玢等（2006）曾撰文介绍了 59 张有代表性的古代铜合金的金相图谱，并讨论了这些图谱对于了解古代冶金技术的意义，读者可以参阅。

5.4.4 电子显微技术的基本原理及其在冶金考古中的应用

研究青铜材质显微结构的另一种重要仪器是电子显微镜，它相对于金相显微镜的主要优点是：(1) 电镜具有更高的放大倍数和更高的分辨率。金相显微镜的最高放大倍数为 2000 倍左右，而电镜的放大倍数从几十倍至几十万倍连续可调，人眼的分辨率是 0.1mm，光学显微镜的分辨率是 0.1μm，即 100nm，而冶金考古使用的扫描电镜的分辨率是 1nm。顺便指出，透射电镜的分辨率可以达到 0.1nm，扫描隧道电镜和原子力显微镜可达 0.01nm 的分辨率，即达到原子级分辨率的成像功能。(2) 扫描电镜成像的景深大，因此试样表面的放大像富有立体感。(3) 如果扫描电镜上装备有测量电子能谱或 X 射线能谱的探测器，在成像的同时可以给出试样表层各化学元素的含量分布（见 5.3.6 小节）。(4) 在透射电子显微镜上，电子束可以穿过很薄的试样（厚度几个到几十纳米），并形成衍射图像，显示试样的晶格类型和排列情况。电子衍射的灵敏度高于 X 射线衍射，可以观察晶内析晶和晶界上的杂质等微细的晶粒。电子显微镜在帮助人类认识各类物质的超显微结构方面起到了极为重要、无可替代的作用，它已成为自然科学各学科常用的、不可或缺的仪器。

电子显微镜主要由下列部件组成：(1) 电子枪；(2) 一整套复杂的静电透镜和磁透镜系统，将电子枪发射出的电子加速到几万伏特并聚焦到试样上，电子束斑的大小可调并能在试样上扫描；(3) 能三维精密移动和倾斜的试样台；(4) 信号探测和记录系统，记录电子束和试样表层物质相互作用所产生的次级电子和 X 射线。上述部件都处于超高真空中。图 5-8 是电子显微镜结构的示意图。

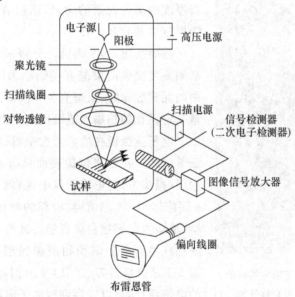

图 5-8 扫描型电子显微镜结构的示意图（泉-美治等,2005）

电镜的工作原理基于高速运动的电子束聚焦到试样后,与试样物质的相互作用,这里发生一系列复杂的相互作用过程,其中某些作用过程将产生关于试样状态的有意义信号。概述如下:

(1) 二次电子成像。电子束激发试样物质的电子,产生二次电子出射。二次电子能量不高,为几个电子伏特,主要产生于试样表层几个纳米的厚度内。入射电子束与试样表面垂直,而二次电子的强度与出射角度 θ 有关(与 $\cos\theta$ 成正比)。经过腐蚀处理的试样表面实际上是不平整的,凹凸起伏导致局部 θ 角的变化,因此记录二次电子就得到表征试样表面凹凸起伏状况并得到放大的图像。调整试样台的倾斜度(改变 θ 角)可以得到分辨率更高的图像,称为改善图像的衬度。二次电子像是扫描电镜所能得到的诸图像中分辨率最高的图像。

(2) 背散射电子成像。背散射是入射电子在试样物质原子核的库仑电场中接近 180°的准弹性散射,因此称为背散射。背散射电子的能量较高,接近于入射电子的能量。背散射的概率与试样中元素的原子序数成正比。因此扫描电镜的背散射电子像不是反映试样表面的凹凸起伏,而是反映扫描区域试样表层约 100 nm 厚度内物质的平均原子序数的分布情况。对于青铜试样,如果扫描点的物质为铅,则对应的背散射电子像亮度大,反之,如果扫描点为铜,则亮度低。因此背散射电子像是试样表层的元素分布图象。背散射电子像也能显示青铜中的裂隙和夹杂物等。

(3) X 荧光谱和俄歇电子谱。高能的入射电子束也能激发试样原子的内层 K 电子,从而发射出试样原子的特征 X 射线和具有特征能量谱的俄歇电子(见 5.3.6 小节)。测量特征 X 射线或俄歇电子就可以知道在扫描点存在哪些元素及其含量。装配有这类测量装置的扫描电镜也称为电子探针,它能给出扫描区域内多种元素的含量分布。但是,因为 X 射线和俄歇电子的穿透能力不同,前者是测量扫描点下部试样微米量级厚度内多种元素的含量,而后者测量试样浅表层纳米级厚度中的元素分布。

需要指出,为了得到高分辨率的二次电子像,电子束必须高度聚焦使束斑直径缩小为纳米量级,而测量试样中的元素分布时,束斑直径一般需放大至微米量级,以测量一定面积的扫描点范围内的元素平均含量。

电子显微镜在冶金考古中得到了广泛的应用。孙淑云等(1996)在古代铜镜表面具有玻璃质感、黑亮的耐腐蚀层(黑漆古)的电镜图像中观察到与铜镜基体中相似的 α 固溶体相和(α+δ)共析相的痕像,由此从一个侧面支持"黑漆古是铜镜自体自然腐蚀所产生的矿化层,而不是附加在镜面上的沉积物或镀锡层的腐蚀产物"的观点。图 5-9 是劳帮盛等(2001)显示铜高温(350 ℃)镀锡过程的电镜照片,可以观察到铜原子向液态锡中扩散,形成笋

图 5-9 铜原子向液态锡中扩散的电镜照片(350 ℃,2s)(劳帮盛等,2001)

状 η 相铜锡合金(Cu_6Sn_5)的清晰图像。韩汝玢(1997)曾对电子显微镜应用于冶金考古的成果

作综合介绍,感兴趣的读者可阅读。

5.5 青铜制品锈蚀产物的矿相分析

古代的青铜制品无论是传世品还是近期考古发掘出土的,因与周围环境的长期相互作用,必然会遭到不同程度的腐蚀损伤。锈蚀过程是长期复杂的化学作用过程,取决于青铜制品本身的化学组成和质地,也依赖于青铜制品所处的环境,因此每一件青铜制品的锈蚀情况从外表到内部结构,从当前的锈蚀程度到预后都是"千器千样"的。有的锈斑,如氧化亚铜、碱式碳酸铜和锡石等不仅能起到阻止器物内层进一步被锈蚀的保护作用,而且其"铜斑绿锈"的外貌增加了青铜器古朴庄严的美学效应。但有的锈迹,主要是白绿色、粉状的氯化亚铜,会使青铜制品进一步锈蚀,导致穿孔、碎裂等破坏性后果,称为有害锈或青铜病。对青铜制品锈蚀情况的观察和分析不仅能帮助了解锈蚀过程的机理,而且能帮助揭示锈蚀层所覆盖的青铜制品表面原本的面貌(纹饰、铭文等),帮助确定每件青铜制品的修复和保护方案。马清林等(2001)还认为,观察分析锈蚀的形态和分布、锈蚀层与基体间结合的牢固程度和是否含有高分子化合物等是鉴别古青铜器真伪的一种重要手段。因此锈蚀的研究对于认识和保护古代青铜制品都是十分重要的。

青铜器的锈蚀是青铜与环境中的水、氧、二氧化碳、含硫和含氯的化合物长期作用的结果。铜、锡、铅的氧化物和硫化物是常见的锈蚀产物,例如黑色和红色的 CuO 和 Cu_2O(黑铜矿和赤铜矿)、无色或灰褐色的锡石 SnO_2、白色的 PbO、蓝色的 CuS 和黑色的 Cu_2S 等。在青铜锈蚀物中还能检测到蓝色的胆矾 $CuSO_4 \cdot 5H_2O$,多种碱式碳酸铜:如绿色的 $CuCO_3 \cdot Cu(OH)_2$(孔雀石)、蓝色的 $2CuCO_3 \cdot Cu(OH)_2$(蓝铜矿或石青等)、白色的碱式碳酸铅 $PbCO_3 \cdot Pb(OH)_2$(俗称铅白)等。还有铜的氯化物,包括白色的氯化亚铜 CuCl 和绿色的碱式氯化铜 $Cu_2(OH)_3Cl$ 等。铜的氯化物是导致青铜制品不断腐蚀破坏的有害锈。锈蚀产物是与青铜的原本组织混杂在一起的,而且青铜锈蚀产物中的铜、锡等元素以多种不同的化合物状态存在,因此单纯地测量铜、锡等元素的含量和分布不能给出关于它们的化合物状态的信息。需要使用 X 射线衍射谱仪等来鉴别锈蚀层的化合物组成或矿物组成,称为物相或矿相分析。近年来,红外吸收谱仪和拉曼光谱仪也逐渐应用于金属锈蚀产物和其他考古遗物的物相分析。下面将对这三种仪器作介绍。

5.5.1 X 射线衍射谱仪(XRD)

一般情况下各种单矿物均以晶体状态存在,晶体中的原子按一定的规律,有序、周期性地排列,形成所谓的晶格结构。每种矿物相互平行的晶格面之间的距离 d 是一定的,d 称为晶面间距,是表征矿物的特征值。非正方体晶格结构的矿物可以有若干个特征的 d 值,矿物的 d 值一般在 $0.01 \sim 1$ nm 间,为 X 射线的波长段所包容。

利用 X 射线的衍射现象,可以鉴别青铜腐蚀物的物相。图 5-10 是 X 射线衍射的示意图。当一束完全平行、波长为 λ 的单色 X 射线,以入射角 θ 照射到晶体的表面时,将被晶体表面的原子所散射。

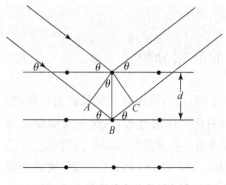

图 5-10 X 射线在单原子点式结构晶体产生衍射的示意图

如果我们在以 θ 为出射角的方向上观察反射光,那么只有当 d、λ 和 θ 之间满足所谓的布拉格公式时[公式(5-1)],各晶面层的反射光波因相互干涉而加强。

$$2d\sin\theta = n\lambda \qquad (5\text{-}1)$$

布拉格公式中的 n 是正整数,称为反射级数。从图 5-10 可见,布拉格公式的左边 $2d\sin\theta = AB + BC$,就是上下两层晶面反射光线的光程差。显然,只有当光程差等于波长的整数倍时,反射光的位相一致而相互加强。因此当 λ 和 θ 固定时,在 θ 角的方向上只能观察到其晶面间距 d 满足布拉格条件的矿物所反射的光。旋转矿物试样,连续改变 θ 角,可以按序观察到不同矿物的干涉线和同一矿物的多条干涉线,再通过对比试样和标准矿物的衍射图谱就可以鉴别试样的物相或矿物组成,从而实现对样品物相组成的鉴别。实际上 XRD 谱仪的用户不必亲自测量标准矿物的衍射图谱(除个别用来校正仪器测量角 θ 读数的标准矿物),随仪器携带或可以通过多种途径获得几千种矿物的 X 射线衍射图谱。现代的仪器已将标准衍射图谱存入计算机中,因而能自动解读试样的衍射图谱,给出试样的物相组成。

图 5-11 是 XRD 谱仪输出的典型衍射图谱,样品为两件战国黑斑纹青铜剑的黑斑(肖璘等,2006)。图的横轴是 2θ 角度,纵轴记录相应角度上衍射光的相对强度,衍射图谱上一定角度位置的谱峰一般对应于特定的矿物,而每种矿物可以在若干个角度上出现衍射峰。由图可见,两件样品给出相似的图谱,黑斑处主要为锡的氧化物 SnO_2(空三角)、δ 相的铜锡化合物 $Cu_{41}Sn_{11}$(黑三角)和 $Cu_{6.25}Sn_5$(小圆圈)。衍射峰的宽度取决于晶粒的尺寸和矿物的结晶度。

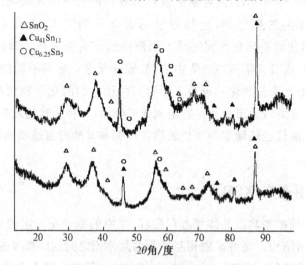

图 5-11 两件战国黑斑纹青铜剑黑斑处的 X 射线衍射图谱

XRD 方法鉴别青铜腐蚀产物的物相时一般使用粉末样品,即将腐蚀产物研磨至 100~200 目,粉末试样压制于样品框或样品槽中。粉末样品是大量不同空间定向的极细小的单晶混合体,在单色的 X 射线照射下(使用铜、铁、钼或钨等金属作为 X 射线管的阴极并选取相应

元素最强的单色 $K_{\alpha 1}$ 线),总有某些矿物的晶面在一定的 θ 角方向上满足布拉格条件,即粉末多晶试样相当于单晶试样的旋转。在以试样为中心的圆筒内壁安放环形的照相底片,就能得到明暗交替的 X 射线衍射谱图,称为德拜照片,这种仪器称为 XRD 摄谱仪。现代的 XRD 摄谱仪都用一系列 X 射线探测器替代照相底片,探测器的读数输入计算机。

由于衍射谱线的峰高和峰宽受多种因素的影响,对青铜锈蚀物还可能存在铜锡固溶体的干扰,XRD 谱仪对混合物试样的定量分析是比较困难的,因此一般只用 XRD 谱仪定性鉴别矿物而不进行定量分析。XRD 谱仪作粉晶测量的灵敏度不高,要求被鉴别矿物的相对含量大于百分之几。粉晶测量要求 100 mg 的试样,当样品珍贵,取样量仅几毫克时,可将试样固定在单晶硅片上用单晶法测量。或者在透射电镜上进行电子衍射测量,电子衍射测量比 XRD 更灵敏,分辨率也更高。

XRD 谱仪不仅广泛应用于鉴别金属腐蚀产物的物相,也用以鉴别古代陶器和壁画颜料的矿物组成。

5.5.2 红外吸收光谱仪(IRAS)和傅立叶变换红外光谱仪(FT-IR)

红外吸收光谱仪是分析物质,特别是有机物的结构、化合物中某些基团的质量和化学键性质的常用仪器。红外光是指波长在 750 nm～1 mm 波段的电磁辐射,而应用于多数化合物结构分析的主要是 2500～25 000 nm 波长范围的红外辐射,称为中红外区。当红外光通过双原子或多原子分子组成的物质时,某些特征波长的红外光线被强烈吸收,称共振吸收。红外吸收过程是与分子的振动能级相联系的(见 10.2 节),特征波长反映了组成吸收物质分子的基团和化学键的性质,因此解读红外吸收光谱可以鉴定吸收物质的分子组成和物相。红外吸收光谱仪分为色散型和应用傅立叶变换的干涉型两类。

1. 色散型红外吸收光谱仪

色散型红外吸收光谱仪由以下四部分组成:(1) 红外光源;(2) 样品池;(3) 由光栅和光栏组成的单色器;(4) 红外光探测器。试样可以处于气态、液态或固态,相应配有不同的样品池。红外吸收光谱特征谱线的宽度比原子吸收光谱线要宽,因此称为吸收带而不称吸收线。为了提高分辨率以得到清晰的红外图谱,需要选择合适的制样方法和调整仪器的工作条件,这往往取决于仪器操作者的经验和精心。解读实测的红外吸收图谱需要参考已知化合物的图谱和有关手册中的基团频率(波数)表。如果测试样品的元素组成是已知的,则有助于对红外图谱的解读。

对于青铜锈蚀物分析,应用红外吸收和 XRD 技术的目的都是为了鉴别其矿物组成,锈蚀产物的结晶度一般较差,因此红外吸收的灵敏度更高些。同时使用两种方法测量,并对比它们的鉴别结果,可以增强测量数据的置信度。与 XRD 测量相似,红外吸收光谱也主要应用于矿物组成的定性鉴别,作定量测量的难度较大。

2. 傅立叶变换红外光谱仪

近年来生产的红外吸收光谱仪中,由光栅和光栏组成的单色器被红外光干涉仪所替代。红外光源出射的光先进入干涉仪,再交替地通过样品池和参比池。最后两路光线都聚焦在探测器上,并得到光源出射光的干涉图。计算机快速地对干涉图数据作傅立叶变换计算,并给出试样的傅立叶变换红外光谱图。这类基于光的干涉原理建造的红外谱仪称为傅立叶变换红外光谱仪。傅立叶红外光谱仪的光路上没有光栏(狭缝),因此对光源的利用效率高,提高了测量灵敏度、分辨率和测量速度。此外附加的激光参比干涉仪使得仪器对于波数的刻度更精确,可达到优于 $0.01\ \text{cm}^{-1}$ 的精确度。目前傅立叶变换红外光谱仪已替代了色散型红外吸收光谱仪。

图 5-12 是某铜甗锈蚀产物的傅立叶红外吸收光谱图(李艳萍,2006),李艳萍认为,在波数 $1340\sim1421\ \text{cm}^{-1}$ 范围的吸收峰应对应于锈蚀物中碱式硝酸根 N—O 键的振动。李艳萍在铜甗锈蚀物的 XRD 谱中也观察到了硝酸铜。

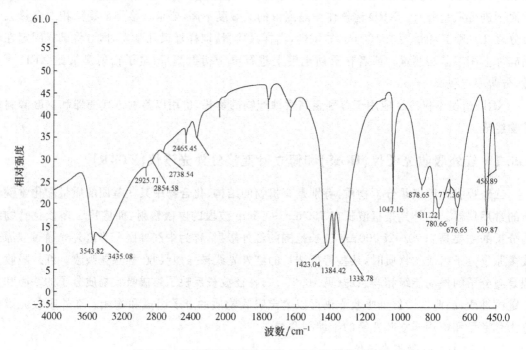

图 5-12 某铜甗锈蚀产物的傅立叶红外吸收光谱图

需要说明,图 5-12 的横轴是以波数作为刻度单位的。红外吸收光谱中习惯用波长的倒数即波数(cm^{-1})代替波长来表征特征波长(nm)的位置,这两个物理量之间的换算关系是:$\tilde{\nu}\ (\text{cm}^{-1}) = \dfrac{10^7}{\lambda}\ (\text{nm})$。如果用波数作为测量单位,中红外区的范围为 $4000\sim400\ \text{cm}^{-1}$。

5.5.3 激光拉曼光谱仪

激光拉曼光谱仪是近年来迅速发展,测量物质的分子组成和结构的仪器。它的工作原理是基于 1928 年印度科学家拉曼发现的光的非弹性散射现象。当光线入射到介质时,除进行不改变频率(波数 $\tilde{\nu}$)的弹性散射(也称瑞利散射)外,也可能与介质分子的振动能级相互作用,产生非弹性散射。在非弹性散射中,因为光子与介质分子间有一定的能量转移,散射光的波数相对于入射光产生了一定的位移($\tilde{\nu}\pm\Delta\tilde{\nu}$)。散射光的波数可以减少(能量降低),也可以变大(能量增加)。这类非弹性散射称为拉曼散射,$\Delta\tilde{\nu}$ 称为拉曼位移。拉曼位移的大小与入射光的频率和波长无关,而完全取决于介质分子振动能级间的能量差。不同介质的分子会导致散射光不同的频率变化或波数位移,因此测量拉曼位移就可以鉴别介质的分子组成和结构。

拉曼散射光相对于瑞利散射是非常弱的,而且两者的频率也很接近,拉曼散射光还可能被介质中杂质的荧光所掩盖,因此拉曼散射光的测量是有相当难度的。20世纪70年代后,激光光源迅速进步,激光光源的亮度大、单色性和方向性好的特点促进了拉曼光谱仪的建造和发展。激光拉曼光谱仪由激光光源、样品室、高分辨率的色散仪或干涉仪和探测器组成。

拉曼光谱仪与红外吸收光谱仪都是鉴别试样的分子结构,其机理都是与试样分子的振动能级有关,都属分子光谱。但两者又有差别,前者是分子散射光谱,而后者是分子吸收光谱。图5-13是1,4-二氧杂环己烷的红外光谱和拉曼光谱的比较。两图谱中多数红外吸收线和拉曼线之间是相互吻合的,但是在1220 cm^{-1}处观察到很强的拉曼信号而未见对应的红外吸收信号;在620 cm^{-1}处只见吸收信号而未显示拉曼信号。研究者认为1,4-二氧杂环己烷分子中的C—O—C化学键有两种不同的振动形式,分别仅具有拉曼活性或红外吸收活性。

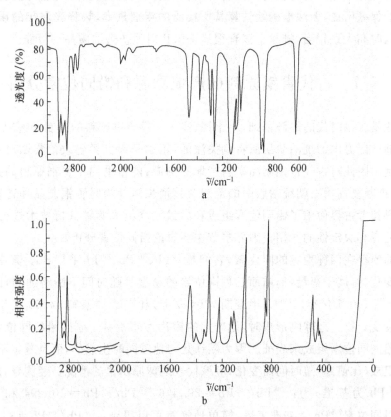

图5-13　1,4-二氧杂环己烷的红外光谱(a)和拉曼光谱(b)（方惠群等,2002）

拉曼光谱仪与红外吸收光谱仪是互补的,带有荧光杂质的物质不适宜于拉曼光谱分析,而水溶液试样不适宜于作红外吸收分析,因为水分子对红外光线吸收较强。拉曼光谱分析有一些特殊的优点,例如通过改变入射光的频率,在特定频率时会产生共振拉曼散射,这时检测杂质的灵敏度非常高。脉冲激光拉曼效应可用以分析放电和化学反应等快速过程中的中间产物,聚焦后的激光束可进行微区的拉曼测量等。拉曼光谱仪具有广泛的应用前景。在我国马清林等(2001)和罗武干等(2006)同时使用XRD和拉曼光谱仪对湖北省出土的几件青铜器上的锈蚀产物作分析,都检测到孔雀石和蓝铜矿,增强了检测结果的可信度。

5.6 古代青铜制品测年的可能性探讨

古代竹木器的年代可以用^{14}C方法测量,陶瓷器可以用热释光技术测量其烧制年代,但青铜制品年代的科学测量是十分困难的,目前还没有合适的科技方法。如果在青铜制品上残存有古代的食物,或者很幸运能在青铜炊器底部见到烟炱,那么可以将食物残存和烟炱作为^{14}C测年的对象。但是^{14}C测年给出的是青铜器具的使用年代,而不是其制作年代。在个别青铜制品上残留有黏土质或砂质的铸造模具,那么对残留的铸造模具作热释光测量,可以得知青铜制品的制作年代。北京大学赛克勒考古博物馆保藏有一件战国时期的青铜簋(直径约30 cm),在该簋的空心耳环中保存有铸模的残留物,博物馆的宝文博对此作了热释光测年。因为不清楚该青铜簋的保藏历史,无法准确地估算其所接受的年剂量率,热释光测年的误差较大,但测年结果与战国时期大致相当,排除了该青铜簋是宋代以后仿造的赝品的可能。

5.7 古代青铜原料的产地溯源和铅同位素分析

青铜工业是青铜时代的经济基础,对于铜、锡和铅等青铜原料的控制和攫取必然是夏商周王朝和周边地区诸方国的统治阶层所特别关注的,正如今天世界各政治集团对石油和天然气的追求和控制。因此对古代青铜制品矿料产地的溯源,能帮助揭示青铜原料的开采地区和流通途径,间接推断夏商周王朝统治版图的范围及其消长以及当时青铜制品和青铜矿料的流通情况。为此科技考古界使用了铅同位素组成和微量元素组成两种分析技术进行铜、锡和铅矿料的溯源。前者起决定性的作用。因此本节主要讨论铅同位素分析。

自然界的铅存在四种稳定的同位素,它们是^{208}Pb、^{207}Pb、^{206}Pb和^{204}Pb。其中^{204}Pb的总量是不随时间变化的,属于衡量,但前面三种同位素的总量是随时间不断增加的,因为它们分别是^{232}Th(半衰期140.1亿年)、^{235}U(半衰期7.04亿年)和^{238}U(半衰期44.68亿年)等三种放射性同位素的衰变产物。地球刚形成时,地球上的铅称为原始铅。原始铅的同位素组成可以以陨铁中所含铅的同位素组成来表征。因为陨铁是与地球同时生成的,而且基本不含铀钍,陨铁的铅同位素组成(比值)不随时间而变化,应该代表地球原始铅的情况。经测量,原始铅的同位素比值(以^{204}Pb为基准)为:$^{208}Pb/^{204}Pb=29.476$,$^{207}Pb/^{204}Pb=10.294$和$^{206}Pb/^{204}Pb=9.307$,如果以同位素^{206}Pb为基准表述,简单地换算可以得到:$^{208}Pb/^{206}Pb=3.1671$和$^{207}Pb/^{206}Pb=1.1061$。在地球演化的不同时段,因热液作用等地球化学过程,导致铅矿石和铜矿石的生成。成矿时,铅和铜与母岩中的铀钍分离。这样新形成的铅矿和铜矿(铜矿石中可能含有一定量的杂质铅)将有不同于原始铅的铅同位素组成,$^{208}Pb/^{204}Pb$,$^{207}Pb/^{204}Pb$和$^{206}Pb/^{204}Pb$等三个比值都要增加,这是因为进入矿石的不仅有母岩中的原始铅,还有母岩中因铀钍衰变而新生成的铅,称为放射成因铅(仅^{208}Pb,^{207}Pb和^{206}Pb这三种同位素存在放射成因铅)。铅(铜)矿中这三种铅同位素比值增加的程度取决于母岩中铀钍的含量和成矿的年代。铜矿和铅矿形成以后,它们的铅同位素组成将不再变化了(个别仍杂有少量铀钍的铜、铅矿例外)。

地质工作者已测量了大量铅矿的同位素比值数据。数据表明,地球上绝大多数的铅矿蕴藏属普通铅，普通铅是从低放射性的母岩中形成的，其同位素组成主要取决于它的成矿年代。对于普通铅，同一个矿体内不同种类的矿石间以及矿体不同部位的矿石间，具有非常相近的铅同位素比值，涨落仅为±(0.1～0.3)%。例如 Gulson(1986)对澳大利亚两个铅矿的测量表明，主硫化矿体的方铅矿(PbS)中铅同位素比值间最大的涨落小于 0.3%，而在主硫化矿体和矿体顶部称为铁帽中的氧化铅矿(PbO 或 $PbCO_3$)的同位素组成间未观测到差异。另一方面，不同矿体的铅因成矿年代不同，往往有不同的同位素组成。即"矿体内铅同位素组成的均一性和矿体间铅同位素组成的差异性"是一个客观的规律。这样，铅同位素组成可以作为铅矿石的"指纹"，指征矿石的产源。全球各地的普通铅同位素比值间的差异是局限于一定范围的，$^{206}Pb/^{204}Pb$、$^{207}Pb/^{206}Pb$ 和 $^{208}Pb/^{206}Pb$ 变化范围分别为 16.0～18.7、0.83～0.96 和 2.08～2.22。

与普通铅相对应的是高放射成因的异常铅，其同位素组成与普通铅有显著的差别(参见表5-4)。异常铅是很稀少的，异常铅铅矿内部同位素组成的涨落要大些，例如美国密西西比河谷区铅锌矿的铅同位素比值的相对变化达到 3%。

5.7.2 青铜制品铅同位素溯源的假设前提和一个实例

前面提到，铅同位素组成是相应矿体的指纹，但使用铅同位素比值溯源青铜制品的产地，还需要考虑两个假设前提：(1) 在冶炼和铸造过程中，铅同位素的分馏应该很小(相对于不同矿体间的差异)，可以忽略不计。(2) 所研究的青铜制品仅使用某单一矿体的矿料作为原料，没有发生不同来源矿料的混杂。这样，青铜制品与其矿源间具有相同的铅同位素比值，也就可以推断某件青铜制品使用了哪一个矿体的原料，实现了青铜制品矿料的产地溯源。

在讨论和检验这两个前提前，先介绍一个"半假想的"实例，它直观地阐明铅同位素探索古代青铜制品矿源的原理和过程。盖尔等(Gale, et al, 2000)测量了地中海东部地区塞普路斯的 Lavrion、Cycladic 岛的 Seriphos 和 Koes 以及 Thera 等四个铅矿的铅同位素比值，每个矿测量了 8～40 个样品。测量结果显示于图 5-14 中。

图 5-14 由上下两图组成，分别以 $^{206}Pb/^{204}Pb-^{207}Pb/^{206}Pb$ 和 $^{208}Pb/^{206}Pb-^{207}Pb/^{206}Pb$ 作为坐标轴。由图可见，每个矿所测诸样品的铅同位素比值均很集中，涨落在±0.1%上下(Lavrion 矿的 $^{206}Pb/^{204}Pb$ 比值涨落最大，但也没有超过±0.3%)。在四个矿体之间，虽然对于个别的铅同位素比值，存在重叠现象，但从 $^{206}Pb/^{204}Pb$、$^{207}Pb/^{206}Pb$ 和 $^{208}Pb/^{206}Pb$ 三个比值的综合比较，四个矿体是可以区别开的。即这四个地中海东部的铅矿各有自己特征的同位素指纹。A 与 B 是两个假想的青铜样品。样品 A 的铅同位素比值与四个矿全不同，因此该样品的铅料不是来自上述四个矿。根据上部第一张图分析，样品 B 的铅同位素比值与 Lavrion 和 Koes 矿都相符，但根据下部图中的 $^{208}Pb/^{206}Pb$ 比值，它只与 Koes 矿相符。因此结论应该是：样品 B 的生产使用了 Koes 矿的铅料。当然逻辑上还不能完全排除样品 B 使用另外未知矿源的可能。譬如说另有未知的铅矿 C，其铅同位素比值与样品 B 和 Koes 矿都非常接近。这种情况下，单靠铅同位素分析就无力判断，在 Koes 或 C 间哪个铅矿是样品 B 的矿源了。这时，需要补充考虑样品 B 的出土地点和两个矿体的地理位置，样品 B 的生产时代与矿体的开采时代间的关系等考古信息，以帮助在 Koes 或 C 两个矿源间作出选择。此外，分析比较样品和矿料间的微量元

素组成也许将有所帮助。当然,两个铅矿的 3 个同位素指纹都非常接近的情况是少见的。下面对上述两个假设前提作讨论。

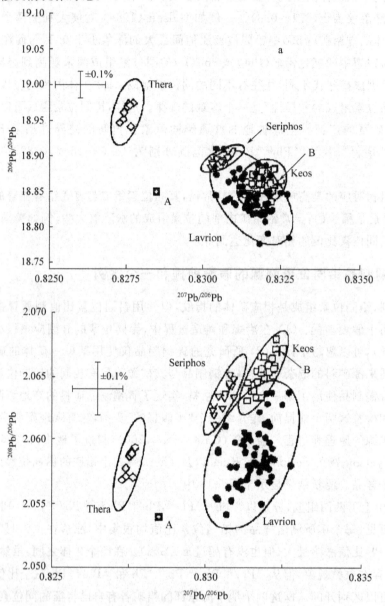

图 5-14 地中海东部地区 Lavrion 等四个铅矿样品的铅同位素
比值分布,A 与 B 是两件假想的青铜文物

5.7.3 青铜冶铸过程中铅同位素的微弱分馏

青铜冶铸过程中铅同位素的分馏是非常微弱、可忽略不计的。从铜矿石和铅矿石到青铜制品,要经过选矿、冶炼、提纯、铸造、热处理加工等过程,青铜制品还可能经受腐蚀。在整个过程的任一步,如果铅或氧化铅的挥发,会导致铅同位素发生显著的分馏、其比值明显改变的话,

那么铅同位素技术将失去其追溯青铜制品矿源的功能。"冶炼和铸造过程中铅同位素的分馏极小，可以忽略不计"这个假设前提，本来是不应该受到怀疑的。因为在物理、化学和生物过程中，同位素分馏的程度强烈地依赖于同位素之间的相对质量差别，轻元素的同位素分馏严重而重元素不易产生同位素分馏是物理学常识。同位素化学的创始人之一、诺贝尔奖获得者 H. C. Urey 早在 20 世纪 30 年代就提出了"自然界的物理化学过程会导致轻元素的同位素之间明显分馏，但不可能引起重同位素的明显分馏"。最轻的元素氢有氢和氘两种稳定同位素，它们之间的相对质量相差达 100%，因此分馏显著。馒头铺蒸锅中的千滚水，因不断蒸发和不断添水，水中可检测到氘水（^2H_2O）的富集，不宜饮用。另一方面，二次世界大战期间美国为了浓集重同位素 ^{235}U，生产一个小当量的原子弹（当时生产的另两个原子弹是以 ^{239}Pu 为燃料的），竟耗费了全国近 10% 的电力。目前伊朗拟建造 5000 台离心机，日夜运转以浓集 ^{235}U，可见浓集重同位素的困难。铅是重元素，其原子量约为 207，因此其稳定同位素间的相对质量差别小，与铀相似在理化过程中的分馏是极微弱的。

20 世纪末，英国的 Budd 等（1995）考虑到青铜熔融过程中铅和氧化铅的非平衡蒸发，并使用了 1922 年 Mulliken 和 Harkins 提出的关于分馏效应的公式进行计算后提出，当铅损失大于 40% 时，铅同位素比值的变化会超过 Lavrion 矿体本身的涨落范围（读者也许记得，5.7.2 小节中曾介绍，Lavrion 矿的 $^{206}Pb/^{204}Pb$ 比值涨落相对最大，为 $\pm 0.3\%$）。尽管在 Budd 提出质疑前已有不少实验证实了青铜制品铅同位素溯源的前提成立，Gale 等（2000）、Bargeman（1999）和包括 Budd 本人又再次进行严密设计的实验验证。再检验的结果都没有观察到青铜熔融过程中铅同位素显著分馏。而且 Gale 等（1997）和 Bargeman（1999）还测量了锡同位素在实验中的分馏情况，分馏并不如 Budd 等（1995）所预测的那么显著。我们知道锡的原子量为 118.7，锡有 10 种稳定的同位素，其最轻和最重的同位素间的原子量差异为 12，因此锡的分馏应该比铅严重得多。特别值得指出的是，Budd 通过自己的实验检验，也于 1999 年撤回了自己的怀疑（McGill，1999）。

近年来我国某些学者对青铜制品铅同位素溯源的前提又提出了质疑，较有代表性的是 2004 年的一篇论文。报道在仿古铸造实验中观察到铅同位素的显著分馏，并以此作为质疑的论据。这在部分考古工作者中引起了某些疑惑。客观地说，该仿古铸造实验是相当粗放的，测量数据本身不能自恰，例如同一样品的 $^{207}Pb/^{206}Pb$ 与 $^{208}Pb/^{206}Pb$ 变化不同步等，似乎不能作为质疑的论据。最近崔剑锋等（2008）使用多通道等离子质谱仪测量了铅在挥发过程中，其同位素在液相和气相之间的分馏程度。他观测到，当铅的挥发量达 83% 时，残留的液态铅的 $^{208}Pb/^{206}Pb$ 比值从初始的 2.1208 增加到 2.1220，增量的绝对值为 0.0012，而 $^{207}Pb/^{206}Pb$ 比值增量的绝对值为 0.00024。增量均大于仪器重复测量这两个比值 2σ 随机误差，± 0.0002 和 ± 0.00005。同时他还观察到铅同位素分馏程度与挥发量之间的相关关系，说明测量数据的精确性和可靠性。据铅同位素数据库，我国不同地区和不同时代青铜制品的 $^{208}Pb/^{206}Pb$ 比值可以在 2.07～2.30 的广阔范围内变动，而 $^{207}Pb/^{206}Pb$ 比值可以在 0.836～0.96 的广阔范围内变动。实际的变动范围比分馏效应超过三个数量级（在铅挥发量达 80% 的情况下）。由此崔剑锋（2008）得出了"在古代冶金过程中，铅同位素的分馏效应完全可以忽略不计"的结论，再次肯定"铅同位素溯源的可行性"，这是完全正确的。

5.7.4　青铜制品使用两个或多个矿源以及青铜制品重熔重铸可能性的探讨

青铜制品矿料溯源的第二个前提是要求单一的矿料来源。如果古代的青铜制品是同时使用两种或两种以上的含铅矿源，或者是用多件废旧的青铜制品重熔铸造而成的，那么这类青铜制品的铅同位素组成是一种"混合组成"，难以与特定矿源的铅同位素组成相对应。试图通过科技的分析手段来鉴别单件青铜制品中的铅系属单矿来源或多矿来源，几乎是不可能的。但是从经济和技术的角度考虑，相信古代的青铜冶铸中心一般在某段时间内仅使用一个矿源的铜料和铅料，重熔不应该是古代一种普遍的现象。例如伦福儒(2004)曾指出，从考古资料分析，重熔在爱琴海地区是不普遍的，因为多数的青铜器是在墓葬和洞穴窖藏中发现的。此外显微结构分析观察到，很多青铜匕首曾经经历二次锻打，说明锻打再加工比重熔在经济上更合算。人们还相信，早期的青铜器，特别是大型的礼器和冥器等不应该是重熔重铸的器物。

尽管人们相信，古代青铜铸造中，重熔和使用混合的铅矿料不是普遍的现象，但终究不能排除重熔和多铅矿源青铜制品的存在。作为铅同位素考古研究的一项重要的实用原则是：应该在所研究的遗址采集多件青铜制品进行测量。如果同一个遗址某个时期的青铜制品有相近的铅同位素组成，即在样品的铅同位素比值分布图上，代表青铜制品的点聚集成团，那么有较大的把握认定，它们使用了同一矿源的原料。例如图 5-15 是商代盘龙城遗址出土的 28 件含铅量高于 5.9% 的青铜制品的铅同位素分布图，该图以 $^{207}Pb/^{206}Pb$ 与 $^{208}Pb/^{206}Pb$ 为坐标轴。图中 28 件青铜制品明显分为两组，左下方的一组属于所谓的高放射成因铅（关于高放射成因铅，后面 5.7.6 小节将专门讨论）；而图右上方 10 件器物为普通铅器物，普通铅组 10 件器物间铅同位素比值非常接近，它们应该是使用了同一矿源的原料。因此可以推断，对于盘龙城使用普通铅的青铜器，不太可能存在多矿源间的混合效应问题。

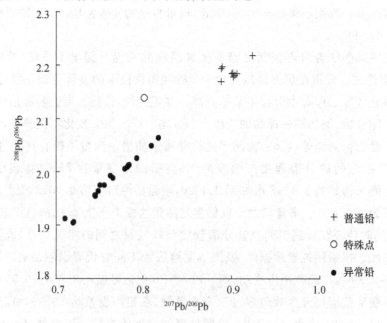

图 5-15　盘龙城高铅青铜样品的铅同位素分布图(孙淑云等，2001)

总之,矿料可能被混合使用以及青铜制品可能回熔重铸等问题,确是铅同位素进行溯源研究所必须考虑的问题。但前面的例子也告诉我们,如果测量了一组含多个在考古关系上有联系的样品群,那么通过对大量数据的测量和分析,有可能鉴别是否有混合效应或重熔效应的存在。

5.7.5 低铅青铜制品的铅同位素指征问题

前面的讨论局限于含铅量较高的青铜,默认青铜中绝大部分的铅来自铅料,青铜的铅同位素组成应该是反映青铜中铅的矿源信息。锡矿的含铅量一般很低,对地中海地区青铜时代几十个锡锭的测量表明,它们的含铅量都低于0.1%(Begamann, et al,1999),因此锡对青铜中铅的贡献一般可忽视。但是青铜中铜的含量一般在70%以上,而铜矿石中经常含有一定量的铅,因此红铜和含铅量低的青铜,其铅同位素组成很可能是反映铜矿矿源的信息。这里自然产生一个问题,怎样确定"低铅"青铜的标准,我国的学者约定俗成地规定以含铅量2%为界,如果含铅量低于(高于)2%,则认为青铜器中的铅来源于铜(铅)矿。国外也有学者规定以3%或4%为判断标准的,显然,对于含铅量在2%~3%左右的青铜制品,其铅同位素是指征铜矿,还是指征铅矿,是不易确定的。因为我们不可能知道古人所用铜料的含铅量,而铜矿和铜料的含铅量又是波动的,变化范围为50ppm~4%(Gale, et al,2000)。这样,青铜中少量的铅有可能是作为铜矿的杂质带入的,也有可能为冶铸过程中的铅污染所致,此外自然界还存在铜铅共生矿,如$CuPbSbS_3$等。因此当讨论单件低铅青铜制品的铅同位素指征时,必须十分小心。如果测量了同一考古遗址多件低铅青铜制品,而它们的铅同位素比值又相当接近,那么有较大的把握认为它们的铅同位素比值是指征铜矿的。因为如果存在明显的铅污染的话,很难设想每件制品受污染的程度是相等的。

5.7.6 我国的铅同位素考古概况和关于高放射成因铅的问题

1966年美国的R.H. Brill开创了利用铅同位素比值来探索含铅玻璃和颜料中铅的矿源。随后英国的Gale夫妇和德国的E. Pernicka等将该技术应用于探索古典时期地中海东部地区青铜工业的矿源,并取得相当的成果。我国商周辉煌的青铜技术驰名中外,而且有不少古代青铜器流落国外。因此自20世纪70年代,日本和西方的学者就对他们国家收藏的我国青铜器的铅同位素组成进行分析。比较突出的是日本的马渊久夫等(1982)对我国两汉时期和日本青铜镜矿源的比较研究等。国内的学者中,最早可能是中国科技大学的金正耀(1990)对殷墟妇好墓青铜器的测量,而且发现所分析的14件器物中有6件样品,其铅同位素比值偏离了普通铅的取值范围,接近于所谓密西西比型的高放射成因铅(以下称异常铅)。表5-4列出了异常铅和普通铅的铅同位素比值差异,可见异常铅的$^{206}Pb/^{204}Pb$、$^{207}Pb/^{204}Pb$和$^{208}Pb/^{204}Pb$都高于普通铅,而$^{207}Pb/^{206}Pb$和$^{208}Pb/^{206}Pb$低于普通铅。这一现象引起了广泛的关注,随后金正耀等在郑州、盘龙城、三星堆和新干大洋州等商代其他遗址出土的青铜器中以及国外的学者对他们国家收藏的商代青铜器中都发现了高放射成因铅的器物,而且占相当的比例。商代高放射成因的异常铅的来源已成为考古界普遍关注和热烈争论的课题。表5-5是对商代前后一些遗址和藏品青铜器中高放射成因铅器物百分比的统计。

表 5-4 异常铅,普通铅和我国一些遗址出土的青铜器的铅同位素比值

	$^{206}Pb/^{204}Pb$	$^{207}Pb/^{204}Pb$	$^{208}Pb/^{204}Pb$	$^{207}Pb/^{206}Pb$	$^{208}Pb/^{206}Pb$
原始铅	9.307	10.294	29.476	1.1060	3.1671
普通铅(中国境内)	14.92—18.7*	14.93—15.63	34.39—38.63	0.836—0.96	2.066~2.305
高放射成因铅	>18.80	>15.68	>38.74	<0.837	<2.061
盘龙城异常铅	19.8—22.8		40.2—43.2	0.71—0.79	1.91—2.03
新干大洋州	20.4—22.4	15.9—16.3		0.71—0.78	1.81—2.01
三星堆	21.2—23.5	16.0—16.6	>43	0.675—0.756	1.85—1.99
金沙异常铅	21.0—23.6	15.9—16.4		0.68—0.77	1.84—2.02
妇好墓异常铅	20—22			0.74—0.76	
盘龙城普通铅	16.4—17.6			0.88—0.92	2.17—2.22
金沙普通铅	16.7—18.8	15.3—15.7		0.84—0.92	2.08—2.20
妇好墓普通铅				0.83—0.88	
云南矿(李晓岑)	17.3—18.9			0.83—0.94	2.08—2.20

* 其中 14.92 是辽宁柴河铅锌矿的一个数据,是目前所知最低的矿石铅同位素数据,18.7是单阶段年龄为零时 $^{206}Pb/^{204}Pb$ 值,即现代铅的值(按照两阶段铅同位素演化模式计算)。

表 5-5 商代前后中原和西南诸遗址出土青铜器中异常铅器物的百分比统计[综合金正耀(2004a),金正耀等(2004b)、孙淑云等(2000)资料整理,本表的数据统计不全]

器物来源	遗址名	分析器物总数	异常铅器物数量	异常铅器物百分比/(%)	异常铅器物中低铅器物的数量
国内	二里头二-四期	62	未见	0	0
国内	商早中期	12	8	67	
国内	盘龙城	30	19	63	1
国内	四川三星堆	53	53	100	4/11*
国内	成都金沙	54	28	58	4/17**
国内	新干大洋州	11	11	100	3
国内	殷墟一二期	82	66	80	
国内	殷墟三期	61	23	38	
国内	殷墟四期		少量	低	
国内	山西曲村墓地	71	3	4	
国内	北京琉璃河	28	0	0	
国内	宝鸡强国墓地	24	0	0	
美国	美国赛克勒博物馆藏品(商)	97	61	63	6
美国	美国赛克勒博物馆藏品(西周)	129	10	8	
美国	美国赛克勒博物馆藏品(东周)	89	3	3	
日本	日本泉屋博古馆藏品(商)	19	14	74	
日本	日本泉屋博古馆藏品(两周)	32	2	6	

* 三星堆仅测量了11件异常铅器物的化学组成;** 金沙仅测量了17件异常铅器物的化学组成。

根据表5-5可见，目前未发现二里头时期的异常铅青铜器，异常铅的使用最早出现于偃师商城和郑州商城，而且异常铅器物的比例数超过50%。殷墟三期时异常铅器物的比例数下降，殷墟四期及以后的周和汉代时，在中原地区异常铅器物只是零星的出现。因此使用异常铅的时间主要是早于殷墟四期的商代。美国赛克勒博物馆和日本泉屋博古馆收藏的大量我国商周青铜器中异常铅的时间分布也反映同样的规律。四川地区异常铅的使用一直延续到商末周初的金沙遗址。

商代的异常铅指征的是铅矿还是铜矿呢？大多数异常铅青铜器的含铅量高于2%，例如盘龙城19件异常铅青铜器中，有18件的含铅量高于5.9%，平均为18.6%，无疑主要是指征铅矿的。但是异常铅也出现于低铅青铜器中，例如在三星堆观察到4件异常铅青铜器的含铅量低于1%，赛克勒博物馆有6件含铅量低于1%的异常铅青铜器，其中2件甚至低于0.2%。金正耀(2004a)报道曾测量了出土于郑州紫荆山公园的商代孔雀石(碱式碳酸铜)标本的铅同位素，确认属异常铅标本。因此应该可以判断，商代的低铅青铜制品中有部分异常铅是铜矿来源的，不能全部用铅污染来解释。地质上含异常铅的铜矿并不少见，但是目前已发现的商周时期几个较大的铜矿，例如湖北铜绿山、江西的德安和瑞昌、安徽的铜陵和南陵等，都不属于异常铅的铜矿。

最使学界疑惑的问题是：供应商代青铜工业含异常铅的铅矿在哪里？是单个的大矿床，还是同时存在若干座异常铅铅矿？金正耀(2003)曾分析了商代异常铅样品的铅同位素比值，并与美国密西西比型异常铅作比较(见图5-16)。他注意到黄河流域、长江流域、美国赛克勒博物馆和日本泉屋博古馆四组样品的铅同位素比值"数据相当一致"，相互重叠，不能分组，由此他提出商代各时期、各遗址出土的青铜器中的异常铅"应该来自同一个或相邻的矿产地区"，"应该是一处具有很大规模的经济性矿产地区"。他还注意到以下现象：(1)黄河流域出土异常铅青铜器的遗址多属都城性质；(2)长江流域的三星堆和大洋州的青铜器几乎百分之百为异常铅；(3)商末周初，当中原已停止使用异常铅矿料时，成都平原的金沙遗址一半以上的青铜制品依然属异常铅青铜。因此他认为这个"待发现的"异常铅古矿区应该处于南方的长江流域。还鉴于异常铅铅矿并非常见，在亚洲仅见于云南东部、朝鲜和贝加尔湖地区，金正耀进一步将云南东部作为其候选地区，探讨了商代从我国西南到中原地区存在"青铜之路"的可能性。此外锡在三代时期是宝贵的资源，至今在黄河和长江流域均没有发现古锡矿遗址，因此关于云南的锡料最早何时北运也存在多种猜想。金正耀的"西南说"得到了地球化学家朱炳泉等(2002)的支持，但也受到多方面的批评。批评的主要依据是：(1)缺乏考古学的证据支持商时期在云南与中原之间存在广泛的文化和物质交流；(2)云南东部永善金沙、洛红和大红山等异常铅铅矿的铅同位素数据与商代青铜器的异常铅数据间有一些差别。对于商代异常铅的矿源，也有另外的一些假设。彭子成等(1997)注意到各地和不同时段(包括晚于商代)出土的异常铅青铜器的数据间存在一定的差别，因此提出了异常铅多矿源的可能。斋藤努等(Saito, et al, 2002)认为商代异常铅的矿区应该在秦岭地区，其论据是秦岭处于商代各主要异常铅青铜器遗址的地理中心位置。显然，后面两种假设其论据的弱点更明显。总之，哪里是商代中原和长江流域遗址出土的大量青铜制品的矿源所在，特别是异常铅的矿源，关于商周时期青铜原料和器物交流贸易情况，都还没有定论。正如金正耀(2004a)正确地指出，"感到问题相当复杂，需要积累大量数据，进行细致分析，才可能得出有意义的结果"。

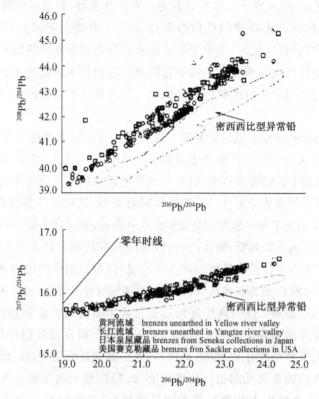

图 5-16　商代青铜器的高放射成因铅与密西西比型异常铅的
同位素比值分布图（据金正耀，2003）

5.7.7　质谱仪简介和铅同位素比值的测量

测量青铜样品中铅的同位素组成需要使用质谱仪。质谱仪是近年来发展特别迅速并得到广泛使用的分析仪器，但其价格也很昂贵。科技考古的很多研究方向需要使用质谱仪，除铅同位素分析外，还有不平衡铀系和钾氩测年、^{14}C 测年中的碳同位素分馏校正、碳氮同位素分析提供关于古代植被种属、某些农作物的起源和古人食物结构的信息、氧同位素作为古温度计和大理石产地的指示、锶同位素探寻黑曜石产地和揭示人与动物的迁移等。质谱仪的主要功能为:（1）测量原子和分子的质量;（2）测量元素的同位素组成;（3）测量样品的化学元素组成。科技考古研究主要与后面两种功能有关。

1. 质谱仪的工作原理和结构

自然界多数元素有若干种稳定的或长寿命的同位素，它们具有不同的质量（同位素之间的质量差别十分接近原子质量单位的整数倍）。在同样的加速电场中，同一元素各种同位素的离子将获得相同的能量。但由于同位素离子间的质量不等，它们的动能虽相等，运动的速度是不同的。因此在静电场和磁场中能量相等的各同位素离子运动轨迹的曲率半径不同，质量愈重，曲率半径愈大，偏转愈小，它们的运动轨迹就离散分开了。质谱仪的设计结构只允许一定曲率半径的离子通过并被记录，从而只有某一种同位素能被探测记录。逐步改变加速电压或电、磁场强度,就可以按质量大小依次测量各同位素离子的流强,从而可以计算得到相应的同位素丰度。

根据上述原理可知,质谱仪由以下四部分组成:(1)待测样品的引入系统和离子化系统,例如将铅样引入离子源,并产生四种铅同位素的离子。常用的离子化系统是由加热样品导致的热离子发射和电感耦合等离子发射(详见5.3.7小节),分别称为热电离质谱仪(TIMS)和电感耦合等离子质谱仪(ICP-MS)。(2)离子加速和聚焦系统,将铅的四种同位素离子加速到一定的能量,并聚焦成束散角很小的离子流,引导到分析系统的入口。(3)质量分析系统,是由磁场、静电场和光圈所组成的复杂的离子聚焦透镜系统。其功能是将不同同位素的离子尽量分开,同时又使得所选质量的离子从离子源到分析系统出口的路程上尽量少损失。即分析系统应该同时有高的质量分辨率和高的传输效率。通过调整加速系统和分析系统的电、磁参数选择测量不同质量的离子。(4)离子探测和数据处理系统,探测器记录分析系统出口处的离子流强度,有早期的感光底片和各种现代的法拉第杯和电子倍增器件等。先进的质谱仪都是多通道的,即分析系统有多个(例如9个)出口,每个出口都配有独立的探测器,可以同时测量多个相邻的同位素,这提高了仪器测量的灵敏度和精确度。数据处理系统对探测器输出的数据进行处理、校正并给出最终的测量结果。图5-17显示ICP质谱仪基本结构和双聚焦质量分析系统的示意图,当然实际的商用质谱仪的结构是非常复杂的,需要考虑一系列的技术问题,排除各种干扰和进行补偿校正等。

2. 质谱仪的性能指标

质谱仪的性能要求取决于它的使用目的,下面就铅同位素测量来讨论对质谱仪性能的要求。(1)样品的用量,早期的质谱仪需要使用毫克量级的铅,随着质谱仪灵敏度的提高,目前使用微克量级或100 ng的铅。(2)同位素比值测量的精密度,即同一样品多次测量的重复性,常用二倍的标准偏差(2σ)来表示。现代的多通道电感耦合等离子质谱(MC-ICP-MS)测量$^{207}Pb/^{206}Pb$、$^{208}Pb/^{206}Pb$和$^{206}Pb/^{204}Pb$等三个比值的2σ值,可分别达到0.01%、0.02%和0.1%。测量以^{204}Pb为基准的比值的精密度相应低些,因为^{204}Pb是铅元素中丰度最低(1.4%)的一种同位素。(3)测量的准确度,准确度表示测量值与实际的同位素比值之间系统误差的大小。质谱仪测量中存在质量歧视效应,即对不同质量同位素的测量效率稍有差别,因此必须作校正。在测量铅同位素比值时,铅样品中常掺入微量的铊Tl,Tl有两种稳定的同位素:^{203}Tl和^{205}Tl,它们之间有确定的同位素比值0.41906。根据Tl同位素比值的实测值和标称值之间的差别,通过一定的数学公式校正测量的铅同位素比值过程中的质量歧视效应。测量的准确度也可以通过实验室之间测量数据的互校来检验。据Gale等(2000)报道,他们所在的牛津大学、美国丹佛地质调查局和德国梅茵芝(Mainz)等三个实验室曾对测量数据进行互校,铅同位素比值间最大的相对差别小于1%。(4)仪器的效率,使用不同离子源的质谱仪对于被测样品的前处理和制备有不同的要求。例如对于青铜样品,ICP离子源仅需将样品酸溶(需要全溶),而热电离质谱仪则还要求样品在酸溶后进一步的提纯,因为杂质会降低热电离的效率。因此对于青铜的铅同位素测量,ICP-MS的效率高于TIMS。

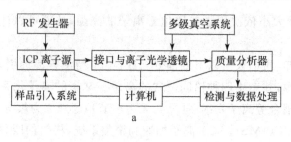

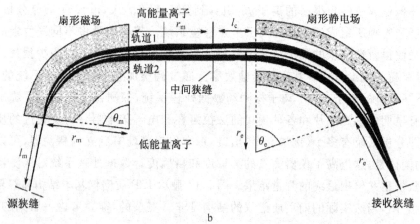

图 5-17 双聚焦质谱仪的示意图(刘虎生，2005)
a. 基本结构；b. 双聚焦质量分析系统

5.7.8 锡和铜同位素示踪古代青铜制品铜锡矿源的困难

关于铅同位素的指证问题在 5.7.5 小节中已有讨论，由于锡矿的含铅量很低以及青铜制品易受铅的污染等因素，利用铅同位素示踪青铜制品的锡料产地几乎是不可能的，示踪低铅青铜的铜料产地也有某些复杂的、不确定的因素。锡有 10 种稳定的同位素，最轻的为 ^{112}Sn，最重的为 ^{125}Sn，其中除 ^{115}Sn 和 ^{114}Sn 的丰度分别为 0.38% 和 0.67% 外，其他 8 种同位素的丰度均高于 1%。铜只有 ^{63}Cu(69.2%)和 ^{65}Cu(30.8%)两种稳定同位素。随着质谱技术的不断进步，现代的质谱仪已经有可能测量不同的锡(铜)矿中锡(铜)同位素组成的细微差别。那么能否像利用铅同位素溯源一样，通过测量青铜制品的锡和铜同位素组成直接对锡和铜的矿源进行产地溯源呢？答案是否定的。因为不同锡矿之间同位素组成的差别极细微(铜的情况相似，下面我们主要讨论锡同位素)。差别是因成矿时的温度、压力等条件的不同由同位素分馏所造成的。另一方面在锡的冶炼、纯化、青铜铸造过程中也会产生与成矿时相近程度的的同位素分馏(后面将作定量讨论)，即青铜制品的锡同位素组成受到矿源和冶铸过程两方面几乎相等的影响，使得锡同位素难以作为青铜制品锡矿矿源的指纹。铅的情况不同，它的三种稳定同位素是铀、钍元素长寿命放射性同位素的衰变产物，因此不同产源的铅的同位素组成差别很大，而冶铸和其他理化、生物过程中铅同位素的分馏完全可以忽略，从而青铜制品的铅同位素组成具有溯源其铅矿来源的功能。

Begemann 等(1999)曾对锡同位素溯源锡矿来源的可能性作了详细的研究，下面简单介绍他们的工作，希望能帮助感兴趣的读者定量地理解锡同位素溯源中的问题。Begemann 等的工作是在热电离质谱上进行的，为了校正质谱测量过程中的同位素分馏，使用了双内标（^{114}Sn-^{122}Sn），其研究成果可简单总结如下：

（1）锡有 10 种稳定同位素，实验表明，每对同位素间的分馏程度（相对于标准样）与它们之间的质量差成线性关系（见图 5-18a），这符合分馏理论的要求。因此可以用一个统一的量来表征锡的 10 种同位素的分馏，其测量单位是"每原子质量单位万分之一"，即"10^{-4}/amu"。

（2）测量了 10 个古代青铜样品的锡同位素组成，每个样品多次重复测量，测量结果如图 5-18b 所示。图中显示的是每个样品相对于标准样品同位素分馏（平均值）的偏离程度，4 个地中海样品用圆点表示，6 个中欧样品用三角表示，同时显示了每个样品两个标准差 σ 的区间。分馏值的变化范围在 -0.47×10^{-4}/amu～$+1.42\times10^{-4}$/amu 间，正负号分别表示重同位素或轻同位素富集（相对于标准样）。$\pm2\sigma$ 区间在 0.3×10^{-4}/amu～1×10^{-4}/amu 间。实验结果显示地中海样品的分馏值偏低，而中欧样品偏高。但作者认为不能对此现象给出肯定的解释，因为这虽然有可能反映锡同位素组成的地理区域差异，但也可能是因为青铜制品曾经历了不同的冶炼和铸造过程。

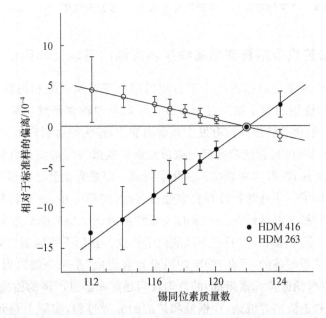

图 5-18a 本图显示 HDM416 和 HDN263 两样品的 Sn 同位素丰度比相对于标准样的偏离值与同位素间质量数差别（以 ^{122}Sn 的质量数为基准）间成线性关系（Begemann，1999）

（3）Begemann 等实验测量了因氧化锡挥发所导致的分馏情况，挥发量为 1%～10%，观察到分馏程度与挥发量之间的线性关系。实测每 1% 的挥发损失的分馏值为 0.082×10^{-4}/amu，是瑞利分馏理论值的 1/5。如果挥发量达到 10%，那么由此导致的分馏程度与图 5-18b 中地中海与中欧青铜制品锡同位素组成的差异大致相等。

上面的测量数据表明，锡矿同位素组成的地区差异与冶铸过程中的同位素分馏属同一量级，略大于现代质谱仪的测量误差。这是锡同位素溯源的困难所在，随质谱仪的进步和更多数据的累积，也许将来情况会有所改变。铜同位素溯源所遭遇的困难与锡的情况是类似的。

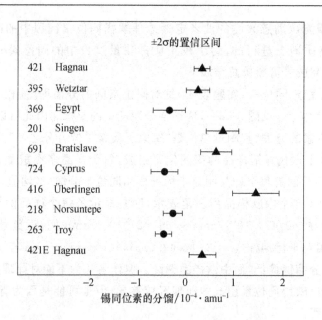

图 5-18b　10 件地中海和中欧青铜样品的 Sn 同位素分馏值(Begemann, 1999)

5.7.9　微量元素组成示踪青铜制品铜矿料来源的可能性和困难

微量元素组成曾成功地示踪古代大理石和黑曜石等石质制品和陶瓷器(瓷胎)的原料产地,因为石质制品和瓷胎的加工制造过程仅改变了原材料的物理性质和晶相结构,而原材料(岩石、陶土和瓷土)的化学组成并没有发生显著的变化,作为原材料产地指纹的微量元素组成依然被保留。Rapp(1980)也曾成功地利用微量元素组成追寻印第安人红铜饰品的矿源,因为红铜饰品未经化学冶炼,没有改变原材料的化学组成。但是青铜制品的情况要复杂得多,从铜矿石到青铜制品经历了一系列的物理和化学过程,过程的每一步,在原料和中间产品间、中间产品与最终的青铜制品间都必然发生元素的分异和再分配。(1)选矿过程,古人一般利用重力分选不同种类的矿石和废石,它们有不同的化学组成。我们不可能确切地知道,所分析的青铜制品是用哪一类矿石冶炼的,因此"铜矿的微量元素组成"是一个难以确定的模糊概念。而且铜矿的化学组成(包括微量元素组成)的均匀性问题并未经过严格的检验。(2)冶炼过程中矿石、燃料、还原剂和造渣剂等混杂,而铜液和炉渣的分异过程,实际上是元素的分异过程,一些亲铜的元素将富集于铜中,但是它们在铜与渣之间的分配比是未知的,分配比还可能因冶炼条件的不同而变化。通过对现代冶炼过程的分析,像 As、Sb、Se、Te、Co 和 Ni 等所谓的亲铜元素仅有 50%~60% 进入铜相(李墨芹等,1984),富集并不显著。此外燃料、助熔剂和造渣剂带进的微量元素也有可能进入铜相。(3)铸造过程是铜料、锡料和铅料按一定比例的混合过程,青铜中每种微量元素的含量是它们在铜、锡和铅料中含量的计权平均。虽然青铜中铜的含量最高,它的权重也最大。但是某些微量元素在锡和铅中的含量可能很高,对于这类微量元素,锡和铅的贡献就不能忽略不计。总之,青铜制品中的每种微量元素,包括亲铜的元素有多少百分比是来自铜矿石的,铜矿石的亲铜元素在冶炼过程中能以多高比例分配到铜中,都是不确定的。这就是利用微量元素组成示踪青铜制品铜矿料来源的原则性困难。尽管国内外的学者都曾开展过这方面的探索,但很难说有什么实质性的成果。Pernicka(1992)曾对欧洲3万多件新石器晚期和青铜时代青铜制品化学组成的测量数据进行分析,数据的可靠性是肯定的,但未能为铜矿的溯源提供有用的信息。地质考古学的创始人之一G. R. Rapp在回顾自己的学术生涯时认为,早年他曾试图利用微量元素探索地中海地区青铜器的铜矿来源,但失败了,因为研究方向是错误和无效的(荆志淳,2007)。本书作者对这个研究方向也是持悲观态度的,不建议我国的科技考古学科目前在这方面花费过多的人力和物力。

5.8 我国钢铁技术的早期发展——陨铁的利用和早期的人工冶铁

铜和青铜的使用是与人类文明社会同步出现的,而钢铁的使用才标志文明社会的真正成熟。因为铁是比铜更为普遍、更为丰富的资源。在地壳中,铁的含量接近5%。相对于铜及其合金,钢铁材料具有更好的、可调节性更强的机械性能。但是,东西方的古代文明的起源都是青铜文明,只有经过了几百年,乃至一千多年以后,人们才逐步掌握钢铁技术,使用钢铁制品。青铜文明早于钢铁文明是可以理解的。自然界存在自然铜,自然铜有良好的塑性,可以锤锻成型;而天然的单质铁块是很难找到的(含高镍的陨铁是例外),铁元素易被氧化因此很少以单质状态存在。还因为铜的熔点低(约1083℃),冶炼铜锡或铜砷共生矿所需的温度更低,为新石器晚期陶窑的温度所能企及;而铁的熔点高达1538℃,与铁共生的其他金属不能显著地降低铁的熔化温度。因此人类注定先认识和使用铜及其合金,需要经过几百年的青铜时代后,才逐渐认识铁。尽管早在2.7万年前的山顶洞人曾用赤铁矿作为随葬品,仰韶文化的彩陶也使用赤铁矿作为颜料,但这些都不是使用单质铁,而是铁的化合物。然后,一旦铁被认识和掌握了,则极大地推动了生产力的发展和社会的进步。20世纪,在进入电子和信息时代前,人们依然将一个国家钢铁生产的数量和质量作为其综合实力的指标。1959年我国乌托邦思想指导的"大跃进"的核心内容是"大炼钢铁"。鉴于钢铁对人类经济和文化的巨大作用,柯俊曾提出,始于春秋早期的铸铁和随后春秋-战国之交的铸铁脱碳技术是古代中国的第五大发明,这是完全正确的。

无论在东方还是西方,早期人们都曾使用过陨铁,很可能古人由此获得了对铁的启蒙知识。1972年在河北藁城台西村商代中期的地层中发现了一件铁刃铜钺。因为腐蚀严重,曾认为是人工冶铁制品。但随后北京钢铁学院(现北京科技大学)进行了全面的科学分析,发现其中的夹杂物很少,而镍和钴的含量却甚高,镍的平均含量高于6%,钴达0.4%,与早期的人工冶铁产品的化学组成完全不同。并观察到镍和钴的分布呈层状的结构,系陨铁在太空中缓慢冷却所导致的典型结构。因此铁刃应该是陨铁的锻造产物(李众,1976)。藁城铁刃铜钺的发现说明商代已认识了铜与铁是不同的材质,掌握了这两种材质的锻接或铸接。随后对北京平谷、河南浚县和三门峡发现的另外6件铁刃铜钺、铁援铜戈和铜柄铁削等的分析表明,它们均为陨铁制品(孙淑云等,2003)。

人工冶铁晚于陨铁的利用。可能是在冶铜的过程中曾使用铁矿石做助熔剂,冶铜过程中铁也被还原,人们开始认识冶铁。考古资料认为,最早的人工冶铁可能起源于约4000年前西亚的赫梯人。用于冶铁的铁矿石一般为铁的氧化物,包括红色的赤铁矿Fe_2O_3、金属色的磁铁

矿 Fe_2O_3-FeO、褐色的褐铁矿（含水氧化铁）和菱铁矿 $FeCO_3$ 等。最早的人工冶铁是低温的固态炼铁，后来才进步为在较高温度条件下将铁矿石还原成液态的铁水（俗称铸铁法）。

关于我国最早人工冶铁的时间和地点，尚处于研究中并有争议。陈戈（1990）和唐际根（1993）认为中原的冶铁起源受西部的影响，因为在新疆发现早于公元前 1000 年的铁器，而在公元前 8—6 世纪时铁质工具的使用已较普遍。青海湟源县莫布拉出土了属春秋早期的铁刀。中原地区所见最早的铁质实物是河南三门峡虢国墓地出土的三件铁刃兵器，时代为西周晚期（公元前 9 世纪）。检验表明是块炼铁和块炼渗碳钢（河南考古所，1999）。虢国墓同时还出土了三件陨铁质地的铁刃兵器。块炼铁和陨铁兵器的共存表明，虢国墓地应处于我国中原人工冶铁的初始时代，因此中原地区最早掌握块炼铁技术的时代大致在公元前 9—8 世纪或稍早。据韩汝玢（1998）统计，春秋至战国早期（公元前 5 世纪前）的冶铁制品已发现有 130 多件，在 28 件经科学鉴定的铁制品中，12 件为块炼铁制品，其余为铸铁制品。这说明在春秋的早、中期，在发明（或传入）块炼铁技术后不久（或基本同时），中原地区就开始了铸铁生产。当春秋战国之交时，铸铁技术在铁器工业中已占相当比重（顺便指出，在西方，铸铁技术的发展滞后于块炼铁一千多年）。出土春秋时期铁器最多的省份为山西，其次为河南和湖南，在陕西和甘肃也有出土。目前还未发现春秋时期的冶铁或铸铁遗址。进入战国以后，铁器遗物，特别是铁制农具的数量猛增，张文彬等（1980）统计有 1300 多件。铁制品的种类繁多，分布地域也更为宽广。在河南的新郑、登封和河北的临淄、易县等多处发现了战国时期的冶铁铸铁遗址。我国在战国的中晚期进入铁器时代。

5.9 块炼铁和块炼渗碳钢

无论在旧大陆的东方还是西方，最早的冶铁都是采用固态炼（冶）铁技术，也称块炼铁。这是将高品位的铁矿石和木炭、木头混装在较小和较矮的炉子中，点火鼓风。燃烧木炭和木块产生高温和大量的一氧化碳，在炉内的高温下（1000 ℃上下），铁矿石发生下列的还原反应：

$$3Fe_2O_3 + CO \longrightarrow 2Fe_3O_4 + CO_2$$
$$Fe_3O_4 + 4CO \longrightarrow 3Fe + 4CO_2$$

氧化铁还原为铁。冶炼一定时间后拆炉取铁。块炼铁含碳量很低（<0.05％），属于熟铁。铁中的硫、磷、硅的含量也很低。但是块炼铁中有相当数量铁矿石中原有的夹杂物，包括还原不完全的氧化亚铁和铁橄榄石等。因此块炼铁的质地不仅软，而且疏松，称为海绵铁。需要经过加热锻打，将夹杂物挤出，才有实用价值。

块炼铁在多次加热锻造过程中，与木炭接触，碳不断渗入铁中，使铁块硬度增加，形成所谓的块炼渗碳钢。用渗碳钢打制兵器和工具，其性能可与青铜相比，具有实用价值。我国发现的最早的块炼渗碳钢制品是出土于属春秋晚期长沙杨家山 65 号墓的铁剑，铁素体（铁素体是碳溶于 α-Fe 晶体间隙的固溶体，α-Fe 溶碳的能力很低，最高不超过 0.022％，在常温下铁素体的含碳量几乎为零，其结构和性能与纯铁相同）基体中可见条状的氧化铁夹杂（对此剑的质地是否为块炼渗碳钢，乃至我国古代曾否使用过块炼渗碳钢技术，也有不同的看法）。

应该指出，对于块炼铁渗碳炼钢，不可能完全排除其中的夹杂物和炼渣，这决定了它机械性能上的弱点,远不及下面将介绍的铸铁脱碳钢。根据金相分析观察夹杂物的含量和测量各夹杂物之间元素组成的是否均匀(使用电子探针),可以区别块炼渗碳钢和铸铁脱碳钢。另外,块炼铁是一种非常费工和费燃料的工艺。因此在西汉中晚期以后,块炼铁和块炼渗碳钢技术就被铸铁和铸铁炼钢技术所完全替代,但是在西方,块炼渗碳钢技术延续使用直到14世纪。

关于研究古代钢铁技术的方法大致与研究青铜技术的方法相似,陈建立等(2007)曾有较全面的论述,读者可以参阅。

5.10 铸铁冶炼和铸铁的韧化技术

5.10.1 铸铁冶炼与白口铁

铸铁生产是使铁矿石中的铁还原并液化的冶铁技术。块炼铁的炉温仅1000℃上下。我国古代用竖式炉炼铜时,已掌握了1200℃的炉温技术,较高的温度和炉内的还原气氛是使铁矿石还原并液化的关键。高温下,碳向固态的铁中扩散,温度愈高扩散愈快。铁的熔点为1538℃,但当铁中的碳含量不断增高时,铁碳合金的熔点温度不断降低。当含碳量C=1%时(碳的质量分数,以下同),熔点降为1470℃;C=2.11%时,熔点为1380℃;而当含碳量为4.27%或更高时,熔点降为1148℃。使用带鼓风的竖炉炼铁,经过一定时间后,炉内局部区域铁矿石还原形成的铁中已扩散有相当量的碳,局部的温度也达到熔点,铁开始熔化。碳可以快速地溶入液态的铁中,使铁的含碳量迅速增加,从而使周围更多的铁熔化……因此只要炉温达到和保持在1150℃以上,就可以使炉内绝大部分的铁矿石还原为铁,并熔化成液态的铁水。铁水从炉口流出被收集,冷却固结后形成铸铁。铁水与炉内炉渣的自然分离,使得铸铁中的杂物远少于块炼铁,铸铁中不可能混有大尺度的夹杂物,而且杂质元素在铸铁中的分布基本上是均匀的。这样,铸铁经过退火、脱碳等后期处理,可以得到多种优质钢铁材料。液态冶铁和铸铁工艺是各历史时期,包括现代钢铁工业的基础。

古代铸铁的碳含量在4%左右,或稍高,高于现代高炉生铁的碳含量,因为古代冶铁的存炉时间较长,铁水充分溶解碳。铸铁的断口呈白色,因此又名白口铸铁,质地脆硬。

白口铸铁因含碳量的不同分为过共晶(6.69%>C>4.3%)、共晶(C=4.3%)、亚共晶(4.3%>C>2.11%)三类。三类铸铁有不同的金相结构。共晶白口铁的冷却凝固过程如下:先形成奥氏体(高温下的铁碳固溶体)和渗碳体(铁碳化合物,分子式为Fe_3C,C=6.69%)的混合物,继续冷却,不断有渗碳体从奥氏体中析出,到729℃时,奥氏体中碳的质量分数达到0.77%,通过共析转变而形成珠光体。珠光体是共析钢的金相组织,当铁碳合金中碳的质量分数为0.77%时,即铁素体和渗碳体的质量比约为7.9:1时,称为共析钢(见图5-19)。共析钢中的铁素体和渗碳体呈片状交替,这种组织称为珠光体,由于铁素体和渗碳体间的晶界不反射光,在低放大倍数的明视场下观察的珠光体呈暗色。共晶白口铁的这种深色的点状和条状的珠光体以及白色的渗碳体相间的显微组织称为莱氏体,或共晶莱氏体,以纪念德国的金相学家莱德堡。其显微组织如图5-20所示。

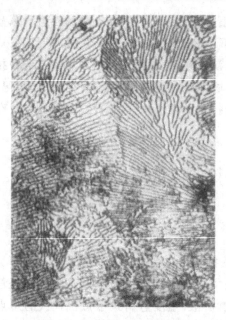
图 5-19 共析钢的显微组织

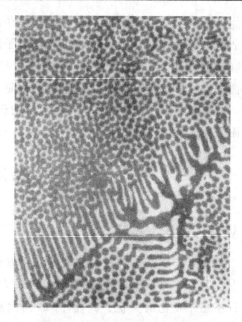
图 5-20 共晶白口铁的显微组织

过共晶白口铁的显微组织为一次渗碳体和莱氏体，前者在镜下呈现为白色条状。亚共晶白口铁开始凝固时的组成为先共晶奥氏体和莱氏体，继续冷却，先共晶奥氏体不断析出二次渗碳体而转变为珠光体，后者保持其树枝状结构。莱氏体中的奥氏体也将析出二次渗碳体而转变为珠光体。

虽然三类白口铁的熔点低（1148℃），具有良好的铸造性能，但是用白口铁铸造的器具都过于脆硬，机械性能不好，只有亚共晶白口铁勉强有实际使用价值。但我们的祖先在掌握了液态冶铁技术不久，就发明了多种方法来改变铸铁的性质，以降低铸铁的脆性，增强它的塑性和韧性。

5.10.2　白口铸铁的退火脱碳和含石墨的铸铁

大约在公元前 5 世纪，已出现了铸铁件的退火脱碳技术，将铸铁件在约 900℃ 的氧化气氛下短时间加温，铁中的碳氧化成一氧化碳被排出。图 5-21 显示了山西侯马乔村墓地（公元前 3 世纪）出土的一件经脱碳处理的白口铁铁铲刃部的金相图谱。可见刃部的中央部位依然保持共晶白口铁的莱氏体显微结构，而其边缘部位为铁素体晶状柱，过渡区为铁素体加珠光体（段红梅等，2006）。它系典型的共晶白口铁不完全脱碳的金相图谱。该铁铲刃部的表面已是熟铁，过渡层为碳钢，但中心部仍为白口铸铁。

这类脱碳不完全的铁工具，实际上是由钢和铁的复合材料组成，外韧而内脆，其使用性能虽比白口铁有所改进，但仍不十分理想，使用时易发生断裂。

到战国晚期，铁工匠们逐步懂得铁质材料的性能依赖于脱碳的程度，已能够生产质地接近于脱碳钢的铁质材料和工具，它们的边缘部位已全部脱碳，中央部位的白口铁莱氏体组织消失，甚至出现有因渗碳体分解而产生的少量石墨。例如在登封阳城铸铁遗址出土多件低碳钢和中碳钢的铁器，其中还有一块战国钢板材，其含碳量为 0.2%。说明当时铸铁脱碳成钢技术的广泛使用。

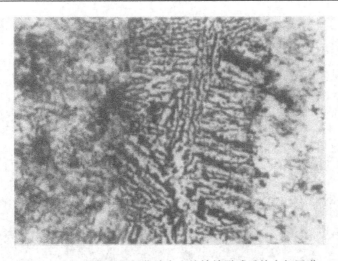

图 5-21　山西侯马乔村墓地出土铸铁铲脱碳后的金相图谱

　　白口铸铁的退火还可能形成含石墨的铸铁。前面已经看到，对于碳含量大于 2.11% 的铁碳合金，铁水快速冷却时，碳以渗碳体 Fe_3C 析出，形成白口铸铁。但是，如果碳含量大于 2.11% 的铁水中硅含量高于 1% 时，铁水缓慢冷却过程中将不发生渗碳体的析出，碳将全部或部分地以石墨形式析出，形成含石墨的铸铁。现代高炉生产的几乎都是含石墨铸铁，而不是白口铸铁，因为现代高炉铸铁的硅含量大于 1.5%。但是古代铸铁的硅含量都低于 0.4%，一般难以直接生成含石墨的铸铁。古代铸铁的硅含量低是因为其炉温低和还原区短小所致。矿石中的氧化硅必须在铁水与炉渣、残余矿石的分离之前被还原，硅才能进入铁水。虽然古代的冶铁竖炉不能直接生产含石墨的韧性铸铁，但古人能将白口铸铁在还原或中性的气氛中加热退火（>900 ℃），使得白口铸铁中在常温下比较稳定的渗碳体分解成奥氏体和石墨，奥氏体继续分解，就形成以铁素体或铁素体加珠光体为基体、夹杂石墨的铸铁。因为渗碳体被分解，含石墨的铸铁的韧性远胜于白口铸铁，称为韧性铸铁。韧性铸铁的断口呈灰色，因此也称为灰口铸铁或麻口铸铁。因退火工艺的不同，灰口铸铁中石墨的形状，呈片状或球粒状，大小不一、均匀或不十分均匀地分布在铁素体加珠光体的基体中，因此灰口铸铁的性能也有高低差别。战国的铁匠们感觉到在还原气氛中退火的具体过程会影响产品，即韧性铸铁的性能，掌握了退火工艺来控制所析出的石墨的形状、大小和分布。特别值得指出的是，我国学者注意到多件战国晚期到西汉的铸铁工具，其中的石墨呈球状，且分布相当均匀。它们的金相组织接近于现代的球墨铸铁。图 5-22 显示河南新郑出土战国晚期铁制品铸铁组织中的球状石墨。

　　球墨铸铁是 20 世纪 40 年代才开始生产的一种高强度、塑性和韧性优良的铸铁材料，其性能与优质钢材可比。但其生产流程简便，价格便宜，因此在 20 世纪 50 年代以后很快得到普遍的应用。我国古代生产的含球状石墨的铸铁工具的发现，曾引起了国内外学者的强烈兴趣，为什么我国古代工匠能生产含石墨的铸铁件，多大程度上是刻意的？我国学者曾对这些铸铁工具做了全面的科学分析，观察到石墨的粒径、圆整度、分布、偏光性能以及铁质基体的晶态等特性都接近现代的标准。华觉明（1999）曾对此作详细的报道和讨论，感兴趣的读者可以参阅。上述材料说明，至晚于战国晚期（公元前 5 世纪），我国已生产和使用韧性铸铁，比欧洲早近 2000 年。

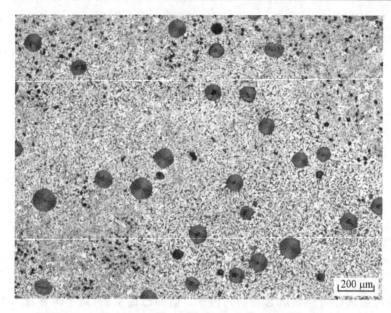

图 5-22　河南新郑出土战国晚期铁制品铸铁组织中的球状石墨

5.11　我国古代的铁碳合金钢技术

古代炼制的钢是指含碳量处于 0.1‰~2.11‰间的铁碳合金钢，或称碳素钢。陨铁制品也是古代的钢制品，系镍钢，不属于人工炼制的碳素钢。铁碳合金的机械性能取决于碳的含量及其在铁中的存在形式。低碳的熟铁质地太软而高碳的铸铁又太脆。只有碳素钢才是可以通过调整含碳量和退火等热处理技术，调整得到合适的硬度、强度、塑性和韧性，用以制造对材质有不同需要的兵器、工具和农具。因此只有炼钢技术的发展才标志着铁器时代的成熟。

前述的块炼渗碳钢术是一种费时、耗料、其产品质地不佳的炼钢技术，公元前 1 世纪以后，我国不再使用这种技术。由白口铸铁脱碳而成的钢的质地一般优于块炼渗碳钢，但是往往是将已成形的生铁铸件进行脱碳，因此同样效率低和耗费高。此外生铁铸造有器壁厚和易形成空洞等缺点，在西汉中期以后铸铁脱碳成钢技术也逐渐淘汰，被炒钢所替代。下面介绍西汉中晚期以后开始使用的几种制钢技术。

5.11.1　炒钢

炒钢是西汉中晚期开始的一种炼钢技术，它以生铁为原料，截断成片状或小块，放入炒钢炉中加热至半熔融态，并不断翻炒。生铁中的碳与炉中空气接触而被氧化，或者在炒钢炉中加入一定量的精铁矿石，使得生铁中碳的氧化过程与铁矿石中氧化铁的还原过程同时进行，生铁中所含硅、锰等杂质也被氧化成为炉渣被排出。随着铁中碳含量的降低，熔点升高，炒钢炉中的铁凝固成半固态，将半固态的铁块取出，立即锻打，挤出炼渣，就能得到质地致密、均匀，含杂质少的钢块。控制生铁中碳被氧化的份量，可以得到熟铁、低碳钢，如控制得当可得到中碳钢。目前已知的最早的炒钢炉发现于河南巩县铁生沟冶铸遗址（赵青云等，1985），遗址的时代范围为西汉中晚期至东汉初。最早的炒钢制品属徐州狮子山楚王陵遗址（公元前 2 世纪）出土的成捆保存的兵器。炒钢的金相组织可见细长的硅酸盐夹杂物，沿加工方向排列，变形量大，杂质元素在夹杂物中的分布均匀，明显区别于渗碳钢的金相组织（见图 5-23）。炒钢的夹杂少，含碳量可调，而且操作简便，可以大批量的生产。炒钢的发明是我国钢铁技术的巨大进步，促进了汉代各类钢铁质地的兵器、工具和农具的广泛使用。英国是于 18 世纪中叶才发明了炒钢法，它在产业革命中起了很大的作用，对此马克思曾给予了很高的评价，但却晚于我国汉代的发明 1800 余年。

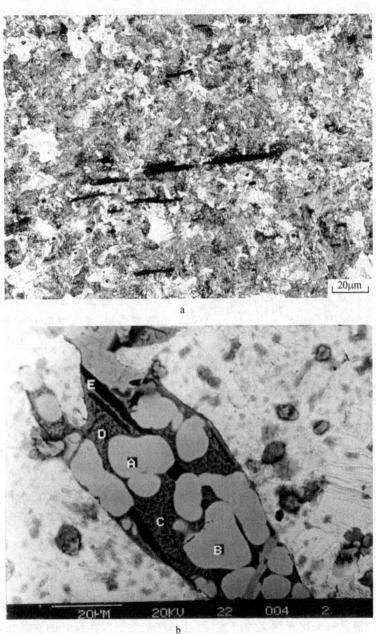

图 5-23　炒钢与渗碳钢金相组织的比较

a. 炒钢；b. 渗碳钢

5.11.2 灌钢

我国古代炼钢技术的另一个重要发明是灌钢的生产,也称宿钢。这是将生铁片和熟铁片以一定比例像三明治似的叠压在一起,在尽量隔绝空气的条件下加热冶炼。升温过程中生铁先熔融,铁水与熟铁紧密接触,在高温下铁水灌注于熟铁和碳在熟铁中扩散,经过一段时间后,能形成含碳量适宜的钢材。据文献记载,在灌钢技术发展的初期,钢料需经过多次地灌注和锻打。灌钢的重要优点是能生产高碳钢,而脱碳、渗碳和炒钢技术均难以批量生产高碳钢。高碳钢的硬度高,被用来制作刀剑的刃部,特别是经过淬火处理后,其硬度和强度更高。我国最早生产灌钢的记录是南北朝时期,记有"钢铁是杂炼生鍒作刀镰者",这里生指生铁,鍒指熟铁,而且说明这种钢是用来打制刀和镰的。

5.11.3 百炼钢

百炼钢,顾名思义是反复加热煅打的意思。反复煅打将使得晶粒更细,碳和杂质分布更均匀,组织更紧密,质地更坚韧,因此是制造宝剑和宝刀的工序。考古发掘在山东临沂和江苏徐州曾分别出土东汉的环首刀和宝剑,在刀背和剑柄上有错金隶书铭文"三十炼"和"五十炼",金相分析表明前者是以炒钢为原料,经过反复多次的煅打而成,其刃部经过淬火处理,可见马氏体;而后者则以两种含碳量不同的炒钢叠在一起,反复折叠煅打而成,金相观察可见10层高碳相和低碳相互间交替的组织(见图5-24)。这类宝剑(刀)当然是价值连城,反映了中国古代钢铁工艺之精粹。日本民间至今仍使用百炼钢技术生产高档的刀剑。

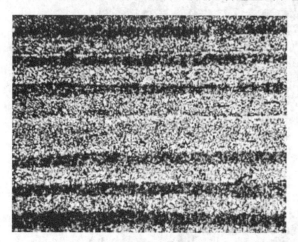

图 5-24 百炼钢中高碳相和低碳相互间的金相组织

综上所述,汉代是我国的钢铁技术迅速发展和钢铁器具由逐步普及到广泛应用的时代,当时朝庭向全国各地派出 49 名"铁官",集权管理钢铁的生产和经营。目前已经考古发掘的汉代冶铁和铸铁遗址逾 50 处(孙淑云等,2003)。东汉时铁质农具几乎已全部替代了青铜农具。钢铁工业是汉代农业和经济发达,武力强盛并战胜匈奴的技术基础。汉代以后,我国的钢铁工业仍长期坚持着繁荣和发展进程。

5.12 铁质文物的锈蚀和保护

铁制品比青铜制品更易锈蚀和更难保护,因为铁的性质比铜更活泼。考古发掘中出土的铁质文物的锈蚀情况一般比青铜文物严重,而且即使在地下保存良好的铁制品,出土后在大气中有时会很快地锈蚀。据观察在保存良好的铁器表面,都存在一层致密的氧化铁的膜。王蕙贞等(2003)使用粉晶 X 射线衍射谱分析铁锈产物,观察到铁锈中主要存在三种晶态的碱式氧

化铁 $FeO \cdot OH$ 和 Fe_3O_4。祝鸿范等（1995）对铁的锈蚀机理作了实验和理论的研究,注意到 H_2O、O_2 以及 Cl^-、SO_4^{2-} 等离子,是导致铁制品锈蚀的主要因素。当铁器处于含氧气、Cl^- 和 SO_4^{2-} 等离子的水介质中时,铁的电化学腐蚀行为如下：

$$\text{阳极过程：} Fe \longrightarrow Fe^{2+} + 2e$$

$$\text{阴极过程：} 2Fe^{2+} + \frac{1}{2}O_2 + 3H_2O + 2e \longrightarrow 2FeO \cdot OH + H_2 + 2H^+$$

即发生铁的流失和碱式氧化铁的形成。氧是铁锈蚀过程的必要因素,在缺氧的环境下,锈蚀过程是不能进行的,这解释了为什么某些铁制品在地下能安全保存近2000年,但当出土暴露于大气后迅速地锈蚀。Cl^- 和 SO_4^{2-} 的存在增加水介质的导电性,加速锈蚀。在富氧的水介质中,Cl^- 和 SO_4^{2-} 离子的浓度越高,锈蚀越快。此外,Cl^- 和 SO_4^{2-} 还可以直接与铁反应,使锈蚀加剧。

在潮湿有氧的环境中,初始形成的锈蚀物是活性的 $\gamma\text{-}FeO \cdot OH$（纤铁矿）,它不能形成致密、附着力强的保护膜。在一定条件下它可能转化为稳定的 $\alpha\text{-}FeO \cdot OH$（针铁矿）和 Fe_3O_4,有利于铁器的保护。但是在潮湿有氧的环境下,则有可能产生新的、不稳定的 $\gamma\text{-}FeO \cdot OH$,使锈蚀层不断加厚。

铁器的锈蚀过程除取决于环境因素外,与铁制品本身的质地也是有关系的。质地疏松、带有气孔、裂缝等铸造缺陷的铁器容易产生蚀孔和蚀缝等,潮气、Cl^- 和 SO_4^{2-} 等离子从表面的蚀孔和蚀缝处向内部渗透,导致铁器表层膨胀和脱落,整个铁器疏松等严重后果。

综上所述,环境中的 H_2O、O_2 以及 Cl^-、SO_4^{2-} 是导致铁器锈蚀的主要因素。铁制文物保护的原则就是将铁器与这些因素隔离。铁制文物出土后,经烘干、细心剔除表面的粘附物等物理处理后,下一步的关键是进行脱盐处理。因为铁质文物中往往带有来自铁质文物本身或埋藏环境的氯、硫等杂质。祝鸿范等（1995）和王蕙珍等（2003）都提出了经实践检验的、适应不同情况的脱盐方案。有时铁质文物在脱盐后还需用高分子材料加固。然后,在干燥、密封（或充氮）的微环境中入藏保存。当然铁质文物入藏前的处理是专门的技术,但考古工作者需要知道怎样妥善处理刚出土的铁质遗物,并尽快地请专业的文物保护人员来保护处理。

5.13 铸铁冶炼的燃料和铁质文物的测年问题

5.13.1 我国何时开始用煤炼铁

铁的冶炼需要使用木炭作为燃料和还原剂。据估算每炼1t铁,需要耗费4t木炭或20t木材,炼铁业对森林的破坏是十分严重的,随着冶铁业的发展和森林资源的日益枯竭,燃料的来源必然会成为一个严重的问题。煤当然能作为木炭的替代物,而且我国的煤炭资源丰富。但是古人掌握采煤的技术和能力有一个过程。煤的质地致密,在掌握用煤炼焦以前,如果直接用煤炼铁,对炼铁竖炉的结构有特殊要求,并需要强有力的鼓风。关于我国何时开始用煤炼铁尚不十分清楚。文献中关于最早用煤炼铁的记录见于北魏郦道元著《水经注·河水篇》中引用的《释氏西域记》。其中记录有今新疆库车地区"人取此山石炭,炼此山铁",山中取的石炭应是煤。但关于中原地区最早用煤炼铁的时间有不同的看法。杨宽(1982)认为最晚始于晋代,华觉明(1999)认为杨宽的意见值得重视,因为汉代冶铁业的繁荣必然导致森林的锐减,他引用《汉书·贡禹传》中关于森林过度砍伐造成生态问题的论述作为论据。可惜1959年我国的"大炼钢铁"仍大量砍树炼钢,进一步破坏已极为贫瘠的森林资源,钢铁技术倒退一千年,真比古人愚蠢。

如下两种科技手段可检验铁制品系用煤还是用木炭冶炼的:(1)测量钢铁材料中的含硫量,用煤炼铁时,煤中所含的硫会进入铁水中,因此这类铸铁的含硫量高,例如测量宋代河南唐坡遗址出土的铁锭的含硫量为1.075%。而华觉明(1999)统计8件汉魏时期铁锭的最高含硫量仅为0.11%,中值为0.05%。(2)测量铁中碳元素的^{14}C放射性,测量^{14}C放射性(或同位素丰度)不仅能帮助判断炼铁所用何种燃料,而且,如果是使用木炭炼铁,还可以测定铁制品的冶炼年代。

5.13.2 古代铁制品的^{14}C测年

本书第四章介绍了^{14}C测年的原理,古树和木炭是^{14}C测年的理想对象。铸铁中的碳几乎全部来自于冶炼炉中的木炭或煤等燃料,因此铸铁的^{14}C测年应该反映燃料的生长年代。古人砍树、烧炭和用炭炼铁的时间间隔不会太久长,如果使用木炭作燃料,那么铸铁的^{14}C年龄应大致接近或稍早于铸铁的冶炼年龄(因为粗大的树木本身有树龄及冶炼晚于砍树等因素)。煤是远古时代的树木埋于地下石化而成,其中曾存在的^{14}C原子早已衰变耗尽,用煤冶炼所得的铸铁的^{14}C年龄必然是非常老的,远早于人类进入铁器时代。仇士华等(1986)曾用常规^{14}C测年技术测量了我国古代7件铁制品和铁板的年代。对包括巩县铁生沟出土的铁板在内的3件战国和汉代样品,所测^{14}C年龄与已知的历史年代相符,而对西安出土的宋代铁牛和北京明城墙下元代的铁锅等3件样品的测年结果则老于一万多年,说明制造这3件物品所用的铁是以煤为燃料的。由此仇士华认为:我国至迟于宋代已用煤炼铁。常规^{14}C测年技术要求测年样品至少含有1~2 g碳,以铁含碳量2%计,需耗费50~100 g铁材料。

陈建立等(2007)使用加速器质谱^{14}C测年技术测量了山西蒲津渡铁人和铁牛的铸造年代。1989年在蒲津渡遗址黄河古道淤泥中出土了4尊铁牛,每尊铁牛旁各立一铁人(见图5-25)。金相分析铁牛与铁人的材质均系灰口铁。在一号和二号铁人上共取样4件。因使用加速器质谱^{14}C测年技术,每样的取样量仅约50 mg铁。4个样品的^{14}C年龄数据间基本一致,经树轮校正得到铁人冶铸的日历年龄在AD 560—660间(68%置信度)。隋唐时期蒲津渡曾是陕西和山西间的交通要津,据文献记载,唐开元九年(AD 721)改蒲州城为河中府,定为中都,并修蒲州桥,开元十二年

图5-25 山西蒲津渡出土的铁人照片

(AD 724)更"铸八牛、东西岸各四牛,以铁人策之,其牛并铁柱入地丈余,……"。^{14}C 测年结果略早于开元十二年是合理的。因为^{14}C 方法测定的是冶铁的年代,早于铁人的铸造年代,而且还要考虑冶铁用树木的树龄。另一方面^{14}C 测年也表明,中唐开元年间铸造这些铁人,依然使用木炭炼铁。

陈建立等(2007)认为:铁器的^{14}C 测年对帮助了解我国冶铁技术的起源,特别是探讨中原和甘新地区冶铁技术的交流是非常重要的。商周以来(或更早),中原和西部甘新地区间应该存在长期、繁荣的金属制品和冶金技术的交流。

参考文献

[1] 陈戈.关于新疆地区青铜时代和早期铁器时代文化.考古,1990,(4):366.
[2] 陈建立,韩汝玢,等.汉晋中原及北方地区钢铁技术研究.北京:北京大学出版社,2007.
[3] 陈铁梅.定量考古学,北京:北京大学出版社,2005.
[4] 崔剑锋,吴小红.铅同位素考古:云南及越南古代青铜器矿料来源的研究.北京:文物出版社,2008.
[5] 方惠群,丁俊生,史坚.仪器分析.北京:科学出版社,2002.
[6] 郭沫若.〈考工记〉的年代与国别.天地玄黄,大孚出版公司,1947.
[7] 韩汝玢.电子显微技术在冶金考古中的应用.电子显微镜学报,1997,16(3):229.
[8] 韩汝玢,孙淑云,李秀辉,潜伟.中国古代铜器的显微组织,中国冶金史论文集(第四辑).北京:科学出版社,2006.
[9] 韩汝玢.中国早期铁器的金相学研究.文物,1998,(2):87.
[10] 段红梅,韩汝玢.侯马乔村墓地出土铁器的鉴定与研究.中国冶金史论文集(第四辑).北京:科学出版社,2006.
[11] 河南省文物考古研究所,中国历史博物馆考古部.登封王城岗和阳城.北京:文物出版社,1992.
[12] 河南省文物考古研究所,三门峡文物工作队.三门峡虢国墓地(第一卷).北京:文物出版社,1999.
[13] 华觉明.中国古代金属技术——铜和铁造就的文明.北京:大象出版社,1999.
[14] 金正耀.晚商中原青铜的矿料来源.第三届国际中国科学史讨论会(1984)论文集.北京:科学出版社,1990.
[15] 金正耀.二里头青铜器的自然科学研究和夏文明探索.文物,2000,(1):56.
[16] 金正耀.铅同位素示踪方法应用于考古研究的进展.地球学报,2003,24(6):548.
[17] 金正耀.论商代青铜器中的高放射成因铅.纪念殷墟发掘七十周年论文专集(考古学集刊-15).北京:文物出版社,2004a.
[18] 金正耀,朱炳全,常向阳,等.成都金沙遗址铜器研究.文物,2004b,(7):76.
[19] 劳邦盛,高苏,张启运.固液金属界面间化合物的平衡生长.物理化学学报,2001,17(5):453.
[20] 李墨芹,水志良.铜冶炼过程中有价金属的回收.中国大百科全书·矿冶卷.北京:中国大百科全书出版社,1984.
[21] 李艳萍.现代分析仪器在古代青铜器研究中的应用,文物保护和科技考古.西安:三秦出版社,2006.
[22] 李众.关于藁城商代铜钺铁刃的分析.考古学报,1976,(2):17.
[23] 刘虎生,邵宏翔.电感耦合等离子质谱技术与应用.北京:化学工业出版社,2005.
[24] 罗武干,秦颖,黄凤春,等.几件湖北省出土青铜器锈蚀产物研究.文物保护和科技考古.西安:三秦出版社,2006.
[25] 伦福儒.考古学理论、方法和实践.北京:文物出版社,2004.

[26] 马清林,苏伯民,胡之德,李最雄.中国文物分析鉴别和科学保护(第5章).北京:科学出版社,2001.
[27] 马渊久夫,平尾良光.铅同位体比かろみた铜铎の原料.考古学杂志,1982,68(1):42.
[28] 梅建军.关于中国冶金起源和早期铜器研究的几个问题.中国冶金史论文集—第四辑.北京:科学出版社,2006.
[29] 潘春旭,廖灵敏,傅强,等.古代青铜器中铅的作用及其显微组织特征.文物保护和科技考古.西安:三秦出版社,2006.
[30] 彭子城,孙卫东,黄允兰,等.赣鄂皖诸地古代矿料去向的研究.考古,1997,(7):53.
[31] 泉-美治,小川-雅弥,等.仪器分析导论(第三册).北京:化学工业出版社,2005.
[32] 仇士华,蔡莲珍.我国古代冶铁燃料的^{14}C鉴定.中国考古学研究.北京:文物出版社,1986.
[33] 孙淑云,周忠福,李前懋,等.铜镜表面"黑漆古"中"痕像"的研究——"黑漆古"形成机理研究之二.自然科学史研究,1996,15(2):179.
[34] 孙淑云,韩汝玢,陈建立,陈铁梅,等.盘龙城出土青铜器的铅同位素比值测定报告.盘龙城.北京:文物出版社,2000.
[35] 孙淑云,李延祥,等.中国古代冶金技术专论.北京:中国科学文化出版社,2003.
[36] 唐际根.中国冶铁术的起源问题.考古,1993,(6):556.
[37] 王蕙珍,朱虹,宋迪生.秦汉铁器锈蚀机理探讨和保护方法研究.文物保护与考古科学,2003,15(1):7.
[38] 肖璘,姚智辉,白玉光,孙淑云.巴蜀带斑纹兵器的锈蚀产物分析及机理探讨.文物保护与考古科学,2006,18(2):20.
[39] 杨宽.中国古代冶铁技术发展史,上海:上海人民出版社,1982.
[40] 张文彬,孟凡人.试以考古材料简论战国、西汉时期冶铁业的发展.郑州大学学报(社会科学版),1980,(1):33.
[41] 赵青云,李京华,韩汝玢,等.巩县铁生沟汉代冶铸遗址再探讨.考古学报,1985,(2):157.
[42] 朱炳泉,常向阳.评"商代青铜器中高放射成因铅的发现".古代文明(1).北京:文物出版社,2002.
[43] 祝鸿范,周洁.出土铁器文物的脱盐清洗研究.文物保护与考古科学,1925,7(1):1.
[44] Begamann F, Kallas K, *et al*. Tracing Ancient Tin via Isotopic Analysis, The Beginning of Metallurgy. Der Anschnitt, Beiheft, 1999, 9:277.
[45] Budd P, Pollard A M, *et al*. The Possible Fractionation of Lead Isotopes in Ancient Metallurgical Processes. *Archaeometry*, 1995, 37(1):147.
[46] Gale N H, Stos-Gale Z H. Lead Isotope Analysis Applied to Provenance Studies, in:Modern Analytical Methods in Art and Archaeology. New York:John Wiley and Sons Publication, 2000.
[47] McGill R A, Budd P, Scaife B, *et al*. The Investigation and Archaeological Applications of Anthropogenic heavy Metal Isotope Fractionation, in:Metals in Antiquity. International Series 792, Oxford, 258, 1999.
[48] Gulson B L. Lead Isotoes in Mineral Exploration, Elsevier, Amsterdan-Oxford-New York-Tokyo, 1986.
[49] Jing Z H (荆志淳). Intergration Comes of Age:A Conversation with Rip Rapp. *Geoarchaeology:An International Journal*, 2007, 22(1):1.
[50] Pernicka E, Krause P, Rau P, *et al*. Analytic Evaluation and Statistical Exploration of the Stuttgart Database of Historic Metal Analysis. In "Abstracts of Archaeometry-92" Los-Angeles, 1992.
[51] Pollard A M, Heron C. Archaeological Chemistry, RSC Paperbacks, Cornwell, UK, 1996:302.
[52] Rapp G R. Trace Element Fingerprint as a Guide to the Geographic Sources of Native Cupper. *Journal of Metals*, 1980, 32(1):35.

[53] Saito T, Han R B, Sun S Y, Liu C Q. Preliminary Consideration of the Source of Lead Used for Bronze Objects in Chinese Shang Dynasty, Was It Really from the Boundary Among Sichuan, Yunnan and Guizhou provinces. In "Proceeding of the Fifth International Conference on the Beginnings of the Use of Metals and Alloys", Gyeongju, Korea, 2002.

思考题

1. 请结合已有考古资料,从化学组成和金相结构的角度总结我国甘新地区和中原地区青铜文明的大致发展脉络和两地间可能存在的关系。
2. 铸铁、铸铁韧化和碳素钢技术与块炼铁和渗碳钢技术的差别在哪里?为什么有的学者将前者评论为我国古代的第五大发明?为什么我国领先世界达千年的钢铁技术和第六章将介绍的陶瓷技术未能进步为现代意义上的科技,教训在哪里?
3. 金相显微镜和扫描电镜是怎样显示金属和合金的显微结构的,它们是怎样互补的?
4. 试述质谱仪的原理与功能,铅同位素示踪青铜制品铜铅矿源的可能性和困难。
5. 了解矿相和物相分析的仪器及其工作原理。

第六章 古陶瓷的科技研究

  陶瓷是人类首次创造的非自然的人工材料。虽然人类更早就曾打制石器、制造骨器和竹木器，但是制作过程仅改变了石块、竹木等材料的形状，并没有改变它们的质地。陶器是用黏土加温烧制而成的，黏土在高温下，其矿物组成、结构和外观等都发生变化，生成了自然界原来所不存在的"陶"。陶瓷制品，无论是古人有意识生产第一件陶制品，还是今天工厂中生产的各类高科技特种陶瓷，根据德国陶瓷学专家Hasse(1968)的定义，都是"粉状原料加水具有塑性后成型，再在高温作用下硬化而成的制品"。

  目前发现的最早的陶制品是在捷克的Dolni Věstonice和其邻近的Pavlov等露天遗址出土的距今约2.6万年前一些形象逼真的动物陶俑和人形陶俑。现已严重破碎，在一个窑址中碎块的数量过千，估计是因为在烧制前坯体未经充分干燥和烧制的火候低所致，推测烧成温度为500～800 ℃(Vandiver, et al, 1989)。此外在俄罗斯的Kostienki遗址(距今2.3万年)发现有几百块烧土(500～600 ℃)，其中5块表面有模压迹象，似属陶雕塑件。在西伯利亚的Maina遗址(距今1.3万年)出土了几件很小的男性陶雕塑。在法国比利牛斯山的Masd'Azil遗址(距今1万年)出土了几个小陶球。以上这些陶制品应该不是实用器，属艺术品或祭祀用品。而目前所知最早的实用陶制品发现于我国湖南吊桶环、广西的庙岩和日本的大元山平等遗址，其年代约距今1.9万—1.6万年，晚于最早的陶塑品的年代。看来人类最初生产陶制品可能属某种艺术行为，用来满足自己的审美需求，这与加工石质的串珠和使用赭石装饰相仿。当时社会的经济和文化都还没有提出生产具有炊煮和储藏功能的实用陶器的要求。

  我国的实用陶器起始于南方的庙岩、吊桶环、仙人洞和玉蟾岩等遗址，它们的年代在距今1.9万—1.2万年间，遗址出土的陶片数量不多，因火候低(600～700 ℃)，出土时破碎严重。它们多为粗砂陶，器壁厚重(大于1cm)。稍晚在12000—9000年间，除在南方的浙江上山、广西甑皮岩、大岩等遗址外，在北方的河北南庄头和于家沟、北京的转年和东胡林等遗址都出土了陶器，其中南庄头和于家沟是出土最早陶器的北方遗址。总的说来，稍晚的遗址出土的陶器数量和器型种类增多，火候有所提高(达800 ℃)。这些新石器早期遗址出土的陶器常与石器共存，最常见的器型是罐和釜，附有烟炱和食物残渣的陶片占相当大的比例，由此推测最早的实用陶器的功能可能是炊煮和储存食物。人们开始采食野生的种子和坚果，捕猎大型野兽的同时还兼食腥味的水生鱼类和软体动物，从而产生了熟食的需求。在这些遗址尚未发现早期农业的迹象。

  大致在距今9000年我国进入新石器中期，与作物栽培和定居生活大致同步，制陶业也逐步发展。在甑皮岩和上山遗址的晚期地层、湖南彭头山和北方的裴李岗、磁山等原始农业遗址中，出土的陶器数量明显增多，因火候高，陶片质地坚硬，可缀合成基本完整的器型，器类增多并复杂化。质地上除粗砂陶外，还烧制细砂陶、泥质陶和夹炭陶等，陶器表面添有各种纹饰。这些现象表明制陶在当时原始部落生活中的重要性，可能已分化出专业或半专业的陶工，在聚落中建造有相对固定的陶窑,例如在裴李岗和贾湖遗址均发掘有陶窑。据研究,裴李岗的横穴窑的窑温可达 800～900 ℃。因陶器遗存种类繁多和器型不断变化、数量巨大和保存良好,陶器的分型定式研究已成为判断遗址的文化性质和相对年代的基础。

到新石器晚期,陶制品已不局限于炊具和盛器,出现了陶质的纺垂、网垂和陶质弹丸等工具和武器。烧陶窑炉的高温技术、陶质的坩埚和铸模促进了后期青铜文明和钢铁文明的诞生。在商周都邑遗址出土的陶质排水管和瓦是最早的人工陶质建筑器材。商代的先民还烧制成了原始瓷,随后发展为延续近 2000 年我国灿烂的青瓷工艺。制造陶瓷的原料几乎随手可得,陶瓷制品的形状可随意塑造。陶瓷制品具有高硬度、耐水、耐高温、耐腐蚀、不易损坏等优点,它们的物理性能和外观可以通过改变配方和工艺随需要而调节。因此,自人类烧制出最初的陶制品以来,陶瓷技术总处于不断的进步和发展中,在 21 世纪的今天依然保持着这种趋势。

陶瓷是我国古代文明的重要组成部分,但是对陶瓷器和陶瓷技术的科学研究,仅始于 20 世纪 20 年代。此前人们对我国古陶瓷的认识,仅仅依据对传世瓷器的观赏和仅有的几本由历代文人撰写的描述古代瓷窑生产的文献,如南宋蒋祈的《陶记》、明初曹昭的《格古要论》、明末宋应星《天工开物》的陶埏等。虽然清代朱琰的《陶说》除描述了景德镇的生产过程外,还对历代的瓷器作了考证,但古陶瓷研究仍局限于金石学的框子。与现代考古学在我国诞生的大环境相适应,在 1921 年仰韶村和 1927 年周口店的考古发掘后不久,于 1928 年,故宫博物院刚成立三年,陈万里就走出博物院,实地考察了龙泉古窑址(苗建民等,2007)。以后他又先后 7 次赴浙江的龙泉和其他越窑青瓷窑址考察,采集了大量出处明确的瓷片,启动了我国陶瓷考古的第一步。1949 年以后,中央和一些省份的众考古机构多次组织了古窑址的科学发掘,我国的陶瓷考古进入了蓬勃发展的时期。与此相配合,自然科学方面的学者也开始从科学技术的角度研究古陶瓷。1931 年,周仁(1931)分析了杭州南宋官窑瓷片的理化性质,开启了我国古陶瓷科技研究的先河。1949 年以后,周仁在担任现在的中国科学院上海硅酸盐研究所所长期间,在该所建立了古陶瓷研究组。最早的成员有李家治、陈显求、张福康和郭演仪等,他们终身献身于古陶瓷科技研究领域,硕果累累。上海硅酸盐所也一直是我国古陶瓷科技研究的中心。20 世纪 80 年代以后,越来越多的大学和研究所人员,包括很多的外国学者介入,每年有几十篇中国古陶瓷科技研究的论文发表。从 1982 年起,上海硅酸盐所已组织了 7 届中国古陶瓷研究国际学术讨论会,发表中、英文会议论文集 11 本。总之,几十年来古窑址的调查发掘和古陶瓷的科学研究相结合,基本揭示了我国古代陶瓷技术的发展历程,阐明了古代名窑产品的原料、工艺以及它们相互间的渊源关系,还提出了一系列需进一步研究的课题。关于我国古陶瓷科技方面的问题,李家治等(1998)作了全面的总结和论述。

本章将就陶瓷的基础科学知识、我国陶瓷发展简史以及古陶瓷科技研究的有关问题作简要讨论。

6.1 陶瓷的基础科学知识

6.1.1 陶瓷的原料和化学组成

所有的陶瓷制品,无论是陶或瓷,无论是瓷胎或瓷釉,无论是我国南方的青瓷、北方的白瓷，无论是民用瓷器或高科技的各类特种陶瓷制品，它们的化学组成都为如下 3 部分：(1) SiO_2；(2) Al_2O_3；(3) 其他一些金属的氧化物：Fe_2O_3、K_2O、Na_2O、CaO、MgO、TiO_2 和 MnO_2 等。SiO_2 和 Al_2O_3 是陶瓷组成中最主要的物质，它们在瓷胎中占到 90% 左右（重量比，以下同），在陶胎中一般占 80%~90%，在传统的高温釉中占 70%~90%。SiO_2 和 Al_2O_3 在陶瓷烧结后组成胎的骨架。而 K_2O、Na_2O 等氧化物则起到助熔剂的作用，降低胎和釉烧结和熔融的温度。铁除能降低烧结温度外还是釉的着色剂。在自然界，前述的各氧化物多数不是以纯净的化合物状态存在的（SiO_2 和 Fe_2O_3 也许是例外），而是作为组成部分存在于一些矿物中。与陶瓷生产有关的常见矿物有：

  高岭石 $Al_2O_3 \cdot 2SiO_2 \cdot 2H_2O$

  钾（钠）长石 $K(Na)_2O \cdot Al_2O_3 \cdot 6SiO_2$

  钙长石 $CaO \cdot Al_2O_3 \cdot 2SiO_2$

  绢云母 $KAl_2 \cdot (AlSi)_4O_{10} \cdot (OH \cdot F)_2$

  石英 SiO_2

  石灰石 $CaCO_3$

但是这些矿物往往也不是单独隔离存在，而是作为造岩矿物存在于岩石中，或者以分散状混杂于黏土中。古人烧制陶瓷是不可能去选取单矿物的，而是选用合适的岩石和黏土作为原料。陶器的生产对原料的要求不高，多种沉积土都可以用作制陶原料，应该是就地取材；而瓷器对原料有严格的要求。我国古代制瓷的传统原料在南方是瓷石；而在北方是高岭土和白垩土，民间陶工统称它们为瓷土，是指可以作为烧瓷原料的土，以区别于只能制陶的一般黏土，后者俗称为陶土。虽然"瓷土"和"陶土"并不是严格的学术术语，因为民间使用广泛，本书仍将使用这两个术语。

瓷石与瓷土不是等同的概念，可以理解为瓷土的一种类型。瓷石是一种特殊的岩石，系花岗岩经长期的热液和风化作用的产物，其中的长石已不同程度地蚀变和绢云母化。瓷石仅产于我国的南方诸省。高岭土是一种富含高岭石矿物（一般占 60% 左右）的黏土，而白垩土是一种高铝黏土。表 6-1 显示一些典型的瓷石、高岭土和白垩土的氧化物组成，它们都是低铁的黏土。表中同时列出 2 件陶器（代表一般黏土）的组成，以资比较。

表 6-1 若干地点蕴藏的瓷石、高岭土和白垩土的氧化物组成和烧失量/(%)

	SiO_2	Al_2O_3	Fe_2O_3	K_2O	Na_2O	CaO	MgO	TiO_2	MnO_2	烧失
祁门瓷石Ⅰ	69.9	17.7	0.66	4.61	0.54	2.11	0.40	0.07	0.01	4.31
祁门瓷石Ⅱ	73.1	15.6	0.56	3.75	0.58	1.82	0.31	0.09	0.02	3.87
三宝蓬瓷石	73.7	15.3	1.57	4.13	3.79	0.70	0.04		0.16	1.13
龙泉瓷石	71.7	18.0	1.45	2.15	0.16	0.01	0.22		0.02	6.06
德化堡美瓷石	78.6	13.0	0.31	5.89	0.16	0.07	0.07	0.09	0.07	2.30
景德镇明沙高岭土	49.7	33.8	1.13	2.70	1.03	0.33	0.23	0.05	0.33	10.8
巩县高岭土	47.8	36.8	0.44	1.26	1.40	0.42	0.13	0.91	0.01	11.0
神垕高岭土	45.8	38.9	0.18	0.07	0.04	0.23	0.06	0.46	0.01	14.3
定县套里白垩土	42.4	38.4	0.43	0.30	1.00	0.59	0.56	2.43		13.4
崧泽灰陶	64.8	18.9	6.65	3.27	1.10	0.65	2.03	1.03	0.05	1.35
秦俑	65.9	17.0	6.56	3.26	1.33	2.22	2.38	0.72		

资料主要来源：张福康，2000.

表 6-1 中数据显示,不同地点的瓷石(或高岭土)中每种氧化物的含量并不是常量,而是在一定范围内波动的。但是也揭示出明显的规律:(1) 相对于瓷石和高岭土等瓷土而言,一般黏土的 SiO_2 和 Al_2O_3 的总含量低,起助熔作用的其他氧化物,特别是 Fe_2O_3 的含量高。当加温到 1000 ℃时,黏土坯体因含熔剂过多而熔融、变形和垮塌,所以一般黏土只能充当烧制陶器的原料,无法烧制成瓷器。(2) 虽然瓷石和高岭土都是低熔剂的瓷土,但是它们间,硅与铝的相对含量有相当大的差异,瓷石是高硅低铝,而高岭土则相反,属低硅高铝。需要强调指出,单一的瓷石在 1200~1250 ℃可以烧结成瓷,而高岭土则不能。因此在盛产瓷石的我国南方,于商代时就烧成了原始瓷。东汉以后南方各地纷纷烧制青瓷,使我国成为最早生产瓷器的国家。一般的高岭土即使在 1500 ℃的高温下,也难以成瓷。北方的邢窑于隋朝时才开始烧制我国最早的白瓷,但白瓷属二元配方,即将高岭土与长石按一定比例掺合后烧成。掺长石的作用是增加原料中钾、钙和硅的相对含量,从而降低烧结温度。

6.1.2 烧制过程中陶瓷理化性质的变化

前面曾提到 Hasse 对陶瓷的定义:"粉状原料加水具有塑性后成型,再在高温作用下硬化而成的制品"。可见陶瓷的烧制过程包括三个步骤:(1) 黏土原料掺和水后塑型成器;(2) 加温烧结;(3) 瓷器表面上釉等。

1. 制坯成型和瓷器挂釉

制坯过程第一步是将瓷土和陶土等原料粉碎,有时还要经过淘洗,去除杂质和过于粗大的颗粒。淘洗后的瓷土和陶土粉末需加水掺和,使黏土和瓷土颗粒表面形成一层水膜而具有塑性,从而可按需要加工成不同的器形。颗粒越细,塑性越强。如果掺入的水过多,多余的水分将存于颗粒之间,称为气孔水。陶坯在入窑烧制前必须先晾干,使多余的水分蒸发,否则气孔水在烧制加热过程中猛烈的蒸发,将使胎体产生大量气孔,甚至胎体爆裂。晾干过程中坯体有一定程度的收缩,称为干燥收缩。对于瓷器,坯体在干燥后一般需在其表面先挂上釉料,然后再入窑烧制。

2. 入窑烧制

加温烧制是陶瓷制作中最为关键的步骤,目的是将坯体加温烧结。烧结是一个难以精确定义的概念,一般是指随温度的升高,陶土和瓷土粉末颗粒变形和重新排列,使得颗粒间的空隙不断减少,连通的空隙被割断,导致坯体致密化和更为坚固。烧结过程中,坯体内将发生一系列复杂的物理和化学过程。(1) 达到 500 ℃时,高岭石等多种矿物将失去结晶水,其分子结构也将发生变化。(2) 温度继续升高时,碳酸盐和硝酸盐类的矿物将分解,例如 $CaCO_3$ 分解为 CaO 和 CO_2,后者逸出坯体。结晶水和 CO_2 的丢失,使坯体的重量减少、体积收缩(称为烧成收缩)甚至变形。表 6-1 中最右面一列的"烧失"就是指相应的瓷土或陶土在加温烧制过程中所丢失重量的百分数。(3) 高温下某些矿物会发生同质异晶的晶格变化,例如石英转化为方石英等。(4) 在更高的温度下,坯体和釉层中会发生一些化合反应,生成一些新的矿物。常见的化合反应和所形成的矿物有钙长石($CaO+Al_2O_3+2SiO_2 \longrightarrow CaO \cdot Al_2O_3 \cdot 2SiO_2$)、硅灰石($CaO+2SiO_2 \longrightarrow CaO \cdot 2SiO_2$)和莫来石($3Al_2O_3+2SiO_2 \longrightarrow 3Al_2O_3 \cdot 2SiO_2$)等。莫来石是高温瓷的瓷胎中常见的矿物,它增加瓷胎的硬度和强度。(5) 高温下某些矿物开始熔融。

虽然 SiO_2、Al_2O_3 的熔点都很高，分别为 1726 ℃和 2054 ℃，但它们与 K_2O 混杂在一起后，混合物的熔点显著降低，在最佳配比条件下熔点可以降低到 870 ℃。"$SiO_2+Al_2O_3$"体系和 Na、Ca 特别是 Pb 的氧化物的混合物的熔融温度也很低。因此在高温下含较多助熔剂的釉层有可能完全熔融，形成透明的玻璃态物质，结合在胎体上面，形成釉层。釉在熔融状态下和随后的冷却过程中，将发生分相和析晶等复杂过程，使得瓷釉显现出灿烂夺目的外观。而高温下胎体的变化情况则视其组成而定，如果胎内助熔剂含量太高，例如陶胎的情况，严重的熔融则会导致胎体的塌陷毁坏，因此烧陶的温度不应过高，一般在 900 ℃以下。对瓷胎而言，高温下发生部分的、不完全的熔融。熔融物质充填于矿物颗粒的间隙和气孔中，使得瓷胎的硬度增加，气孔率和吸水率降低，胎质呈半透明状，敲击时发出清脆的金属声。如果用显微镜观察陶胎和原始瓷胎中夹杂的石英和长石晶粒的形态，在陶胎中它们是棱角分明的，而在原始瓷胎中残留的石英和长石晶粒的边角均已部分熔蚀。烧制温度的低或高可以导致瓷胎生烧、正烧和过烧。

(6) 陶瓷器的烧制情况不仅取决于烧制的温度，而且与窑中的气氛有关，所谓气氛主要是指窑内还原性气体—氧化碳的多寡，分别称为还原气氛和氧化气氛。因气氛的不同，胎中的铁和釉中的铁、铜将处于不同的价态，呈现不同的颜色。例如低铁的瓷土烧成白瓷，含铁较高的瓷土在还原焰中呈青色至黑色，在氧化焰中因含铁量的变化呈红至深褐色。气氛也严重影响瓷釉的呈色。

烧制的最终效果取决于原料的矿物组成、焙烧的温度、时间和窑中的气氛等。

3. 釉层

胎外的釉层使瓷器具有更好的耐水性，也正是釉层体现了瓷器的外观感受。从某种意义上讲，瓷胎只是起到支架的作用，为瓷釉提供了表演的舞台，或晶莹如玉、或色彩缤纷，使瓷器成为美学欣赏的艺术品。瓷釉的千变万化取决于它的化学组成、显微结构、釉中元素的价态等。因此瓷釉原料的矿物组成、烧成的温度和气氛以及冷却过程和冷却后的变化决定了瓷釉的面貌，这是一系列比瓷胎的烧结更为复杂的过程。6.6 节将专门介绍瓷釉呈色的理化机制。

6.2 我国陶瓷发展的简史和要素

我国的陶瓷史是一部反映国人智慧、令国人骄傲的历史。李家治(1998)中肯地将这部历史总结为"三项技术突破"和"五个里程碑"。

"五个里程碑"概述如下：(1) 新石器时代早期我国陶器的出现。(2) 商代前后，印文硬陶和原始瓷在我国南方的出现。据科学分析，单一配方的瓷石可以作为烧制瓷器的原料，而实测硬陶和原始瓷的化学组成也与盛产于我国南方的瓷石的化学组成接近，因此硬陶和原始瓷的出现反映了商代陶工已认识了瓷石的性质，已能将陶瓷坯体焙烧到近 1200 ℃的高温并掌握了原始的施釉技术。这是我国古代陶瓷业了不起的进步和成就，开始了自陶向瓷的过渡。(3) 东汉晚期，在南方浙江的上虞及其邻近地区最早出现了青瓷。对上虞小仙坛窑青瓷片的分析可知，其 Fe_2O_3 和 TiO_2 的含量很低，在 1%左右，烧成温度达 1300 ℃，胎烧结良好，吸水率和开口气孔率分别为 0.28%和 0.63%。胎体内残存的石英颗粒细小、分布均匀，并可见莫来石针晶，玻璃态丰富，胎体呈一定的透明度。釉为透明的玻璃态釉，系还原气氛下烧成。在釉胎交界处可见相当数量的钙长石析晶,加强了釉与胎之间的结合,反映烧成温度很高。上列诸特征,特别是很低的吸水率表明,东汉晚期上虞窑生产的瓷器已达到现代瓷器的标准。除浙江外,江西丰城的港塘窑于东汉晚期时也开始烧制青瓷。魏晋以后,青瓷的烧制在南方很多省份已相当普及。西方有的学者将东汉的青瓷分类为炻器,这是不正确的。(4)隋、唐时期北方白釉瓷的突破。我国北方蕴藏有很多含铁量很低的优质瓷土:高岭土和富含高岭石的沉积土,可以烧制质地白净的瓷胎和高透明的瓷釉。但是这类瓷土含铝量过高,必须掺进一定量的长石,并加热到 1300 ℃ 以上,才能烧制瓷器。隋、唐以前,古人难以认识高岭土加长石的二元配方(青瓷的原料是一元配方的瓷石),尚不能掌握高达 1300 ℃ 的窑炉技术,因此北方白瓷技术的发展晚于南方的青瓷。北方的白瓷(或称白釉瓷)是一种高质量的瓷器,它实际上属高岭石、石英和长石的三元体系,是现代西方硬瓷标准配方(50％的高岭石＋25％石英＋25％长石)的母版。河北的邢窑、定窑和河南的巩窑是最早生产白瓷的窑口,也最负盛名。北方的白瓷生产打破了南方青瓷的一统天下,开创了南北方青瓷白瓷争锋的局面。(5)到宋代时,在政治中心的北方,陶工们用高岭土开始烧制玉质莹厚的汝瓷和艳丽多彩的钧瓷。而南方杭州官窑和龙泉哥窑的产品,或古朴端庄、或堆脂如玉,建窑和吉州窑生产标新立异的天目和油滴等黑釉瓷。中华大地的瓷业出现了百花争妍的繁荣景象。除皇家的御用瓷器外,民用瓷器也蓬勃发展,如北方的磁州窑系、耀州窑系,南方的长沙窑系、龙泉窑等。瓷业生产在我国的边远地区也开始兴荣发展,如宁夏的灵武窑,赤峰的缸瓦窑、屯窑,北京的龙泉务窑等,不胜枚举。北宋景德元年(公元 1004 年)建立了景德镇(原名景南),当时这里的瓷业已很发达,建镇后,除青瓷和白瓷外,还创新生产了釉色介于青瓷和白瓷间的青白瓷,或称影青瓷。公元 1278 年,元王朝在灭宋的前一年,战争还没有结束,就在景德镇设立了全国唯一的瓷局,称为"浮梁瓷局",可见瓷器生产对于元王朝的重要意义。从此以后,景德镇就一直是我国瓷业生产的中心,闻名天下的瓷都。在元代,景德镇除继续生产其传统的青白瓷外,还创造了枢府白釉、釉下青花和釉里红等新的瓷器品种,而且受北方金人的影响,开始生产釉上的彩绘瓷。元代晚期以后,景德镇的瓷胎配方发生了变化,在传统的原料——瓷石中掺入高岭土。高岭土的掺入扩展了瓷器正烧的温度范围,提高成品率,改善了瓷胎的质地,增高了胎质的致密度、硬度和白度,且不易变形。高岭土比例的增加要求更高的烧结温度,这提高了对窑炉技术的要求。明代成化年间,景德镇结合釉下青花和釉上彩绘,创造了称为斗彩的新品种,成化斗彩瓷器一直是国内外受宠爱的收藏品。上述的五个里程碑显示了我国陶瓷业史的光辉,使我国瓷业一直处于国际领先的地位。

三项重要的技术突破为:原料的选择、窑炉技术和瓷釉配制的技术。

(1)原料的选择。陶瓷业的原料是陶土和瓷土,古代的陶瓷生产应该是就地取材的。我国南方之所以能在 2000 多年前生产硬陶、原始瓷和青瓷,是因为南方盛产瓷石。古人认识到了单一成分的瓷石就能烧瓷。自隋代起,北方的陶工掌握了高岭土掺长石的二元配方,北方各地也纷纷生产多种多样的瓷器,包括定、汝和钧等名瓷。如果说,瓷石是上天对我国的偏爱和恩赐,但是高岭土却是普及全球的资源。我国窑工应用高岭土掺石英烧瓷远早于欧洲各国硬瓷的生产。

需要指出,我国南北地区陶瓷原料的差异是我国陶瓷业的一个重要特点。图 6-1 显示李家治(1998)对我国南北方 700 多件陶片和瓷片的主次量元素组成数据作对应分析(罗宏杰,

1997;陈铁梅,2005)的结果。图中显示了南方的陶器、印文硬陶、原始瓷和青瓷以及北方的陶器和瓷器等 6 类样品以 F_1 和 F_2 两个主成分为坐标轴的分布图。

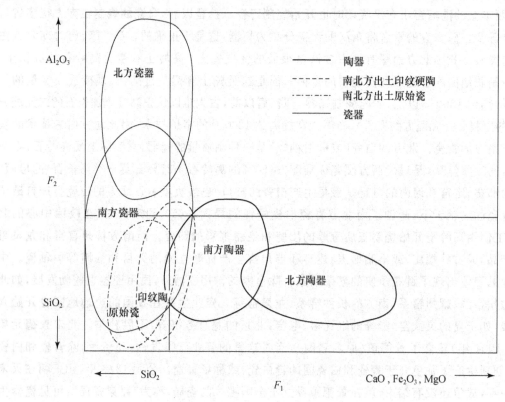

图 6-1　中国古陶瓷胎化学组成的对应分析分布图,以 F_1 和 F_2
两主成分为坐标轴(李家治,1998)

由图 6-1 可见:(a) 南北方的陶器都处于图的右面,反映陶器中 CaO、MgO 和 Fe_2O_3 等助熔剂的含量高于瓷器,SiO_2 含量低于瓷器,特别是北方陶器的助熔剂含量最高。这反映了陶器的原料是易熔黏土,而瓷器的原料是瓷石和高岭土。(b) 在南方地区,从陶器→硬陶→原始瓷→南方青瓷,样品点的分布区域逐步左移,清楚地反映了助熔剂含量逐步减少的趋势。但是在北方的陶和瓷之间未见这种逐步变化的规律,北方的陶和瓷是相互隔离的。(c) 南方的瓷器分布在图的左下方,而北方瓷器在左上方,反映了它们的原料的不同,分别为高硅低铝的瓷石和高铝低硅的高岭土。元代晚期以后南方的窑工在瓷石中掺高岭土,使得南方瓷器的铝含量增高,因此图上出现南北方瓷器部分重叠的区域。

(2) 窑炉技术的进步。世界各地的新石器文化都烧制陶器,青铜时代的罗马人能烧制质地细腻、形态优美、表面光滑和图案美丽的精致陶器或炻器,但不是瓷器。古代西方不能烧制瓷器的原因之一,是他们没有掌握烧瓷所需的高温技术。陶器的烧制温度一般低于 1000 ℃。但是生产硬陶和原始瓷器则要求窑炉能达到 1200 ℃ 以上的高温,瓷器的烧制还需要还原气氛,为此需要控制进窑空气的流量。在我国南方已发现商时期的装有烟囱的室窑和小型龙窑,龙窑的窑膛长而且有坡度,使火焰从传统的升焰成为平焰,其抽力既保证氧气的供给,又能调节空气进量,在窑内形成还原气氛而又不致产生大量的炭黑(游离的碳原子)。东汉青瓷的烧成温度接近 1300℃，就是在龙窑中烧成的。顺便指出，我国古代先进的窑炉技术也造就我国成为世界上最早（春秋时期）湿法炼铁的国家，带鼓风的竖式炉的温度超过了冶炼生铁所需的最低温度 1148℃。大致在隋代时，我国北方的窑工发明了一种倒焰式的窑，这种窑四周有隔墙，出烟口在墙的底部，窑室与炉膛隔离，称为馒头窑。后来又发展成多烟囱、大火塘和小窑室的窑炉结构，它能达到更高的温度，开创了北方白瓷的生产。据测量，邢窑和定窑很多产品的烧成温度达到 1380℃。对陶瓷炉窑感兴趣的读者可参阅刘振群(1978)的综述。

(3) 瓷釉配制的技术。瓷釉的使用反映人类审美追求的天性，在新石器时代的某些陶器上就曾有陶衣和泥釉。当然，陶衣和泥釉因所含助熔剂低和烧成温度低，并不是玻璃质的釉层。在商代原始瓷表面首次观察到玻璃质的釉层，尽管具有釉层薄、釉胎的结合不牢固和釉层透明度差等原始特征。原始瓷瓷釉的助熔剂总含量高，同时观测到 CaO、Fe_2O_3、K_2O 和 P_2O_5 等多种氧化物，而且它们的含量涨落极大，分别在 1%~20%、1.6%~10.1%、1.2%~7.5% 和 0.0%~2.0% 间波动。这也反映了原始瓷釉的原始性，陶工们正在探索，寻找合适的瓷釉原料和配方。看来石灰石、含高铁的黏土、硝石和草木灰等都曾被作为制釉的配料掺合于瓷石中。殷墟晚期，原始瓷釉有明显进步，釉层变厚、玻璃质感增强，从早期的褐色转向青色。东汉以后，青瓷的瓷釉可分为以氧化铁为主要助熔剂的铁釉系（黑釉）和钙釉系两类。后者又称为石灰釉，系釉果（含钾钠较高的瓷石）和釉灰按一定比例混合。釉灰是将石灰石与草一起反复煅烧的产物，是极细的碳酸钙颗粒与草木灰的混合物。钙釉的熔融温度范围窄、易流淌，因此晚唐时青瓷钙釉又进步为钙-碱釉和碱-钙釉。铁釉和钙釉都属高温釉，东汉的陶工还开始使用以 PbO 为主要助熔剂的低温釉，又称铅釉，用彩色的铅釉装饰陶质的塑品。闻名中外的唐代三彩器也是以低温铅釉作为涂料的，并内含 CuO、Fe_2O_3 和 CoO 作为绿、黄、蓝等三种颜色的着色剂。宋代时我国的瓷釉技术又创造了多种新品种：例如官窑、龙泉窑和汝窑的乳浊感釉，铁丝金线开片釉，钧瓷的分相色釉和窑变，建窑黑釉的油滴和兔毫，长沙窑的釉上彩。元明时期景德镇集各地之大成，创造出青花和釉里红等釉下彩，祭红等名釉品种。我国的瓷釉或清雅如水、晶莹如玉，或五彩缤纷、争奇斗妍，是中华古代艺术宝库中的明珠。

6.3 古陶瓷化学组成测量的方法

在考古调查和遗址、墓葬的发掘中几乎都能采集到相当数量的陶片和瓷片，它们是考古研究的重要材料。利用自然科学技术对陶片和瓷片进行分析测量，能揭示传统陶瓷考古研究所难以获得的考古信息。科学测试的内容主要包括：测量陶瓷片物理性质和化学组成，观察它们的矿相组成和显微结构，探讨釉的呈色机理等。其中化学元素组成的测量占重要的地位，因为它能提供关于烧制陶瓷的原材料的种类和产地、烧制工艺以及产品流通等多方面的信息。最早是 1798 年，德国化学家 M. H. Klaproth 对三块罗马时期的玻璃马赛克作定量化学分析，玻璃与陶瓷均属硅酸盐产品。1864 年法国矿物学家 A. Damour 在研究了凯尔特人的硬质石斧的矿物组成和化学元素组成后，第一次提出了根据文物的化学组成追溯文物产地的思想。在我国，最早似可追溯到 20 世纪 30 年代初，周仁(1931)对杭州郊坛下南宋官窑瓷片的化学分析，其目的是帮助复制古代名瓷。

古陶瓷的化学组成一般分为常量元素组成和微量元素组成。前者是指含量高于或接近1%的元素，包括Si、Al、Fe、K、Na、Ca、Mg、Ti和Mn等元素，其中的Si和Al也称为主量元素，而其他的常量元素称为次量元素。常量元素组成决定陶瓷的物理性质和外观，也反映陶瓷的原料种类和工艺。微量元素是指含量明显低于1%的元素，包括稀土元素。它们几乎不影响陶瓷的物理性质，但可以提供关于原料产地的信息。对陶瓷的原料、工艺和产地的研究，首先要测量它们的化学组成，其次是对测量数据进行合理的数学分析。

可供选择的测量陶瓷化学组成的方法很多，早期研究一般使用经典的湿化学分析、光激发光谱(OES)、原子发射(AES)和吸收光谱(AAS)等方法。在我国，绝大多数研究陶瓷化学组成的论文发表于20世纪80年代以后，原子发射光谱、中子活析(INAA)和X射线荧光分析(XRF)是最常用的分析方法。20世纪90年代以来，电感耦合等离子体发射光谱和质谱(ICP-AES和ICP-MS)得到愈益广泛的应用。此外也有少数研究者应用质子激发X荧光(PIXE)、同步辐射X荧光(SRXRF)等粒子加速器技术和与电镜结合的电子微探针等技术。上述各方法各有优缺点，是互补的。选择哪种方法取决于研究者有没有可能使用某种设备，综合考虑每种测量方法能测哪些元素、测量的灵敏度、准确度和精密度、样品的消耗量、试样制备的难易程度以及测量费用和测量用时等实际问题。鉴于AES、AAS、ICP-AES和电子微探针(EPMA)等方法的原理和设备等已在5.3节详细介绍，本章主要讨论INAA和XRF这两种方法，概要论及湿化学、PIXE等其他方法。我们将从陶瓷研究的角度讨论和评价上述诸方法。

6.3.1 湿化学方法

湿化学方法是最早发展的对物质体系的主次量化学元素进行定量分析的一种方法，主要包括滴定、共沉淀等重量分析方法等，其测量的准确度甚高，可达0.2%。但湿化学方法的测量灵敏度相当低，一般要求被测元素的氧化物含量在0.2%以上，对低含量元素的测量误差较大。古陶瓷中的Si、Al、Ca、Mg、K、Na、Fe、Ti、Mn、P等主次量元素一般都可以用此法测定。我国上海硅酸盐研究所早期的工作主要基于此法，罗宏杰(1997)曾总结分析了硅酸盐研究所所测700个古瓷胎和462个古瓷釉的主次量元素含量数据，这些数据主要是湿化学方法的测量数据。湿化学方法的最大缺点是费时费工、效率太低，现在已很少被应用。

6.3.2 中子活化分析方法

1. 中子活化分析的原理

大多数化学元素有一种或多种稳定同位素，其中有的同位素能吸收中子发生核反应，并生成放射性同位素，后者的衰变将伴随特定能量γ射线的辐射。例如，铝只有一种稳定的同位素^{27}Al，^{27}Al与中子反应生成^{28}Al，后者是放射性同位素，半衰期是2.4分钟，其衰变伴随放出能量为1779 keV的γ射线。如果将含有铝元素的某样品放入原子核反应堆中辐照(核反应唯是一个强大的中子源)，并能检测到1779 keV能量的γ射线，那么可以肯定该样品中含有铝。如果辐照条件和测量γ射线强度的条件固定不变，那么样品辐照后所发射的1779 keV能量的γ射线的强度与样品中铝的含量成正比。实际测量时，需要另找一件与被测样品重量相等、形状相同和化学组成相近的样品，但后者的铝含量是已知的，我们把后者称为标准样品。使被测样品和标准样品经历完全相同条件的中子辐照,并在同样的条件下测量它们所辐射 1779 keV γ射线的强度,那么两个样品γ射线的强度比就等于它们的铝含量之比,从而可测定被测样品的铝含量。可见中子活化分析属于相对测量方法,必须要有标准样品。

2. 中子活化分析测量陶瓷化学组成的精密度和准确度、优点和缺点

最早使用 INAA 技术测量考古样品的是 20 世纪 50 年代美国布鲁克海文实验室的 Sayre 等(1959)。INAA 测量古陶瓷的化学组成具有诸多优点:(1)可以同时测量样品中 30 多种元素,包括大多数稀土元素的含量。这是因为各元素的同位素在中子辐照后所辐射的γ射线的能量是不一样的,现代的锗锂半导体探测器能同时全谱测量不同能量γ射线的强度。(2)INAA 有很高的分析灵敏度(ppm 级或更低)。(3)能进行大批量样品的测量。(4)取样量不大,一般取 50~100 mg 的陶瓷粉末。INAA 测量陶瓷样品的上述优点使其很快得到推广,成为古陶瓷测量中应用最广泛的一种方法。例如美国密苏里大学的核反应堆在美国国家科学基金会的支持下供全美国有关考古课题使用,每年提供几千个数据。在我国最早是原中国社会科学院考古研究所的李虎侯(1984)与中国原子能科学研究院合作测量的一批宋代名瓷的化学组成,目前 INAA 测量陶瓷的化学组成在我国原子能科学研究院和中国科学院高能物理研究所已属常规工作。

INAA 测量陶瓷样品化学组成的精密度和准确度不能笼统而言,因元素不同而不同,并依赖于所测元素在样品中的含量。范东宇(2003)对"古瓷参考物"中 20 种元素 10 次重复测量的相对标准差(精密度)在 1%~6%之间。陈铁梅等(2003a)曾对多件其化学组成已知并接近陶瓷的标准样品作 INAA 测量,对于所测 30 多种元素中的多数,观察到测量值相对于标称值的偏离(准确度)在 5%左右或稍大,而对 Al、Fe 和某些稀土元素,相对偏离值接近 3%,与国外有关文献的报道相近。古代陶瓷生产的选料、工艺不可能遵循严格的规范,每个窑口同时期产品之间的化学组成是有一定涨落的,因此 INAA 测量的精密度和准确度能满足古陶瓷研究的需要。因为 INAA 测量都带有标准样品,因此不同实验室测量的数据间应具有可比性,原则上可以收入统一的陶瓷化学组成数据库。陈铁梅等(2003a)曾将 35 片瓷片同时送中国原子能科学研究院和美国威斯康辛大学作 INAA 对比测量,共同测量的 23 种元素中,有 16 种元素,在 $\alpha = 0.05$ 的显著性水平上通过平均值的一致性检验,只有 Lu、Sm 和 Ti 的差别较大,表明这两个实验室之间数据的可比性。

INAA 测量古陶瓷的缺点是不能测量 Si,测 Ca 的误差较大。另外,如果γ射线测量装置不处于反应堆临近,样品不能在辐照后几分钟内立即测量而是经过若干小时或一二天后再测量(后者称为长辐照 INAA 测量),那么 Al、Ti、Mg、Mn 等元素因辐照产生的放射性同位素的半衰期太短而不能测量,测 K 的误差也较大。而上述这几种元素都是陶瓷中重要的主次量元素,因此长辐照 INAA 不能满意地给出关于陶瓷原料种类和工艺的宏观信息,而只能通过微量元素进行产地溯源。INAA 另外的缺点是科技考古工作者往往不能亲自测量,需要把样品送专门的 INAA 实验室,有时须等待一段时间才能拿到测量结果,而且费用也较高。近年来由于环保问题,西方国家原子核反应堆的数量日益减少,陶瓷的 INAA 测量似乎有被 ICP-AES 和 ICP-MS 替代的趋势。

6.3.3 X射线荧光分析方法

1. X射线荧光分析的原理

X射线荧光分析(XRF)是将X光管作为激发源照射陶瓷样品,样品中的各元素被激发,并发射出特征能量的X荧光谱线。公式(6-1)给出,原子序数为Z的元素的特征K_αX荧光谱线的能量近似为

$$E = 13.5(Z-1)^2(1/1^2 - 1/2^2)\text{eV} \tag{6-1}$$

特征谱线的强度与样品中相应元素的含量成正比,同时也与X光管激发源的发射强度和能谱以及特征谱线的测量条件等有关。图6-2是陶瓷样品(故宫琉璃瓦)典型的特征X射线谱图,图中标志了各峰所对应的元素,而且峰的高度大致与样品中相应元素的含量成正比。与中子活化分析方法相类似,X射线荧光分析也需要在相同的激发和测量条件下测量标准样品。通过比较被测样品和一组标准样品X荧光谱中对应特征谱线的强度,以确定被测样品中一系列元素的含量。

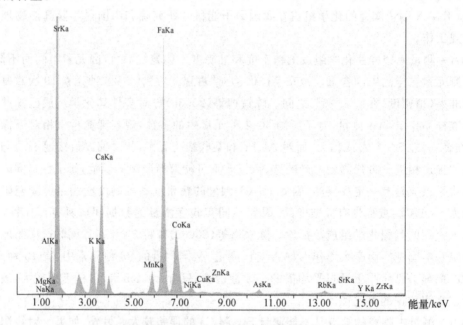

图6-2 故宫琉璃瓦的特征X射线谱图(苗建民友善提供)

X射线的能量比中子活化分析中γ射线的能量低很多,因此特征X荧光射线可以被样品中其他元素的原子所吸收,也可以激发其他低Z元素的特征射线。这种复杂的情况称为X射线荧光分析中样品的基体效应,它影响测量的精确度。为了降低基体效应、粒度效应等的影响,标准样品与被测样品间应该有相近的化学组成和物理状态。对于陶瓷测量而言,需要有10个以上的标准样品组(它们的化学组成在一定范围内变化),用以建立适用于陶瓷样品的"谱峰强度相对于标准样品中元素(或其氧化物)含量标称值的标准工作曲线"。每种元素有自己的标准工作曲线。中科院上海硅酸盐研究所、北京大学和香港城市大学合作,已建立了一套共13个标准样品、专用于陶瓷样品化学组成的测量(罗宏杰,2007)。

2. XRF 分析仪的结构和种类

XRF 分析仪由 X 光源、样品室、X 射线能谱分析和测量系统等三部分组成，它是价格适中、操作方便的的仪器。我国很多大学和研究单位，包括文物部门的实验室都配置了 XRF 分析仪。XRF 分析仪分为能量色散型（EDXRF）和波长色散型（WDXRF）两种类型。前者使用半导体探测器直接测量 X 荧光谱，而后者则通过晶体衍射，将 X 荧光谱色散后再探测。两者各有优缺点，能量色散型设备较简单、能耗小、价格低，每个样品测量的时间短；而波长色散型的测量精密度和准确度高，其缺点是测量时间较长。此外还有一种手提式的 X 射线荧光分析仪（以放射源作为 X 光源），可以在考古现场对文物的化学组成进行半定量的快速测量。

XRF 方法分析陶瓷的化学组成时，经常有三种制备测量样品的方法：(1) 将陶瓷片的表面磨平、清洗后直接测量；(2) 将陶瓷片研磨成粉末状后，加压成测量样品片，称为压片法；(3) 将陶瓷粉末熔融在四硼酸锂中制成玻璃片，称为玻璃熔片法。前面提到，XRF 测量的基体效应会严重影响 XRF 测量的精确度，另外还要考虑 X 射线管的韧致辐射背景的干扰和被测样品本身的非均匀性等因素，在三种制样方法中，玻璃熔片法的测量精确度最高，压片法次之，而直接测量的误差最大。但熔片法因样品被稀释，对低含量元素的测量灵敏度低于压片法。

此外在文物鉴定中也可将瓷器直接放入大样品室中进行半定量无损测量。近年来还出现了一种微束扫描型 X 射线荧光分析仪。其 X 射线的束斑很细，且束斑面积可调。当束斑在样品上扫描时，可以测量陶瓷片表面或截面上的元素分布，例如可以观察瓷的胎和釉间反应层中的元素分布等。

3. X 射线荧光分析测量陶瓷化学组成的精密度和准确度、优点和缺点

鉴于 X 射线荧光分析仪器的普及和科技考古工作者可亲自操作测量，加上其他的一些优点，XRF 已成为测量古陶瓷化学组成应用最广泛的方法之一。例如日本奈良教育大学的三辻利一曾测量和发表了 10 万个古陶瓷的 XRF 数据。我国这方面较早的研究者有陶光仪等（1989）。XRF 测量陶瓷中的元素通常是从原子序数 $Z=11$ 的 Na 到 $Z=40$ 的 Zr，以及 Ba 和 Pb 等重元素。测量的准确度和精密度主要由两个因素决定：(1) 所测元素在陶瓷中的含量，高含量元素的测量精确度高；(2) 使用哪种类型的谱仪和哪种制样方法，使用 WDXRF 谱仪配合玻璃熔片法的精确度最高。

本书作者曾用 EDXRF 仪，在相同条件下对 2 片磨平的瓷片连续 2 个月作 9 次重复测量，观察到反映测量精密度的相对标准差如下：Si 为 1%，Al、K、Fe、Rb、Sr 和 Zr 为 3%～4%，Ca、Ti、As、Mn、Mg、Zn 和 Y 约 10% 或略低，Cu 和 Cr 为 15%，Na 和 Ni 大于 30%。某些元素测量精密度低的原因是：Cu 和 Cr 在陶瓷中的含量很低，Na 特征线的能量很低，受样品自吸收和探测器铍窗吸收的影响，其谱峰仅略高于测量谱的背景线。Ni 的测量受到陶瓷样品中含量相对高的 Fe 的 K_β 线的干扰。本书作者也曾在 WDXRF 仪上配合玻璃熔片法连续 2 个月在相同条件下对一片玻璃熔片样品重复 10 次测量，观察到 Al、Ca、Fe、K、Mg、Mn、P、Si、Sr 和 Ti 等元素的相对标准差均小于 1%，相对标准差在 1%～5% 之间的元素有 Ni、Pb、Rb、Zr 等，只有 As、Ba、Cr、Cu、Na、Y 和 Zn 的相对标准差较大些，但小于 10%（陈铁梅等，2003b）。可见对于所有元素，熔片法 WDXRF 的测量精密度均明显优于 EDXRF 法直接测瓷片。

关于 XRF 法测量陶瓷化学组成的准确度,陈铁梅等(2003b)曾使用"排一法"进行了检验,即在 14 个标准样品中,依次用 13 个标准样所建立的标准工作曲线反测另一个标准样的化学组成,并将测量结果与该样品的标称值比较。对于 WDXRF 配合玻璃熔片法,测量值对标称值的相对误差分别为:Si、Al、K 为 1%,Fe、Ca 为 2%,Na、Mg、Mn、Ti 和 P 小于 4%,Rb、Sr、Zr 和 V 低于 8%,其他元素除 Cu 和 As 外低于 15%。这里前 9 种元素是陶瓷的主次量元素,它们反映了原材料种类,也决定了陶瓷的性能和所需的烧制温度等。

使用 WDXRF 配合玻璃熔片法测量古陶瓷化学组成的精确度显著高于 INAA 方法。但是 XRF 的测量灵敏度低于 INAA,难得高于 20×10^{-6},因此能测量的微量元素的数目也少于 INAA 方法。因此 XRF 方法更适用于测量古陶瓷的主次量元素以研究其原料及工艺,而 INAA 方法的长处在于测量微量元素以探索古陶瓷的产源。

6.3.4 电感耦合等离子质谱仪测量陶瓷的化学组成的前景

电感耦合等离子体质谱仪(ICP-MS)的工作原理和结构在 5.7.7 小节中已有介绍,它使用电感耦合等离子体作为离子源,测量离子的质量谱。质谱仪测量样品化学组成的原理如下:质谱仪测量样品中一定质量数的原子的含量(要对 A 相同而 Z 不同的核素,称为同量异位素作修正),由此可以直接或间接测得一些元素的某些同位素的含量,再利用已知的同位素丰度值就可以计算得到相应元素的含量。质谱测量与 INAA 和 XRF 相似,也是一种相对测量,需要配置被测元素的标准溶液。它的特出优点是测量灵敏度极高,检测限达 ppb 量级,因此样品用量少,使用几毫克的陶瓷粉末就能高精确地测量约 40 种元素的含量,而 INAA 和 XRF 的用样量为 50~100 mg 左右。

ICP-MS 测量陶瓷的元素组成有非常高的精密度。李保平等(2003)在昆士兰大学对一个陶瓷样品共 54 次溶样、203 次重复测量。所测 39 种元素,除个别元素外,其相对标准差在 1%~5% 间,大多数在 3% 以下。如此高的测量精密度,除了需要质谱仪的优良性质保证外,还得益于他们采用了多种浓酸烧沸全溶样品。但这种制样方法费力费时,且可能有有毒气体排出。样品的制备是 ICP-MS 测量中重要环节,Kennett 等(2002)利用微波消解方法对样品进行封闭溶解,提高了样品制备的效率,但测量的精确度稍低于全溶法。ICP-MS 应用于陶瓷测量的主要缺点是难以测量 Si 和 Ca 这两种陶瓷组分中的重要元素。此外还需注意一系列技术问题,例如分子离子的干扰,应用内标以补偿因基体影响所造成的灵敏度漂移等。

在我国,最早使用 ICP-MS 测量陶瓷化学组成的是古丽冰等(2000)的报道,他们测量了一些原始瓷瓷片中 14 种稀土元素的含量,但误差稍大。鉴于 ICP-MS 的上述诸优点,还有它能同时测量陶瓷中 Sr、Pb 等元素的同位素组成,进行陶瓷原材料的产地溯源。ICP-MS 在古陶瓷的化学组成测量方面有非常光明的应用前景。

顺便指出,也可以使用电感耦合等离子发射光谱仪(ICP-AES)测量陶瓷的化学组成,古丽冰等(1999)也曾作过尝试。但因光谱线的干扰等问题,它的测量灵敏度和精确度等都不如等离子质谱仪。目前已发表的我国古陶瓷化学组成的 ICP-AES 数据不多,因此本书不作讨论。

6.3.5 质子激发 X 荧光和同步辐射 X 荧光测量陶瓷化学组成的特点

质子激发 X 荧光(PIXE)和同步辐射 X 射线荧光分析(SRXRF)与前述 XRF 一样均是通

过探测样品被激发后发出的特征 X 荧光谱线的强度来测定相应元素的含量,只是激发源不同。PIXE 用加速后的高能质子作激发源,因加速器的束流强,当束斑高聚焦时,其测量灵敏度比常规 XRF 高 2 个量级。但如考虑样品的非均匀性,需散焦使束斑面积变大,其灵敏度也相应降低。PIXE 测量的精确度很大程度上取决于加速器束流的稳定性,这是难于与现代的商业 X 射线管的稳定性相比的,且运行成本也高。PIXE 独特的优点是可以将束流引到加速器的外部,在大气中直接对完整的珍贵瓷器进行无损测量(承焕生等,2002),此外可对瓷器表层作扫描测量。

我国的 SRXRF 工作是在中国科学院高能物理研究所的正负电子对撞机上实现的(这是一台价值上百亿人民币的超大型设备),对撞机远行时产生极强的同步辐射,辐射强度可达 X 射线管的几万倍,其波长可调从而可选择单色光进行测量。同步辐射的 X 射线又是极化的,因此在一定的角度探测可进一步降低本底。综合上述诸因素,SRXRF 的测量灵敏度极高,可达 ppb 量级,而束斑极小,可达 20 μm 量级。黄宇营等(2002)曾用 SRXRF 扫描瓷片,以观察瓷片中元素分布的均匀性。SRXRF 测量瓷釉和瓷胎间过度层中元素的分布也显示其特殊的长处。SRXRF 的缺点是目前在大气中测量,X 荧光被吸收,使得测量 Al 等原子序数较低的元素的误差较大,另外它需要大型的电子回旋加速器,国内目前除高能物理研究所外,只有中国科技大学拥有相应设备。SRXRF 因其特殊的优点在古陶瓷研究中的作用有待进一步开发。

综上所述,INAA 和 XRF 是目前测量古陶瓷元素组成中应用最普遍,提供数据最多,又相互补充的方法。前者能可信地测量 20 多种元素,特别是稀土等微量元素,后者能以较高的精确度测量陶瓷的全部主次量元素。ICP-AES 和 ICP-MS 也有良好的应用前景,特别是 ICP-MS 以其低检测限,高精密度,更多的可测元素数量和同时测量同位素组成等优点而备受青睐。PIXE 和 SRXRF 则具有特殊的功能。

6.4 古陶瓷化学组成的研究概况和数据的考古学诠释

目前国内外有很多学术单位从事我国古陶瓷化学组成的测量,已发表了几百篇论文和几万件我国陶瓷样品的数据,说明了科技考古界对该研究领域的重视。

为了根据陶瓷片化学组成的测量数据中推导出可信的、有意义的考古学推论,从样品的采集、选择、测量元素的选择和测量数据的分析处理都需要遵守一定的规则。被测样品应有良好的代表性,其出处、时代等考古信息必须明确可靠。鉴于古代陶瓷生产的选料和工艺不严格规范。同一出处、相同类型的陶瓷片的化学组成是有一定涨落的,加上测量过程本身也有随机误差,因此在每个考古单元,对每一类型的陶瓷片,必须采集多片(至少 6~8 片),形成样品组,测量各元素含量的平均值和标准差。测量元素的选择取决于研究目标,主次量元素经常应用于分析陶瓷原料的种类和配方,而微量元素则应用于产地溯源。

某些情况下,仅考虑单种元素的含量或一对元素含量的比值,就能直观地解释或提出陶瓷考古的课题,例如胎的铁含量从印文硬陶经早期原始瓷、西周原始瓷到东汉青瓷呈系统下降的趋势,反映了陶瓷技术的进步。洪洲窑青瓷的铁含量从"东汉时高、两晋和南北朝低到唐朝又高"的马鞍形变化,瓷胎的颜色也相应由深变浅、又变深,以致唐朝名士陆羽将洪州青瓷贬为当时六大名瓷之末。不清楚这种变化规律是因为唐代时洪州地区低铁瓷土的耗尽匮乏,还是因为技术的失传。铜元素的使用导致唐长沙窑和宋钧瓷最早出现红色的釉。北宋晚期青瓷釉中钾钙比值的提高导致钙釉向钙-碱釉的转化,降低了对窑温控制的要求,使釉层加厚和质感更好。

但是也有很多陶瓷考古的课题是比较复杂的。例如某一地点前后两期的陶瓷产品各是用哪种黏土原料烧制的,原料和配方曾否发生过变化。某地点发现的外地形态的陶瓷片是输入的还是当地仿制的,系产品输入还是技术输入。商周一些都城遗址出土的原始瓷瓷片的供应地点在哪里,是单一地点还是多源的。已知河南巩县黄冶窑和陕西铜川黄堡窑是唐朝时两个最具规模的三彩陶器生产中心,能否探索黄冶窑和黄堡窑三彩产品各自的流通路线和地域。还有为古瓷真伪鉴定而建立古代名瓷化学组成数据库的工作等。上述每个研究课题都需要分析测量几十片或上百片陶瓷(p 个样品),而对每片陶瓷测量十多种元素的含量(n 个变量),总共有 $p \times n$ 个测量数据,即同时要分析处理几千个数据。对于如此庞大的数据组,难以直观地推断其中可能存在的规律。这需要借助专门的数学方法,主要是使用各种多元统计方法将庞大的数据组简化。在相当一些研究课题中所分析的样品,在考古学上往往是自然分组的。数据处理过程是应用多元统计的方法根据化学组成对样品分组(这里我们称之为分析组),然后将分析组与先验的考古组进行比较,由此作出考古推论。下面通过一些实例简单介绍聚类分析、主成分分析、对应分析和判别分析等几种常用的多元统计方法,演示怎样根据陶瓷片化学组成进行考古推论的。

1. 陶瓷片数量不太多时,可以使用聚类分析方法

承焕生等(1999)曾用聚类分析方法根据瓷釉的常量元素组成对清凉寺汝官窑、汝民窑、仿汝和其他一些青瓷等31片瓷片进行分类,结果如图6-3所示。全部瓷片分为两大类,图右部的第一类12件样品全部为官汝(GRY)。第二类又可分左右两组,右组有11件样品,包括1片官汝、6片民汝(MRY)和其他青瓷;左组共8件样品,包括2片民汝、2片仿汝(FRY)和其他青瓷。聚类分析图清晰地反映官汝的瓷釉相对于其他样品具有独特的常量元素组成。

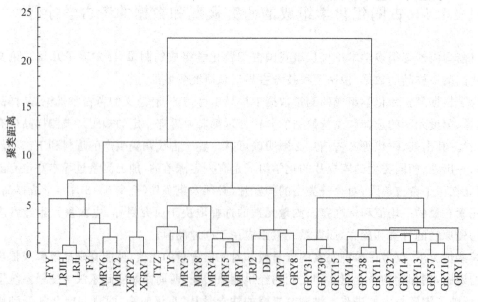

图 6-3　汝窑等青瓷釉根据常量元素组成的聚类图

2. 当被分析的陶瓷样品数量很多时,常使用主成分分析或对应分析

这两种方法都是在保留住大部分的原始信息的条件下对原始数据进行简约,最终给出清晰直观的分析结果。例如李家治等(1998)曾用对应分析方法,根据陶瓷胎中 Si、Al、Fe、Ca、Mg、K 和 Na 等 9 种主次量元素的含量,对我国南北方 700 多件古代陶和瓷片(南、北方的陶器、南、北方的瓷器、印文硬陶和原始瓷等 6 大类陶瓷)样品进行分类,以考察陶瓷片按主次量元素组成的分类结果与它们的实际类别间的关系。按元素组成分类涉及近 7000 个测量数据(每片陶瓷片被 9 个变量所描述),对应分析的结果可以用图 6-1 简明表示。图中上述的 9 个变量被简约到 F_1 和 F_2 两个综合变量,称为第一和第二两个主成分变量。用 F_1 和 F_2 作为坐标轴作图,那么每件陶瓷片在图中将被表示为某确定位置的一个点,而点与点之间的距离反映了相应两件陶瓷片的 9 种元素含量之间的差异大小。鉴于有 700 多个样品点,数量太多,为了方便观察,样品点在图 6-1 中未被标出。而是用线框分别标出了 6 大类陶瓷样品各自的分布区域。由图 6-1 可见,每一类陶瓷片被局限于一个小区中,因为它们是用相近的原料烧制的,其化学组成相近,而不同类别的陶瓷片基本上是相互隔离的。对应分析相对于主成分分析的优点是在样品分布图上还能标出原始变量的位置,如图 6-1 中 SiO_2、Al_2O_3、Fe_2O_3、CaO 和 MgO 等氧化物。由图可见,瓷器分布于图的左部,而南北方的陶器都分布于图的右部,说明陶器中 CaO、MgO 和 Fe_2O_3 等助熔剂的含量高于瓷器,SiO_2 含量低于瓷器,因为制陶的原料是易熔黏土。北方瓷器分布于图的上部,反映它们高 Al 低 Si 的元素组成,应该主要使用高岭土为原料,而南方瓷器分布于图的下部,反映它们低 Al 高 Si 的特点,系用瓷石为原料。另外南方和北方陶器间的主次量元素组成也是有差异的。图 6-1 还显示了印文硬陶、原始瓷和南方瓷器是用相近的原料烧制的,而且呈现出助熔剂相继降低的趋势。

李家治等(1998)上述的研究成果总结了上海硅酸盐研究所几十年进行古陶瓷成分测量和研究的成果,阐明了我国古陶瓷主要品种的原材料种类及其变化过程,这是古陶瓷科技研究的一个基础性的贡献,也是成功地应用多元统计方法处理庞大的古陶瓷化学组成数据组的范例。马清林等(Ma, et al, 2000)根据硅酸盐研究所发表的数据,曾利用人工神经网络方法(一种属模式识别的数学方法),对我国新石器时代黄河流域,长江流域和南方地区出土的 77 片陶片进行归类研究,也得到我国南北方两地陶器的主次量元素组成有差异的结论。

3. 判别分析方法

在古陶瓷研究中经常会遇到要求判断在某个遗址或墓葬出土的某些瓷器或瓷片是否是某个瓷窑的产品,判断文物市场中古瓷器的真伪等一类问题。如果要给出肯定的答案,那么被鉴定的样品应该与所论及瓷窑的产品有非常接近的化学组成,包括微量元素的组成。问题在于用什么标准,特别是定量的标准去判断"接近与否"。这类问题可以借助于判别分析方法。下面介绍应用判别分析进行瓷片产地溯源的一个实例。

本书作者曾用中子活化分析方法测量了江西吴城(20 片)、浙江黄梅(8 片)、安徽南陵牯牛山(6 片)和苍圆塝(8 片)以及广东博罗(11 片)出土的共 53 片瓷片的 Al、Ba、Ce、Cr、Cs、Eu、Fe、K、La、Mn、Na、Sc、Th 和 U 等共 14 种元素的含量。根据考古资料这 5 个地点的原始瓷片

应该都是当地生产的,它们构成 5 个先验组。同时也用同样的方法测量了河南郑州商城、小双桥、安阳殷墟(不包括四期的瓷片)和湖北荆南寺等商代遗址中发现的共 33 片原始瓷残片的这 14 种元素的含量。希望通过分析化学组成来判断,这后面 4 个遗址出土的原始瓷片与前述吴城等 5 个生产地点中的哪一地点产品的化学组成最为接近(陈铁梅,2005)。为此使用了多元统计中的判别分析方法。判别分析的第一步是根据 5 个先验组的 53 片瓷片的元素组成建立判别函数,再用负重量最高的第一和第二两个判别函数将 53 件瓷片进行归类为 5 个判别组(图 6-4a),考察判别组和先验组是否符合。由图可见,5 个先验组样品基本上各自聚集成单独的组群,而各组群间相互分离,仅苍圆塝的♯36 和吴城的♯137 样品被误判,它们被错误地归入牯牛山组。因此,总判对率为 51/53=96.2%,判别组与先验组基本符合,说明所建立判别函数是可信的。这样,第二步就可以用所建立的判别函数去判断郑州商城等地出土的 33 件瓷片应该归类到哪一个判别组(即先验组),归类结果见图 6-4b。可见除郑州有 2 件瓷片被判别归入牯牛山组外,其余的 31 片原始瓷片均归入吴城组(在图 6-4b 中它们的位置与吴城组的中心最近)。因此根据瓷片的元素组成,判别分析认为"荆南寺、郑州、小双桥和殷墟四期以前原始瓷的化学组成与吴城的最为接近,这些原始瓷片很可能是吴城及其周边地区生产的"。应当指出,严格地说判别分析的结果仅表明,在吴城、黄梅、牯牛山、苍圆塝和博罗等 5 个原始瓷产地中,郑州商城等地出土的原始瓷在元素组成方面更接近吴城,但并没有证明它们一定是吴城的产品。

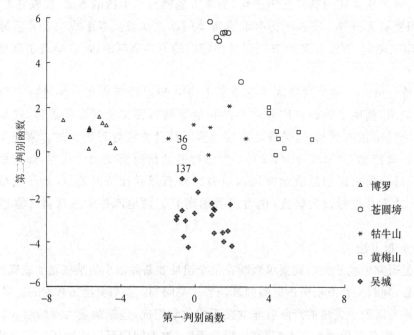

图 6-4a 吴城、黄梅、牯牛山、苍圆塝和博罗等五地 53 片
原始瓷片产地根据判别函数的分布图

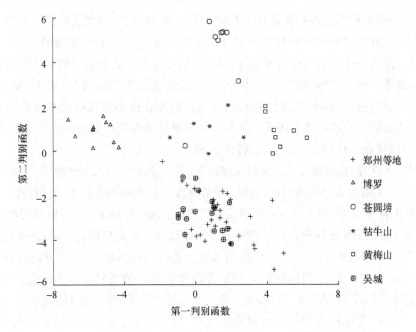

图 6-4b　郑州等地出土的原始瓷片根据图 6-4a 判别函数的归类

6.5　陶瓷其他物理性质的测量

6.5.1　陶瓷烧成温度和瓷釉熔融温度范围的测量

1. 陶瓷烧成温度的测量

陶瓷的烧成温度是指陶瓷胎的烧成温度,常用热膨胀分析仪和差热分析仪(DTA)测量瓷胎的烧成温度。热膨胀仪的功能是测量物体某一方向长度因温度变化所引起是微弱胀缩(通过光的干涉效应进行测量,因此测量灵敏度极高)。热膨胀仪测量瓷胎烧成温度的原理是这样的:将陶瓷胎体切割成一个几厘米线性尺度的长方体,放置于热膨胀仪中加温。随温度升高,陶瓷样品将发生可逆性的热膨胀,这与多数材料的热胀冷缩过程相似。对于瓷胎而言,总体上这个加热膨胀过程一直维持到它的烧成温度,当加热温度超过烧成温度后,胎体内部将产生更多的玻璃化,胎体发生不可逆的收缩,热膨胀曲线的形状发生变化。原则上,

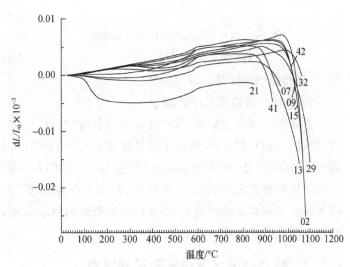

图 6-5　二里头遗址多件陶片重烧的热膨胀曲线(吴瑞等,2007)

烧成温度大致与热膨胀曲线由膨胀转化为收缩的拐点温度相当,但拐点的位置与烧成温度下的维持时间有关,因此烧成温度的测量误差很难小于 20~30 ℃。实际的热膨胀曲线会更复杂,例如在 570 ℃时,瓷胎中残存的石英晶体会发生相变,从立方晶系的 β-石英转化为六方晶系的 α-石英,导致加速膨胀。对于陶器,除石英晶体的相变,当超过 850 ℃后,残留 $CaCO_3$ 的分解,某些低熔点杂质的开始熔融都会影响热膨胀曲线的形状。因此分析热膨胀曲线来确定陶瓷的烧成温度,需要分析人员的经验和谨慎。图 6-5 显示二里头遗址多件陶片重烧的热膨胀曲线图,可见多数陶片的烧成温度在 900~1000 ℃间,个别低于 900 ℃。

差热分析(DTA)测量陶瓷烧成温度的原理如下:在差热分析仪的加热槽中分别放置陶瓷样品块和参比物块,它们有完全相同的形状、重量并将在完全相同的条件下经历加热过程。参比物可以是烧制陶瓷的原料-黏土(原则上应该使用烧制被测陶瓷的同一种黏土),也可以是同类的陶瓷块体,但事先已经历了更高温度的加热。当加热槽升温时样品和参比物也同时升温,热电偶不断测量样品和参比物之间的温度差别 ΔT。如果样品与参比物是同一种物质,尽管在升温过程中会发生失水、相变等放热或吸热反应,它们仍将同步升温,升温过程中,一直保持 $\Delta T \approx 0$。但是如果陶片样品的参比物是黏土,则 ΔT 将随温度 T 而变化。图 6-6 是陶片相对于黏土的假想差热曲线。

由图 6-6 可见,升温刚开始时黏土因失水吸热,曲线向下。200 ℃以后曲线的向上,可能是

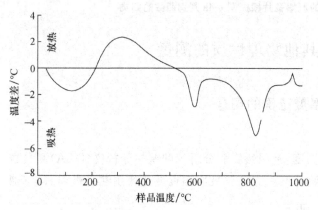

图 6-6　陶片样品相对于黏土的假想的
差热分析曲线(李士,1991)

与黏土中残留有机物的氧化释热有关。在 573 ℃时石英的相变应吸热,但这在图中表现不明显,可能是因为陶片和黏土中都含有石英。600 ℃的峰系反映黏土中某些矿物的脱羟基过程。约 800 ℃左右很强的吸热峰是黏土中方解石的分解所致,这说明陶片的烧成温度应高于 800 ℃。最后在 950 ℃处可见一个小的放热峰,它可能与失水黏土矿物的高温相变有关。图 6-6 仅是假想的差热分析曲线,实际情况更为复杂,因此根据实测的差热曲线来推测陶瓷的烧成温度,经验和谨慎同样是必不可少的。

2. 瓷釉熔融温度范围的测量

瓷釉是非晶质的物质,不存在确定的所谓"熔点"温度,通常是测量瓷釉熔融的温度范围。将釉从胎上剥离刮下,研磨后用模具压成 $\varphi = 2\,mm$ 和 $h = 3\,mm$ 的柱体,柱体放置于高温显微镜中,观察升温过程中柱体的逐步熔融过程。最初,柱体将收缩、棱角消失(称为初熔温度),再升温柱体将凝聚成近似球状、半球状(称为半球点温度)和最后向外流淌(称为流淌点温度)。以半球点和流淌点之间的温度范围,作为瓷釉的熔融温度范围。一般情况下瓷器的烧成温度处在半球点温度与流淌点温度之间。

6.5.2　陶瓷的吸水率和气孔率的测量

陶瓷吸水率的测量相对简单。先测量陶瓷片的干重,然后将陶瓷片浸泡于水中,待其饱和

吸水后,取出擦干,称湿重。吸水率=(湿重-干重)/干重。

气孔率和吸水率是两个相关的指标,瓷胎体中有的气孔是非常细小的,瓷片浸泡于水中时,水不能排出非常细小的气孔中的空气而进入气孔,因此目前测量气孔率较常用的方法是煮沸法。把瓷片浸泡于水中反复煮沸,使得瓷片的大小气孔都充满水。然后再称重,气孔总体积=(湿重-干重)/水的密度。而气孔率=气孔总体积/瓷片体积。实际上上述方法测量的是开口气孔率,因为胎体内存在完全封闭气孔,水是无法进入全封闭气孔的。

6.6 瓷釉的化学组成、呈色机理和发展概况

瓷器由胎和釉两部分组成。虽然胎和釉都是由 SiO_2、Al_2O_3 和作为助熔剂的金属氧化物 Fe_2O_3、KO_2、NaO_2、CaO、MgO、TiO_2 和 MnO_2 等组成,但它们的组成比例是不同的。其主要差别在于,瓷釉的助熔剂含量远比瓷胎高。在烧制过程中,瓷胎仅局部熔融而烧结,但瓷釉却基本熔融和玻璃化,呈透明或半透明状。瓷胎起到支架的作用,为外层的瓷釉提供了表演的舞台,或晶莹如玉,或光泽亮丽,或色彩缤纷,使瓷器成为美学欣赏的艺术品。

6.6.1 瓷釉的种类、显微结构和呈色机理

瓷釉根据所含助熔剂的种类不同,可分为钙系的高温釉和含氧化铅的低温釉两大类,前者的烧成温度在 1150 ℃ 以上,而后者仅 800~900 ℃。高温钙系釉根据含铁量的多寡又可分黑釉瓷和青瓷,青瓷是我国历史最悠久,生产最广泛的品种。黑釉是一种独特的品种。而汉代的彩陶、唐代的三彩器和晚期的釉上粉彩等都是使用低温铅釉。另外,北方的白瓷釉属高钾低铁的碱钙釉,也归入高温釉。表 6-2 列出我国古代多种瓷釉化学组成的典型值。

表 6-2 我国古代多种瓷釉化学组成的典型值(重量百分比/%)

	SiO_2	Al_2O_3	CaO	MgO	KO_2	NaO_2	Fe_2O_3	TiO	P_2O_5	MnO	CuO	SnO
原始瓷	56	14	18	3	3	1	3	1	1.7	0.5		
东汉越青瓷	56	13	20	2.5	2	0.6	1	1	0.3	1.2		
东汉越黑釉瓷	52	12	23	1.6	1.8	0.7	4.6	0.9	?	0.2		
唐越青瓷	61	13.5	15	3	1	0.7	2	0.6	1.5			
五代越青瓷	60	12.5	15	0.6	1.2	0.6	2.5	0.8	1.5	0.3		
北宋龙泉瓷	59	16	16	2.1	3	0.3	1.8	<0.4	1	0.4		
南宋龙泉瓷	65	15	10	<1	4.5	0.5	1.0	<0.3	0.8	0.4		
南宋官窑	64	15	13	0.8	4	0.4	1		0.3	<0.1		
汝官瓷	60	15.3	12	2.3	4	0.7	1.5	0.2	0.6	0.2		
钧官瓷	71	10	10	1	4.5	0.6	2.3	0.4			0.4	0.4
隋邢瓷	69	14	8	1.3	4	1.4	0.6	0.1	0.1	0.1		
唐邢瓷	68	19	6.8	2.6	0.6	1.5	0.8	0.1	0.5	0.1		
宋定白瓷	69	20	3.8	2.1	2.4	0.4	1.1	<0.1	0.1	<0.1		
宋定黑瓷	64	17	7.5	2.9	2.2	0.7	5.3	0.2	0.1			
宋建瓷	60	19.5	6	1.1	3	0.1	5.1	0.7	1.2	0.5		
宋吉州天目釉	61	14	8	2.5	4.5	0.3	5	0.9	1.5	0.9		

资料主要来源:张福康,2000。

瓷釉的结构比瓷胎复杂、属非均匀质地的体系。釉的色泽和质感虽千变万化,但无论是高温釉或低温釉都主要取决于三个因素:瓷胎的外观、瓷釉中的着色剂、釉的玻璃化程度和显微结构。

(1) 胎的颜色和质地。瓷胎的颜色有青、白、黄褐、红和黑等,主要取决于胎中铁和钛的含量和烧制气氛,其质地有的细腻光滑,有的粗糙。胎的颜色和质地可以透过釉层而影响外观。因此有的窑系在胎釉之间加一层洁白细腻的化装土以改善釉的呈色效果,有的瓷器胎面刻花增加美感。

(2) 釉中的着色元素及其含量。釉中的着色剂主要是一些金属氧化物,当着色元素含量很低时,釉基本上是无色透明的。着色剂的呈色机理是它们被自然光激发后,发射出特征波长的原子光谱。例如低温铅釉的三彩器,分别用铁、铜和钴作为黄、绿和蓝三种颜色的着色剂。青瓷釉的呈色元素主要是铁和铜。这两种元素都是变价元素,在氧化气氛下,铁呈红褐色(如果铁含量很高而且釉层厚时则呈黑色),铜呈绿色;而在还原气氛下铁和铜分别呈青色和红色。除铁和铜外,后期陶工还使用钴蓝、锑黄、金红等多种着色剂。需要指出,着色元素的呈色效果,也受到釉中其他助溶剂的影响。着色剂既直接使用于釉中,也作为釉上彩和釉下彩的原料。

(3) 釉的玻璃化程度和显微结构。瓷釉的呈色效果还取决于它的玻璃化程度和微观结构。微观结构主要指釉中因析晶和分相所形成的微晶和微粒,釉中残存的石英颗粒和气泡的大小和数量等。陈显求等(1989)认为,依据微观结构的不同,瓷釉可分为玻璃态釉、析晶釉和分相釉等三类。李伟东等(2005a)对青瓷钙釉的微观结构及其析晶和分相机理进行了详尽的研究,首次提出釉的析晶和分相往往是相关联的。钙釉为 SiO_2-Al_2O_3-Ca(Mg)O-K(Na)$_2$O-Fe_2O_3 多元体系,根据 SiO_2-Al_2O_3-CaO 系统的平衡相图分析,多种青瓷钙釉的化学组成处于钙长石初晶区内,因此在加热烧制过程中有微米和亚微米级的针状或柱状钙长石晶体析出(见图6-7)。因为钙长石中 Al_2O_3 的质量百分比高达36.65%,析晶导致钙长石晶体附近和晶隙的釉中 SiO_2/Al_2O_3 摩尔比上升,从而使得 SiO_2 和 Al_2O_3 在1200℃高温下两相不互溶,Al_2O_3 以小于 0.2 μm 的纳米级"液滴"分布于 SiO_2 的连续相中,形成分相结构(见图6-8)。这是钙釉中钙长石的析晶与 SiO_2 和 Al_2O_3 的分相之间相关联的机理。

析晶和分相所形成的显微结构将影响瓷釉的外观。釉中的钙长石微晶、残留的石英颗粒和气泡等微米级的非均质物对阳光的漫反射将降低釉的透明度,从而使釉呈乳浊状,导致釉的玉质感。对于分相釉,入射光,主要是短波段的蓝光在纳米级液滴上的瑞利散射,使釉呈青蓝色调(纳米级粒子的瑞利散射强度与入射光波长的四次方成反比)。钧瓷

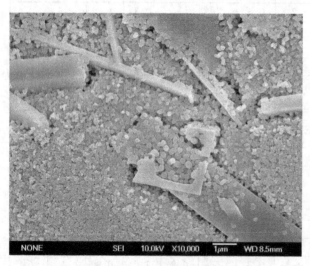

图 6-7 钙釉中的钙长石析晶(李伟东等,2005a)

釉是一种典型的分相釉,因为其 SiO_2/Al_2O_3 摩尔比甚高(见表6-2),而且其高 P_2O_5 含量也促进分相过程。因此蓝色乳光成为钧瓷的主要特征。钧釉中的铜和铁使在蓝色的基面上形成红色和紫色的斑块。

如果釉温甚高(高于1175℃)且加温时间长,则不仅瓷釉熔融充分,而且钙长石晶体会回熔,形成均匀质的透明釉。例如邢、巩、定等北方白瓷的釉属玻璃态釉(高温碱釉),釉无色且透明度高,因此可以见到胎面和胎面上的刻花和印花,以及釉胎交界处的少量钙长石结晶等。

总之,釉的玻璃化程度和显微结构

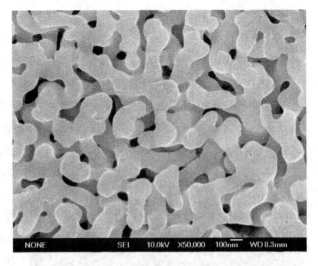

图6-8 场发射扫描电镜显示的汝瓷釉 SiO_2 连续相中纳米级 Al_2O_3 "液滴"的分相结构(李伟东等,2005b)

取决于瓷釉的化学组成和烧成温度、高温下的持续时间和冷却速度,还有窑中的气氛等。

6.6.2 我国瓷釉的发展简况

商代原始瓷表面的釉是我国最早的瓷釉,属钙釉,应该是在瓷石中掺一定量的草木灰作为原料。草木灰含有10%~30%的 CaO(MgO)、6%~12%的 $K_2O(Na_2O)$ 和约2%或稍高的 P_2O_5。草木灰在我国的瓷釉工艺史中起到重要的作用,一直沿用到很晚,古代陶工有"无灰不成釉"之说。但草木灰来源有限,成本高,而且用不同种属的植物和不同植物组织加工的草木灰的化学组成涨落很大,此外草木灰中的 K_2CO_3 因水溶性高而有不同程度的流失,使得工艺上不易掌握。因此商周时的陶工已开始用石灰石($CaCO_3$)作为配制钙釉的原料。但石灰石不易完全粉碎,较粗的颗粒会影响釉的质量。因此古人将石灰石烧成石灰,再加水成氢氧化钙后,与植物的茎叶混在一起反复煅烧,形成釉灰。一定配比的釉灰与瓷石是制钙釉的原料。釉灰的配比高,则釉的熔融温度低,釉的透明度高,光泽感强,但釉层薄,且易流釉;釉灰的配比低,则釉的熔融温度高,易烧成乳浊感的厚层釉。钙釉在我国有悠久的历史,从商代原始瓷到北宋,我国南北方的青瓷都是使用钙釉。但早期的钙釉含铁量涨落大,釉色有褐色,也有绿色,釉层都较薄。大约在北宋时我国的陶工在瓷釉的配料中,逐步减少釉灰的用量而添加硝石,即提高釉中 K(Na) 相对于 Ca(Mg) 的含量比,这类釉称为钙-碱釉(罗宏杰,1997)。钙-碱釉的熔融温度范围,即从半球点到流淌点的温度区间比钙釉宽。这降低了对瓷窑温度控制的要求,而且钙-碱釉的粘滞度高,可以烧制釉层厚实(超过0.5 mm,厚的可达1.5 mm)的瓷器。钙-碱釉的使用提高了瓷器的质量,以龙泉窑为例,北宋早期的瓷釉薄并开裂,而南宋时开始生产厚釉的粉青色和梅子青色等白胎青瓷著名品种。它们都是在严格的还原气氛下烧制的。粉青釉的温度控制在略低于正烧温度,即略高于半球点温度,熔融不完全,釉中保留钙长石和硅灰石微晶以及石英细粒和气泡,由于这些非均质物相对光线的漫反射,使得其光泽柔和、滋润如玉。梅子青釉的烧成温度略高于正烧温度,接近流淌点温度,熔融完全,钙长石回溶,气泡析出,从而清澈透明、青绿如翠。

比青瓷稍晚，于东汉末年我国就开始生产黑釉瓷。黑釉瓷的胎和釉的原料都是含铁量较高的黏土。从生产青瓷的角度考虑，高铁黏土是低品位的原料，但这种黏土的分布很广，来源丰富，古代的陶工使用刻花和控制析晶等技术，生产了独特的、多品种的黑釉瓷，包括"油滴"和"兔毫"等名种。黑釉瓷也属于钙系釉，CaO 是主要的助熔剂，铁是主要的着色剂，也具助熔功能，Fe_2O_3 的含量大于 4%，但有较大的波动。与青瓷钙釉相仿，黑釉的钙钾比同样经历由高逐步降低的过程，在宋代的建窑和吉州天目瓷的釉中，K_2O 相对于 CaO 的重量比已达到 0.5，甚至更高，因此釉的粘滞度增加，釉层厚。李伟东等(2005c)曾对前人研究建盏"兔毫"形成机理的成果进行探讨和总结。黑釉中钙长石的析晶使釉的液相更富铁，釉中的气泡将富铁成分聚集在其周围，并将它们带到釉面，冷却时釉面处过饱和的氧化铁将结晶，视釉是否流动而形成点状的"油滴"或流纹状的"兔毫"。还因为窑中的气氛不同，结晶物可以是银色的磁铁矿或暗红色的赤铁矿。图 6-9 显示建盏黑釉釉面氧化铁析晶的显微结构。

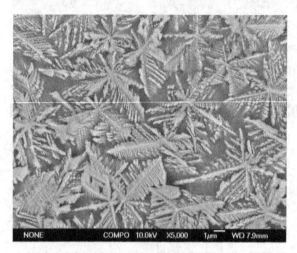

图 6-9　建盏黑釉瓷釉面的氧化铁析晶(李伟东等，2005c)

除传统的青瓷釉、白瓷透明釉和黑釉外，唐宋以后，我国的陶工又创造了颜色釉、釉上彩和釉下彩等品种。高温色釉有祭红、郎红等，以铜为着色元素。低温色釉的种类更多，使用的着色元素种类也更多。釉上彩和釉下彩的种类多种多样，其中最著名的为青花瓷。另外，还出现了釉上和釉下彩结合的粉彩，以及法华彩、珐琅彩等。

6.7　古陶瓷烧制年代的测量

陶器是考古发掘中最常见的古代遗存，陶器的烧制年代往往与出土陶器的遗址的年代直接相关，代表某种考古学文化的年代，因此陶器的测年受到考古学家的重视。测量古陶瓷烧制年代的主要方法是热释光测年技术。关于热释光测年的一般原理、仪器、技术和年龄计算公式在 3.7.1 和 3.7.2 两小节中已有详细论述，本节仅对上述内容作简要回顾，重点将讨论怎样将热释光技术应用于古代陶片年代的测定。瓷胎因已部分玻璃化，其热释光测年更困难、误差更大，我们将在讨论古陶瓷真伪鉴别时简要介绍。本节的最后，简要介绍含有机质陶片的测年。

6.7.1　热释光测年基本原理的回顾

陶器中含有相当数量的石英和长石等矿物颗粒。热释光是石英、长石等透明矿物的磷光现象。放射性射线的辐照能激发矿物中的束缚电子，部分被激发的电子会被矿物中的杂质和晶格缺陷所形成的电子陷阱所俘获。陶器中的石英和长石颗粒不断受到辐照,其电子陷阱逐步被填充,也就是能量的积累过程。在常温下电子陷阱中的被俘获电子是稳定的,当加热石英和长石时,电子陷阱中的电子热运动加剧,并逃离电子陷阱回到低能量的基态,其能量以发光的形式放出,这就是热释光现象。新烧制的陶器因为刚经历高温过程,矿物颗粒中的电子陷阱是空的,不存在被俘获电子,因此测不到热释光信号。但是考古发掘的陶片,经长年埋藏地下,其矿物颗粒的电子陷阱中已积累不少被俘获电子。加热这类陶片将有光子释放,而且其热释光强度正比于电子陷阱中被俘获电子的数目,也正比于陶片自烧制以来所接受的总辐照剂量。陶片的热释光信号强度是可以测量的,而且可以通过一定的技术换算成总辐照剂量或累积剂量。考古遗址中埋藏的陶片每年所接受的剂量称为年剂量率,年剂量率可以通过测量陶片和陶片周围埋藏土中铀、钍和钾等放射性元素的含量确定。这样,利用公式(3-3a)就可以计算得到陶片或陶器的年龄:

$$陶片年龄 = \frac{累积剂量}{年剂量率}$$

累积剂量用戈瑞(Gy)作为测量单位,年剂量率的计量单位是戈瑞/年(Gy/a)。陶片年龄的测定归结于测量累积剂量和年剂量率。

6.7.2 陶片热释光测年的采样要求

为了测定某考古地层的年代,应从该地层中采集多片陶片,以它们的平均热释光年龄代表地层的年代。这是因为陶片的热释光测年是有误差的,取平均值可以提高测年的精确性。在有连续地层剖面的考古堆积层中,应该分层采集陶片样品,以便考察各层的测年结果是否与地层关系相符。

陶片样品的大小应大于 2 cm×2 cm,稍大些更好。陶片的厚度应大于 7 mm,不能太薄。因为制样时陶片的表面层需刮去(薄胎陶也能测年,但误差要大些)。

陶片采集处周围 30 cm 内希望是基本均匀的堆积物,避免在邻近大石块、动物骨头密集堆积处或考古灰坑的边缘处采样,也不应采集过分靠近地表的陶片,因为对于这类埋藏环境,不易正确计算陶片的年剂量率。

陶片采集后不能用水清洗。除陶片本身外,还必须同时采集陶片周围的堆积物。所采集的陶片及其周围堆积物均需马上放入塑料口袋中,双层密封包扎,保持其水份,并尽快送实验室测量。因为样品和周围堆积物的含水量是需要测量的,它影响测年结果的准确度。采样过程应尽量避免阳光直晒。当然样品与其周围的堆积物都需正确标明出土层位。采集好的陶片需要继续避光,并远离热源和放射性辐射场,以免导致陶片中已积累的热释光信号的衰退或增强。

6.7.3 陶片热释光测年的准确度、误差和应用情况

热释光技术测量陶器烧制年龄归结为测量其接受的累积剂量(或历史剂量)和年剂量率。但实际上为了精确测量这两个变量,都需要通过测量多个项目和作某些校正。例如测累积剂量时要测量陶片的热释光对剂量的响应关系,要作非线性校正,要考虑到假热释光的可能存在和热释光的异常衰退等。而测量年剂量率时,除要分别测陶片和周围堆积物的铀、钍、钾含量

外,还要了解陶片埋藏地点过去的环境情况,例如地下水的变化、铀的衰变子体——镭和氡可能从陶片中的逸出等。此外 α 射线和 β 射线激发热释光的效率有很大差别并随陶质而变化。以上这些项目都需要实验测定,也都不可避免有测量误差。有的变量甚至是难以直接观测,而只能估计的。热释光测年工作者的主要任务就是在于设法减少和尽可能准确地估计上述各测量项目中的误差因素。关于热释光测年的误差问题是很复杂的,有兴趣的读者可读王维达等(1997)撰写的热释光测年专著。一般来说,单个陶片热释光测年的相对误差大于 10%。如果陶片的个体较大,可作多样品测量,或者在同一考古地层中采集多片陶片测年,所得的平均年龄值的相对随机误差会有所降低。上海博物馆对 31 片考古发掘的陶片的测年结果与已知年代作比较,观察到差别在 4%~13% 之间,这大致反映了热释光测年的精确度。对于传世的、脱离地层的陶器,因无法得到关于其埋藏环境的信息,热释光测年的误差会更大。

目前我国已发表的考古遗址热释光测年的数据并不多。上海博物馆曾系统测定了上海市崧泽、福泉山、马桥以及浙江河姆渡等遗址的陶片以及一系列古建筑砖瓦的热释光年龄。社科院考古所曾测定了湖北关庙山遗址和铜绿山古炼铜炉的热释光年龄。北京大学考古系等测量了牛河梁冶铜遗址的炉壁和红烧土的年龄。热释光测年技术对建立考古年表的贡献虽不及 ^{14}C 测年技术,其测年的精确度也低于 ^{14}C 方法,但其特出优点是能直接测量陶片、砖瓦、炉灶等考古遗存的年代。

6.7.4 含有机物陶片的 ^{14}C 测年

古人在塑造陶坯时,有时将草、稻壳等有机物掺入黏土中,作为"筋"以加强陶坯的机械强度。陶坯焙烧过程中,这些有机掺入物因与空气隔绝而炭化。陶胎中的炭化物可以作为 ^{14}C 测年的对象,其 ^{14}C 年龄应该与陶器的烧制年代相近。本书作者曾以此方法,测量了湖南彭头山遗址出土的陶片的年代(见 4.5 节),这里不再絮述。陶质炊具上的烟炱也可进行 ^{14}C 测年,但测量的不是陶器的烧制年代,而是陶器最后被使用的年代。

6.8 古陶瓷的真伪鉴别

出售伪造的古陶瓷往往能带来超额的利润,是一门经久不衰的"行业",在古董市场上总是赝品多于真品。古董专家和古陶瓷鉴赏家根据器物的质地和外观形态来识别赝品,但伪造者们仿制的膺品也能达到维妙维肖、以假乱真的境界。高价购买陶瓷假古董受骗上当和古董专家鉴定错误的事例也时有所闻。目前已开发了两种自然科学的技术能帮助鉴别陶瓷赝品:古陶瓷的热释光测年和陶瓷器的化学组成分析。

6.8.1 古陶瓷真伪鉴别的热释光技术

热释光技术是古陶瓷真伪鉴定的的有力手段。最早成功地应用该技术于鉴别古陶瓷赝品的是牛津大学考古与艺术史实验室的艾特肯(Aitken)。20 世纪 60 年代初,西方文物市场上出现了一批声称出自公元前 6 世纪土耳其哈日拉尔遗址的人形彩陶容器和彩陶人俑,眼睛部位镶嵌了两块黑曜石。哈日拉尔彩陶有很高的艺术价值,各博物馆竞相购买,精品的单价达 1

万美元。但不久人们就怀疑，为什么货源如此充足，并且发现某些器物的来源不清，外观也有异常。受到怀疑的包括牛津博物馆于 1963 年从伦敦拍卖市场上购得的两件哈日拉尔人形彩陶容器。

热释光法鉴别古陶器真伪的关键是测定它的烧制年代。古陶器和近代赝品因烧制年代不同，所积累的剂量是有很大差别的，应当很容易用热释光方法加以区分。由于陶器本身的质地不同和埋藏环境不同，陶器每 1000 年积累的剂量在 1～5 Gy 之间波动，多数情况下为每千年 3 Gy 左右。艾特肯测量了 68 件所谓的哈日拉尔彩陶的累积剂量，其中 18 件的累积剂量值超过 10 Gy，而其余 50 件的累积剂量值低于 1 Gy。后者肯定是赝品（包括牛津博物馆的藏品），真品率低于 20%。应该指出，热释光技术鉴别民国时期仿制的清代早期以前的陶瓷器没有太大的困难。但是狡猾的赝品制造者会用 X 射线人工辐照赝品陶瓷，使其所接受的累积剂量接近特定时代的古陶瓷所应有的累积剂量值，这种经人工辐照的赝品陶瓷就不易用热释光方法加以鉴别了。当然伪造者必须要有足够的科学知识，人工辐照剂量必须适当，过高或过低均不行。例如布鲁塞尔国际航空港曾截获了 7 件中国唐三彩，在用热释光方法进行真伪鉴定时，发现其中 5 件器物的累积剂量过高，其热释年龄竟在距今 3000 年以上。赝品的携带者后来供认，这些唐三彩是他在古董商店买的仿制品，为了对付热释光的检验，对其中 5 件仿制逼真的唐三彩进行了人工辐照。因辐照剂量掌握得不好，导致年龄过老，露出了马脚。

由于陶瓷制品可能经过人工辐照，因此热释光技术对古陶瓷"辨伪"的可靠性要远高于其"证实"的把握。某件陶瓷器的累积剂量很低，其烧制时代绝大多数情况下不可能很久远，因此可以判定它不是古董，除非该件器物近期曾被加热过。反过来，如果某件陶瓷器其累积剂量达到一定数值，还不能确定它一定是古董，除非能肯定它未经人工辐照。古陶瓷出售商会声称器物未经人工辐照，但这是无法加以证实的。对于陶器（不包括瓷器）原则上可以通过所谓的"相减技术"来鉴别陶器所接受的累积剂量是天然的历史过程还是人为的 X 射线辐照，这可以提高"证实"的可靠性。但相减技术操作较复杂，而且要从陶器上取较大数量的样品，增加器物的损伤程度。目前还很少有使用相减技术对古陶器进行真伪鉴别的实例报道。

热释光用于古陶瓷鉴定的另一缺点是它不是完全无损的，需要从器物上取样。对于陶器，破坏小一些，在不起眼的地方刮一点粉末即可；对于瓷器，则需要在底部钻取一个直径和深度各为 3 mm 的柱体，这是古瓷收藏家所不愿意的。国外也有实验室通过刮少量瓷粉进行热释光鉴定，但技术难度更大。

目前瓷器的真伪鉴定都采用一种称之为前剂量技术的热释光测年方法。前剂量效应是指石英矿物低温 110 ℃ 释光峰的灵敏度和样品所接受的累积剂量有关，因此可以通过测量样品 110 ℃ 峰的灵敏度来确定累积剂量值。这里不作细述，只是指出前剂量技术仅适用于晚于 1000 年的陶瓷品的真伪鉴定。上海博物馆用前剂量热释光技术鉴别瓷器真伪的研究工作取得了瞩目的进展（王维达等，2001），并获得国家文物局 2004 年度文物科技研究一等奖。

6.8.2 鉴别古陶瓷真伪的化学组成分析方法

通过测量古陶瓷的化学组成以鉴别其真伪的原理简述如下：每个窑口一定时期生产的陶瓷器一般使用固定的原料、配方和工艺。因此特定时代特定种类瓷器的胎和釉有特定的主量、次量和微量元素组成,可以看作该类瓷器的"指纹"。如果文物市场出现了一件该类的瓷器,那么它也应该具有该类瓷器的特征化学组成,即有相同的"指纹"。举一个例子作说明,景德镇生产青花瓷的青花钴料,在明永乐以前都使用是进口钴料,成化时开始使用国产钴料。钴料中含有铁和锰等杂质,但这两种钴料的铁锰含量有很大的差别,前者称为高铁低锰青花料,铁锰的含量比高于1;而后者称为低铁高锰青花料,铁锰比小于1。如果测量了某件青花瓷器青花的铁锰比很低,那么它肯定不是元青花或明成化以前的青花瓷。这可以称为"一票否决制"。需要指出,青花钴料的铁锰比之所以能作为青花瓷早晚的标准,是事先已测量了大量各时期青花瓷钴料的铁锰比,也参考了一些文献的记录,了解了各时期青花钴料的来源,好似已建立了关于钴料铁锰比的一个小数据库。但是在瓷器鉴定中,像青花钴料这种一票否决的幸运例子并不多,实际的情况要复杂得多。为了能可靠地鉴定某种古代名瓷,首先要测量相当一批数量该类名瓷的化学组成,建立相应的数据库,作为鉴别被测样品的基准。这里还需要考虑到,同一窑口的产品,因生产时间的先后或器型的不同,化学组成可能会有一定程度的涨落和波动,而两类不同瓷器的元素组成也有可能相近,因此建立数据库的工作量是相当大的。此外还需要考虑作伪技术的进步,还是以青花瓷的鉴定为例,早期赝品的青花料中往往(但不是全部)含有锌、钡等明代青花瓷所没有的杂质,因此可依此作为判据,但是后期的伪造者就不会再使用含锌、钡等杂质的青花料伪造元青花瓷器了。

总之,根据化学组成鉴定古瓷的真伪,与应用热释光的情况相似,都是辨伪容易而确认真品难。提供证实的结论,是应该非常谨慎的。前几年用多种X射线荧光分析技术鉴定一对青花云龙纹象耳瓶是否为元青花的过程及后来的争议,就是一个有经验教训的例子。应该说用化学组成分析技术鉴定古瓷真伪目前还不如热释光方法成熟,但是在古陶瓷真伪鉴定中,它依然是热释光技术的一种重要补充。使用X射线荧光分析技术测量陶瓷的化学组成的重要优点是有可能实现无损的真伪鉴定,已设计有大样品室的X荧光谱仪,可以容纳相当大尺寸的瓷器,进行直接测量而无须取样。

最后应指出,考古和科技考古工作者的知识背景、思维方式和价值观念与文物商人、收藏家是不同的,更因为文物藏品的真伪涉及金钱与名声,由科技鉴定所引起的麻烦,甚至诉讼,国内外并不少见。因此提供鉴定报告必须十分谨慎,有关的实验室也许还需要聘请正直、高明的常务律师。

参考文献

[1] 陈铁梅,Rapp G,荆志淳.商周时期原始瓷的中子活化分析及相关问题讨论.考古,2003a,(7):69.

[2] 陈铁梅,王建平.古陶瓷的成分测定,数据处理和考古解释.文物保护和考古科学,2003b,18(4):50.

[3] 陈铁梅.定量考古学.北京:北京大学出版社,2005.

[4] 陈显求,黄瑞福,陈士萍,周学林.中国历代分相釉——其化学组成、不混溶结构与艺术外观.古陶瓷科学技术国际讨论会论文集(1).上海:上海科学技术文献出版社,1989.

[5] 承焕生,何文权,扬福家,周正廷.宋代汝瓷研究.文物保护和考古科学,1999,11(2):19.

[6] 承焕生,张正权,林尔康.元代釉里红的PIXE研究.2002年古陶瓷科学技术国际讨论会论文集.上海:上海科学文献出版社,2002.

[7] 范东宇.浙江寺龙口及其他典型瓷窑青瓷的核分析研究.中国科学院高能物理研究所博士学位论

文,2003.

[8] 古丽冰,邵宏翔,刘伟.商代原始瓷样的感耦等离子发射光谱分析.岩矿测试,1999,18(3):201.

[9] 古丽冰,邵宏翔,陈铁梅.感耦等离子体质谱法测定商代原始瓷中的稀土.岩矿测试,2000,19(1):70.

[10] 黄宇营,梁宝鎏,Stokes M J.同步辐射X射线荧光微探针技术研究中国古陶瓷的元素分布均匀性.2002年古陶瓷科学技术国际讨论会论文集.上海:上海科学文献出版社,2002.

[11] 李保平,赵建新,K D Collereson,A Greig.电感耦合等离子体质谱分析在中国古陶瓷研究中的应用.科学通报,2003,48(7):659.

[12] 李虎侯.中国古瓷中的微量元素.考古学报,1986,(1):115.

[13] 李家治.中国科学技术史(陶瓷卷).北京:科学出版社,1998.

[14] 李士,秦广雍.现代实验技术在考古学中的应用.北京:科学出版社,1991.

[15] 李伟东,邓泽群,李家治.中国古代钙釉中的析晶和分相.古陶瓷科学技术国际讨论会论文集(6).上海:上海科学技术文献出版社,2005a.

[16] 李伟东,邓泽群,李家治.汝官窑青瓷釉的析晶——分相结构.古陶瓷科学技术国际讨论会论文集(6).上海:上海科学技术文献出版社,2005b.

[17] 李伟东,邓泽群,徐霁明,栗建安,李家治.宋代建盏黑釉的显微结构.古陶瓷科学技术国际讨论会论文集(6).上海:上海科学技术文献出版社,2005c.

[18] 刘振群.窑炉的改进与古陶瓷发展的关系.华中工学院学报,1978,6(3):74.

[19] 罗宏杰.中国古陶瓷和多元统计分析.中国轻工业出版社,1997.

[20] 罗宏杰,吴隽,李家治.科学技术在中国古陶瓷研究中的应用.故宫博物院八十华诞古陶瓷国际学术讨论会论文集.北京:紫金城出版社,2007.

[21] 苗建民,段鸿莺,李媛等.故宫博物院古陶瓷研究概况和展望.故宫博物院八十华诞古陶瓷国际学术讨论会论文集.北京:紫金城出版社,2007.

[22] 陶光仪.中国古代陶瓷的X射线荧光非破坏分析.古陶瓷科学技术国际讨论会论文集(ISAC'89).上海:上海科技文献出版社,1989.

[23] 王维达,金嗣昭,高钧成.中国热释光与电子自旋共振测定年代研究.北京:中国计量出版社,1997.

[24] 王维达,梁宝鎏,夏君定,等.前剂量饱和指数法测定中国瓷器年代.核技术 2001,24(12):996.

[25] 吴瑞,吴隽,李家治,等.河南偃师二里头出土陶器的科技研究.科技考古:(第二辑).北京:科学出版社,2007.

[26] 张福康.中国古陶瓷的科学.上海:上海美术出版社,2000.

[27] 周仁.发现杭州南宋官窑报告.国立中央研究院总报告(第四册),1931:135.

[28] Hasse T H. Keramic, Leipzig. Deuscher Verlag für Grundstoffindustrie, 1968.

[29] Kennett D J, Sakai S, Neff H. *et al*. Compositional Characterization of Prehistoric Ceramics: A New Approach. *Journal of Archaeological Science*, 2002, 29(5): 443.

[30] Ma Qinglin, Yan Aixia, Hu Zhide, *et al*. Principal Component Analysis and Artificial Neural Networks Applied to the Classification of Chinese Pottery of Neolithic Age. *Analytica Chimica Acta*, 2000, 406: 247

[31] Sayer E V, Dodson R W. Neutron Activation Study of Mediterranean Potsherds. *American Journal of Archaeology*, 1959, 61: 35.

[32] Vandiver P B, Sofftter O, Klina B, Svoboda J. The Origins of Ceramic Technology at Dolnì Vĕstonice, Czehslovania. *Science*, 1989, 246: 1002.

思考题

1. 什么是陶瓷的烧结过程?
2. 回忆和分析我国南方青瓷和北方白瓷的发展简史、比较南北方陶瓷原料和窑炉技术的差异。
3. 请联系第五章的内容总结和比较各种测量物质化学组成方法的优缺点(样品耗费量、精确度、测量点的面积与深度、对标准样的要求,样品制备和测量的效率,以及价格等)。
4. 试讨论瓷釉的呈色机理。
5. 试述科技方法鉴定古代名瓷真伪的可能性和困难。

第七章 古代人类生活环境的复原

考古学的学科任务是根据古代人类活动的遗存来复原古代人类社会。人类社会总是生活在一定的自然环境背景之中,利用自然环境的资源,也受自然环境的影响和制约。因此认识和复原古代社会就必须要了解社会的自然环境背景。李非等(1993)曾对陕甘宁交界处葫芦河流域的五县一市,从大地湾一期到战国的遗址分布和文化堆积作了普查。他们观察到人类活动的中心纬度、中心高度和文化活动堆积速率等均随时间变化。例如中心纬度从大地湾期的N35°01′,北进到仰韶晚期的N36°31′,常山期南退,而到战国时又有所北进,达到N35°14′;文化堆积速率也是两端慢而仰韶期最快。莫多闻等(1996)的研究指出,上述的演变规律与全新世该时段的气候变化相对应,反映了当地当时人类活动的地理范围和活动量受气候因素的制约。随着考古学文化的时空框架的建立,我国的考古学家愈益关注考古学文化的自然环境背景以及人类活动对环境的影响,也有更多的的自然科学家(主要是孢粉学家、哺乳动物学家、同位素分析工作者和第四纪地质工作者等)参与古代人类生活环境的复原研究。1990年我国第一届环境考古学术研讨会在西安的召开也反映了考古界对古人类生活环境研究重视的趋势。

自然环境主要包含地貌、气候(气温和雨量)、非生物资源(土壤、矿物资源和水资源)和生态(动物群和植被)等因素。其中气候是最活跃的、最易发生变化的因素,气候的变化将导致生态的变化,甚至地貌的变化。每个时期的自然环境都会在当时的各类堆积物(沉积地层、文化堆积、树轮以及动物的遗骸乃至粪便等)中留下自己的印痕,科技考古的任务就是利用地质考古、植物考古、动物考古和化学分析等多种手段,尽可能全面和正确地从这些古代堆积物中"提取"和"释读"这些印痕,帮助考古学家复原和重建古代环境。

古环境恢复的空间尺度可以是全球环境、区域环境及考古遗址所在地的环境。虽然考古学家一般更关心自己所发掘遗址的古环境,但是遗址的古环境应该放在区域环境中考察,而区域环境又是全球环境大背景下的组成部分。全球环境的变化主要是指全球的气候变化。对于人类或人属成员出现的第四纪来说,气候变化的主要特征是全球气候的变冷以及多次冰期和间冰期的交替旋回。根据对深海沉积物氧同位素的系统分析,第四纪180万年间可以观察到50多个氧同位素旋回,反映了全球气候的冷暖多次交替。冷暖交替也得到了沉积物中有孔虫组成变化、全球海平面涨落、陆相黄土地层中黄土-古土壤层的交替、黄土地层粒度和磁化率等多种气候标志物的证实,因此对于第四纪全球气候变化的总体规律基本已有共识,并被当作第四纪的时间标尺(见3.9节)。至于每个地区的古环境,除受到全球气候变化的制约外,还受地区的纬度、高度、地貌特征、大气的环流和人类活动等多种因素的影响。

古环境留下的印痕种类繁多,包括存留的古地貌、连续堆积的各类沉积地层中氧和碳同位素的组成、孢粉和植硅石组合的变化、植物的种子和果实、树木年轮、哺乳动物的遗骨、软体动物残留的外壳……。但是,每种标志物只是反映古环境某一方面的情况,而且往往是间接地反映,因此必须辩证和综合地考察测量多个标志物,才能使古环境的复原更接近真实情况。

本章将主要介绍记录古环境变化的各种标志物,最后简单讨论我国的全新世环境。

7.1 植物遗存的分析与古植被复原

在考古遗址和遗址周围的地层中经常能采集到古代的植物遗存,包括:(1)植物的孢子和花粉;(2)植物硅酸体;(3)树木、果实和种子等宏观残存。此外,还有淀粉粒、硅藻、脂肪酸等。本节将主要介绍前面3类植物遗存在复原古植被中的作用。

7.1.1 孢子和花粉分析

1. 什么是孢粉分析

孢粉是孢子和花粉的总称,前者是苔藓植物和蕨类植物的繁殖细胞,而后者是裸子植物和被子植物的繁殖细胞(主要是雄性的繁殖细胞)。孢粉的体积很小,质量很轻,直径为十至几十微米,重量为钠克量级,因此比较容易被风力、水流和动物搬运而散布于母株周围一定的范围。孢粉有一个比较稳定的外壳,在缺氧和酸性的地层中可以保存很久。通过重液浮选等一系列物理和化学的方法,可以将孢粉从沉积物样品中分选和集中起来。再用甘油胶将分离出的孢粉固定在载玻片上,就可以用显微镜进行观察。因为不同种属植物的孢粉具有不同的形态和表面纹饰,镜下观察可以鉴别孢粉的种属和进一步统计各种属孢粉的数量和百分比,称为孢粉组合。沉积物样品的孢粉组合在一定程度上反映了取样地点样品沉积时代的植被面貌。

20世纪20年代,人们就开始利用孢粉分析来复原古植被的研究,孢粉分析算得上是一种"古老"的技术,它为复原全球各地、各时期,特别是全新世的古植被分布作出了重要的贡献。孢粉分析是基于"以今论古"的原则,即首先要观察各类现生植物孢粉的形态和纹饰,建立尽可能完全的孢粉图谱集,以此作为标准,来鉴别采集的古代样品中所见的孢粉是属于什么植物的。图7-1是部分常见孢粉的图谱。

光学显微镜下的孢粉分析对于木本植物一般能鉴别到属,同属不同树种的孢粉因形态类似,难以区分。对于草本植物的鉴别水平更低些,往往只能鉴别到科一级,例如禾本科各物种孢粉的形态就十分相似。目前正在研究用电子显微镜观察孢粉壳壁的细微结构,如壳壁上细孔的位置和数量等,试图分辨同属各物种间孢粉形态的差异。

2. 孢粉分析的实验步骤

孢粉分析的步骤如下:(1)采样。采样要求样品的层位清楚,注意采样过程中样品不被现代孢粉所污染。每个样品的采样量50~100 g。柱状剖面的分层采样和采样层位的年代控制是极为重要的,因为单个孢粉样品分析结果的释读是很困难并且多义的,而分层采样的孢粉分析可以显示植被随时间的变化。考古工作者可以自己采样,但采样前应咨询孢粉分析专家,共同确定采样计划。特别重要的是采样点位置的正确选择,这需要参考现代的地貌、植被分布和人文环境等,主要是考虑采样点的孢粉组合应该有代表性。一般还需要采集表土和现代孢粉的样品,作参考比较用。(2)样品的处理和孢粉分离。主要是样品清洗、重液浮选等一系列物理和化学技术,分选和浓集孢粉粒,并将它们转移至载玻片上。这是孢粉专家的工作,不作细述。(3)镜下观察。通过与已知的孢粉图谱对比,鉴别、统计载玻片上孢粉的种属和数量。

这也是有经验的孢粉专家的工作。(4)在鉴别和定量统计的基础上绘制地层剖面的孢粉组合图。孢粉的定量统计是指统计载玻片上每一类植物的孢粉数目(一般分类到属和科),并除以载玻片上孢粉的总数,计算出每一类植物孢粉的百分比。如果是在一个剖面上分层采样,就可以绘制剖面各层的孢粉组合图,即各类孢粉的百分含量按地层变化的曲线图(见图7-2)。剖面的孢粉组合图反映了剖面所在地的植物生态面貌在一定时段内随时间变化的规律,并由此可推断当地该时段气候变化的规律。

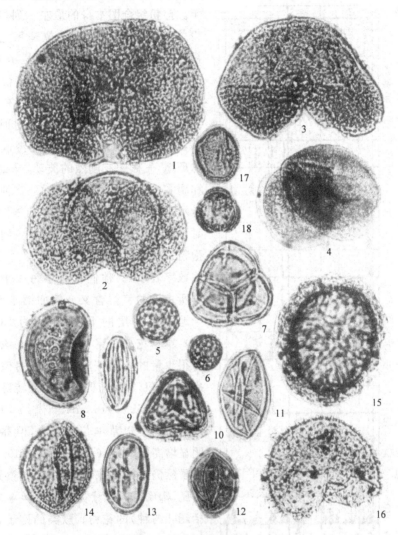

图7-1 部分植物的孢粉图谱(孔昭宸等,1991)

1,3—云杉;2—油松;4—冷杉;5,6—藜;7—杜鹃;8—水龙骨;9—膜果麻黄;10—中华卷柏;11,12—禾本科;13—小白刺;14—眼子菜;15—苔藓孢子;16—锦葵科;17,18—榉科。图中1—4的放大倍数为其他标号的2.5倍

有的孢粉工作者也统计单位重量样品中孢粉的绝对数量,即孢粉的浓度,为此需要事先称重沉积物样品和在样品处理前加入一定数量的石松孢子,以示踪样品处理过程中孢粉的回收效率。

3. 孢粉组合图的释读

地层剖面孢粉组合图的释读是根据孢粉资料复原古植被、推断古气候和古环境的变化规律。

下面我们以孙雄伟等(2005)对洛阳寺河南中-晚全新世剖面的孢粉分析作为例子,来说明怎样释读地层剖面的孢粉组合图。寺河南剖面位于洛河支流瀍河的二级阶地上。剖面厚6 m,每隔4 cm采样,共采样品146个。鉴定出乔木花粉11种,草本和灌木花粉15个类型,蕨类孢子3个类型。

图7-2是寺河南剖面的孢粉组合图。图的最下面显示剖面的岩性,根据岩性剖面分为6层,每层标有深度。第3和第5层为湖沼相沉积。剖面的时间标尺是根据^{14}C测年数据和匀速沉积假设确定的,时间跨度为BP3055—7380年。孢粉组合图本身的最左一列显示剖面中孢粉总浓度的变化情况,单位是每克样品的总孢粉粒数。图的上面三列分别显示木本植物、草本植物和蕨类植物等三大类孢粉百分比的变化。可以看出草本植物一直占有巨大的优势(高于80%),乔木和蕨类植物时而繁茂时而凋零,说明寺河南的总体环境是温暖带的草原森林环境,气候曾有剧烈的波动,导致森林的繁茂和凋零。该图的主题显示了15种有较强气候指示意义的植物的孢粉百分曲线图。根据每个时段的孢粉组合,孙雄伟等将该剖面分成5个孢粉带(用罗马数字表示)和14个亚带(以阿拉伯数字表示)。他们释读了每一个亚带孢粉组合所指示的气候含义。例如第Ⅰ孢粉带(相当于地层第6层的下段,年代为BP7235—7380年),草本花粉占绝对优势,仅在该段的最晚期有很少量的松属花粉出现,说明该时段气候寒冷干燥,仅于最晚期气候有所转好。而Ⅳ-1亚带(深度152～216 cm,年代约BP4125—4580年),虽然仍以草本花粉为主,但乔木花粉含量明显增高,平均为6.1%,最高达19.7%。乔木花粉虽然仍以松属花粉为主,还观察到鹅耳枥属、榆属、柳属、栎属、漆树属和桑科等多种乔木(包括阔叶树种)的花粉。蕨类的孢子含量也增加。指示Ⅳ-1亚带时段的气候温暖湿润(为湖沼相沉积)。顺便指出,Ⅳ-1孢粉亚带的气候指示得到软体动物分析的支持(见本章7.2.2小节)。Ⅲ-3亚带(BP4580—5275年)和Ⅱ-4亚带(BP6120—6375年),是两次气候严重恶化的时段,气候干旱,乔木完全消失,藜科花粉含量急剧增长。

图7-2显示的禾本科植物花粉的百分比随

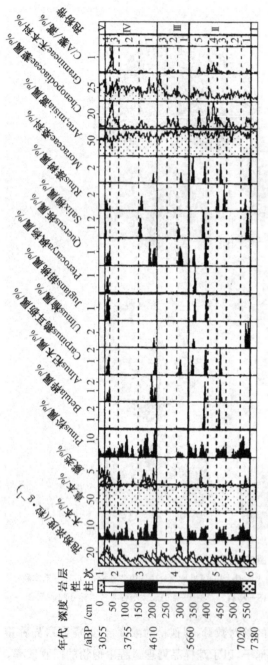

图7-2 寺河南剖面的孢粉组合图

时间的变化趋势值得引起注意。以约 BP5000 年为界,后期禾本科植物花粉一直维持在一个较以前为高的水平上,这应该反映是该地区人类农业活动增加的后果。

总之,寺河南剖面的孢粉分析,为复原该地区距今 3055—7380 年间植被和气候变化提供了可信的、有较高时间分辨率的证据,4300 多年的时段被分为 14 组不同的气候和生态环境的亚时段。

4. 孢粉分析的重要作用和局限性

需要指出,地层中的孢粉组合与当时的植被种属组成之间,并不存在简单的对应关系。有多种因素会影响孢粉的组成,例如,有的植物种属,特别是依靠风力转播花粉的种属,产生的花粉数量远多于其他种属。不同花粉的传播能力也不一样,有的物种,如松科的花粉可以传播很远的距离(达几百公里),因此样品中观察到的松科花粉的产生源有可能不在当地。不同植物的孢粉在氧化性和碱性的埋藏环境中被腐蚀的速度也不同。考古遗址文化堆积中的孢粉组合会受到人类活动的影响。因此对孢粉分析数据的释读必须十分谨慎,需要经验,需要对采样点地貌和文化环境进行考察,以作出综合性的分析。例如前面寺河南的例子,是对 146 个有地层控制的样品的孢粉分析,这些样品有相同的地貌和沉积背景,由此作出的对该地区 4500 年间气候和植被变化规律的推断应该是可信的。文化地层中的孢粉组合应该与同地同时在自然环境中堆积的样品的孢粉组合相对比,这样才能正确地复原古环境,而且还能考察人类活动对植被的影响。此外如果孢粉分析的结果能和植硅石分析、种子残存分析等相结合,将使得对古植被的了解更全面、更细致和更正确。

孢粉分析技术已有近百年的历史,国内外很多学者终身从事孢粉研究,因此孢粉分析研究已是植物学中成熟的分支学科。孢粉分析对复原全新世古生态、古环境作出了重要的贡献。孢粉分析对考古研究的意义是多方面的,除复原考古遗址的古植被、古环境外,有时还可以根据遗址的孢粉组合判断遗址的时代、判断遗址的居民是否种植某种作物等,有可能为农业起源研究提供证据。目前对考古遗址进行孢粉分析几乎已成为我国考古遗址发掘的常规程序,半坡遗址可能是我国最早进行孢粉分析的遗址之一(周昆叔,1963)。总之,孢粉分析这门古老的学科一直保持着学术青春,在复原古植被、古环境中起主要的作用。

7.1.2 植硅石分析

植硅石又名植物蛋白石、植物硅酸体等。在英语中也有"phytolith"、"plant opal"和"plant silica body"等多个名称。名称多而不统一,反映植硅石分析是一门年轻的学科。植硅石是一种生物成因的、非晶质的含水二氧化硅($SiO_2 \cdot nH_2O$)和硅酸钙(calcium oxalate)。多种植物能从土壤中吸收硅酸和硅酸盐,随后硅酸盐沉积在植物的花、叶等器官的细胞壁上,形成特定形态的植硅石。植硅石的体积很小,一般在 $10\sim100~\mu m$ 间,也有少量植硅石可达毫米量级。当植物机体腐烂或被焚烧时,植硅石能被保存下来。因此地层中的植硅石与孢粉相似,也能作为古植被的指示物,帮助复原古环境。植硅石种属鉴别的原则与孢粉鉴别相同,也是"以今论古",即首先需要观察大量现生植物的植硅石形态,进行比较和分类,并建立各类植物植硅石的标准图谱。

虽然植硅石和孢粉都是古植被、古环境的指示物,但是两者之间也有不同的特点和作用。(1) 每个植物物种的孢粉只有一种确定的形态,不同种、属的孢粉一般有不同的形态。经过近百年的研究,植物学家已建立了标准的、得到共识的孢粉图谱。但同一物种不同类型的细胞中沉积形成的植硅石的形态是不相同的，即一个物种可以生成多种（有时多达十多种）不同形态的植硅石。此外相当一些非同科非同属的物种间，却能生成形态相近或相似的植硅石，这使得植硅石的种属鉴别远比孢粉鉴别复杂和困难。(2) 孢粉的形态比较简单、规正，相当一些植物的孢粉呈球状或椭球状（如图 7-1 所示），在显微镜下较易辨认鉴别。而植硅石的形态复杂和不规则，有哑铃形、马鞍形、扇形、竹节形，还有复杂的带齿或不带齿的多曲面体等形状。同一粒植硅石从不同的角度观察，其平面图像可能不同，因此植硅石的镜下辨认需要更多的经验和花费更多的精力。王永吉等(1997)为了将植硅石作为我国北方黄土剖面的气候代用指标，曾尝试提出了植硅石的三级分类体系，但目前似乎还没有确立公认和成熟的植硅石分类体系。图 7-3 是几种植硅石的电子显微镜图像，充分显示了它们形态的复杂性。(3) 孢粉轻，能四处飘扬，其空间分布相对较为均匀。但植硅石的比重大($1.5\sim2.3\,\text{g/cm}^3$)，植硅石一般在植株的生长地或植物的被使用地就地掉落，原地沉积，造成其空间分布的非均匀性。因此沉积物中各植物种属的植硅石的百分组成与采样点所在地区植被成分之间可能不存在平行的直接对应关系。还需指出，有相当一些植物是不生成植硅石的。因此植硅石组成的释读比孢粉组合的释读更困难，需要综合考虑的因素更多。(4) 植硅石的抗酸碱、抗氧化和抗高温的能力远强于孢粉，因此其保存情况优于孢粉。在某些沉积物中或古代遗物中（例如经过焙烧的陶片和红烧土）只能观察到植硅石而见不到孢粉。(5) 部分植硅石和孢粉中仍可能保存有微量的有机质，因此有可能用加速器质谱^{14}C 技术测定它们的年代。

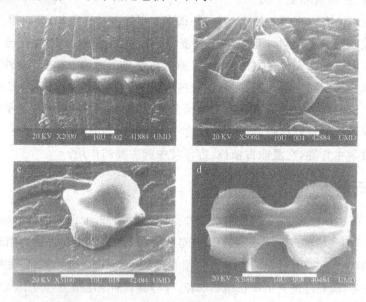

图 7-3　某些草类的植硅石形态（Rapp, et al, 2006）

a. 多齿波纹形，Pooid 禾草族的典型形态；b. 短梯形，见于多种草类，特别是有花类；c. 马鞍形，虎尾草亚族的典型形态，也见于竹亚科和青篱竹属；d. 哑铃形（"十"字形是哑铃形的一种类型）常见于黍亚科、竹亚科、青篱竹属和 Pooid 禾草也产生哑铃形植硅石

人们对植硅石的研究起始也很早，基本上与孢粉研究是同时的。20 世纪初，德国的一些学者就曾鉴定分析欧洲一些遗址中大麦和小麦的植硅石，还曾在一块中国新石器时代的陶片上鉴别出水稻的植硅石。但是后来对植硅石的研究几乎是停顿了，可能是因为植硅石本身形态的复

杂性和同种植物产生多种植硅石等复杂情况导致研究的中断。到20世纪80年代以后，随着观察和描述复杂形态微观物体的技术进步，国内外又兴起了植硅石研究的热潮。值得庆幸的是，这20多年来，植硅石对于禾本科植物的鉴别取得了某些成功。麦、玉米、稻和粟是农业革命以来人类的主要粮食作物，对于这几类作物的栽培起源和品种驯化是农业起源研究中最重要的课题，也是考古学所特别关注的。这几类作物都属禾本科的草本植物，而禾本科各属之间的花粉形态非常相似，当然更谈不上利用花粉来鉴别这些粮食作物的种和亚种。因此孢粉分析对研究粮食作物的栽培起源和驯化过程几乎无能为力。禾本科植物产生大量的植硅石，在水稻田和玉米田的土壤中有很高的植硅石浓度，其重量比据说可达2%。近年来有相当一些利用植硅石研究农作物栽培起源的报道。例如中美联合考古队在江西吊桶环和仙人洞遗址的大约距今13 000年的文化层中发现了大量野生稻的植硅石，表明当时采集狩猎经济的人们已采集野生稻为食物。随后因新仙女木期全球气候的变冷使相应地层中野生稻植硅石的数量有所降低，但随着全球气候的变暖，在该遗址约11 000年前的地层中出现了人工栽培稻的植硅石(Zhao,1998)。Zhao(赵志军)是根据水稻颖壳的植硅石上双峰乳突的形态来区别水稻的野生种和栽培种的。

关于应用植硅石分析探索美洲玉米起源和传播的研究也有较多的报道。玉米产生大量体积大且呈"十"字形(cross-shaped)的植硅石，而其他野草产生的植硅石的数量少，体积小，而且"十"字形植硅石相对于哑铃形植硅石的比例低。植硅石被广泛用来确定美洲一些地点印第安人开始播种玉米的时间。

Fox等(1994)使用扫描电镜在西班牙一个中世纪遗址(La Olmeda)人骨的牙珐琅表面观察到普通小米(Graminae种)的植硅石，其形态是短哑铃状。他们还用微束X射线荧光分析验证了这些植硅石的化学组成。谭德睿等(1999)在铸造五铢钱的古陶范中观察到大量的植硅石，高温和2000年的历史并没有破坏陶范中的植硅石，由此他们提出这些陶范中掺入了草木灰。他们还实验证明使用掺有草木灰的陶范确能铸造出高质量的青铜器。

但是植硅石复杂的形态、同种植物植硅石形态的多样性和不同种、属植物植硅石形态的相似性，使得利用植硅石分析作考古学推论时，必须十分谨慎。植物考古学家赵志军(2005)曾警告"某些植硅石类型有可能存在于几十种、几百种甚至上千种不同种类的植物中"。目前植硅石分析在国内外都颇受重视，特别是寄希望于对植硅石微形态的观察和分析，但应该说尚处于探索阶段，对于古环境的重建、孢粉分析仍起着主要的作用。植硅石分析，特别是与孢粉分析的互补结合，对复原古环境仍被寄予希望。

植硅石分析的采样要求大致与孢粉分析相同，这里不再絮述。

7.1.3 木头、果实和种子残存的分析

在聚落遗址的文化堆积中，经常保存有木头(木炭)、果实和种子等植物的宏观遗存。果实和种子鉴定的突出优点是它们常常能被鉴定到"种"一级的水平。虽然宏观植物残存一般情况下容易降解和腐烂，但是如果它们曾经经受加热烘烤，或处于特殊的缺氧埋藏环境而炭化，有可能保持其原有的形态。炭化的物质是非常稳定的，能被长期保存。例如古人在陶坯中常掺入草和谷壳以加强坯体的机械强度，在一些陶片和红烧土中经常能见到炭化的植物残体。有机物残存不仅能提供关于古代生态环境的信息，而且还能提供关于古人经济生活的信息。

考古学家很早就发明了筛选和用水浮选的方法,将堆积物中炭化和未完全炭化的植物残存分选出来。筛选主要依据沉积物中"土粒"的大小和种子、果实的不同。而浮选的原理也很简单:将堆积物浸泡在水中,炭化有机物的比重小于1,它们浮在水面上,而黏土和砂粒等沉降水底,实现了分选。浮选是一种古老、"原始"和设备简单的技术,但是非常有效。当然为了使脆弱的炭化植物不丢失和保持完整,考古学家在浮选装置设计和技术方面有很多经验和考虑。赵志军(2005)近年来对19个省份30余处遗址的5000多份土样进行了浮选,收集到大量的古代植物遗存样品,"仅炭化植物种子一项就多达20余万粒!"其中一些果实和种子残存的发现是有重要考古意义的。例如在兴隆洼遗址的兴隆洼文化层和夏家店下层文化层中都采集到一定数量的炭化粟粒,并观察到粟粒在形态上的进化。在山东聊城校场铺遗址的龙山文化地层中采集到距今约4000年的炭化小麦粒,这应该是目前中原地区发现的最早的小麦遗存。在贾湖遗址采集到了莲藕、菱角、豆类和稻谷遗存,赵志军根据半定量的推算,提出贾湖遗址仍以采集经济为主,稻米在贾湖先民的食物中并没有占到主要的地位。严文明(1989)曾根据当时全国已发现的有栽培稻遗存的70多处史前遗址的地理分布,首次提出了长江中下游是我国稻作农业起源地的重要观点。他还提到,这70多处有稻作遗存的史前遗址中,80%是依靠浮选方法发现的。上述的例子充分显示,采集和分析考古遗址中的果实和种子残存,对复原古环境,特别是了解古人的经济生活和研究栽培植物起源有重要的意义,也显示了筛选和浮选方法采集果实和种子残存的有效性。

需要注意的是,经常在一个考古遗址发现某些物种的种子数量是比较少的,对它们的来源、它们与遗址的地层关系需要作认真的考察。粮食种子不一定是当地生产的,有可能是从外地输入的。下面层位中的种子残存有可能是动物或其他因素由上部地层带入的。例如在埃及尼罗河支流阿斯旺地区著名的 Wadi Kubbaniya 遗址的堆积地层中曾同时出土有晚期旧石器、木炭和个别栽培型的植物种子。木炭的^{14}C年龄是BP17 000年,与石器文化的时代相当,但种子的^{14}C测年却是全新世的(Wendorf, el al, 1989),看来栽培型植物种子是后期混入的。严文明(1989)对发现于陕西西乡李家庄村相当于老官台文化的红烧土中的稻壳痕迹也曾持必要的谨慎态度。

木材作为古代的建筑材料和制作工具、武器乃至葬具的原料,在考古遗址中常能见到。炭化的和浸泡在水中的木头都能长期保存。木质制品既是文化遗物,又与树干和木材一样其树轮记录有当时自然环境的信息。大的木料可以鉴定其树种,这需要专家观察它们的导管、管胞、木薄壁组织、木纤维和木射线等形态特征。体积较大(线性尺度大于4 mm)的木炭块,通过对其切面的显微观察,有时也可能确定其树种(王树芝,2005)。乔木的种属兴衰比草本植物对气候的变化更为敏感。此外如果木料和木炭的体积较大、保存的树轮数较多,则树轮的宽窄系列能直接反映其生长期的气候变化。

树木和木炭都是良好的^{14}C测年材料,如果树木或木炭保存的树轮数较多(多于50轮),可以作为序列样品进行^{14}C测年,从而能非常精确地测定样品的生长和被砍伐的年代(见4.2.1小节)。夏商周断代工程中曾测量了郑州商城二里岗上层晚期一口古井中木料的^{14}C年龄,从而可信地限定二里岗上层的年代。当然从木头的系列^{14}C测年结果推测考古遗址的年代,须有两点要求:(1) 树木的最外层年轮应保存良好;(2) 正确判断木头和考古层位之间的地层关系。

7.2 动物遗存的分析与古环境

一个地区的动物群组成是该地区自然环境的重要组成部分。动物，包括哺乳动物有明显的喜暖或喜寒之分，含披毛犀、猛犸象的动物群一般生活在寒冷的气候条件下，而犀牛和亚洲象则是温暖带的动物。因此动物群的组成是其所在地的气候指示物。

动物死亡后其骨骼和牙齿等硬组织的腐烂较慢，在新石器时代的遗址中经常能见到相当数量保存良好的动物骨骼。在某些埋藏环境下，特别是洞穴环境中，碳酸钙可以被地表水或地下水带进动物骨骼并在那里沉积，使动物骨骼石化而长期保存。因此在旧石器遗址也经常有大量的动物骨、牙化石与石器共存。所有种属的动物都是不断进化的，不仅它们的体质形态会发生变化，而且有的种属因不适应环境而被淘汰、绝灭，而新的种属不断出现。因此每个地区的动物群组成是随时间不断变化的。化石动物群组成也就成为其出土层位时代的标志。在绝对年代测定技术成熟以前，化石动物群的组成是判断地层和旧石器地点时代的主要标志物。例如周口店第一地点因含有大量肿骨鹿、中国鬣狗和三门马等典型的中更新世动物化石，因此周口店北京猿人的时代被定为中更新世中期，当时的气候比较温暖；而山顶洞遗址含有最后斑鬣狗、洞熊等少数绝灭种动物和北京斑鹿、普氏羚羊等相当一批现生种动物，其时代被定为晚更新世晚期，气候较冷。根据化石动物群推断的这两个遗址的年代和气候，已被后期的绝对年代测量和第四纪气候变化研究所证实。

动物群研究当然应包括各纲、各目的动物，但是对于考古研究，包括家畜饲养起源研究，关系最密切、研究最成熟的则是大型哺乳动物。近年来，在旧石器考古研究中愈益注重对小型哺乳动物，如啮齿目、食虫目和兔形目动物的采集和研究。因为小型哺乳动物对区域气候的变化更为敏感，它们活动空间较为局限，不像大型哺乳动物那样四处觅食。利用过筛技术往往能采集到大量小型哺乳动物的遗骨，因此在统计上也比大动物研究有更高的置信度。此外还需考虑，考古遗址中大动物的骨骼遗存很可能是人类作为食物带入的，这样遗址中发掘得到的大型动物组成往往偏离其自然的组成。

考古遗址中鱼骨、鸟骨架以及贝壳也是采集和研究的对象，因为它们也是环境的指示物。此外，水生动物是古代一些沿海和河边居民的重要食物来源，其遗存反映人类的经济生活。

7.2.1 哺乳动物遗骸的采集、鉴定和哺乳动物群组成的统计分析

现代的考古发掘把遗址出土的动植物残存与文化遗物置于同等重要的地位，尽可能全部和无损(因为动植物遗存往往脆弱易碎)地采集。个体较大的可以手拣，而大量个体细小的动植物残存的收集需要通过筛选、浮选甚至镜下挑拣。采集过程也是对动物遗存的初步鉴别和分类的过程。采集的样品需要正确记录出土的探方、层位和日期并按生物学的分类系统(门、纲、目、科、属和种顺序)分类和记录。当然这仅是初步的鉴别和分类，纲或目以下动物遗存更细的鉴别和分类则由动物学专家来完成。

哺乳动物的骨骼鉴定是一门有悠久历史的学科，有经验的动物考古学家努力将每一块骨骼都鉴定到物种的级别和部位。如果一个考古单元(例如一个遗址或者若干个其年代、地点和

文化性质都相近的遗址的组合)出土的哺乳动物的材料比较多,那么我们就可以称之为一个动物群。例如前辈们曾命名的周口店第一地点动物群、丁村动物群等,后者就包括丁村几个同时代地点出土的动物遗存的总计。研究每个动物群的组成特征,即鉴别它包含有哪些动物物种和定量统计每个物种的丰度,是动物考古学研究的重要内容。因为动物群的组成反映考古单元生态环境的面貌和古人的经济生活。例如动物群中某一物种数量和丰度的突然增加,往往反映人工饲养该物种的起源。目前对于动物群组成的统计大致有三种方法。

1. 物种是否存在的定性统计

这种方法只列出所观察到的哺乳动物物种的名单,而不考虑每个物种所发现的化石量或个体数。这是最简单的统计和描述的方法。根据所观察到的哺乳动物物种的名单,分析其中古老种、绝灭种或现生物种数的比例,就能大致判断该动物群的时代。根据名单中喜寒或喜热物种的比例、食草或食叶动物的比例,可推测该动物群所处的气候带,推测系草原或森林环境等。这种统计方法也能定量地描述两个动物群之间的异同程度。例如动物群 A 被鉴定包含 15 种动物,而动物群 B 被鉴定包含 12 种动物,其中有 8 种动物在这两个动物群中都出现。那么这两个动物群组成的相似系数可以定义为:相似系数＝共同的物种数/总物种数＝8/(15＋12－8)＝0.42。相似系数总是在 0~1 之间变动,"1"表示两个动物群的组成完全一致,"0"则表示两个动物群的组成没有任何共同之处。陈铁梅(1983)曾根据上述定义,用 Brainerd-Robinson 方法对我国华北地区晚更新世几个主要动物群进行排序,得到的排列次序为"丁村-许家窑-萨拉乌苏-峙峪-小南海-山顶洞"。遗址的排列次序反映它们时代的早晚,并得到绝对年代测量结果的支持。定性统计的明显缺点是没有考虑每类物种的个体数,隐含着增强偶见物种权重和人为降低常见物种影响的倾向。

2. 能鉴定的样品数统计(The Number of Identified Specimens,简称 NISP)

NISP 方法不仅要列出被鉴定出的物种的名单,而且要统计考古单元中每种物种骨骼样品的数量,计算每种物种骨骼样品的百分数(频率)。在比较两个考古单元动物群组成的异同时,除比较物种的种类外,还要考虑每个物种在所研究的考古单元中出现的频率。下面是一个成功地应用 NISP 方法于考古研究的例子。著名的叙利亚阿布胡赖拉史前遗址的文化堆积很厚,曾分层采集了一万多片羊骨片。从下往上依次按每千片羊骨片作为一个单元进行统计,每个单元中都出现有野羚羊、绵羊和山羊的骨片,但它们的出现频率是变化的。在下部的继旧石器文化层中,绵羊和山羊骨片的百分比稳定在较低的 6%~8% 范围中,占统治地位的骨片是野羚羊,说明当时以狩猎经济为主。地层稍靠上进入前陶新石器文化早期,绵羊和山羊的骨片略有增加,在 8%~16% 间摆动。而在最上面的属前陶新石器文化晚期的地层中,绵羊和山羊骨片的百分比突然猛增到 80%,而羚羊骨片的比重锐减。各类羊骨片百分比的变化有说服力地显示了从狩猎经济向家畜饲养经济的迅速转化,还准确地确定了发生转化的地层层位,并通过 ^{14}C 测年推断发生转化的年代大致在 BC 6500—BC 6000 年间(Legge, et al, 1986)。

NISP 方法的缺点是没有考虑骨骼样品的数量与人们最终感兴趣的动物个体数之间的复杂关系。骨骼破碎程度的不同会使得骨骼样品数的含义不清,人类的屠宰行为、食用行为都可能把某些物种的骨骼破碎而使其表观数量增加。为了更正确地反映考古单元的动物组成,NISP 统计数据经常与第三种统计方法——最少个体数统计方法(MNI)联合使用。例如袁靖

(2007)对龙山早期到二里头四期中几个主要遗址出土的猪狗牛羊与野生动物骨骼间此消彼长变化的统计分析,是同时使用 NISP 和 MNI 两种方法的,增强了研究结论的说服力。

3. 最少个体数统计(The Minimum Number of Individuals,简称 MNI)

MNI 是一种工作量很大的统计方法。它要求将所研究考古单元中全部能鉴定物种的骨骼样品按物种分组,再确定骨骼样品的部位,以每种动物出现次数最多的那个部位的骨骼样品的数目作为该考古单元中该物种的最少个体数。读起来真有点拗口,下面举例来说明。例如某考古遗址中出土了 5 个猪颅骨、7 个猪下颌骨、3 个骨盆、6 条后右胫骨、4 条后左胫骨……,其中以下颌骨最多,为 7 件,那么该考古单元中猪的最少个体数是 7。最少个体数统计方法的结果当然也可以用百分数表示。MNI 方法的主要缺点是工作量非常大和确定最小个体数的标准难以完全统一。还是以上面的资料为例,如果 6 条后右胫骨都很粗壮,而 4 条后左胫骨中有 2 条十分纤细,显然这 2 条纤细的后左胫骨与 6 条后右胫骨不可能属于共同的个体,根据后胫骨分析,该动物群中猪的最少个体数应该是 6+2=8,大于根据下颌骨统计的数量 7。但是对类似的问题认识是不一致的。因此不同的动物考古学家对同一个动物群统计的最少个体数可能会有一些差别。

下面介绍郑绍华(2004)利用啮齿动物的最少个体数统计方法复原湖北恩施建始龙骨洞古环境的工作。建始龙骨洞堆积很厚,因发现有大量哺乳动物化石而命名为龙骨洞,其中包括有 6 枚人科动物的牙齿(对于它们的分类地位尚有争论)。堆积的时代大致为早更新世早期。郑绍华对洞穴东部堆积的第 11～3 层分成 7 个地层单元,统计了 4 种适宜于森林生活的属种:亚洲姬鼠、先社鼠、湖北绒鼠和普通攀鼠在这 7 个地层单元中的最少个体数(以同一侧同一牙齿的最多数目)。4 种森林型啮齿类动物最少个体数随地层的变化由图 7-4 表示。

种群数的大小反映气候的波动,某种生态类型的种群数大,反映当时的生态环境适宜于该类种群的生活和繁衍。从图 7-4 可见,(1) 每个地层单元中 4 个物种的最少个体数在 10～90 间涨落,即样品数量较多,能保证统计推断中较高的置信度。这是统计分

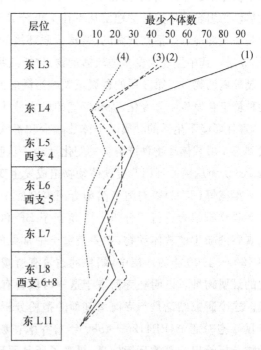

图 7-4 湖北恩施建始龙骨洞各地层单元中,森林型啮齿目物种最少个体数统计及其显示的气候变化
(1)亚洲姬鼠;(2)先社鼠;(3)湖北绒鼠;(4)普通攀鼠

析小哺乳动物群相对于大哺乳动物的优点。(2) 代表南亚热带型的攀鼠的数量在各层均最少,说明建始龙骨洞总体上处于温热带,受南亚热带气候的影响较小。(3) 在第 3 层、第 5 层和第 8 层,这 4 种动物的最少个体数都多;而在第 4 层、第 6、7 层和第 11 层,这 4 种动物的最少个体数都少,存在明显的相关性,反映龙骨洞气候可能经历了湿热和凉爽的三次交替。当气

候湿热时,森林发育繁茂,森林型物种的鼠类种群兴旺繁衍,反之,则种群的个体数减缩。

7.2.2 作为古环境指示物的软体动物组合

考古动物学研究最多的是哺乳动物,但是软体动物也是敏感反映古气候和古生态的指示物。软体动物主要是蜗牛类和蛤类,它们广泛地生活在多种多样的环境中,并有一个坚硬的、多数为文石质地的外壳。因此在很多沉积物中,包括黄土、土壤、湖河相沉积物、洞穴堆积物以及考古遗址的垃圾堆积中和废弃的井内,都能分拣出一定数量的软体动物壳体。而贝丘遗址本身就是软体动物的外壳堆成的。软体动物一般个体不大,从沉积物或堆积物中按地层把它们分拣出来后,进行种属鉴定和数量统计。鉴定和统计工作都是由这方面的专家完成的,并形成了一个分支学科,称为"Malacology"。与孢粉分析相类似,不同种属的软体动物适应不同的气候和水文的环境,建立软体动物物种丰度组合按地层层位变化的曲线图,也可以复原采样地点的古环境变化。

Preece(2001)曾报道对法国北部几个遗址中软体动物化石的研究工作。这些遗址的时代跨越末次冰期到早全新世,文化上从马格德林旧石器文化晚期到欧洲的中石器时代。根据岩性和软体动物组合这些遗址的地层从下往上可分成5层。最下面是再沉积的淤泥层,包含的软体动物是一些喜冷和生活在开阔的、矮草草原环境的种属。覆盖在上面的是一层富含有机质的淤泥(第2层),其中发现大量多类软体动物,包括某些喜欢较为暖和和潮湿的间冰阶气候和植物比较繁茂环境的物种。第3层的种属反映相当潮湿的环境。再上面第4层已进入全新世,软体动物的种群组合发生明显变化,森林环境的种属替代了草原环境中生存的种属。在最上面的第5层中,森林环境下生活的种属的个体数减少和喜欢开阔草原环境的软体动物的数量增加。从第1层到第4层软体动物种群组合的变化反映了从晚更新世的草原环境向全新世森林环境的转化。Preece认为从第4到第5层软体动物组成发生变化的原因,是人类活动造成的森林退化所致。

梁亮等(2003)曾对河南洛阳寺河南剖面全新世中期(BP5600年至二里头时期)地层的软体动物化石组合进行了分析。除相当于BP4900—4100年的地层外,在该剖面的其他层位中仅观察到陆生的软体动物,主要是黄土中常见的陆生蜗牛(鉴定出8个种或属)。而在相当于BP4900—4100年的地层中,蜗牛的数量有所减少,却观察到水生的白旋螺和湖球蚌以及两栖类的螺属物种。说明在寺河南于这一时段曾有湖泊和沼泽的发育,相当于一个多雨湿润的气候。这个研究结论是与寺河南剖面的孢粉分析结果相符的(见7.1.1小节和图7-2),正好对应于IV-1孢粉亚带(BP4125—4580年),乔木花粉的数量和种类最多的一段时期。孢粉和软体动物分析给出相符的环境信息,提高了所复原环境的可信度。

袁靖等(Yuan, 2002)曾测量统计了山东半岛北岸距今约5500年的蓬莱县大仲家贝丘遗址第3,4层,称之为 *Venerupis variegate* 种的共370个贝壳的宽度。得到第3层(下部)和第4层贝壳的平均宽度和标准误差分别为 31.85 ± 0.369 mm 和 27.03 ± 0.374 mm。经统计学的检验,两层贝壳的平均宽度是有明显差别的,第4层贝壳的宽度比第3层贝壳窄。为什么第4层贝壳的个体总体变小了呢?考虑到第3,4层的年代仅相隔二三百年,袁靖等认为不是气候变化导致物种形态的变化,而是人类的大量食用,特别是优先挑食个体大的贝壳,缩短了贝壳的期望寿命,从而导致后期的贝壳体态变小。显示了人类活动对自然生态环境的影响。

7.3 其他环境指示物

7.3.1 淀粉粒分析

糖类、脂肪和蛋白质是为人类提供能量的3种基本营养要素。淀粉是由几百个,甚至更多的葡萄糖分子聚合的长链化合物,它没有固定的分子量,视其所含葡萄糖分子的数目而定。以粒状的形式存在于植物细胞中的淀粉,称为淀粉粒,有圆形、椭圆形和角形等。在淀粉粒的切面上可见一系列同心圆,其中心称为粒脐(Helium)。不同植物淀粉粒的形状、大小,粒脐的形状、数目(为1~2个)和位置不同,因此通过显微镜观察,有可能可鉴定淀粉粒属于哪种植物。1913年Richert对300多种植物的淀粉粒的形态作了文字描述并绘图。表7-1是水稻等若干农作物淀粉粒的形态。

表7-1 水稻等若干农作物的淀粉粒的大小和形态(杨晓燕等,2006)

作 物	大小/mm	形 状	备 注
水稻	2~12(组成集团)	角形	复合粒含150个以下的单粒,粒脐不可见
玉米	2~30,平均10	角形、多角形或球形	不具同心圆线,粒脐呈星形
小麦	1~10(小),15~40(大)	小者球形,大者球形或凸透镜形	
大麦	1~5(小),10~30(大)	小者球形或纺锤形,大者凸镜形、肾形或略成角形	不具同心圆线

植物的果实和籽粒含有相当数量的淀粉粒,而且淀粉粒可以随果实和籽粒长期保存。因此有可能根据古代遗存上残留的淀粉粒,鉴别它属于什么植物。这是淀粉粒分析考古应用的基础。

目前考古研究中应用淀粉粒分析较多的是探索美洲作物起源的时间,系全新世早期(距今8000—10 000年)还是中期(距今约5000年),探索玉米的种植起源于中美洲还是南美洲等。据报道,Piperno在巴拿马距今10 000年的地层中检测到木薯、玉米、马铃薯和竹薯的淀粉粒,因此支持那里在10 000年前就进行作物栽培。此外Piperno在以色列Oholo Ⅱ遗址(距今约22 000—23 000年)的一个石制碾板的裂缝中,观察到大量野大麦和少量野小麦的淀粉粒,这表明人们远在栽培大、小麦前的一万年,就采集和食用野生的麦子。

淀粉粒分析的一些明显弱点是:(1)同一物种的种子中可以包含形状和大小不同的淀粉粒,这在表7-1中也有显示;(2)同一物种的淀粉粒的形态与其生长环境也有一定的关系,因此需要同时收集和观察采样地点现生种植物淀粉粒的形态作为参考标准;(3)因为淀粉粒数量多、易保存和颗粒小,因此必须检验用作分析的样品未被其他来源的淀粉粒所污染。

目前,淀粉粒分析应用于古环境复原的研究并不成熟和普及。在我国只有杨晓燕等(2006)有所尝试,并曾撰文介绍。

7.3.2 脂肪酸分析

脂肪酸是由碳、氢、氧组成的链状化合物(相对于糖类,脂肪酸的氢含量更高),脂肪酸链的一端是一个羟基,属最简单的脂类化合物。自然界有40多种脂肪酸,但可以分成饱和脂肪酸、单一不饱和脂肪酸和多不饱和脂肪酸三大类。由脂肪酸组成脂肪,不同的生物物种的脂肪其脂肪酸的组成情况是不同的,并往往因氧化而形成一个坚固的膜,从而能长期保存。古代遗存遗物中保存的脂肪,可以用水、三氯甲烷和甲醇的混合溶液萃取,脂肪溶在三氯甲烷中。脂肪加热会气化,使用气相色谱仪分析或用气体质谱仪可测量脂肪的分子量,可以判断样品中的脂肪是由哪几种脂肪酸组成的以及它们的相对含量比,从而判断属于什么物种的脂肪。

目前关于应用脂肪酸分析于考古研究的报道以日本学者的工作最多。比较有影响的例子是,日本的中野益男曾分析从日本平城宫出土的油灯的灯芯中采集的脂肪酸,观察到有棕榈酸、油酸、亚油酸和埃卡尔酸等,后者是一种特殊的脂肪酸,在现存生物中只存在于菜籽中。此外还检测出植物所特有的谷甾酸。因此判断灯油是菜籽油。此外,日本学者还分析了多件约 14 万年前的石器上残存的脂肪酸,显示 70% 为猛犸象的脂肪,其他还有麋鹿和鹿的脂肪,而对约 12 000 年前北海道一些刮削器上残存物的分析,均含北海道鹿的脂肪。

脂肪酸分析考古应用的弱点是:(1)现生物种脂肪酸的资料不全,多数绝灭物种的脂肪酸资料缺乏,仅掌握冰冻的披毛犀和猛犸象的资料。(2)当高于 300 ℃时脂肪酸会分解变质,因此不能从有加热史的炊具上取样测量。目前对常温下长期埋藏的脂肪酸的变质情况尚缺乏研究。(3)混合问题和污染问题,有的古代石器上可能粘有多种动物的血迹,取样的地层有可能受到有机肥和鱼粉肥料的污染。总之,脂肪酸分析考古应用的前景尚有很多未知数,感兴趣的读者可参阅赵力华(1999)等的论述。

7.3.3 硅藻分析

硅藻是生活在海水和淡水浅表的一种单细胞藻类,它们种类繁多,达上万种,大小不一,从几个微米到几百微米。硅藻细胞与高等生物细胞不同的是,它的细胞壁由两瓣硅质的外壳组成。多数硅藻具有叶绿素,能进行光合作用,在春夏季的阳光下,通过吸收水中的营养物质而大量繁殖。据估计地球上一半的氧为硅藻的光合作用所提供。它又是小鱼、小虾和其他浮游生物的食物,处于食物链的最低层。硅藻死后,沉积于水底,形成硅藻土,是制造过滤剂和隔热隔音材料的原料。通过分析湖河相和海岸带海相沉积物中硅藻的密度和种属分布,可以了解古代水文环境的情况,包括重建湖面的扩大和退缩、水面的升降和某些内陆湖水盐度变化的历史。Horn 等(1961)曾对美国西德克萨斯一个称为 Luccock 湖的古印第安人遗址(遗址的地层中含有属 Folsom 工业的石器),进行了系统的硅藻分析。硅藻的种属变化反映了当地因山泉疏泄的畅通或阻塞间隙出现的沼泽,该分析结果与其他的古气候和古雨量指示相符。国内尚未见到应用硅藻分析复原古环境的研究报道。

7.3.4 沉积物的有机质含量和磁化率分析

在类似于我国黄土高原的半干旱地区,连续风沙堆积形成的地层剖面中经常夹有多层含较多有机质的古土壤层。古土壤层是在比较温暖湿润的条件下发育形成的。当时的植被比较茂盛,而有机物的分解造成缺氧的还原环境,使得地层黏土中的赤铁矿还原为磁铁矿,因此古土壤层的有机质含量和磁化率都比黄土层(或砂层)物质高。地层剖面中黄土-古土壤层的交替与磁化率的强弱变化是相关联的(与地层的剩磁强度也是相关联的),它们都是重要的古环境标志物,可以互为引证。第三章的图 3-18 清楚地显示了陕西洛川和吉县剖面中黄土和古土壤层的交替以及这种交替与磁化率间的关联。

需要指出,各地全新世地层显现的黄土-古土壤层交替的规律并不完全一致,有时甚至在短距离范围内就出现变化,因此施雅风等指出,"需要谨慎识别它是由局地环境变异所导致还是区域气候变化的结果"。

7.3.5 各类沉积地层的氧同位素变化

3.9.1小节曾介绍深海沉积物氧同位素 $\delta^{18}O$ 的变化,在整个第四纪观察到52个氧同位素旋回,反映了全球性的冰阶和间冰阶气温旋回。实际上不仅是深海沉积物,洞穴中石笋等碳酸盐沉积物、冰芯和泥炭层的 $\delta^{18}O$ 也都是全球或者地区气候的标志物。石笋、冰芯和泥炭层的时间跨度很长,可以达到几千年,而且 $\delta^{18}O$ 值是一个高分辨率和定量的气候标志物,能够分辨间隔十年,甚至更短的层位间的气候差别。氧同位素作为古气候标志物得到愈益广泛的应用。汪永进(Wang, et al, 2001)曾细致测量南京葫芦洞中一石笋的 $\delta^{18}O$ 变化曲线,观察到它与格陵兰冰芯的氧同位素 $\delta^{18}O$ 的变化能较好地对应,反映全球远距离气温变化的同步性(见图7-5)。

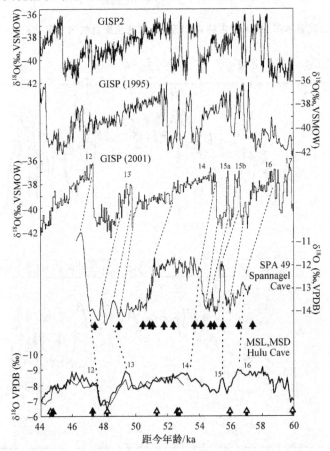

图7-5 南京葫芦洞石笋、澳大利亚Spannagei洞石笋的 $\delta^{18}O$ 变化曲线与格陵兰冰芯(GRIP) $\delta^{18}O$ 曲线的对比。石笋用铀系年代刻度,冰芯的年代根据年层计数和冰流(ice flow)模型确定。3个样品时代相同的位置用虚线连接。$\delta^{18}O$ 曲线旁的数字为冰芯记录的Dansgaard-Oeschger事件的编号(Wang, et al, 2001)

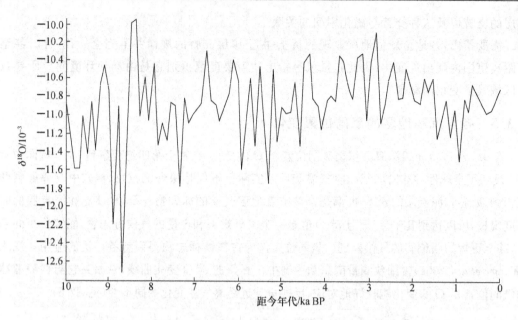

图 7-6　祁连山敦德冰芯 10 ka 以来的 $\delta^{18}O$ 变化，反映全新世的气温变化规律（姚檀栋，1992）

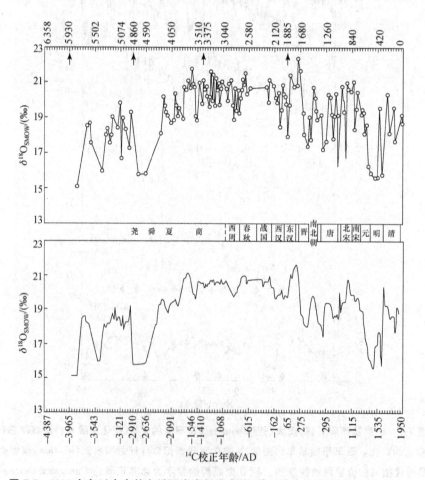

图 7-7　5000 多年以来吉林金川泥炭中纤维素的 $\delta^{18}O$ 变化曲线（洪业汤等，1997）

姚檀栋(1992,1997)等测量了祁连山敦德冰芯(图7-6)和昆仑山古里雅冰帽的三根冰芯的δ^{18}O变化来探讨全新世以来的气候变化(对图7-6的讨论见7.4节)。洪业汤等(1997)测量了吉林金川泥炭层中纤维素的δ^{18}O变化(图7-7),观察到当地自BC 2600—BC 1600年是一个明显的升温期,δ^{18}O值平稳地升高达6‰。以后这个暖期一直延续到AD 350年。

7.3.6 沉积地层的碳同位素分析

多数植物根据其光合反应的途径可以分为C_3和C_4两大类。乔木等多数植物属C_3植物,其δ^{13}C值为-26‰左右,而有相当一些禾本科的草类属C_4植物,其δ^{13}C值为-11‰左右(见8.5.1小节)。因此沉积物中有机质的δ^{13}C值能反映当时的植被为森林环境还是草原环境。

图7-8显示美国爱荷华州Cold Water洞穴中两个石笋和洞穴附近Roberts河冲积地层的δ^{13}C变化曲线。所分析样品的时代跨度为全新世。石笋生长所需的碳,部分来自洞穴的石灰石,部分来自洞穴上部植物根系释放的CO_2(溶于水后被带进洞穴)。由图7-8可见:(1)石笋的δ^{13}C值高,因为石灰石的δ^{13}C=0‰和石笋形成过程中的同位素分馏;(2)两个石笋间,石笋与冲积地层间的δ^{13}C变化曲线基本相似,都是反映石笋形成时洞穴上部的植被情况。根据曲线推测,在全新世早期这里曾是茂密的森林,而距今6500年后是森林和草原的混杂。

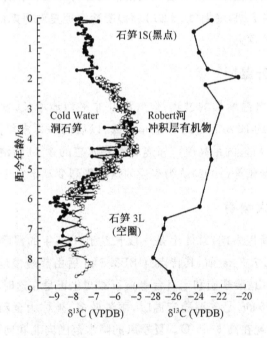

图7-8 美国爱荷华州Cold Water洞穴两个石笋和临近Roberts河冲积地层的δ^{13}C变化曲线(Bourdon, et al, 2003)

7.4 中国全新世的气候和环境变化概述

随着延续约200万年的更新世冰期的结束,大致于1.05 ka前后,地球历史进入最新的一个时期——全新世(关于全新世开始的确切年代尚无共识,例如4.2节根据树轮、纹泥和冰芯推断的欧洲全新世起始年代分歧达 1000 年)。全新世是以农业为主要特征的新石器时代的开始,从此人类的经济与文化、人口的总数得到了前所未有的迅速发展。距今 5 ka 左右人类先后在全球多处进入文明时期,或称历史时期。因此学界特别是考古学界关注全新世气候环境的变化,关注全新世环境对人类与文明发展的影响。对全新世气候变化的重视还在于对未来气候和环境的关注与预测。自 AD 1850 年以来,特别是最近 20 年,全球气候连续变暖,极地和高山冰川缩退,海面上升,导致人们的担忧。人们在思考气候变暖的驱动因素,除因地球轨道运动参数的周期性变化导致的太阳辐射增强外,估测大量燃烧化石燃料放出的二氧化碳所引起的温室效应。

复原全新世过去的气候,主要依据本章前文所述的孢粉、树轮、哺乳动物、软体动物、硅藻以及黄土、冰芯和泥炭等沉积物的同位素等气候标志物,此外湖面和海平面的升降、古文献和考古资料也是全新世古气候的信息载体。目前已发表的关于我国全新世古气候的论文达几千篇,分别研究不同的地区和时段,使用不同的气候标志物。多数研究论文的主要结论是彼此相符的,但对某些气候段起迄年代的估测等也存在一些分歧。本章的讨论主要参考施雅风等(1992)和徐海(2001)的综述性论文。

学界已基本共识,认为在千年的尺度上全新世可分为三段:早期(BP8.5 ka 前)为增温期,中期(BP8.5—3 ka)为温暖期,晚期(BP3 ka 以后)变冷。但是对每期的起迄时间和时段内部的气候波动,存在有不同的意见。

7.4.1　全新世早期升温期

全新世早期是一个气温增加的过程,但气温并非平稳地增长,发生过多次百年尺度的变冷。特别显著的波动是约 BP8.7 ka 时气温非常低,以后的一百多年间又快速地连续升温,于 BP8.5 ka 时气温达到全新世的最高值。祁连山敦德冰芯的 $\delta^{18}O$ 值清晰地反映了这一段气候的波动(见图 7-6)。施雅风等(1992)认为气候的这种剧烈变动不宜于人类的生存。

7.4.2　全新世中期大暖期

BP8.5—3 ka 为全新世中期,总体上是一段长达五千多年的温暖期。施雅风等将中期又分为四段。第一段为 BP7.2 ka 前,其特点是 BP8.5 ka 后由热缓慢地变温凉,波动相对平缓,雨量大。我国北方的磁山、裴李岗和老官台等新石器文化正是在这时段出现和发展的。

第二段为 BP7.2—6 ka,是气温稳定温暖,雨量较多,被称为全新世气候最适宜期。当时我国北方的冬季温度比现在高 3~5℃。夏季风的降水范围向北和向西扩展,植被带也向西北移动。这种环境有利于农业的发展。气候最适宜期正是中原的仰韶文化和长江下游的河姆渡和马家浜文化的形成、进步、繁荣的时期。当时甚至在青藏高原的某些现今不适宜于人类居住的地区,也出现了细石器文化遗址。这一千多年的气候适宜期蕴育了约两千年后中华文明的诞生。

中期的第三段相当于 BP6—5 ka,气候波动剧烈,敦德冰芯的 $\delta^{18}O$ 值出现了三次深谷和尖峰的跳动,生存环境较为严酷,据统计,这个千年时段中发现的遗址数比前一千年时段为少,表明人口没有增加。

中期的第四段为BP5—3 ka,该时段的气候变化相对平稳,是龙山文化和良渚文化兴起和发展的时期,晚段进入夏商历史时期。总体上是温湿的环境,例如在陕西陶寺遗址发现阔叶和针叶的混交林,与陶寺大致同时的洛阳寺河南剖面的Ⅳ-1孢粉亚带乔木,包括阔叶树种的花粉比例甚高(见图7-2),殷商时期亚洲象曾生活在河南的北部和河北的南部。虽然,该时段总体上较为温暖。但在第四段中间的BP4 ka前后,出现了一段灾难性的气候时期,气温下降和降水异常。敦德冰芯反映出较宽的一段冷期(见图7-6),而金川泥炭反映的冷期出现更早(见图7-7)。王绍武(2007)报道"BP4.2—4.0 ka的气候变干正当两河流域的阿卡德王国解体、埃及处于混乱的第1中间期、印度哈拉帕文明衰落"。王巍(2004)注意到山东龙山文化、江南良渚文化、长江中游的石家河文化、辽河流域的红山、小河沿文化、河套地区的老虎山文化和黄河上游的马厂文化等差不多都在距今4000年前后衰落。社科院考古所等(2002)在青海与甘肃接壤的喇家遗址的三座半地穴式房址中发现数十具非正常死亡的人骨,其中包括若干具护着儿童的妇女骸骨。喇家遗址属齐家文化中晚期,发生灾变的时间也接近BP4 ka。据夏正楷等(2003)分析,喇家遗址的灾变事件系地震和洪水的联合行为所导致。虽然很多文献上也有关于BP4 ka前后中原地区洪水泛滥的记录,但与边缘地区不同,中原的文化发展并未衰落或中断,龙山晚期后出现了新砦和二里头文化,并进入了历史时期的文明社会。

7.4.3 全新世晚期降温期

BP3 ka,大致在商末周初以后,我国的气候进入降温期,西周时期,华北的冬季温度比现代要低1℃。当然降温期同样伴随着气温的波动,稍温暖和寒凉时期的交替。竺可桢(1972)曾根据文献和考古资料提出,BP5—3.1 ka间黄河中下游的温度比现代高2℃,而自周初以后气候变冷,但认为汉代和隋唐是降温过程中的两个温暖期。对于公元初汉代的温暖期,得到敦德冰芯和金川泥炭δ^{18}O记录支持,但是对于隋唐(AD 600—900年)是否是温暖期,存在不同的看法。欧洲学者提出的中世纪温暖期为AD 900—1300年,晚于隋唐温暖期,两者不同时。隋唐温暖期得到格陵兰冰芯δ^{18}O记录的支持,但是敦德冰芯、古里雅冰芯和金川泥炭的δ^{18}O记录中AD 600—900年时段对应的是寒凉的气候。欧洲中世纪温暖期的年代也得不到敦德冰芯和古里雅冰芯的支持,仅其前半段与格陵兰冰芯的氧同位素数据相适应,但是金川泥炭数据却反映AD 900—1300年为温暖期。施雅风等(1992)和王绍武等(2000)用地理因素来解释上述的矛盾,认为各地温暖期的时间可能有先后。

全新世降温期中还存在一些特别寒凉的时段。敦德冰芯反映的AD 1000年后的寒冷期与辽金的南侵时代相吻。而寒冷的AD 1550—1850年时段,被称为小冰期,满清自东北入主中原正发生在该冷期的前段。对于小冰期起始和最寒冷时段的年代,在不同地区利用不同的气候标志物研究的结论也不完全一致。王绍武等(2000)曾进行统计总结,并提出某些解释。AD 1850年前后小冰期结束,全球又进入了一个升温期,并延续至今。各国政府和很多民间组织都十分关注持续升温对未来全球环境的影响,并研究对策,但这已超出本书的讨论内容。

参考文献

[1] 陈铁梅. 用Brainerd-Robinson方法比较华北地区晚更新世几个主要动物群的年代顺序. 人类学学报,

1983,2(2):198.
- [2] 洪业汤,姜洪波,等.近5ka温度的金川泥炭的δ^{18}O记录.中国科学(D辑),1997,27(6):525.
- [3] 孔昭宸,杜乃秋,朱延平.内蒙古自治区额济纳旗汉代烽燧遗址的环境考古学研究.环境考古研究(第一辑).北京:科学出版社,1991.
- [4] 李非,李水城,水涛.葫芦河流域的古文化和古环境.考古,1993,(9):822.
- [5] 梁亮,夏正楷,刘德成.中原地区距今5000—4000年间古环境重建的软体动物化石证据.北京大学学报(自然科学版),2003,39(4):532.
- [6] 莫多闻,李非,李水城,等.甘肃葫芦河流域中全新世环境演化及其对人类活动的影响.地理学报,1996,(1):59.
- [7] 孙雄伟,夏正楷.河南洛阳寺河南剖面中全新世以来的孢粉分析和环境变化.北京大学学报(自然科学版),2005,41(5):289.
- [8] 施雅风,孔昭辰,王苏民,等.中国全新世大暖期气候与环境的基本特征.中国全新世大暖期的气候与环境.北京:海洋出版社,1992.
- [9] 谭德睿,黄龙,王永吉,等.植物硅酸体及其在古代青铜器陶范制造中的应用.考古,1993,(5):469.
- [10] 谭德睿.中国青铜时代陶范铸造技术研究.考古学报,1999,(2):211.
- [11] 王绍武,龚道溢.全新世几个特征时期的中国气温.自然科学进展,2000,10(4):325.
- [12] 王绍武.全新世的气候突变.中国气象报,2007-3-16.
- [13] 王树芝.木炭在考古学研究中的价值和作用.科技考古(第一辑).北京:中国社会科学院出版社,2005.
- [14] 王巍.公元前2000年前后我国大范围文化变化原因探讨.考古,2004,(1):67.
- [15] 王永吉,吕厚原.植物硅酸体研究及应用.北京:海洋出版社,1997.
- [16] 夏正揩,杨晓燕,叶茂林.青海喇家遗址灾难事件.科学通报,2003,45(11):1200.
- [17] 徐海.中国全新世气候变化研究进展.地质地球化学,2001,29(2):9.
- [18] 杨晓燕,吕厚远,夏正楷.植物淀粉粒分析在考古学中的应用.考古与文物,2006,(3):87.
- [19] 姚檀栋,Thompson L P,施雅风,等.古里雅冰芯中末次间冰期以来气候变化记录研究.中国科学(D辑),1997,27(5):447.
- [20] 姚檀栋,Thompson L P.敦德冰芯记录与过去5ka温度变化.中国科学(D辑),1992,22(10):1089.
- [21] 袁靖.公元前2500—公元前1500年中原地区动物考古学研究.科技考古(第二辑).北京:科学出版社,2007.
- [22] 张文绪,裴安平.澧阳平原几处遗址出土陶片中稻谷浮面印痕和稃壳残片的研究.中国栽培稻起源与演化专集.北京:中国农业大学出版社,1996.
- [23] 赵力华.脂肪酸分析法和树木年轮年代测定法.文物,1999,(8):94.
- [24] 赵志军.植物考古学及其新进展.考古,2005,(7):522.
- [25] 郑绍华.建始人遗址.北京:科学出版社,2004.
- [26] 中国社会科学院考古研究所,青海文物考古研究所.青海民和喇家史前遗址的发掘.考古,2002,(7):579.
- [27] 周昆叔.西安半坡新石器遗址的孢粉分析.考古,1963,(9):520.
- [28] 竺可桢.中国近五千年来气候变迁的初步研究.考古学报,1972,(1):5.
- [29] Bourdon B, Henderson G M, et al. "Uranium-series Geochemistry", Geochemical Society and Mineralogical Society of America, 2003.
- [30] Fox C L, Perez-Perez A, Juan J. Dietary Information through the Examination of Plant Phytoliths on the Enamel Surface of Human Dentition. *Journal of Archaeological Science*, 1994,21(1):29.

[31] Horn M, Hellerman J. The Diatom, in "Palaeoecology of the Llano Estacado", ed. by Wendorf F, Meseum of New Mexico Press, 1961.

[32] Legge A L, Rowley-Conwy P. New Radiocarbon Dates for Early Sheep at Tell Abu Huryra, Syria, in Archaeologic Result from Accelerator Dating. Oxford University Press, 1986.

[33] Preece R. Non-marine mollusca and archaeology, in "Handbook of Archaeological Science" ed. Brothwell D, Pollard A. New York. John Wiley and Sons, 2001.

[34] Rapp G J, Hill C. Geoarchaeology: The Earth-Science Approach to Archaeological Interpretation (Second Edition). Yale University Press, 2006.

[35] Wang Y J, Cheng H, Edwards R L, *et al*. A High-resolution Absolute-dated Late Pleistocene Monsoon Record from Hulu Cave, China, *Science*, 2001,(294):2345.

[36] Windorf F, Schild R. The Prehistory of Wadi Kubbaniya, Vol 2: Stratigraphy, Palaeoeconomy and Environment, Dallas Tax, Southern Methodist University Press, 1989.

[37] Yuan Jing, Liang Zhonghe, Wu Yun, *et al*. Shell Mound in the Jiaodong Peninsula: a Study in Environmental Archaeology. *Journal of East Asia Archaeology*, 2002,(4):1.

[38] Zhao Zhijun. The Middle Yangze Region in China is One Place Where Rice was Domesticated: Phytolith Evidence from the Diaotonghuan Cave, Northern Jiangsi, *Antiquity*, 1998,(72).

思考题

1. 试比较孢粉、植硅石和种子残存分析在复原古代环境及其变化和研究作物栽培起源中的作用、优缺点和互补性。
2. 试比较对哺乳动物群进行统计分析的几种方法，为什么要注意对小型哺乳动物骨骼的采集和分析？
3. 请总结沉积地层中能定量反映气候变化的诸标志物（磁化率、粒度、有机物含量和氧、碳、铍等同位素），它们的工作原理。
4. 你对我国全新世气候变化主要特征的认识，探讨气候变化与考古学文化和历史进程的关系。

第八章 农业起源和古人食物结构研究中的科技方法

农业起源是人类历史中有根本意义的转折,人类从单纯地消费自然资源转化为有意识地再生自然资源的生产者。农业和畜牧业等生产活动快速地改变了自然的生态面貌,改变了作物和家畜的形态和遗传特征,也改变人自身,从而人类由被动地适应环境,转而影响环境和改造环境。

全球各地最早的人工栽培作物基本上都属禾本科的植物(大米、麦类、粟类和玉米),可能还有豆类作物。它们都是当年播种当年收获的单年生长周期植物,而且其谷粒可以长期储存,因此受到新石器早期居民的青睐。各地先民开始农业活动的时间虽略有早晚,但大致都在距今 10 000 年左右全新世的起始。目前全球产量第一的小麦起源于约 11 000 年前西亚的"肥沃新月形地带":从地中海东岸和约旦河谷地向北至阿纳托利亚半岛的东部,向东经两河流域上游地区,再沿扎格罗斯山的西南坡向东南方向延伸(见图 8-1),这里也是多种其他作物和家畜的起源地。至于产量第二的玉米,据新的分子生物学证据,其栽培驯化始于约 9000 年前现墨西哥南部的 Balsas 河谷(Vollbrecht, et al, 2005)。另外两种重要的粮食作物,大米(占世界产量第三位)以及粟类,据考古资料应起源于距今约 10 000 年前后的我国。人类自诞生以来经历了约 600 万年漫长的历史,但农业在全球各主要地区几乎同时起源不应是偶然的巧合。约 12 000 年前,寒冷的更新世冰期结束了,虽然稍后有延续约千年的较冷的新仙女木期的气候反复,但距今约 10 500 年时全球已进入温暖湿润的全新世。森林向高纬度地区推进,原来比较干旱的低纬地区受到增加的雨量的滋润。全新世是新石器时代的开始,农业是新石器文化最重要的标志之一。农业提供了丰富的食物来源,导致定居式生活和聚落规模的扩大,为家畜饲养提供条件,产生剩余的劳力从事手工业。农业要求修整土地和水利、改进工具和建立历法。总之农业推进了人类社会经济与文化的突飞猛进。因此柴尔德称之为"新石器革命"或"农业革命"。

农业起源是考古界,乃至整个学术界所关心的课题。不断有各种假设提出和受到批评,如绿洲说、生存压力说、边缘地区说、社会功利说等。它们各自解释一些方面的现象和因素,但似乎又过于简化,因为农业起源是一个复杂的、多因素的课题。它涉及其内在动力,各主要农作物最早栽培的地点和时间、作物形态和遗转性状的变化,涉及当时当地的气候、土壤、适宜的野生生物物种等自然条件,涉及人类的居住模式、生存压力和工具技能准备等文化因素。需要指出,农业起源、农业经济的形成与最早的作物栽培并不是完全等同的概念,时间上应该有先后。在作物栽培的初始阶段,社会的经济形态和与之相联系的文化面貌不可能发生明显的变化。作物形态及其遗传性状的显著变化和栽培收获量相对于采集野生食物比重的增加并占到主要地位,都需要一段演化的过程和时间。

对于农业起源的研究,科技考古的主要任务在于探索各种作物的早期栽培过程,探寻栽培型与野生型的关系以及栽培型的演化和传播。植物考古学家研究农作物谷粒和植硅石(这些

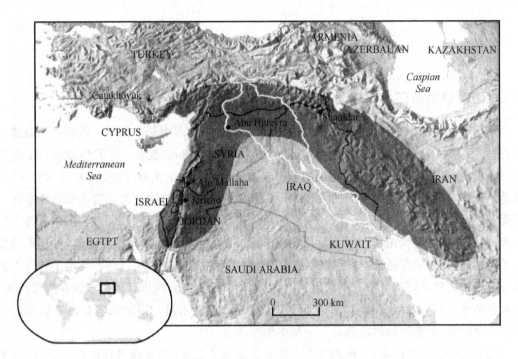

图 8-1　西亚"肥沃新月形地带"的地理位置图(Price, et al, 2004)

都是考古遗址中最易保存下来的作物遗存)的形态随时间的被驯化,统计不同时代的遗址和考古地层中栽培型作物遗存相对于野生种遗存数量的增加,调查作物祖本野生种的分布。分子生物学家通过 DNA 分析探寻稻、麦、黍等作物的各早期栽培型之间以及栽培型和野生型之间的遗传关系。这为考古学家研究农业起源提供植物学的证据。环境考古学对栽培作物起源地区的气候、地貌、水文和土壤等条件作考察,探讨作物栽培的自然条件。体质人类学家对古人遗骸的观察和同位素组成测量能揭示因农业发展所导致的人们食性和生理的变化,例如最早的栽培作物都是禾本科富含淀粉的谷粒,大量食用谷粒和肉食比重的降低会导致蛋白和脂肪营养的不足和较普遍的龋齿。当然所有与农业起源有关的科技考古研究都需要与考古学家紧密合作,需要考古学家提供从有年代控制的考古地层中采集的、足够数量的作物遗存以及人类和动物骨骼样品,并共同分析科技考古的研究数据。

我国的史前农业大致以秦岭和淮河为界明显地分成两大地区:长江流域的稻作农业区和黄河流域的粟作农业区,这主要是由气候条件决定的。两个大区的经济和文化面貌均有明显的区别。我国最北方(长城以北的亚寒带)游牧经济的发展明显偏晚,而两广等南方地区(亚热带)虽进入新石器社会也很早,其早期的农业模式可能是以块根和块茎类作物为主(《考古》记者,2005)。虽然有人认为食用和移植块根类植物是人类最早的作物栽培尝试,早于谷物种子的播种。但这种观点目前缺乏考古证据,这可能是因为块根类食物比谷物更难以保存以及块根植物的无性繁殖不易引起植物本身形态的进化而导致实物资料的匮乏。本章的讨论主要将局限于温带长江流域的水稻栽培和黄河流域旱地作物粟和黍的栽培。

8.1 我国栽培稻起源的研究

8.1.1 栽培稻长江中下游地区起源说的提出和建立

水稻也许是我国最早的人工栽培作物。亚洲栽培稻的起源是争论了一百多年的命题。曾流行"印度起源说",但是在印度次大陆最早栽培的作物是麦类,而不是水稻,后者是在 BC 2500 年以后才开始种植的。中国的学者多数认为水稻是本土起源的,但在 20 世纪 80 年代以前,赞成华南或云南为起源地的人较多,因为那里的气候温暖多雨而且野生稻资源丰富。但是逐步累积的考古资料却显示,时代较早的稻作遗存都发现于长江中下游地区,未见于华南和云南。特别是于 20 世纪 70 年代末,在发现了距今 7000 年的浙江河姆渡遗址,在其第四层出土了大量的稻壳、稻秆后,农史学家闵宗殿(1979)和考古学家严文明(1982)提出了长江下游地区应该是我国栽培稻起源中心的观点。严文明(1982)还指出,河姆渡的稻作遗存数量巨大,其种属被鉴定主要为栽培型籼稻,同时还发现了相当数量的农具。因此河姆渡已是相当成熟的稻作农业遗址,并推测我国应该存在更早的稻作遗存。

至 20 世纪 80 年代末,我国的考古工作者又发现了近 30 个有栽培稻遗存的遗址(顺便指出,80%的含有栽培稻遗存的遗址是通过浮选法确定的),它们基本上都在长江中下游地区,其中包括比河姆渡更早的湖南彭头山遗址和八十垱遗址。这两个遗址相距不远,同属彭头山文化。在彭头山的红烧土和陶胎中观察到大量已炭化的稻壳和稻草,其年代经加速器质谱^{14}C 测定为距今约 8000 年(陈铁梅等,1884),而在八十垱出土了约 1.5 万粒炭化的稻谷和稻米。巨大的遗存数量表明,这两遗址的水稻栽培也已有相当的水平与规模。因此严文明(1989a)将我国栽培稻起源地扩大到长江中下游。栽培稻的长江中下游地区起源说还得到 1984 年发表的全国野生稻普查报告的支持,普查发现我国的普通野生稻(学术界公认普通野生稻是栽培稻的祖本)分布在海南、两广、云南和湘赣等四个不相连接的自然区(江苏和浙江未列入此次普查规划),而在云南普通野生稻仅在该省南部的景洪等地区有零星分布。此外,于 80 年代在河南的贾湖遗址(距今约 8000 年)和江苏的高邮龙虬庄遗址(距今均约 7000 年)也都出土了大量炭化稻米,贾湖和龙虬庄的地理位置偏北,分别处于淮河的上游和下游。

到 20 世纪 90 年代中期发现了更早的栽培稻遗存,地点是湖南道县的玉蟾岩和江西万年县的仙人洞和吊桶环等新石器早期遗址,年代可能早于距今一万年。在玉蟾岩仅采集到 6 颗炭化稻粒,经张文绪等(1996)鉴定,认为是"保留部分野生稻特征而籼粳未完全分化的古稻",这是我国发现的最早的,也应该是全球最早的栽培稻籽粒遗存。在吊桶环和仙人洞遗址未见到稻粒,但在大约距今 13 000 年的旧石器文化层中发现了大量野生稻的植硅石,表明当时采集狩猎经济的人们已将野生稻作为食物的一部分。随后曾因新仙女木期全球气候的变冷,使得相应地层中野生稻植硅石的数量有所波动降低。但随着全球气候的变暖,在这两个遗址距今约 11 000 年的新石器早期地层中出现了人工栽培稻的植硅石(Zhao,1998)。这两个地点的新发现将我国长江中游最早的稻作栽培推前到一万年以前。近年来在长江下游的浙江也发现了比河姆渡更早的稻作遗存,例如跨河桥和上山遗址,后者的年代已近(或达)万年。郑云飞等

(2007)测量了上山遗址一颗完整的颖壳,其长宽比为2.7,认为它属于栽培稻,对上山遗址一些保存小穗轴的颖壳的观察发现有野生和栽培粳稻两种类型,叶片中运动细胞植硅石则显示栽培型原始粳稻的特征。这些都显示栽培稻的初始阶段。

需要指出,云南至今未发现有早于4000年的栽培稻证据,在广西桂林的甑皮岩遗址(其年代最晚达距今7000年)也未见到任何栽培稻或野生稻的遗存。赵志军等(2005)在广西邕宁顶狮山遗址距今6000年的第四期的文化堆积中采集到相当数量栽培稻的植硅石,而在其下面的各文化层中却未观察到任何水稻植硅石的存在。因此赵志军等认为顶狮山遗址是从"外地"输入了栽培型水稻的种子和技术。目前顶狮山遗址是在两广和云贵地区发现最早稻作遗存的地点,比广东曲江石峡遗址早1000多年,但比长江流域却晚了约4000年。严文明(1989a)和王象坤等(1989)都认为,华南处于热带、亚热带环境,四季都有食物,特别是块根食物的供应,于新石器早期时缺乏驯化野生稻的生存压力。在顶狮山遗址的早期文化层中出土了多种动物的遗骸和棕榈科、葫芦科和番茄科等植物的植硅石(大多数块根块茎类植物不产生植硅石)。这些植物的果实可以食用,而且遗址附近的水生动物资源丰富。应该说顶狮山的先民不缺食物,生存压力并不大。孢粉分析显示,顶狮山遗址当时并没有发生气候的明显变化,为什么出现了从采集狩猎经济向农业的转化呢? 赵志军等认为需要更多的考古工作,才能回答这个问题。

总之,栽培水稻的长江中下游起源说目前已得到普遍的接受,起源的时间为距今一万年左右,或可能更早些。

8.1.2 栽培稻遗存与野生稻的区分及栽培稻种的进化

Hilmman等(1990)和Willcox(1999)曾指出,作物无须人类有意识地驯化,收割野生植物和随后的播种,特别是异地播种实际上对野生植物的物种起到选择或选种的作用。例如野小麦一般容易自然落穗脱粒,种粒有厚壳保护并带芒刺,有利于自然力帮助其散播和扎根于土壤。但野小麦中有一类其穗聚拢较紧、芒刺不甚发达的变异种(称为stiff raches),需要人工脱粒和播种。人工的收割和随后的异地播种就是对这类变异种的优选,每一次的收割和播种循环将提高变异种在种群中的比例。Hilmman等(1990)进行了实验和定量的统计表明,经过20—100年后变异种在种群中将占到绝对的优势。"20—100年"对于一种考古学文化来说并不是一段很长的时间。因此大量地采集某种野生植物食用和随后在居住地附近栽培会使得该植物物种的形态发生变化,而对古代植物遗存的形态分析也就可以判断古人曾否开始了栽培活动。

对水稻籽粒(包括谷粒和颖果)和植硅石遗存的形态分析,对鉴别稻属各物种、研究水稻栽培起源起关键作用。张文绪等(1996,2000)曾对玉蟾岩出土的稻粒作形态鉴定,观察到其籽粒的长宽比为2.8,超出典型野生稻的变异范围。其稃毛平均长度452 μm,又处于野生稻的变异范围。其稃肩角属野生稻的高限、粳稻的低限,而与籼稻相似。因此作出了"兼有野、籼、粳综合特征的演化早期的原始栽培稻类型"和"保留部分野生稻特征而籼粳未完全分化的古稻"的鉴定结论。王象坤(1989)等将稻粒的长宽比作为水稻被驯化的一个指标,测量了贾湖遗址前后三期,大约300多年跨度间稻粒长宽比的变化情况(见表8-1),观察到典型和非典型野生稻比例的下降以及粳籼中间型和偏粳型栽培稻比例的增加,反映了野生稻在贾湖遗址被驯化的过程。但是贾湖和彭头山稻粒仍明显小于现代的栽培稻,具有籼粳分化不彻底等野生稻的特征。王象坤(1989)还观察到龙虬庄遗址地层上部第4层稻粒的长、宽和厚相对于下层的稻粒都明显增大(见表8-2),这个转化发生于距今6000—5000年间。

表8-1 贾湖遗址197粒炭化稻米粒按照年代和类型的分布

年代(距今)	长宽比<2.3 梗型		2.3<长宽比<2.5 粳籼中间型		2.5<长宽比<3.5 籼型和非典型野生稻		长宽比>3.5 典型野生稻		总数
	粒数	百分比/(%)	粒数	百分比/(%)	粒数	百分比/(%)	粒数	百分比/(%)	
7825—7450	40	36	35	31.5	21	18.9	15	13.5	111
8090—7825	5	7.1	11	15.7	44	52.9	10	13.5	70
8285—8090	1	6.3	3	18.6	8	50	4	25	16
总计	46	23.4	49	24.9	73	37	29	17.7	197

见表8-2 龙虬庄遗址各文化层出土的稻粒的测量数据/mm

层 位	检测数	粒 长		粒 宽		粒 厚	
		平均值	标准差	平均值	标准差	平均值	标准差
4	118	5.08	0.69	2.57	0.45	1.78	0.41
6	48	4.58	0.51	2.28	0.32	1.65	0.29
7	65	4.72	0.56	2.32	0.32	1.69	0.23
8	14	4.84	0.47	2.24	0.23	1.65	0.21

对水稻的种属鉴别,除根据籽粒的形态外,还可观察其植硅石。水稻有产生于稻叶的扇形和哑铃形植硅石和产生于颖壳的双峰乳突形植硅石。它们的数量多、个体大和硅化程度高,较容易与禾本科其他属种的植硅石相区分。Zhao(1998)根据水稻颖壳的植硅石上双峰乳突的形态变化,鉴别区分江西吊桶环和仙人洞两遗址旧石器地层中的野生稻和新石器地层中栽培稻的植硅石遗存。陈报章等(1995)根据对贾湖遗址水稻扇形植硅石的分析和统计,认为籼稻、粳稻和野生稻的比例分别占22%、49%和29%,也观察到这三类稻种的双峰乳突形植硅石形态上的差别。

但是需要强调指出,根据谷粒、颖果和植硅石形态对近万年前、刚从野生稻分化的栽培稻进行种一级的鉴别,植物学家之间尚缺乏统一的鉴别标准,不同的方法或不同的研究者对同一批材料可能给出矛盾的鉴定意见,例如对于河姆渡稻谷遗存,游修龄(1976)根据稻谷的长宽比和颖壳上的稃毛认为属典型的籼稻。周季雄(1977)对部分稻谷粒的长宽比鉴定,认为3/4为籼稻,1/4为粳稻,但未论及另一部分谷粒的鉴定情况。汤圣祥、张文绪等(1977)对罗家角三粒稻谷的双峰乳突进行电镜观察并与现生的籼、粳稻比较后认为属中间偏粳,并提出了"河姆渡古栽培稻"新种名。汤圣祥、佐藤洋一郎(1977)却在河姆渡稻谷遗存中发现有野生稻。郑云飞等(1993)根据扇型植硅石的形态认为河姆渡以粳稻为主。对吴县草鞋山稻谷遗存的鉴定同样出现分歧(严文明,1977)。

秦岭等(2006)对我国栽培稻的起源和研究作了较全面的综述和提出不同的看法。她对以颖壳的长宽比作为鉴别标准提出质疑,因为在粳稻和籼稻间、籼稻和野生稻间的长宽比存在相当范围的重合。她还提出稻谷小穗轴基部的形态不仅依赖于稻谷的种属,而且与稻谷生长成熟的程度有关,因此小穗轴基部的形态作为鉴别标准也存在不确定性。秦岭等还总结了国内外近十年来应用DNA技术研究栽培稻起源的成果,这些研究都支持野生稻就有粳籼的分化,而目前所分析的我国早期稻作遗存(草鞋山、城头山和八十垱)均属粳稻。总之,栽培稻的起源研究可能比原来的认识要复杂得多,有兴趣的读者可参阅秦岭等(2006)的论述。

8.1.3 关于我国稻作农业的起源

作物的人工栽培经过相当长时间的进步和扩展后,人类的生计也随之变化,逐步形成以农业生计为主的农业社会。什么是农业经济和农业社会起源的标志呢?朱乃诚(2001)提出,只有当农作物种植达到一定的规模,成为当时居民的重要生计时,才进入农业社会,而且与之相联系,社会的组织和文化面貌也必然同步变化,聚落址、农业生产工具和家畜饲养的出现是农业经济或农业起源的重要标志。王象坤等(1989)提出了鉴别稻作农业起源地的标准:(1)发现了相当古老的栽培稻遗存;(2)发现与古栽培稻共存的野生祖先稻种遗存;(3)属于古人居住地和发现有稻作农业工具;(4)处于适宜于稻亚科植物生长的气候和环境;(5)具有驯化野生稻的强烈的生存压力。根据上述的标志或标准,朱乃诚、王象坤以及多数的学者都认为长江中游的湖南彭头山文化诸遗址和淮河上游裴李岗文化的贾湖遗址可以作为我国的稻作农业的起源地。在彭头山文化地区有丰富的野生稻资源,在多个遗址,包括彭头山遗址本身发现了大量掺稻壳的陶片,在八十垱遗址出土了万余粒被鉴定为"古栽培稻"种、并保存良好的稻谷和稻米,还出土有木铲和木耜等农具。彭头山文化的聚落址已发现近20处,其中彭头山等较大规模的聚落,其面积达8000 m²。有围墙和围壕,聚落内有房基、灰坑和随葬陶器的墓葬。贾湖聚落址的面积达55 000 m²,在已发掘的2300 m²的区域内,除发现了相当数量的栽培稻遗存(稻粒、印痕和植硅石),还出土有石镰、石铲、石磨盘、磨棒和骨耜等农业工具。发掘区内出土有几十座房址、300多座墓葬(包括含30多件随葬品的大型墓葬)和灰坑,此外还有9座陶窑和骨笛、龟甲响器和龟甲上的刻画符号等文化遗存。出土有10座埋狗坑,说明狗已成为驯养动物。长江中游和淮河上游寒冷的冬季要求居民储备冬天的食物,产生了栽培作物的需求。总之,从各个角度分析,彭头山文化诸遗址和贾湖遗址已进入了稻作农业社会的初始阶段。

但是需要指出,稻米可能还不是贾湖先民的主要食物。贾湖的发掘者张居中,根据出土的农具、狩猎工具和捕捞工具的比例,曾提出原始农业占贾湖经济约1/4比重的意见(河南省文物考古研究所,1999)。赵志军(2005)报道,他们在2001年的发掘中用浮选方法在贾湖的文化堆积中发现了相当数量的块茎类、坚果类和豆类等食物遗存,并都属野生种。鉴于不同种类可食植物的硬壳和可食部分的比例不同,保存的概率也不同,无法定量计算稻米在贾湖先民食物中的比例,但看来不可能占主要地位。

8.2 北方地区粟、黍等作物的栽培起源研究

我国北方的黄河流域属温带半干旱季风气候,冬季寒冷,而雨量过分集中于夏季。广泛分

布的黄土保墒能力差,如果没有灌溉系统,仅河流谷地适宜于农耕。气候和土壤条件制约了栽培作物种类的选择,但生存压力又高。粟和黍,俗称小米与黄米(或粘黄米),虽然是籽粒细小的低产作物,但其叶面,特别是苗期叶面的水蒸发量小,抗旱能力强,特别适宜于经常发生春旱的我国北方地区,成为我国北方新石器时代首选和主要的栽培型粮食作物。虽然在龙山和二里头文化的地层中发现有种植小麦的遗迹,但宋代以前,粟和黍一直是我国北方地区的主要作物。在黄河流域,夏季的高温多雨使得局部水源较充足的地块也能种植水稻,但水稻只是作为旱地作物的某种补充。

植物学研究表明,粟的祖本植物应该是华北田野广泛生长的狗尾草。因为不仅两者间的幼苗、植株和穗形等的形态十分相似,而且都是18对染色体,两者间能够杂交,杂交后的子代出现育性不完全现象。这都说明粟与狗尾草不仅同科同属,而且有更近的亲缘关系。目前对黍的祖本尚不十分清楚,有野糜子和野生黍的猜测,黍与粟同为黍亚科,但不是同属的。

关于最早何时开始人工栽培粟和黍的考古学证据较为缺乏,相应的植物学研究和讨论也不如像水稻栽培那么热烈和成熟。最早的粟可以追溯到公元前第七千纪末非洲撒哈拉的一些遗址,那里出土有炭化的粟粒和陶片中有粟的印痕。在我国的华北,已发现的新石器早期遗址并不多,有河北徐水南庄头、北京东胡林和转年等遗址。但在这些遗址都没有发现作物遗存的报道,虽然在南庄头(稍早于距今10 000年)发现有石磨盘、石磨棒和石锛等工具,出土有北方最早的原始陶器以及未确定是否为人工饲养的猪和狗的遗骨。磨盘等工具并不能作为人工栽培作物的直接证据,它们可能被用于野生植物籽粒的脱壳,在距今16 000年前的山西下川旧石器遗址中也曾出土石磨盘。目前确凿的最早人工栽培粟、黍的证据(主要是炭化的谷粒和颖果)出现在距今约8000年,属新石器文化中期的多个遗址中,包括冀南、豫北和豫中的磁山文化和裴李岗文化遗址、关中和陇东的老官台文化遗址。此外在更北的内蒙兴隆洼遗址第一地点和沈阳新乐遗址和东方的山东滕县北辛遗址,都发现有粟的遗存。粟和黍的栽培和粟黍农业几乎同时(新乐和北辛稍晚些)在从甘肃到辽宁和山东的广阔区域出现。这些出土粟黍遗存的遗址基本上都是聚落址,很多地点还伴有陶片、蔬菜籽、豆类、麻、猪狗遗骸、房基和墓葬等。这些早期的粟作遗址中最为突出的是河北武安的磁山遗址,那里发现了80个有粮食朽灰的窖穴,灰象法鉴定为粟的植硅石,经推算总储藏量约1×10^5 kg。磁山遗址还出土了多种农业工具,磨、镰、耜等,数量很大。此外磁山已有猪、鸡、狗等家畜饲养。张履鹏(1986)对属裴李岗文化的许昌丁庄出土的炭化粟粒作了形态分析,其个体相当大,千粒重为1.88 g,折合新鲜粟粒的千粒重为3.02 g,已达到现代春谷的标准。据赵志军(2005)鉴定,兴隆洼出土有粟和黍,粟的谷粒仍保留着浓厚的野生祖本特征,系栽培作物的早期品种。总之那些出现最早的粟作栽培遗存的遗址都已具备了原始农业的特征,进入了原始的农业社会。这与南方稻作农业起源的情况不同,那里出现最早栽培稻遗存的仙人洞和玉蟾岩等遗址与原始农业经济的彭头山文化间相隔有2000年的发展历程。因此严文明(1989b)推测在磁山以前也应该有很长的一段向粟作农业进化的过程,这有待今后的考古工作来验证。

在距今7000年以后,从黄河上游的马家窑文化、中游的仰韶文化到下游的大汶口文化以及辽河流域的红山文化遗址几乎都发现有发达的粟、黍农业。从最早的粟、黍原始农业到仰韶文化时粟、黍农业的高度发展和普及,这个过程发展十分迅速,仅经历约一千多年。还伴随着其他作物的栽培(菜籽、麻、豆类等)、农业工具的进步、聚落规模的扩大和住房建设的进步、家畜饲养的繁荣、陶器制作的多样化和精细化以及社会形态和文化艺术的发展(刻划符号、陶塑、乐器和原始宗教)。粟、黍农业是随后形成的中原中华文明的经济基础。

需要指出,虽然不少遗址同时出土粟和黍,但粟是主要的,已出土的粟的数量和遗址数显著多于黍,特别在中原地区。最早的黍似乎在边缘地区出现更多些,例如大地湾和新乐都仅出土黍,而兴隆洼则兼有黍和粟,这可能是因为黍比粟更耐干寒。另外在古代文献中除粟和黍外,还出现"稷",例如《孟子》中的五谷为"稻、黍、稷、麦、菽",据游修龄考证,稷就是粟,但也有认为稷是黍的观点。

粟、黍与水稻都属禾本科,或称早熟禾科。第七章已指出,所有的禾本科植物,包括各类谷物和野草,它们的孢粉形态都十分相似,不能区分。植硅体在鉴别野生稻和栽培稻、鉴别籼稻和粳稻研究中,起到某些作用(也有争论),但至今未见到有关植硅体在粟作农业起源研究中的报道。粟和黍是同亚科不同属的物种,不仅它们的植硅体无法区分,而且它们的籽粒都很小,形态相近,也不易分辨。在考古遗址中出土的往往是炭化的脱壳颖果(俗称米粒),鉴别更难。刘长江等(2004)使用实体显微镜和电子显微镜对现生粟和黍未脱壳的小花(俗称谷粒)和颖果的形态进行了观察和测量,观察到粟颖粒的长与宽为 1.65 mm 和 1.6 mm,长宽比为 1.02,而黍颖粒的长与宽为 2.43 mm 和 2.12 mm,长宽比为 1.24,两者间的测量数据不重合。此外现生粟和黍的胚区的绝对尺寸和长宽比值也不同,胚的测量数据也可作为区别粟和黍的依据。虽然炭化后粟和黍的颖粒有所收缩,但粟和黍依然可以区分。刘长江等认为现生颖粒的上述测量数据可以被用来鉴别、区分考古遗址出土的粟和黍。他们重新考察了某些遗址出土的炭化小米粒,观察到大地湾遗址大地湾一期(约 BP7800 年)出土的是黍而未见粟,是我国最早的栽培黍遗存之一。赵志军(2005)对内蒙兴隆洼遗址属兴隆洼文化中期(距今 8000—7500 年)的第一地点和属夏家店下层(距今 4000—3500 年)的第三地点均采集到相当数量炭化的粟粒和黍粒。赵志军(2005)鉴定这些粟粒和黍粒都是栽培型的,并从两个时期的黍粒中随机各取 50 粒作对比,两者的形态有明显的差别,兴隆洼文化期的黍粒保持有籽粒长而小的野生祖本的特征。杨晓燕等(2005)对现生的粟、黍和狗尾草的淀粉粒的形态进行了镜下观察,三者间有所差异。但是对古代粟、黍和狗尾草淀粉粒的鉴别仍需要做更多的工作。

粟和黍是 C_4 植物,从以 C_3 植物为主要食物来源的采集经济向粟黍农业的过渡,人和家畜骨骼的 $\delta^{13}C$ 值也应该随之发生变化(见 8.5 节)。因此人骨的碳同位素分析可以从另一个角度来探索粟黍农业的起源。蔡莲珍等(1984)测得仰韶文化时期人们的食物中 C_4 植物约占 50%,而在龙山文化期的陶寺 C_4 植物在人们食物中的比例已达 70%。张雪莲等(2003)曾测量了兴隆洼文化期 7 件人骨的 $\delta^{13}C$ 值,平均为 -8.91‰,由此推断他们的食物中 C_4 植物的比例达 85%,如果当时兴隆洼的先民没有其他的 C_4 植物类食物,那么粟和黍应当是他们的主要食物了,说明兴隆洼遗址在兴隆洼文化期时粟黍农业已相当发展了。

8.3 西亚地区小麦播种的起源和我国最早的小麦种植

小麦是约距今一万年前后在西亚首先被栽培和驯化的一种高产半旱地的作物。考古学家在地中海东岸一些约 BC 10 000 年的纳多夫(Natufian)文化遗址中发现野生的二粒小麦的遗存,观察到居民的牙齿磨损严重,也许是食用麦类咀嚼到研磨脱壳麦粒时混入的细砂粒所致。因此推测纳多夫文化遗址的居民已广泛采集野生的小麦。野生的一粒小麦生长于扎格罗斯山坡,但在幼发拉底河旁的 BC 9000 年的 Myreybat 和阿布胡赖拉(Abu Hureyra)遗址却见到了一粒小麦,它们很可能是人工栽培的。在约旦河谷的 Juricho 和现叙利亚的 Abu Hureyra 等遗址 BC 9000—8000 年的地层中,见证到多种植物种子的大小、形态和结构从野生型向栽培型的转化。BC 8000 年时的小麦,其籽粒大,麦粒成熟时不易自然脱落,已驯化为人工培育种。BC 7000 年后,在西亚的肥沃新月地带及其邻近地区已普遍种植小麦、大麦和多种豆类作物。大麦的产量比小麦低,但比小麦更耐旱和耐寒,因此当时的种植面积更广。以后小麦从安纳托利亚传到巴尔干半岛,再经过爱琴海、意大利南部和西西里,最终于约 BC 5000 年传播到现在的法国,同时小麦也从南部欧洲向北部传播,小麦成为西亚和欧洲新石器文化和青铜文化的主要粮食作物。

关于我国的小麦栽培,多数人认为小麦是从西亚经新疆传入中原的。据陈文华(2000)统计,出土有麦类遗存的先秦考古遗址共 12 处,其中 6 处位于新疆。目前较早的出土小麦的遗址有距今约 4000 年的青海民乐东灰山遗址、属山东龙山文化的聊城校场铺(赵志军,2005)和日照两城镇遗址。姚政权等(2007)在河南新密新砦遗址龙山晚期地层的最上层观察到少量小麦的植硅石,而在更靠上的新砦期和二里头期的地层中,小麦植硅石的数量有所增加。在河南洛阳皂角树遗址的二里头文化地层中和在夏商周时期的一些中原遗址中也有出土小麦的报道。赵志军(2007)观察到二里岗时期小麦的播种的规模明显大于二里头期。目前还不清楚我国中原和沿海地区出土的早期麦类遗存是外来输入的粮食,还是当地播种的。关于中原地区何时开始种植大、小麦,种子是从西方传入的,还是当地培育的等问题均尚待研究。也许不能排除小麦自甘新地区传入的可能,二里头时期在甘新地区和中原地区之间就曾有青铜技术的交流。

小麦的种植改变了我国北方粟黍单一粮食经济的局面。小麦在我国的普及,以至成为今天仅次于大米的主要粮食作物,经过了曲折的过程。曾雄生(2005)总结了大量的文献资料,认为虽然北魏的《齐民要术》依然将小麦排列在很多作物之后,但大致在中唐时,小麦的产量已与粟持平。唐末五代时的农书《四时纂要》中关于麦的内容已超过粟。小麦的产量比粟高,相对于粟,小麦更耐寒而不耐旱。因此随着灌溉系统的发展、改春播为秋种和各代统治者的推广,可能宋代以后我国北方小麦的播种面积和产量逐步超过了本土起源的粟。虽然小麦在我国南方不能与水稻竞争,却已成为稻米之后我国第二位的粮食作物,后来玉米、番薯和马铃薯等相继传入我国,但并没有改变小麦地位。

总之,小麦有可能是在公元前第三千纪从西亚经新疆传入中原的。但是传入的路线、过程、传入后在耕种技术方面的改造等问题都还有待研究。

8.4 我国家畜饲养起源的研究

与农作物的人工栽培大致同时，人类开始将一些野生动物圈禁起来，后来又给圈禁的动物饲喂食物，开始了家畜的饲养。这是一种既减少狩猎的危险，又能保证稳定的肉食来源的生业，稍晚人们又驱使某些体形较大的家畜从事农耕与驾车等劳役。我国的家畜饲养起源于约8000年前，在很多呈现农业经济萌芽的新石器时代中期的遗址中发现有猪、狗和鸡的遗骨，据分析它们很可能是人为饲养的。研究饲养动物起源和进化的关键问题之一，是如何正确判断考古遗址出土的动物遗骸是野生的还是家畜。前人根据动物遗骸的形态、年龄结构、埋藏特征以及动物遗骸百分组成的变化等情况提出了一系列判断标准，讨论如下。

8.4.1 饲养型动物的鉴别标志

1. 动物生理形态的标志

由于圈养，动物的活动受限，争斗和对抗也不似野生状态剧烈，因此其体形一般将变小变弱，犬齿退化等。体形大小很早就被认为是区分野生和圈养的标志。此外，圈养以后动物身体不同部位的变化速度是不同的，导致骨骼形态的变化。以猪为例。其下颌骨变小，齿槽相应也变小，但牙齿尺寸的变化慢，这样家猪的齿列就会出现乱齿现象，可以作为鉴别家猪或野猪的一个标准。例如袁靖（2004）对磁山遗址相当数量的猪第三上臼齿的长度和宽度进行测量分析，认为它们已偏离了野猪的数据范围。

但是使用动物生理形态的标志，特别是体形大小的标志，必须十分小心。因为动物形态的变化是非常慢的，在现代的家畜和野生祖本之间，早期的家养动物在形态上可能更接近于其野生祖本。此外每个动物种群内部个体的体形大小有相当大的涨落，因此个体鉴别的可靠性远低于种群鉴别。在动物饲养的初始阶段，在遗址采集的大量野生动物的骨骼中，要鉴别出少量的饲养动物是非常困难的。这里的关键是，需要事先测量大量的数据，建立数据库。例如日本学者Ohtaishi为了研究鹿牙萌发、磨损和牙质的年轮与鹿的年龄和死亡季节的关系，曾观察和测量了1700头现代梅花鹿牙齿（Renfrew的《考古学》中译本）。图8-2显示地中海东岸地区猪下颌第三臼齿的长度变化，可以看出野猪下颌第三臼齿的长度随时间也变短，而家猪的更短。鉴于各类猪的测量数据多，平均值和涨落范围都比较清楚，因此对于猪组群，乃至猪个体的鉴定系属野生种还是饲养种，都会比较可靠。相反，如果基础数据少，研究结论的可靠性就可能被质疑。例如对于现丹麦境内距今约6000年的Dyrholm和Rosenhof遗址出土的牛和猪曾被鉴定为饲养种，康韦（2003）提出了质疑，认为原先鉴定所依据的基础资料不够多且没有充分考虑性别间的形态差异。应该认识到，我国目前对各类动物的骨骼和牙齿的测量数据零星且分散（对猪等少数种属的测量数据累积稍多些），而且测量的标准也没有完全统一，因此根据骨骼和牙齿的测量值来判断动物（特别是个体）是野生还是家养，需要谨慎。我们期待有更多的基础工作，统一测量标准，收集更多材料。这是大量的、艰苦的测量工作。

长期从事劳役的牛和马，其特定部位的骨骼会产生某些变化或病态，可以作为饲养型动物的可靠标志，例如牛掌骨远端的关节肥大，出现骨质增生、槽沟等，马上下第一臼齿前端因与嚼套的长期摩擦而磨损等。

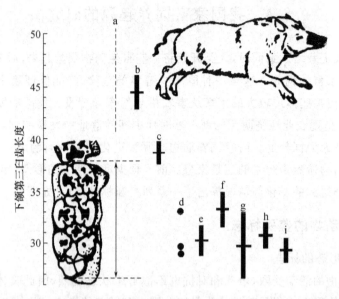

图 8-2 地中海东岸地区猪下颌第三臼齿的长度变化图。显示各类猪下颌第三臼齿长度的平均值和 95% 置信区间(单个测量数据显示为点)(Renfrew《考古学》中译本)
a 和 b 代表晚更新世的野猪;c 为现代野猪;d—i 反映各组家猪的测量数据。可见长度随时间和人工饲养两个因素而缩短

2. 动物群组成的标志

某种动物在遗址动物骨骼中的比例数过大,特别是比例数由小变大,这很可能是人工饲养的后果。表 8-3 统计了西亚约旦河谷 Juricho 遗址于 BC 8000—BC 6000 年间动物群组成的变化。在这期间,野羚羊和狐的百分组成明显降低,而绵羊、山羊的比重增加,从 5.5% 增加到 40%。类似的情况也发生在西亚的阿布胡赖拉(Abu Hureyra)遗址,在 BC 6500—BC 6000 年间,山羊和绵羊数量突增,从 10% 增加到 80%,而野羚羊从 80% 降到 20%,变化速率非常快(见图 8-3)。根据上述两遗址羊骨百分数的变化可以判断,西亚羊的饲养始于 BC 6500—BC 6000 年间,这也是人类最早饲养羊的证据。需要指出,在饲养的早期,要在形态上区分山羊和绵羊为野生型或家养型是不容易的。

表 8-3 西亚 Juricho 遗址 BC 8000—BC 6000 间动物群百分组成的变化(Price,2004)

	BC 8000—BC 7000/(%)	BC 7000—BC 6000/(%)
野羚羊	39	15
小型反刍动物	15.5	11
绵羊、山羊	5.5	40
牛	8	11
猪	10.5	15
狐	23	9
总和	101.5	101

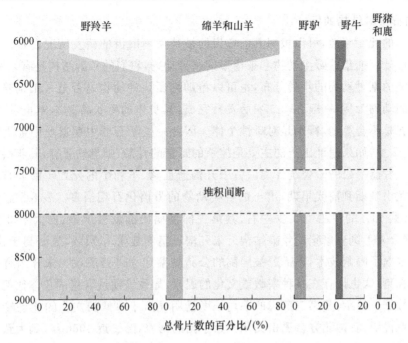

图 8-3 BC 9000—BC 6000 年间阿布胡赖拉(Abu Hureyra)遗址几种动物相对数量的变化，在 BC 8000—BC 7500 年间的地层段未发现人类活动的材料(Price, et al, 2004)

我国北方旧石器晚期和新石器早期居民的主要狩猎对象是鹿、獐和狍等鹿科动物。在新石器早期遗址中出土的动物骨骼中，鹿科动物的骨骼占大多数，因此观察猪、狗骨骼相对于鹿科等野生动物的比例数随时间(地层)的变化，可以推测家畜饲养开始的时间和饲养业相对于狩猎在肉食供应中所占分量的消长。例如在新石器早期的河北徐水南庄头遗址，大部分是野生动物的遗骨，仅出土了几块猪骨和狗骨，而且这些骨骼缺乏测量数据，因此没有有力的证据判断它们是家畜。袁靖(1999)用最小个体数方法(MIN)对河南渑池班村遗址分别统计了裴李岗期、仰韶期、庙底沟二期和战国时代各地层中，猪等家养动物和鹿等野生动物的相对比例。在裴李岗文化层，前者占 59% 而后者为 41%，但在仰韶和更晚的文化层中，猪等家养动物的比例增加，并稳定在 80% 左右。说明在班村遗址从仰韶文化开始，畜牧业已确立了作为主要的肉食供应来源的地位，虽然狩猎行为仍长期延续。王宜涛(1991)对陕西商县紫荆遗址早晚地层中，家养动物和鹿等野生动物可鉴定标本数的相对比例以及猪和牛的最小个体数的统计(见表 8-4)，颇有说服力地显示了该遗址家畜饲养比重随时间的逐步增加。

表 8-4 陕西商县紫荆遗址动物群百分组成和猪牛等最小个体数随时代的变化

	猪等家养动物/(%)	鹿等野生动物/(%)	猪最小个体数	牛最小个体数
老官台文化	20	80	4	0
仰韶文化半坡类型	25	75	11	2
仰韶文化西王村类型	40	60	38	4
龙山文化	76	24	48	12
西周文化	个体数太少，未统计			

3. 动物群年龄结构的标志

动物个体的死亡年龄，可以根据其前臼齿的被替换和臼齿的萌发情况以及牙冠面的磨损程度等进行估计。捕猎的野生动物和被屠宰的家养动物，它们的年龄结构是有差别的，因此分析遗址中采集的某种动物的年龄分布，也可以帮助判断该种动物是否是人工饲养的。以猪羊等专供肉食的动物为例，一般在一二岁后发育完成，其身体的生长将基本停止，从经济的角度考虑继续喂养是不合算的，特别是对雄性个体。因此一些新石器中期遗址中被屠宰的猪的年龄集中在1~2岁，如果遗址出土的主要是捕杀的野猪的骨骼，则老幼皆有，其年龄结构一般没有什么规律。黄蕴平（1996）曾统计内蒙古朱开沟遗址猪、羊和牛的死亡年龄分布。朱开沟的时代大致从龙山晚期到商代早期，出土的各类动物的骨骼化石相当多。表8-5显示猪骨骼的年龄分布，可见63%的猪在1.5岁左右，其第三臼齿萌出前就被屠宰，而大于2岁的猪不足10%，完全符合人工饲养家猪的年龄结构。朱开沟母猪的数量占71%，显著高于公猪，黄蕴平认为当时已掌握了阉割技术，系部分被阉割的公猪被鉴定为母猪所致。朱开沟有一个墓中竟出土了6头乳猪，这也许存在某种宗教或文化的因素，导致该遗址乳猪的总体比例过高。朱开沟猪的测量数据还显示，其第三臼齿的平均长度已明显短于属仰韶文化的北首岭和姜寨的猪群。这一现象说明，我国北方自磁山文化开始了猪的饲养，经过近4000年，到大致相当于夏代的朱开沟，猪的生理形态已发生了明显的变化。

表 8-5　朱开沟遗址出土猪骨骼的年龄分布

牙齿情况	乳齿	M1,P1,I3 萌出	M2,C 萌出	P4,P3,I2 萌出	I2,P2 萌出	M3 萌出		总计
年龄/月	1~4	4~9	9~12	12~15	16~20	17~22	>24	
个体数	9	8	10	5	1	14	5	52
百分比/(%)	17.3	15.4	19.2	9.5	1.9	26.9	9.5	99.9

朱开沟的羊和牛骨遗存的年龄结构也反映它们属家畜。羊骨是朱开沟发现最多的动物骨片，共有羊骨片406块（占骨片总数的40%），至少代表56个个体。其年龄分布如下：小于1岁的占9.5%，1~2.5岁的占75.8，仅15.6%超过2.5岁。出土牛头骨37件，根据第三臼齿和前臼齿的情况进行统计，年轻于26个月的占43%。牛的年龄结构同样反映为家畜，但与猪和羊相比，成年牛的比例数偏高，这可能是因为朱开沟居民除食用牛肉外，还驱使牛从事一定的劳役。

猪、牛、羊等动物骨骼的年龄分布是我国学者作为判断动物群体是否为家畜的常用标志，我国很多新石器时代中、晚期遗址，包括磁山和贾湖遗址出土的猪骨，也因其年龄在1~2岁间的居多而被鉴定为家畜。

4. 分子遗传学的标志

提取动物骨骼遗传基因DNA进行分析，已日益普遍地被用来追溯不同地点和时代的动物种群之间的亲缘关系，包括判断某个种群是否为家畜。例如Okumura等（1999）已对日本各地现代和古代狗的DNA作了系统的测定，归纳成18个类型，并据此探讨琉球群岛史前狗的源头。Bradley等（1996）通过DNA分析，质疑中东是约一万年前唯一的牛驯化中心的观点，认为土耳其西南部和伊朗沙漠东部分别代表两个独立的牛驯化起源地，而非洲还可能是第三个中心,因为这几个地区的现代牛之间的基因差别太大,不可能都是 10 000 年前同一群牛祖先的后代。我国尚没有独立开展这一领域的研究,袁靖曾与 Okumura 合作测量了我国内蒙古和河北 13 条狗的 DNA,并与 Okumura 建立的数据库进行了比较。吉林大学边疆考古研究中心已开始用 DNA 分析技术研究我国晚商时期各类墓葬中突然增多的马骨,探索马的早期饲养过程。

5. 社会的和文化的标志

如果某种动物的头骨,特别是整个个体作为人的随葬品,或者被当作祭祀用品,那么从文化的角度分析,这种动物可能是人工饲养的,至今还很少见到未驯化动物整体随葬的情况。在以色列属钠吐芬文化的 Ein Mallha 遗址的一个 12 000 年前的墓葬中发现一幼犬骨骼随葬,表明人与狗之间的亲密关系。这是目前最早的被驯化狗的记录。我国的贾湖遗址也出现有 11 条狗被分别埋葬的情况,在磁山的几个窖穴的底部发现有被埋葬的完整的猪骨架。这些都被作为家畜饲养的标志和证据。到新石器时代晚期,猪的随葬已非常普遍,例如山东泰安大汶口 133 座墓葬中,有 43 座随葬猪头,其中最多的一墓随葬了 14 个猪头。甘肃永靖秦魏家有一墓随葬了 68 块猪下颌骨,大河庄有一墓则随葬了 36 块猪下颌骨。河姆渡遗址除出土大量的猪骨外,还见到陶塑的猪、陶器上刻划在稻田中觅食的猪等,显示了猪在人们经济生活中的重要地位。商周时期,猪、羊、牛等被用作祭祀活动中的牺牲已成为礼制,在一些商周大墓中有车和马一起陪葬,这类社会和文化现象已是成熟、发达的畜牧业的标志。

6. 食物标志

在我国的粟、黍旱作地区,如果猪骨的碳同位素 $\delta^{13}C$ 偏高,则可能是喂食粟、黍的释皮和秸秆所致,猪应该是人为饲养的。吴小红等(2007)观察到新砦的人骨和猪骨的 $\delta^{13}C$ 值一致,均在 $-10‰$ 左右,说明粟和黍等 C_4 植物在猪食中的高比例,由此推断新砦已经营家猪饲养。

8.4.2 我国早期的家畜饲养

猪是我国最早饲养、最普遍,也是最重要的家畜。根据上述诸判别标志,袁靖(2004)认为,距今约 8000 年的磁山遗址出土的猪是我国最早人为饲养的家猪。证据是非常充分的:(1) 遗址出土猪骨的数量较多;(2) 磁山遗址猪的第三上臼齿平均长 36 cm,宽 21.5 cm,第三下臼齿平均长 41.4 cm,宽 18.3 cm,与野猪第三臼齿的测量数值有差别;(3) 其年龄结构以 1~2 岁占大多数;(4) 在几个窖穴的底部发现有被埋葬的完整的猪骨架;(5) 最近道伯涅等(2006)根据磁山猪的第三下臼齿上线性牙釉质发育不全的程度,判断其为饲养型。其他有较早家猪出土的遗址有内蒙古兴隆洼(距今约 8000 年)、浙江跨湖桥(距今约 8000 年)、吉林左家山遗址一期(距今约 6900 年)、紫荆遗址老官台文化层(距今约 7300 年)、班村遗址裴李岗文化层(距今约 7500 年)等。稍晚在仰韶文化、大汶口文化、大溪文化、马家浜文化的一些遗址中家猪饲养已非常普遍。南方甑皮岩遗址的猪骨被认为属饲养型,但甑皮岩遗址延续时间长,最晚到距今 7000 年。更早的南庄头遗址出土有猪骨,但未发表测量数据,难以判断其种属。

关于与磁山时代相当或稍早的贾湖遗址出土的猪是否为家猪,一直有争议(袁靖,2001)。最近罗运兵等(2008)在三件猪下颌骨(其中一件属贾湖一期)上观察到齿列扭曲的现象,他们结合贾湖猪群年龄结构等因素,认为贾湖一期已人工饲养家猪。

狗的饲养在我国也很早，前文提到贾湖遗址有11条狗被分别埋葬。此外在磁山、左家山一期、紫荆从老官台文化层至龙山文化层、班村从裴李岗文化层至庙底沟二期以及南方的浙江河姆渡遗址都有狗骨出土。说明我国先民8000年前就开始饲养狗，而且一直没有间断。河姆渡狗的吻部短，其形态与野生的狼已有明显差异。

　　鸡的人工饲养在我国也非常早，基本上与猪和狗是同时的。

　　关于牛和羊的最早饲养，袁靖（2001）认为有确凿饲养证据的是4000年前，属于齐家文化的甘肃秦魏家和大何庄遗址，那里分别鉴定出至少有牛38头、羊50只和牛6头、羊58只，而且观察到用牛羊祭祀和占卜的现象。另一方面在很多更早的遗址仰韶文化地层中也发现了牛和羊的遗骨，但一般数量不多。河姆渡和稍晚的马家浜文化遗址中都发现有水牛，严文明（1989）认为水牛"似乎与水稻的栽培有关"。还值得提出的是可能比齐家文化更早的河南紫荆、山西临潼白家和内蒙古朱开沟等三个遗址。在紫荆遗址（王宜涛，1991）从半坡类型的地层中开始出现牛，而牛的数量随时间不断增加（见表8-4）。白家遗址出土的牛的最小个体数达166头，比猪数量的一半还多。羊骨是朱开沟遗址中数量最多的动物骨片（占40%），至少代表56个个体，其中小于2.5岁的占84%（黄蕴平，1996）。负责这三个遗址动物鉴定的学者都认为相应的牛、羊应属家养动物。总之，关于牛和羊在我国最早的饲养时间看来晚于猪和狗，但早于马和驴。牛和羊的最早饲养是否为多中心的，它们的祖先在哪里等课题，均尚在研究之中。

　　我国的家畜饲养与农业的起源大致同时，距今约8000年的新石器中期（磁山、贾湖、彭头山等遗址），晚于农作物开始栽培的时间。

　　我国新时期时代的先民在开始家畜饲养后并没有立即停止狩猎活动。从班村遗址各时期家畜和野生动物骨骼比例分析（表8-6）可见，在仰韶时期狩猎提供的肉食的比重已显著降低，但是随后狩猎活动并没有终止，一直延续到战国时期狩猎仍提供相当份量的肉食。此外山东兖州西吴寺遗址周代地层中鹿等野生动物仍占40%，泗水尹家城遗址商周汉地层中鹿等野生动物也占到40%，都说明狩猎经济维持很长时间。只要在居住地附近还存在可供肉食的野生动物，人们不会放弃捕猎活动，因为捕猎相对于畜牧而言，其产出投入比更高。

表8-6　河南渑池班村遗址不同时期家畜和野生动物骨骼比例的统计（袁靖，1999）

	家畜/(%)	鹿等野生动物/(%)
裴李岗	59	41
仰韶	84	16
庙底沟二期	83	17
战国时期	80	20

8.5　古人遗骨的元素和同位素组成与其生前食物结构的关系

　　古人食物的结构反映社会的经济情况和个人在社会中的地位。对群体而言，食物结构中肉食和素食的比例，反映狩猎或采集、畜牧或农业分别占食物来源的比重。对于生活在海边和河流谷地的居民,食物结构反映渔业经济的比重。在我国的中原和北方地区,最早的农作物是粟、黍,因为粟和黍是 C_4 植物,因此人骨的碳同位素组成可以揭示粟、黍农业起始的年代(配合 ^{14}C 测年),寻求各时期粟、黍旱地农业和稻作农业分界线的地理位置,探讨分界线位置与气候变化的关系等。个体间食物结构的比较能反映贵族、平民和奴隶间的食物组成和食物链上位置的差别。

古人(动物)的遗骸是怎样记录他生前的食物结构呢?原理很简单,"我即我食",是食物转化为人(动物)的肌体,食物也必然会留下自己的印记于人(动物)的肌体和骨骼中。这些印记主要是碳同位素比值、氮同位素比值、锶同位素比值、Sr/Ca 和 Ba/Sr 等元素比值等。

8.5.1 碳同位素组成的指示意义

植物处于食物链的最低层,植物吸收空气和土壤中的碳、氮及它们的化合物,转化成自己的生物组织。动物,包括人以植物和其他动物为食物,组成了从植物、食草动物到食肉动物的食物链。植物是通过光合作用将空气中的 CO_2 转化为植物组织。在整个植物界存在三种不同的光合作用途径,分别称为卡尔文途径、哈奇途径和 CAM 途径。前两种途径是主要的,仅极少数多汁的植物如菠萝、甜菜等遵循 CAM 途径。卡尔文光合作用途径的最初产物是一种含 3 个碳原子的化合物——3-磷酸甘油酸,因此又称 C_3 途径。遵循 C_3 光合作用途径的植物称为 C_3 植物。温和湿润环境下生长的大部分植物都属于 C_3 植物,例如各种乔木、灌木和大部分禾本科的植物,如稻米和麦子等。哈奇途径的最初产物是含 4 个碳原子的化合物——草酰乙酸,遵循哈奇光合作用途径的植物称为 C_4 植物。C_4 植物包括玉米、粟和黍、甘蔗和旱暖、开放环境中生长的某些草类。

自然界的碳元素有两种稳定的同位素 ^{12}C(自然丰度为 98.9%)和 ^{13}C(自然丰度为 1.1%)。由于同位素分馏效应,各种物质的碳同位素组成是有一定差别的,并用 $\delta^{13}C$ 值定量表示。国际上规定,每种物质的 $\delta^{13}C$ 值定义如下[见公式(4-3)]:

$$\delta^{13}C = \frac{(^{13}C/^{12}C)_{样品} - (^{13}C/^{12}C)_{标准}}{(^{13}C/^{12}C)_{标准}} \times 1000‰$$

公式中的 $(^{13}C/^{12}C)_{样品}$ 和 $(^{13}C/^{12}C)_{标准}$ 分别是样品和标准物质的 ^{13}C 和 ^{12}C 同位素丰度的比值,它们可以由质谱仪测量。标准物质规定取美国南卡罗来纳州产的一种箭石,称为国际 PDB 标准,其 $\delta^{13}C$ 值定义等于零。

全球的大气循环非常迅速,因此各地大气中的 CO_2 有相同的碳同位素组成。碳属于轻元素,因此在光合作用过程中会发生显著的同位素分馏。虽然植物因物种差异、生长地点气候环境不同,分馏程度有一定差别,但植物间碳同位素组成的主要差异是由其光合作用的途径所决定。卡尔文途径的 C_3 植物与哈奇途径的 C_4 植物的生物组织之间,碳同位素组成有显著的差别,形成两个分离的组别。大量的测量数据表明,C_3 植物的 $\delta^{13}C$ 值处于 $-23‰ \sim -30‰$ 间,平均为 $-26‰$,而 C_4 植物的 $\delta^{13}C$ 值在 $-8‰ \sim 14‰$ 间变动,平均为 $-11‰$。CAM 植物的 $\delta^{13}C$ 值居中并涨落稍大,平均值为 $-17‰$。

动物和人在消化和吸收植物的营养,转化为自己的肌体时,碳同位素也要发生分馏,而且动物各类机体组成的分馏情况也不同。相对于食物,动物肌肉的 $\delta^{13}C$ 值将提高 1‰,骨骼中胶原蛋白的 $\delta^{13}C$ 值提高 5‰,而骨骼、牙釉质中的含碳无机盐的 $\delta^{13}C$ 值将提高 12‰。因此,一位只食用 C_3 植物的人,其骨骼中胶原蛋白和含碳无机盐的 $\delta^{13}C$ 值分别为 -21‰ 和 -14‰ 左右,而另一位只食用 C_4 植物的人,其胶原蛋白和含碳无机盐的 $\delta^{13}C$ 值分别为 -6‰ 和 0‰ 左右。因此分析人骨或古人遗骸中胶原蛋白的 $\delta^{13}C$ 值,就可以推断,他长期食用哪种光合作用类型的植物。因为人是杂食动物,实际的测量值很可能处在 -21‰ ~ -6‰ 之间,利用人骨胶原蛋白的 $\delta^{13}C$ 测量值,可以进一步推断被检测者食用 C_3 和 C_4 植物的百分比。人类同时也以动物为食物,但主要进食的是动物的肉质部分,因为肉质部分对食物 $\delta^{13}C$ 的增加仅 1‰,这个过程的碳同位素分馏可以忽略不计。

8.5.2 氮同位素组成的指示意义

氮是各种蛋白质的重要成分。自然界的氮有两种稳定的同位素:^{14}N(自然丰度为 99.63%)和 ^{15}N(自然丰度为 0.37%)。氮也是轻元素,在物理、化学和生化过程也会产生显著的分馏。因此不同物质的氮同位素组成也是不一样的。每种物质的氮同位素组成用 $\delta^{15}N$ 值定量表示。$\delta^{15}N$ 值的定义如下:

$$\delta^{15}N = \frac{(^{15}N/^{14}N)_{样品} - (^{15}N/^{14}N)_{标准}}{(^{15}N/^{14}N)_{标准}} \times 1000‰ \quad (8-1)$$

公式中的 $(^{15}N/^{14}N)_{样品}$ 和 $(^{15}N/^{14}N)_{标准}$ 分别是样品和标准物质的 ^{15}N 和 ^{14}N 的同位素丰度的比值,可以用质谱仪测量。规定以大气中的氮作为标准物质,即规定大气氮的 $\delta^{15}N$ 值为零。

作为食物链最低层的植物从土壤的氨盐和硝酸盐中吸收氮,而豆科植物则能通过根瘤菌直接吸收大气中的氮,因此豆科植物和非豆科植物的 $\delta^{15}N$ 值有一定的差别,前者在 0‰ ~ 1‰,而后者为 3‰ ~ 4‰。动物在食用、消化食物的过程中 $\delta^{15}N$ 值将提高约 3‰,因此食草动物和淡水鱼的 $\delta^{15}N=6‰$,食肉动物的 $\delta^{15}N=9‰$,而食用食肉动物的大型猫科动物和以荤食为主的人群的 $\delta^{15}N$ 值会更高些。总之食物链上级别愈高的生物,其 $\delta^{15}N$ 值也愈高。海洋生物 $\delta^{15}N$ 值比陆生生物高,因为海洋植物吸收海水中溶解的氨盐和硝酸盐,后者的 $\delta^{15}N$ 值高,达到 7‰ 左右,海洋中食物链的情况比较复杂,往往是多级的,因此海洋鱼类的 $\delta^{15}N$ 值非常高,可达到 15‰。食用海鱼的人群的 $\delta^{15}N$ 值当然要高于内陆居民了。

8.5.3 碳、氮同位素分析我国古人食物结构的实际应用

前面介绍了动物的机体组织,包括骨骼中胶原蛋白和矿化的牙珐琅质中的羟基磷酸钙,保存了它所摄取的食物信息。分析新石器时代的人和动物骨骼样品时,一般都是提取和分析胶原蛋白。骨骼样品经认真清洗去除各种污染物后进行水解,得到纯净的明胶或多肽。燃烧明胶或多肽,收集 CO_2 和 N_2 进行气相质谱测量。但是胶原蛋白不能长期保存,对于更新世和上新世的古人类和其他灵长类动物食物结构的研究,都以牙珐琅质中的羟基磷酸钙为测量对象。牙珐琅质经清洗后用纯醋酸分解,收集 CO_2 进行质谱测量。

我国最早开展古人遗骨 $\delta^{13}C$ 分析的是社科院考古所的蔡莲珍等(1984),社科院考古所张雪莲等(2003)继续了该课题的研究,并扩展到人骨 $\delta^{15}N$ 的分析。此外中国科技大学胡耀武等

(2005,2007)、中科院古脊椎动物研究所赵凌霞(博士论文)、吉林大学张全超等(2006a)和北京大学吴小红等(2007)也进行了这方面的研究。表 8-7 列出了几个测量数据较多的遗址中人骨 $\delta^{13}C$ 的平均值和标准差(个别有明显偏离的数据未计入)。

表 8-7 各遗址人骨的 $\delta^{13}C$ 测量数据反映了 C_3 和 C_4 两类不同的农作物在遗址居民食物中的比例。新砦、二里头、陶寺、殷墟和琉璃河等都是以粟、黍为主要作物的农业社会,粟、黍应是居民的主要食品。长江流域的河姆渡和崧泽的年代虽较早,但稻作农业已十分发达。淮河流域的贾湖也出土大量稻作农业遗存,人们不可能摄取很多的 C_4 植物。关于兴隆洼遗址,表 8-7 统计的 7 个个体都属兴隆洼文化期,当时已有粟的栽培,但遗址中也发现有一定数量鹿等野生动物的遗骨和采集的野生坚果遗存。新店子和上孙家遗址均属农耕和畜牧混杂的经济,农业也是以粟、黍等旱地作物为主(上孙家也有少量小麦出土),因此这两个遗址的 $\delta^{13}C$ 值也大致符合遗址居民食物结构的实际情况。总之,表 8-7 的 $\delta^{13}C$ 测量数据与已掌握的考古认识总体上相互印证。吴小红等(2007)还测量了新砦遗址 10 头猪遗骨的 $\delta^{13}C$ 值为 $(-9.2\pm1.1)‰$,与人骨的测量结果十分相近(见表 8-7),表明粟的谷壳和秸秆等在猪食中占主要地位。可作为新砦人工饲养猪的证据。有的研究者根据目前所测的 $\delta^{13}C$ 数据,试图更进一步探讨上述某些遗址不同时段的食物结构和社会经济的变化,这似乎要求更多的数据和从多角度分析数据涨落的原因,才能使有关的考古推论更具说服力。

表 8-7 我国几个考古遗址人骨胶原蛋白的 $\delta^{13}C$ 测量平均值

遗址与文化	样品数	平均值/(‰)	标准差/(‰)	C_4 植物百分比/(%)
河南新砦	8	-9.6	1.4	80
河南二里头	20	-8.6	0.8	88
山西陶寺	12	-6.5	1.2	100
河南安阳殷墟	38	-7.9	1.4	93
北京琉璃河	19	-8.2	1.4	91
河南贾湖	14	-20.4	0.5	0
浙江河姆渡,崧泽	5	-19.5	0.7	4
兴隆洼兴隆洼文化期	7	-8.9	1.7	85
内蒙新店子	20	-11.6	0.9	65
青海上孙家	18	-16.1	1.3	30

数据来源:综合张雪莲等(2003;2007)、胡耀武等(2007)、张全超等(2006a)和吴小红等(2007)的数据。

近几年,文献报道了我国古代人骨和猪骨的第一批 $\delta^{15}N$ 数据(见表 8-8)。张全超等(2006a)以 97% 的置信度推断,内蒙新店子(东周)男性和女性骨骼的平均 $\delta^{15}N$ 值有显著差异,男性肉食的摄入比例高于女性,而对于二里头等 3 个遗址,人骨的 $\delta^{15}N$ 值均高于猪骨,表明人在食物链上的地位高于猪,特别是对于新砦遗址,推断的置信度非常高。此外还观察到山东长岛遗址和新疆焉不拉克遗址人骨的 $\delta^{15}N$ 值比中原农业地区高,推测可能是食用海洋生物(长岛)和畜牧业比重高(焉不拉克)所致。

表 8-8　新店子等 4 个遗址不同类别样品的骨 $\delta^{15}N$ 测量数据及其平均值一致性的统计检验

遗址	样品数	$\delta^{15}N$	标准差	样品数	$\delta^{15}N$	标准差	T检验	判断置信度/(%)
	男　性			女　性				
新店子	12	10.6	0.72	8	8.4	0.65	2.40	97
	人　骨			猪　骨				
二里头	4	10.2	1.8	3	8.4	0.6	1.63	84
陶寺	7	8.9	1.3	6	7.9	0.6	1.72	89
新砦	8	9.0	1.0	11	6.2	1.3	5.08	>99

数据来源：引自张全超等(2006a)、张雪莲等(2007)和吴小红等(2007)。

　　碳同位素也被应用于非洲南方古猿和人属早期成员食物结构的研究。非洲从古以来既生长有茂密的树林,也有开阔的草原(称为 Savanna)。树木属 C_3 植物,而开阔地的很多草类为 C_4 植物。Lee-Thorp 等(2003)测量了一批南方古猿各种属和直立人牙化石、古代和现代动物牙珐琅质中矿化的无机碳的 $\delta^{13}C$ 值。根据 $\delta^{13}C$ 值,所测样品可以分为三类:第一类动物是石化的和现生的各类猩猩和长颈鹿等,它们以鲜嫩的树叶和果子为食物,称为"browsers"。树木几乎都是 C_3 植物,这类动物牙珐琅的 $\delta^{13}C$ 测量值均在$-12‰$左右。第二类是石化的和现生的马科动物及牛羚等食草动物称为"grassers",C_4 植物在它们的食物中占较大的比重,它们的 $\delta^{13}C$ 测量值均在 $0‰$ 左右。而同一物种的化石样品和现生样品有相同的 $\delta^{13}C$ 测量值,这表明测量技术是可靠的,牙珐琅化石中矿化的无机碳未被污染。而这两类动物牙珐琅 $\delta^{13}C$ 值的差别达 $12‰$,正好等于 C_3 和 C_4 植物间 $\delta^{13}C$ 值的差别,这是可以理解的。第三类,南方古猿和直立人等人科动物化石的 $\delta^{13}C$ 测量值在$-8‰\sim-6‰$间,表明他们与猩猩有不同的食物结构,虽然人科动物也以食用 C_3 植物(乔木、灌木的果实等)为主,但 C_4 植物和食草动物在他们的食谱中也占一定比例。古代或现代的大猩猩和黑猩猩基本上都不食用 C_4 植物,也不捕食食草动物(可能吃一些猴子),其食物来源不及人科动物丰富。因此从食物来源考虑,人科成员的繁衍发展相对于猩猩具有优势,特别是当气候干旱森林退化而草原发育的时候。人们自然要问,人科成员是直接食用 C_4 植物,还是间接地因食用食草动物而使得其 $\delta^{13}C$ 值高于他们的表亲猩猩呢？对他们牙釉质上面的磨痕分析没有对此给出答案。曾寄希望于对他们硬组织 Sr/Ca 比值的分析能否给出有用的信息,但是鉴于 Sr/Ca 比作为食物链位置指示剂的困难(见 8.5.4 小节)和人类在大部分恒牙萌出前其"生物纯化"的能力尚未充分发育等原因,Sr/Ca 比值也没有回答这个问题。

　　我国分析动物牙珐琅质的 $\delta^{13}C$ 工作较少。赵凌霞(博士论文)曾测量了 30 多件早更新世动物牙化石的 $\delta^{13}C$ 值,样品包括采自湖北建始龙骨洞的布氏巨猿和其他哺乳动物牙化石(包括鹿、牛等食草动物)、广西柳城巨猿洞的布氏巨猿。测量值集中在$-16‰\sim-18‰$间,涨落很小。由此赵凌霞推断,巨猿等哺乳动物主要以 C_3 植物为食物,它们的生存环境应该是茂密的森林,而不是开阔的草原。胡耀武等(2007)曾同时测量贾湖人骨中羟基磷酸钙的 $\delta^{13}C$ 值,15 个保存良好样品的 $\delta^{13}C$ 平均值为$-10.38‰\pm0.74‰$,与骨胶原 $\delta^{13}C$ 分析的结论是一致的,即 C_3 植物在贾湖居民的食物中占绝对主要的地位。但 15 位个体两组 $\delta^{13}C$ 数据间的相关系数极低($r=0.284$),这一现象需进一步研究。

8.5.4 古人硬组织微量元素组成的指示意义

人与动物的骨骼、牙齿等硬组织主要由羟基磷酸钙组成，而 Sr、Ba 和 Ca 都是碱土金属，因此动物吸收的 Sr 和 Ba 可以部分地取代 Ca 而沉积在骨骼、牙齿中。但是动物对于 Sr、Ba 和 Ca 的吸收程度具有一定的选择性，优先吸收 Ca，称为生物纯化。这样，愈处于食物链高端的生物，其硬组织中羟基磷酸盐的 Sr/Ca 和 Ba/Ca 愈低，硬组织的 Sr/Ca 比和 Ba/Ca 比有可能表征生物在食物链上位置。但是 Burton(1995)的研究发现，实际情况比原来想象的要复杂。首先土壤的 Sr/Ca 比值低于各类岩石的平均值。其次植物也具有"生物纯化"的能力，优先吸收 Ca。而且各类植物的生物纯化能力有高低，差别可达 30%。对于同一株植物，其根与茎的 Sr/Ca 比高于叶子。因此，单一根据动物骨骼的 Sr/Ca 和 Ba/Ca 比值来确定动物在食物链上的位置需持谨慎态度，应该同时参照其胶原蛋白的 $\delta^{15}N$ 值。

陆生生物的 Ba/Sr 比一般接近 1，但海洋生物的 Ba/Sr 比是非常低的，比陆生生物的 Ba/Sr 比低几个数量级，这是因为海水中的硫酸根与 Ba 结合成难溶于水的 $BaSO_4$，后者从海水中被清除而沉降。因此根据人骨的 Ba/Sr 比，可以帮助判断人骨的主人食用海生食物的比例(Wessen, et al, 1977)。

我国的胡耀武等(2005)曾尝试测量骨骼的 Sr/Ca 和 Ba/Ca 比值探索古人的食谱。他们用 ICP-AES 测量了贾湖遗址 5 期 9 段共 28 件人骨样品的微量元素含量。其中 19 件样品的 C/N 比处于 2.8～3.6 间，表明它们是未被污染的。对未被污染的样品测量观察到：(1) 除一个特殊样品外，其他 18 件人骨的 Sr/Ca 与 Ba/Ca 之间呈现良好的线性相关关系，胡耀武等认为，这显示了这些个体，虽然在时代上跨越了 1200 年，但都生活于贾湖这个变化不大的环境中，而那个特殊样品是一位 15 岁左右的少年，可能是从外地来到贾湖的。(2) Sr/Ca 和 Ba/Ca 比值呈现早期、晚期低而中间偏高的变化趋势。胡耀武等认为，这可能是因为早期贾湖居民以渔猎为主，随后植物性食物逐步增加，而中期以后，稻作农业和家畜饲养的发展改变了居民的食谱。这一现象需要进一步的研究。

张全超等(2006b)曾使用 ICP-AES 对新疆罗布卓尔古墓沟青铜时代 10 具人骨羟基磷酸钙的 Sr,Zn,Ca,P,Cu,Mg,Fe,Ba 和 Mn 等 9 种元素的含量进行了测量，这些样品的 Ca/P 在 2.00～2.29 间，接近于羟基磷酸钙的理论值 2.15，说明样品保存良好，未受污染。表 8-9 列出测量数据，并与干骨崖的数据进行了对比。根据 Sr 和 Ba 的测量值(羟基磷酸钙应该有确定的钙含量)，罗布卓尔先民骨骼的 Sr/Ca 与 Ba/Ca 比明显低于干骨崖，说明相对于干骨崖先民，其食物结构中肉食多而进食粮食则偏少。虽然在罗布卓尔也发现有粟和麦等作物遗存，但是以畜牧为主的，而属于四坝文化的干骨崖已是较发达的粟、黍农业聚落。

表 8-9 新疆罗布卓尔和甘肃干骨崖遗址人骨的微量元素分析(张全超等,2006b)

	罗布卓尔($n=10$)	干骨崖
$Sr/\mu g \cdot g^{-1}$	318±122	827.1
$Ba/\mu g \cdot g^{-1}$	7.4±2.4	79.9
$Zn/\mu g \cdot g^{-1}$	204±65	111.3
$Ca/mg \cdot g$	237±21	
$P/mg \cdot g$	110±8	

8.6 古人硬组织的锶同位素组成显示其栖息地的迁移

研究古人栖息地的迁移有相当的考古意义,例如分析一个群体的成年人中,男性还是女性的外来人口的比例高,有可能揭示该群体是女性世袭的母系社会,还是男性世袭从外地娶女成家的父系社会。分析一个墓地早期墓葬的主人是否为外来人口,可以提供关于墓地所属氏族是否是从外地迁来的。早在20世纪80年代Ericson(1985)就提出,分析史前人骨的锶同位素组成有可能获得关于古人栖息地变动的信息。因为:(1)锶、铅和钕是3种其同位素组成在自然界有显著地区和矿源涨落的中等重量以上的元素,不同地区可能具有不同的锶同位素组成;(2)锶能以较高的含量结合进人体硬组织的羟基磷酸钙中。

8.6.1 矿物和岩石的锶同位素组成及其涨落

自然界的锶有4种稳定的同位素,它们是$^{84}Sr(0.56\%)$、$^{86}Sr(9.87\%)$、$^{87}Sr(7.0\%)$和$^{88}Sr(82.5\%)$,括弧中的数字为大致的丰度值。其中^{87}Sr是放射性同位素^{87}Rb(半衰期约为470亿年)的衰变产物,因此地球上^{87}Sr的总量是随时间不断增加的,而且不同的矿物和岩石因成矿或成岩的年代不同以及母岩的铷锶含量比不同,其锶同位素组成也是不同的。一般用^{87}Sr与^{86}Sr的比值作为物质锶同位素组成的度量,对多数的岩石和矿物,$^{87}Sr/^{86}Sr$比值高于0.7,有的矿物可达1.0以上。因此锶与铅相似,有可能应用于某些考古遗物的产地溯源,例如Curran等(2001)曾利用锶同位素对爱尔兰新石器时代以procellanite为原料的石器的原料来源进行产地溯源。Freestones等(2003)曾寻求八九世纪地中海东岸4种伊斯兰玻璃的原料种类,图8-4显示这4种玻璃以$^{87}Sr/^{86}Sr$和Sr含量为坐标轴的散点图,图上也标出了某些原料和一种在德国生产的玻璃的分布。可见,根据$^{87}Sr/^{86}Sr$值和Sr含量是能区分这4种伊斯兰玻璃的。

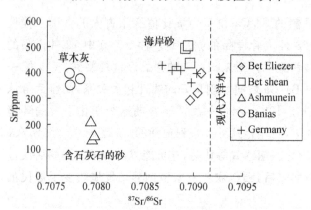

图8-4 几种伊斯兰玻璃和德国玻璃在以$^{87}Sr/^{86}Sr$比值和Sr含量为轴的散点图

8.6.2 锶同位素揭示古人栖息地迁移的原理和假设前提

锶同位素组成揭示古人栖息地变更的原理是建筑在3个假设前提之上的:(1)每个地区的各类植物具有近似相等的锶同位素比值,而不同地区植物的锶同位素比值是不同的,即每个地区有自己的特征锶同位素比值;(2)动物硬组织羟基磷酸钙中的锶的同位素组成反映其食物(植物和动物)的锶同位素组成,即动物(包括人类)吸取营养和形成自己的机体组织时不发生锶同位素的显著分馏;(3)人与动物的遗骸未受到埋藏环境中锶的污染。如果上述3个前提成立,那么动物硬组织的锶同位素反映其居住和生活地区的锶同位素组成。这里需要说明,人类硬组织有一定的代谢周期,例如腿、臂等长骨的代谢周期为 10—20 年,肋骨为几年,而牙珐琅质则是终身不被替换的。因此骨骼的锶反映动物死亡前若干年其生活地区的锶,而牙珐琅则反映动物幼年生活地区的锶同位素组成。如果某个个体的珐琅与骨骼有不同的锶同位素组成,那么可以推断,对于该个体的埋藏地区来说(一般也是他一生最后生活的地区),他是外来的,是一位异乡客(如果不存在其他的生化因素导致珐琅与骨骼间的锶同位素差异)。

对于上述 3 个假设前提,第二个假设应该是成立的,因为锶同位素之间的相对质量差别不大,动物的组织与其食物间不应该发生显著的锶同位素分馏。为了验证第三个假设的成立,可以在同一个个体保存良好的骨骼和牙珐琅的多个部位采样测量,考察它们的锶同位素组成涨落是否超出仪器的测量误差。

我们将对第一个假设前提作较详细的讨论,因为这涉及对于"地区的锶同位素组成的特征水平"的理解。前面已论及,同一地区的不同矿物和不同岩石之间的锶同位素组成是可能有显著差别的。岩石的风化导致锶进入地表水和地下水系,也进入地表的各类沉积物中,进入土壤。植物是从土壤和水中吸收锶,将锶结合进机体。Sillen 等(1998)曾在南非的斯特克方丹遗址采集了不同类型岩石上面发育的土壤和生长的植物,测量了它们的 $^{87}Sr/^{86}Sr$ 比值。观察到土壤的 $^{87}Sr/^{86}Sr$ 有较大的涨落,分布在 0.70~0.90 间,而植物的 $^{87}Sr/^{86}Sr$ 值集中在 0.71~0.75 间,涨落小于土壤的情况。这是因为植物主要吸收溶解于地表水中锶的化合物,而由于水的流动性,它对地区的锶同位素组成起到某种混合和均匀化的作用。此外也有人观察到,冲积平原不同地点的土壤的锶同位素组成的涨落较小。动物到处觅食多种动植物,导致其机体中锶同位素组成进一步的平均化。表 8-10 列出一些地区某些现生动物骨骼的 $^{87}Sr/^{86}Sr$ 的平均值、标准差和变异系数。由表可见,每个地区某种动物骨骼的 $^{87}Sr/^{86}Sr$ 值的涨落,特别是啮齿目、兔形目等活动区域小的小哺乳动物的骨骼 $^{87}Sr/^{86}Sr$ 涨落很小,远低于该地区植物的情况,当然更低于不同类型的土壤间、不同岩石和矿物间 $^{87}Sr/^{86}Sr$ 的涨落。

表 8-10 若干地区几种现生动物骨骼的 $^{87}Sr/^{86}Sr$ 平均值、标准差和变异系数(Price, et al, 2002)

地点	动物	样品数量	平均值	标准差	变异系数/(%)
墨西哥,Teotihuacan	兔	6	0.704 63	0.000 05	0.007 1
伊利诺伊,Cahokia	松鼠	5	0.709 25	0.000 12	0.016 9
威斯康星,Azialan	兔	8	0.709 22	0.000 04	0.005 6
威斯康星,Grasshopper	鼠	10	0.710 00	0.000 31	0.043 6
威斯康星,Grasshopper	鹿	6	0.712 95	0.000 41	0.057 5
威斯康星,Vermont	鹿	12	0.710 29	0.000 22	0.031 0
南非,Etosha Park	犀牛	8	0.718 37	0.003 06	0.426 0
南非,Addo Park	犀牛	7	0.713 40	0.002 12	0.297 2
南非,Pilanesberg	犀牛	7	0.706 75	0.003 89	0.550 4
南非,Umfolozi	犀牛	12	0.716 93	0.000 96	0.290 9
威斯康星,Grasshopper	古代人骨	12	0.710 18	0.000 50	0.070 4

Price 等(2002)还观察到在威斯康星的 Grasshopper 遗址,现生鼠类和古代人骨有非常接近的 $^{87}Sr/^{86}Sr$ 值(见表 8-10),因此 Price 等(2002)认为,地区的特征 $^{87}Sr/^{86}Sr$ 水平值是存在的,而且在第四纪时段基本上不随时间变化,因此"可以将每个地区现生的啮齿目、兔形目等小哺乳动物机体的 $^{87}Sr/^{86}Sr$ 的平均值作为该地区 $^{87}Sr/^{86}Sr$ 的特征水平值。如果古人遗骸牙珐琅的 $^{87}Sr/^{86}Sr$ 值明显偏离遗骸所在地的特征 $^{87}Sr/^{86}Sr$ 水平,那么遗骸的主人是一位异乡客。"

8.6.3 锶同位素考古应用实例

Price 等(2002)曾测量了德国 Dillingen 遗址 5 件现代蜗牛壳和 16 件古人遗骸的 $^{87}Sr/^{86}Sr$ 值。Dillingen 是约 BC 5200 年的一个新石器遗址。蜗牛壳的 $^{87}Sr/^{86}Sr$ 平均值和标准误差为 0.70838 ± 0.00027,而 16 件古人遗骸仅 8 件的骨骼保存良好,这 8 件骨骼样的 $^{87}Sr/^{86}Sr$ 平均值和标准误差为 0.70865 ± 0.00012。蜗牛壳和骨骼样的 $^{87}Sr/^{86}Sr$ 显示出较好的一致性,两者间未见明显差别,表明对于 Dillingen 遗址存在稳定的地区性 $^{87}Sr/^{86}Sr$ 水平。16 件牙珐琅样的 $^{87}Sr/^{86}Sr$ 值显示较大的涨落(见图 8-5),其中有 8 件牙珐琅样的 $^{87}Sr/^{86}Sr$ 值落在蜗牛壳和骨骼的 $^{87}Sr/^{86}Sr$ 值的两倍标准差范围之外。Price 等认为这 8 件牙珐琅样的主人幼年时没有生活在 Dillingen,属于外来人口。

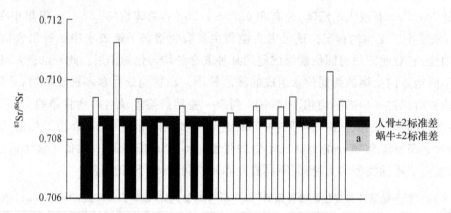

图 8-5 德国 Dillingen 遗址 16 件古人遗骸牙珐琅样(无色长条)和 8 件古人遗骨(黑色长条)的 $^{87}Sr/^{86}Sr$ 分布图(同一个体的骨骼和珐琅测量数据相邻成对列出),图中还标出现代蜗牛和 8 件古人遗骨 $^{87}Sr/^{86}Sr$ 值正负两倍标准差的分布范围

参考文献

[1] 蔡莲珍,仇士华. ^{13}C 测定和古代食谱研究. 考古,1984,(10):945.
[2] 曾雄生. 论小麦在古代中国的扩张. 中国饮食文化,2005,(1):1.
[3] 陈报章,张居中,吕厚远. 河南贾湖新石器时代遗址水稻硅酸体的发现和意义. 科学通报,1995,10(4):339.
[4] 陈铁梅,Hedges REM. 彭头山遗址等陶片和我国最早水稻遗存的加速器质谱 ^{14}C 测年. 文物,1994,(3):88.
[5] 陈文华. 中国农业考古资料索引:农作物麦. 农业考古,2000,(1):304.
[6] 道伯涅·凯斯,袁靖,等. 家猪起源研究的新视角. 考古,2006,(11):74.

[7] 胡耀武,Burton J H,王昌燧.贾湖遗址人骨的元素分析.人类学学报,2005,24(2):158.
[8] 胡耀武,Ambrose S H,王昌燧.贾湖遗址人骨的稳定同位素分析.中国科学D辑,2007,17(1):94.
[9] 黄蕴平.内蒙古朱开沟遗址兽骨的鉴定与研究.考古学报,1996,(4):515.
[10] 康韦.野生的还是驯养的?——关于南斯堪的纳维亚和伊比利亚最早驯养牛和猪的考证(安家瑗译).农业考古,2003,(1):232.
[11] 《考古》记者."中国社会科学院考古学论坛—2004年中国考古新发现"纪要.考古,2005,(7):50.
[12] 刘长江,孔昭辰.粟、黍籽粒的形态比较及其在考古鉴定中的意义.考古,2004,(8):76.
[13] 罗运兵,张居中.河南舞阳县贾湖遗址出土猪骨的再研究.考古,2008,(1):90.
[14] 闵宗殿.我国栽培稻起源的探讨.江苏农业科学,1979,(1).
[15] 秦岭,傅稻镰.河姆渡遗址的生计模式——兼论稻作农业研究中的若干问题.东方考古(第三辑).北京:科学出版社,2006.
[16] 汤圣祥,张文绪,等.罗家角稻谷外稃双峰乳突的扫描电镜观察研究.河姆渡报告.北京:文物出版社,1977.
[17] 汤圣祥,佐藤洋一郎,等.河姆渡炭化稻中普通野生稻谷粒的发现.河姆渡报告.北京:文物出版社,1977.
[18] 严文明.中国稻作农业的起源.农业考古,1982,(1):10,(2):50.
[19] 严文明.再论稻作农业的起源.农业考古,1989,(2):72.
[20] 严文明.中国农业和养畜业的起源.辽海文物学刊,1989,(2):22.
[21] 严文明.我国稻作起源研究的新进展.考古,1997,(9):71.
[22] 姚政权,吴妍,王昌燧,赵春青.河南新密市新砦遗址的植硅石分析.考古,2007,(3):90.
[23] 袁靖.论中国新石器时代居民获取肉食资源的方式.考古学报,1999,(1):1.
[24] 袁靖.中国新石器时代家畜起源的问题.文物,2001,(5):51.
[25] 袁靖.动物考古学研究的新发现与新进展.考古,2004,(7):54.
[26] 杨晓燕,吕厚远,刘东生,韩家懋.粟、黍和狗尾草的淀粉粒形态比较及其在植物考古研究中的潜在意义.第四纪研究,2005,25(2):224.
[27] 王宜涛.紫荆遗址动物群及其环境意义.环境考古研究.北京:科学出版社,1991.
[28] 王象坤,孙传清,才宏伟,张居中.中国稻作起源与演化.科学通报,1998,43(22):2354.
[29] 吴小红,肖怀德,魏彩云,等.河南新砦遗址人、猪食物结构与农业形态和家猪饲养的稳定同位素证据.科技考古(第二辑).北京:科学出版社,2007.
[30] 游修龄.对河姆渡第四文化层出土稻谷和骨耜的几点看法.文物,1976,(8):20.
[31] 张履鹏.谷子的起源与分类研究.中国农史,1986,(1).
[32] 张全超,朱泓,胡耀武,李玉中,等.内蒙古和林格尔县新店子墓地古代居民的食谱分析.文物,2006a,(1):87.
[33] 张全超,朱泓,金海燕.新疆罗布卓尔古墓沟青铜时代人骨微量元素的初步研究.考古与文物,2006b,(6):99.
[34] 张文绪,裴安平.澧阳平原几处遗址出土陶片中稻谷浮面印痕和稃壳残片的研究.中国栽培稻起源和演化文集.北京:中国农业大学出版社,1996.
[35] 张雪莲,王金霞,冼自强,等.古人类食物结构研究.考古,2003,(2):158.
[36] 张雪莲,仇士华,薄官成,等.二里头遗址、陶寺遗址部分人骨碳十三、氮十五分析.科技考古(第二辑).北京:科学出版社,2007.
[37] 赵志军.植物考古学及其新进展.考古,2005,(7):42.
[38] 赵志军,吕烈丹,傅宪国.广西邕宁顶狮山遗址出土植硅石的分析和研究.考古,2005(11):76.

[39] 赵志军.公元前2500年—公元前2500年中原地区农业经济研究.科技考古(第二辑).北京:科学出版社,2007.

[40] 郑云飞,蒋乐平.上山遗址出土的古稻遗存及其意义.考古,2007,(9):19.

[41] 周本雄,白家村遗址动物遗骸鉴定报告.临潼白家村,巴蜀书社,1994.

[42] 周季雄.浙江余姚河姆渡新石器时代遗址出土稻谷形态鉴定报告.河姆渡报告.北京:文物出版社,1977.

[43] 朱乃诚.中国农作物栽培的起源和原始农业的兴起.农业考古,2001,(3):29.

[44] Bradley D C, et al. Mitochondrial Diversity and the Origin of African and European Cattles. Proc. Nat. Acad. Science USA, 1996,(93):5131.

[45] Burton J H, Wright I E. Nonlinearity in the Relationship between Sr/Ca and Diet: Palaeodietary Implications. American Journal of Physical Anthropology, 1995,(96):272.

[46] Curran J M, Meighan I G. $^{87}Sr/^{86}Sr$: a New Discriminate for Provenancing Neolithic Procellanite Artifacts from Ireland. Journal of Archaeological Science, 2001, 28(7):713.

[47] Ericson J E. Strontium Isotopes Characterization in the Study of Prehistoric Human Ecology. Journal of Human Evolution, 1985,(14):503.

[48] Freestones L C, Leslie K A, Thirlwalll M, et al. Strontium Isotopes in the Investigation of Early Glass Production:Byzantine and Early Islamic Glass from the Near East. Archaeometry, 2003,45(1):19.

[49] Hillman, G, Davis, M N. Domestication Rate in Wild-type Wheats and Barley under Primitive Cultivation. Biological Journal of the Linnean Society, 1990, 39(1):39.

[50] Lee-Thorp J A, Sponheimer M, Van Der Merwe N J. Do Stable Isotopes Tell Us about Hominid Dietary and Ecological Niches in the Pliocene. International Journal of Osteoarchaeology, 2003,(13):104.

[51] Okumura N, et al. Variation in Mitochondrial DNA of Dogs Isolated from Archaeological Sites in Japan and Neighbouring Islands. Anthropological Science, 1999,107(3):213.

[52] Price T D., Burton J H. Bentley R A. The Characterization of Biologically Available Strontium Isotope Ratios for the Study of Prehistoric Migration. Archaeometry, 2002, 44(1):117.

[53] Price T D and Feinman G M. Images of the Past, 4th edition, McGraw-Hill Companies, Inc., Boston, 2004.

[54] Sillen A, Hall G, Armstrong R. $^{87}Sr/^{86}Sr$ Ratio in Modern and Fossil Food-webs in Sterkfontein Valley: Implications for Early Hominid Habitat Preference. Geochimica et Cosmochimica Acta, 1998, 62(14):2463.

[55] Vollbrecht E, Sigmon B. Amazing Grass: Developmental Genetics of Maize Domestication. Biochemical Society Transaction, 2005, 33(6):1502.

[56] Wessen G, Ruddy F H, Gustafson C E, et al. Characterization of Archaeological Bone by Neutron Activation Analysis. Archaeometry, 1977,(19):200.

[57] Willcox G. Agrarian Change and the Beginning of Cultivation in the Near East: Evidence from Wild Progenitors, Experimental Cultivation and Archaeological Data. The Prehistory of Food: Appetites for Change (Gosdon C and Hather J eds.), London: Routledgs,1999.

[58] Zhao Zhijun. The Middle Yangze Region in China is One Place Where Rice was Domesticated: Phytolith Evidence from the Diaotonghuan Cave, Northern Jiangsi. Antiquity, 1998, 72(4):885.

思考题

1. 试分析栽培稻的长江中下游起源说的论据和验证过程。

2. 你对我国北方粟、黍栽培的起源研究有什么看法？
3. 你对鉴别栽培稻和野生稻,籼稻和粳稻诸方法的可靠程度和有关争论的看法。
4. 试述饲养型动物鉴别标志的评价,试总结对我国家畜饲养起源的认识。
5. 试述碳、氮同位素反映古人的食物结构对我国考古研究已有的和可能的贡献,作考古推论时需要注意的问题。

第九章 分子生物学技术在考古研究中的应用

近十多年来,分子生物学,主要是分子遗传学逐渐广泛地应用于考古学研究。这主要是根据不同生物物种(个体)间蛋白质分子和脱氧核糖核苷酸分子(DNA)的组成和结构的不同,来分析生物物种(个体)之间的相似程度,即遗传距离,包括不同种属之间、同种属的群体之间和群体内部的个体之间的遗传距离。

人与猿的分离、人科各属种的进化、现代各人种在系统发育树上的位置和亲缘关系、农作物和家畜各物种自野生型向人工培养型的转化和传播等,都是考古学研究的重要课题。传统的研究方法主要包括对人头骨和动植物遗存的外观形态的观察、定性和半定量的描述和比较。分子遗传学却是定量地测量并比较各物种的蛋白质分子中 20 种标准氨基酸的排列次序和 DNA 分子中 4 种核苷酸的排列次序。蛋白质是一切生命的基础物质,而 DNA 是生命遗传信息的唯一携带者,因此分子生物学是从根本上来分析物种之间、群体和个体之间的遗传距离的,而且是定量研究。

9.1 分子生物学的部分基础知识简介

9.1.1 蛋白质是 20 种标准氨基酸组成的长链

蛋白质是构成生命的基本物质,人体的各种组织都是由蛋白质组成的,它占到人体体重的 16%。蛋白质的种类以亿万计数,人体中的蛋白质就超过 10 万种,几乎每种生物都有其特征的蛋白质。但重要的是,亿万种蛋白质都是由 20 种标准氨基酸组成的,它们之间的差别只是所含氨基酸的数量不等和氨基酸的排列次序不同。组成蛋白质的氨基酸分子有二十到数百个,它们按一定的次序排列成长链,称为蛋白质的一级结构。氨基酸链经旋转、折叠成球状等三维的形态。20 种基本元素组成了无数种复杂的蛋白质,形象地说,蛋白质类似于拼音文字而不是汉字。复杂源于简约,这就是自然界的规律。1955 年英国的生化学家桑格首先测定了组成胰岛素(一种蛋白)的氨基酸序列而获得诺贝尔化学奖。比较不同物种(或不同个体)同一类型蛋白中氨基酸排列次序的不同,就可以测定它们间的遗传距离。3.10.1 小节中曾介绍,通过比较人、猿和马等 3 个物种血红蛋白上 15 个氨基酸的排列,估测了人科和猿科的分离时间大致发生于 500—700 万年前。鉴于目前与考古学有关的研究主要是基于对 DNA 上核苷酸排列次序的研究,我们不将扩展对蛋白质的讨论。

最后说明一下什么是氨基酸。氨基酸是由碱性的氨基和酸性的羟基通过碳原子连接的有机化合物,呈无色结晶,溶于强酸和强碱溶液,多数氨基酸也溶于水。两个或两个以上的氨基酸连在一起聚合成肽,几十个氨基酸连在一起组成蛋白质。肽和氨基酸能与茚三酮反应生成蓝色的化合物,因此常用茚三酮来检测氨基酸的存在。

9.1.2　染色体是 4 种脱氧核糖核苷酸(DNA)组成的长链双螺旋结构

生物体的基本单元是细胞,生物体和细胞的基本生命特征是能够能复制自我,进行自我繁殖。细胞中对遗传起主要作用的是细胞核中的染色体。染色体是极细微的链状构造,当细胞分裂时可以着色而在显微镜下被观察到,它们都是成对存在,称为同源染色体对(见图 9-1)。同一物种所有个体的全部正常体细胞的染色体数目都是相等的。例如人的体细胞都含有 23 对,46 条染色体。当体细胞分裂时,每一条染色体都复制生成一条与自己完全配对的子链,再组成两对与原来一样的同源染色体对,从而分裂为两个子代细胞。因此两个子代细胞相互间以及与亲代细胞间具有完全相同的染色体组成。这也是细菌等单细胞生物的无性繁殖过程。有性生殖过程要复杂些,性细胞(卵子和精子)是由性母细胞通过减数分裂而成,其染色体数目只有体细胞的一半,即只含有原来体细胞中各同源染色体对中的一条。例如人类的精、卵细胞只含有 23 条染色体。精、卵细胞结合形成合子,也称受精卵,它包含了一半来自父本、一半来自母本的染色体。在受精卵中,每个染色体各自找到来自另一亲本的对应的同源染色体,并组成同源染色体对。受精卵将正常分裂繁殖,最终发育形成一个新生的子代,子代个体每个正常体细胞的染色体组成与原始受精卵的染色体组成是相同的。减数分裂和同源染色体的配对使子代保持了亲本遗传的连续性和稳定性,同时又不是其亲本的简单克隆,而是一个全新的个体,保证了生物个体的多样性和物种的进化。

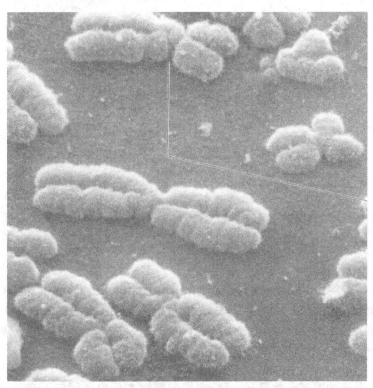

图 9-1　处于分裂过程中的人类细胞核的电镜照片,
显示染色体是成对存在的(Jurmain,1992)

染色体由脱氧核糖核苷酸(DNA)、蛋白质和部分核糖核酸(RNA)组成,其中负有遗传使命的物质是由 DNA 组成的链。脱氧核糖核苷酸是一种高分子化合物,它是 1869 年一位德国医生首先发现的。每一个脱氧核糖核苷酸各由一个分子的碱基、脱氧核糖和磷酸组成。所有 DNA 分子中的脱氧核糖和磷酸是相同的,而碱基却有 4 种:腺嘌呤(A)、鸟嘌呤(G)、胞嘧啶(C)和胸腺嘧啶(T)。因此脱氧核苷酸又分别有腺嘌呤脱氧核苷酸、鸟嘌呤脱氧核苷酸、胞嘧啶脱氧核苷酸和胸腺嘧啶脱氧核苷酸等四种。许多个脱氧核糖核苷酸通过 $3',5'$-磷酸二酯键聚合成为按一定序列排列的 DNA 链。大多数情况下,DNA 分子都是由两条单链构成的双链。两条链上的碱基通过氢键一对一相结合,形成碱基对,而且碱基的配对必须服从一定的规律,就是腺嘌呤(A)只能与胸腺嘧啶(T)配对,鸟嘌呤(G)只能与胞嘧啶(C)配对。如一条链某一位置上的碱基是 C,另一条链相应位置上与其配对的碱基必定是 G。两条链上碱基之间的这种对应关系称为碱基互补配对原则。两条脱氧核苷酸链反向平行盘绕生成双螺旋结构,碱基处在双螺旋结构的中心部位,往外侧依次连着脱氧核糖和磷酸,这是 DNA 分子的一级结构,如图 9-2 所示。

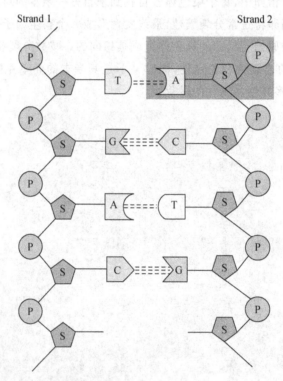

图 9-2　DNA 的双链结构,链的中央为碱基:腺嘌呤(A)与胸腺嘧啶(T)配对,鸟嘌呤(G)与胞嘧啶(C)配对。链的外部为由脱氧核糖(S)和磷酸(P)组成的骨架。图中灰色部分为由一个碱基、一分子糖和一分子磷酸组成的**一个脱氧核糖核苷酸分子**(Jurmain, *et al*, 1992)

组成 DNA 分子的碱基虽然只有 4 种,它们的配对方式也是固定不变的,但是,由于长链中的 DNA 分子数极多,而且能够以任何顺序排列,这就构成了 DNA 分子的多样性。假如某 DNA 分子的一条脱氧核苷酸链有 100 个碱基组成,它们可能的排列方式就是 4^{100} 种! 实际上，每条脱氧核苷酸链中的碱基总数远远超过 100 个，所以，它们的排列方式几乎是无限的。同一物种每个个体所有细胞的每条特定的染色体所带脱氧核苷酸的数目和排列顺序是一定的，但不同染色体或不同物种之间变化很大，核苷酸数目从上百万到几亿个不等。如人的 X 性染色体就带有3～4亿个核苷酸，而 Y 性染色体则不足 1 亿个核苷酸。每条 DNA 分子链所具有的特定的碱基排列顺序构成了 DNA 链的特异性，而且可以编码出不同的蛋白质和多肽。正是由于 DNA 链的这种特异性和多样性，构成了奥妙无穷的生命现象，而 DNA 分子所携带的这些遗传密码又是我们探求生命奥秘的钥匙。

总之，生命的发育和遗传是染色体中的 DNA 链自我复制的结果。细胞分裂时，以亲代的每条 DNA 分子链为模板，互补配对合成子代 DNA 链，因此亲代细胞所含的遗传信息就原原本本地传送到子代细胞中。在此过程中，每个子代细胞染色体对的一条链来自亲代 DNA，另一条链则是新合成的，所以这种复制方式称为半保留复制。因为碱基处于 DNA 分子双螺旋结构的中央，而且两条脱氧核苷酸链是互补的，保证了遗传物质的稳定性和遗传过程的准确性。

需要补充说明，虽然脱氧核糖核苷酸主要存在于细胞核内部的染色体中，但在核外的细胞质中也存在一些脱氧核糖核苷酸链，称为线粒体脱氧核糖核苷酸（mtDNA）。线粒体或 mtDNA 是单链的，而且比核内染色体的核苷酸链要短很多，例如人体的线粒体仅由 16 596 个核苷酸组成，而核内每条染色体则有 1 亿个以上的脱氧核苷酸组成。mtDNA 有点像"寄生"在细胞体内的一段病毒，它具有为细胞供应能量的功能。线粒体的另一个特点是母系单性遗传，它与核内 DNA 双链不同，后者一条来自父体，另一条来自母体。如不发生突变，子体和母体线粒体上核苷酸的排列序列是完全相同的，并通过母系一代代地遗传下去（男子的线粒体是不遗传的）。线粒体是最短的 DNA 链，又是母系单性遗传，在每个细胞中 mtDNA 的数量比核 DNA 又多，结构比核染色体简单，因此在研究遗传过程（包括考古应用）的实验中，它当然成为首选的对象（见 9.3 节）。

DNA 分子的双螺旋结构是 1953 年剑桥大学的生物学家沃森和物理学出身的克里克共同提出的，1962 年他们和研究脱氧核糖核苷酸结构的威尔金斯一起被授予诺贝尔生理学和医学奖。

9.1.3　DNA 是怎样控制蛋白质的合成的

那么 DNA 又是怎样决定蛋白质的合成的呢？在经典遗传学中决定子代性状的遗传因子称为基因，基因排列在染色体上面。现在我们认识到，基因是一段特定的 DNA 序列，并具有特定的生理功能和决定着生物体内蛋白质的合成。前面已提到蛋白质是由 20 种标准氨基酸的链状排列，蛋白质的多样性只是由于肽链上氨基酸的数量和排列次序不同，问题是 DNA 序列上的 4 种核苷酸怎样决定蛋白质肽链上的 20 种氨基酸。现已明白，首先在细胞核内以 DNA 序列为模板生成相应的信使核糖核酸 mRNA。后者转录 DNA 所贮存的遗传信息，即核苷酸的排列次序。DNA 与 mRNA 好似一对兄弟，它们的差别仅在于：(1) mRNA 是单链的；(2) 它所含的是非脱氧的糖（因此称 RNA）；(3) DNA 上的胸腺嘧啶被尿嘧啶(U)所取代。mRNA 能移动并透过核膜，到达细胞质中，并在转运核糖核酸 tRNA 的帮助下翻译已转录的遗传信息控制蛋白质的合成。这个翻译过程是：mRNA 上每三个核苷酸组成的序列翻译成一种特定的标准氨基酸。1961 年尼伦伯格将人工合成的仅含一种核苷酸（尿嘧啶 U）的 RNA

加入到蛋白质的人工合成体系中,结果合成的是仅含苯丙氨酸的蛋白质,苯丙氨酸沿着一条长链不断地重复自己。即3个连续排列的U(UUU)导致,也只能导致苯丙氨酸的合成。看来,每3个核苷酸序列组成一个三联子密码,对应于特定的一种氨基酸,4种核苷酸可组成 $4^3=64$ 个密码子。经过5年的研究,到1966年已完全确定了64个密码子与20种氨基酸的对应关系。其中61个是氨基酸密码子,另外3个是终止密码子,也称无义密码,仅标志合成肽链的结束。读者会注意到,密码子的数目多于氨基酸的数目,这是因为除色氨酸以外,其他氨基酸可受一个以上的密码子控制合成。例如UUU和UUC都导致苯丙氨酸的合成,有3种氨基酸各对应6套密码。这种现象称为"简并",对应于同一氨基酸的若干个密码子称为同义密码子。另外,AUG和GUG既分别是甲硫氨酸及缬氨酸的密码子,又是起始密码子,启动肽链的合成。克里克把遗传信息从DNA→RNA→蛋白质的传递过程称为中心法则。尼伦伯格与另二位学者一起获得1968年相应学科的诺贝尔奖。

所有的生物,从最低等的病毒、细菌到最高等的人类,都是由同样的4种核苷酸和20种氨基酸组成,使用同一种由遗传信息→外在功能形态的翻译密码。这证实了达尔文早就提出的所有生物起源于一个共同的祖先,地球上的生命仅起源过一次的观点。物种之间的差异主要是组成其DNA的核苷酸和组成其蛋白质的氨基酸的数量和排列次序的不同。

双链螺旋状结构保证了遗传性状的稳定性,那么物种又是怎样发生变异的呢?研究表明,基因或DNA链上的核苷酸有一定的概率发生自发突变(核苷酸被取代、缺损或插入等)。当然DNA的修复系统会阻止这种改变,但也可能无法修复而使DNA链保留变化。突变有可能使子体死亡或产生歧变,但如果突变结果有利于生物生存,这类突变结果将遗传给子代,导致遗传性状的改变。下一小节将讨论基因的突变问题。

9.1.4 基因的突变和遗传性状的改变

1927年,孟德尔-摩尔根遗传学派的创始人摩尔根的学生缪(马)勒在研究果蝇的遗传时发现,X射线辐照能显著提高果蝇基因和遗传性状的突变率,而且辐照剂量愈高,突变的概率也愈大。这类诱发突变和生物基因的自发突变一样是随机的。随后,人们发现其他射线以及芥子气等化学物质也能诱发基因的突变。1946年缪勒继他的老师之后,获得诺贝尔生理学和医学奖。

20世纪40年代前,由于各种原因(包括一些偏见),生物学界对细菌能否像豌豆和果蝇那样作为研究遗传过程的对象是有怀疑的。但有的生物学家仍关注和研究细菌,他们观察到,如果将一滴高度稀释了的噬菌体(像病毒似的一段DNA短链)液加入到某种对其敏感的细菌中,几小时内细菌几乎全部被杀死,而噬菌体却利用它分解细菌所形成的大量单个的DNA而迅速繁殖。但是,一般情况下,总会有少数细菌劫后余生,形成一群群的菌落。劫后余生的细菌对那种噬菌体将具有永久的免疫力。当时,生物学界对于细菌遗传性状这种变化的原因有不同的认识:是细菌对环境的一种适应行为(拉马克学派的观点),还是由其基因突变所导致(达尔文学派的观点)。1943年从意大利逃往美国、专门从事噬菌体和细菌研究的卢里亚设计了一个实验,他将对某种噬菌体敏感的细菌等量地放入A、B两个装有培养基的烧瓶中,再立即将B瓶的内容均匀地分装在100只试管中。细菌分别在烧瓶A和各试管中大量繁殖。第二天,卢里亚准备了200只培养皿,培养皿的底部铺有一层噬菌体,从A瓶中各移1mL细菌到前 100 只培养皿中,而从 100 只试管中也各移 1 mL 细菌液到后 100 只培养皿中。第三天进行观察,发现在后 100 只培养皿中能抗噬菌体而存活的菌落数量涨落很大:有不少培养皿中未见菌落,因为许多试管中的细菌未曾发生抗噬菌体的突变,细菌全军覆灭;有少量培养皿中存活的菌落却很多,因为相应试管中的突变发生较早,突变的细菌已繁殖多代,试管中的数量很多了;也有一些培养皿中有少量菌落。而在前 100 只培养皿中,存活菌落的数量涨落很小,这是因为在 A 瓶中突变的细菌和它们的后代在移到培养皿前已均匀地分布在烧瓶中了。卢里亚与德尔布吕克(在美国研究噬菌体的一位物理学出身的德国学者)共同对实验数据进行统计学的分析,德尔布吕克还计算了细菌突变的概率。这个实验结果的发表影响重大,它证明了细菌产生抗噬菌体的能力是基因突变,而不是对环境适应的结果。从而人们也认识到,细菌和豌豆、果蝇一样是具有基因的生物,能作为研究遗传现象的对象。细菌繁殖快(而且单性繁殖),数量大(这对研究小概率的基因突变事件是关键的)和 DNA 链相对于高级生物短而简单,使得细菌成为研究生物遗传现象最理想的对象,促进了遗传学的迅速发展。后来,德尔布吕克和卢里亚又合作研究了噬菌体分解细菌的过程,发现和解释了细菌的内切酶对噬菌体 DNA 的限制和修饰等现象。1969 年他们和另一位学者赫尔希因研究病毒的成果,被授予诺贝尔生理学和医学奖。

9.2 古 DNA 研究的分子生物学技术

分子生物学应用于考古研究,除处理生物活体外,还经常需要从几千、几万年前死亡的生物遗骸中提取它们的 DNA 进行分析。在自然环境下,生物死亡后其 DNA 将很快地降解,由几万、几亿个核苷酸组成的长链分解为一些长度为几百个核苷酸或碱基对的片段(长度单位称"bp"—basic pair)。这些短的 DNA 片段继续降解速度要慢得多,有可能保存几万年,例如曾从发现于德国尼安德特河谷、距今 4 万年前的尼人的肱骨中成功地提取了古 DNA。但古 DNA 的含量低,降解严重和易被现代 DNA 所污染。为了研究古 DNA,需要解决以下技术问题:(1) 样品中 DNA 的提取和纯化;(2) 古 DNA 的扩增(PCR);(3) DNA 的测序;(4) 污染的防范和识别。

9.2.1 古 DNA 的提取和纯化

从古生物残体中提取和纯化古 DNA,是将 DNA 与蛋白质,特别是与会抑制随后 DNA 扩增过程的化合物和杂质隔离。考古研究中处理的经常是动物骨、牙等硬组织。先用机械处理、紫外线照射和化学试剂清洗等方法除去样品表面的污染物,再将样品研磨成粉末。然后要设法将细胞壁破碎使 DNA 释放出来,常用异硫氰酸胍等化学试剂或溶菌酶等。再下一步是用苯酚和(或)蛋白消化酶等试剂来分离 DNA 和蛋白质,后者将进入溶液相。经常还使用一些能吸附 DNA 的硅胶,对其进行纯化,但硅胶可能影响回收率。另据报道对样品除钙能提高后期扩增的效率。总之,提取和纯化的方法是多种多样的,依赖于分析样品的材料和状态,这里特别需要经验和试验。提取和纯化的总体要求是高回收率和高纯度,并防止操作过程受外物污染。现在已有一些商品型的提取和纯化 DNA 的试剂盒,操作方便快速,污染少。现代样品的 DNA 提取后常用电泳法或紫外光谱检测 DNA 的浓度,但古 DNA 样品因浓度低和干扰物多,检测浓度比较困难(电泳是一种分离检测技术,指溶液中的带电粒子,这里是指 DNA 片段因质量不同在电场中移动速度不同而导致分离)。

9.2.2 古 DNA 的扩增

古代生物所保存的 DNA 的数量是极稀少的,难以对它们进行测序。DNA 的扩增是指在生物体外对 DNA 分子片段的人工受控复制,称为 PCR(Polymerase Chain Reaction)技术。PCR 技术是 1980 年在美国塞特斯公司工作的缪里斯利用聚合酶的思想首先实现的。而聚合酶是于 1955 年,即在发现 DNA 双螺旋结构后的第三年,美国化学家科恩伯格发现的,在模板 DNA 链存在的情况下,聚合酶可以催化合成与模板一样的 DNA 链。为此科恩伯格得到 1955 年的诺贝尔生理学和医学奖。

PCR 的原理不很复杂:在反应系统中放入需要扩增的模板 DNA 链、三磷酸脱氧核苷酸(合成的原料)、DNA 聚合酶(催化剂)和一定数量与模板链互补的短 DNA 单链(称为引物)。这里的关键是必须要知道模板 DNA 链两端中任何一端约 20 个核苷酸的次序,而引物是一段人工合成、很短的约 20 个核苷酸的 DNA 链,其核苷酸的次序与模板链端部核苷酸的次序一致(各种引物可在 DNA 自动合成仪中合成,现已有商品)。扩增的过程如下,先在 94~95 ℃的高温下使模板 DNA 的互补链解开,成为两条单链。降温到 54~55 ℃,引物将与它的互补模板链端部的一段配对结合,在聚合酶的帮助下,反应系统中的三磷酸脱氧核苷酸将依次与模板互补地连接在引物的后面,即引物的 DNA 链按模板核苷酸的排列次序不断地生长延长,最终原来的一条模板 DNA 双链变成了两条双链,完成了第一循环的扩增。再次的重复升温和降温,约几十个循环后,模板 DNA 链的数量就成亿倍地增加。而且引物是根据专门的 DNA 模板设计的,因此扩增有明确的选择性,在几种 DNA 模板存在的情况下,仅对特定的模板进行扩增。

PCR 技术有重要和广泛的实际应用价值,因此缪里斯于 1993 年被授予诺贝尔化学奖,塞特斯公司也因此获得巨大的利润,为此曾引起了关于 PCR 专利的诉讼。缪里斯是一位多才多艺的学者,17 岁时,曾自制火箭将一只猫送到 2000 m 以上的高空,竟平安返回。他在加州伯克利大学攻读分子生物学博士时,成绩平平,但因在《自然》杂志发表了"时间反映的宇宙学意义"的物理学论文而仍被授予博士学位。

9.2.3 DNA 链的测序

遗传的密码蕴藏于 DNA 链上核苷酸或碱基的排列次序中,基因的突变是因为 DNA 链某个位置上的碱基改变(被取代、缺失或插入)。DNA 的测序是测定 DNA 链上碱基的排列次序,测量的对象一般是长度二三百 bp 的 DNA 链片段。测序是分子生物学的基础技术。1980 年剑桥的桑格和哈佛的吉尔伯特因对 DNA 测序研究的贡献而获得诺贝尔化学奖。桑格曾因测定胰岛素的氨基酸排列于 1955 年已曾获得诺贝尔化学奖。应该说明,桑格和吉尔伯特所提出的测序的原理是完全不一样的。桑格的测序方法与上一小节的 PCR 技术有相似之处,但在模板 DNA 链(即需要测序的 DNA 片段)扩增的反应器中另添加双脱氧三磷酸核苷酸,它与常规的三磷酸脱氧核苷酸结构相似,只是少一个氧原子。聚合酶有可能将它当作脱氧三磷酸核苷酸接到引物上与模板匹配,但一旦接上双脱氧三磷酸核苷酸后,引物的继续生长延伸就停止了,因此在反应器中将形成长短不等的复制片段。我们知道存在四种不同的核苷酸,桑格用了四个反应器,每个反应器中只添加一种双脱氧三磷酸核苷酸,因此在每个反应器中引物终止延长的位置是不同的。最后用电泳的方法测量复制片段的长度,链的终止端就是误接了的双脱氧核苷酸,从而实现了对模板 DNA 链的测序。吉尔伯特使用的是化学降解方法,使用化学试剂处理 DNA 链的段端,造成碱基的特异性切割,产生不同长度的链,然后也是用电泳法分离。20 世纪 80 年代初,DNA 链的测序是非常繁琐和费时的工作,80 年代中期出现了 DNA 自动测序仪。后来又用荧光代替同位素标志,集束化的毛细管电泳代替凝胶电泳,使用生物芯片等计算机技术,使得现代的 DNA 测序仪能高效和可靠地工作,DNA 链的测量长度也不断增加。

随着测序技术的不断完善,1990 年在美国科学家的倡导下,开始启动人类基因组国际合作计划(human genome project,简称 HGP)。其任务是通过对人类基因组约 30 亿个碱基对的测序,发现所有人类基因,并确定它们在染色体上的位置,从而破译蕴藏着生命秘密、决定人的生老病死的全部遗传信息,使人类第一次在分子水平上全面认识自我。我国科学家承担完成 1% 的人类基因测序。

9.2.4 古 DNA 分析中的防污染

古代生物样品中的 DNA 降解严重,其保存量是非常少的,容易受到各种污染,包括受到现代 DNA 的污染。以前有报道从恐龙化石和封闭在琥珀中的昆虫等古代生物残体中提取出古 DNA,并曾引起很大的轰动,但后来均因发现有污染或实验不能重复而被否定。因此对古 DNA 研究的每一步都要排除和防范污染,更重要的是,验证最终的分析结果的确是样品中残存的古 DNA 的。需要在专门设计的实验室中,使用经过检测的超纯试剂和专用的一次性实验器皿,操作的每一步都要防止样品受到空气等周围环境和操作者个人的 DNA 的污染。

古 DNA 分析一般都要安排多个阴性和阳性的平行对照实验。阴性对照实验,即空白实验,是将空白样品也经过同样的提取、纯化、扩增和测序等流程,用以检验试剂和操作过程中是否有外源 DNA 的污染。阳性对照实验,是将已知的同类样品通过整个流程,其目的是验证试剂、实验设计和操作是否正常,能否得到预期的结果。除对照实验外,非常重要的是,实验的结果应该能被重复。同一个古代生物个体样品,至少应该进行两次或两次以上独立的测量(不同的时间,采用不同的方法,两个操作者或在两个不同的实验室等)。可重复性对于检验古 DNA 分析的可信性是极为重要的,例如曾重复对距今约 5000 年的阿尔贝斯山雪人的 mtDNA 作分析,但得到了三个不同的序列,说明实验中有污染物混入(Lindahl,1997)。关于古 DNA 研究中污染的防止和识别可参阅杨东亚(2003)的专论。

9.3 分子生物学在考古研究中的应用实例

考古学很多课题的研究需借助于分子生物学的成果和技术,包括人类的起源、现代人各种族间和墓葬群墓主人间的亲缘关系、个体的性别鉴定以及农业和畜牧业的起源等。国际上在这方面已取得瞩目的成就。在我国,经考古学家和生物学家的合作,吉林大学边疆考古研究所已建立"考古 DNA 实验室",此外中科院遗传研究所和复旦大学生命科学学院也都从事古 DNA 的研究。

3.10.2 小节曾介绍 DNA 分析加剧了关于现代人起源场所的争论。凯恩等对 147 位现代人 mtDNA 的分析以及我国的宿兵和柯越海等对 12 127 名现代人的 Y 染色体 DNA 的分析后,他们都认为世界各地的现代人都是 10—20 万前非洲母亲的后裔,但 Zhao 等(2000)根据对现代人第 22 对染色体和 Yu 等(2001)对第 1 对染色体的分析,却认为全球各种族的分离至少发生在 100 万年以前。上述的工作都是分析现代人群的 DNA。选择单性遗传的 mtDNA 或核染色体上一定长度的特定片段,比较群体内各个体间该片段上有多少个核苷酸出现了变异。群体内发生变异的核苷酸的数目愈多,则表明该群体(例如非洲人群体)存在的历史愈久(假设 DNA 的突变率是一定的)。而群体之间出现不相同核苷酸的位点的数量,则反映群体间遗传距离的远近。目前 DNA 分析并没有解决关于现代人起源的争论,这是很自然的,因为分子生物学毕竟是新的学科,使用新的技术。关于 DNA 技术应用于现代人起源研究的详细情况和引起的争论,读者可参阅周慧等(2002)和吴新智(2005)的论述。

前面已说明,分析古代生物体中残存的古 DNA 比分析现代 DNA 有更高的技术要求。1984 年生物学家才首次成功地从古代生物残体(已灭绝百余年的斑驴干皮)中分离出 DNA。1985 年意大利的 S. Pääbo 从埃及木乃伊中提取和克隆了几十 bp 长度的人类 DNA 片段。1997 年慕尼黑大学的 Krings(1997)利用古 DNA 判断尼安德特人在人类进化树上的地位。他从 1856 年发现于德国杜塞尔多夫尼安德特河谷的尼人的肱骨中采样,成功地提取了 mtDNA 分子片段(mtDNA 控制区上 379 个核苷酸组成的序列),并作为模板进行扩增(PCR)。作为对比样的是 1600 个全球各种族现代人,分析对比结果表明:在各现代人各种族之间,379 个核甘酸中平均只有 8 个位置上有差别,而在尼人与现代人之间差别平均达 27 处,而且 4 万年前生活于欧洲的尼人与现代欧洲人之间的遗传距离并不显得比与非欧洲现代种族的人更接近。Krings 认为,该项研究排除了尼人是现代欧洲人直接祖先的可能,尼人是人类进化树上已绝灭了的旁支,从一个侧面支持"现代人非洲起源说"。后来美国宾州大学的斯通京重复测量了该尼人样品,使用了对现代人 mtDNA 不敏感,只能扩增尼人 DNA 片段的引物,得到了相同的核苷酸序列。此外对该肱骨化石样品的氨基酸外消旋测量表明,样品保存良好,降解不严重,因此其 mtDNA 是可能保存下来的。Krings 等的实验结果引起学术界高度重视,并被美国《科学》杂志评为 1997 年的十大考古发现之一。后来 Igor 等(2000)又测量了北高加索 Mezmaiskaya 洞穴遗址中一具尼人婴孩遗骨的由 345 个核苷酸组成的序列,观察到与德国的尼安德特河谷尼人十分相近,而与现代人有很大差别。

DNA 分析也应用于追溯现代民族的形成和他们的迁移历史。以现代日本民族为例,一般认为日本人是通过两次移民潮从亚洲大陆进入日本列岛的。第一次是绳文人,约于 12 000 年前从东南亚经冲绳岛,或者是 30 000 年前从东北亚进入日本的,伴随着狩猎和采集的生活方式。第二次移民潮发生在约 2300 年前,弥生人带着大米种植、冶金、纺织等文化因素从朝鲜半岛进入日本。弥生人首先进入朝鲜半岛对面的九州岛,然后向东、向北扩展到本州,到公元 300 年弥生人和弥生文化已遍及除北海道以外的全日本。

关于弥生人与绳文人的关系存在 3 种不同的假设:(1) 取代说:认为弥生人完全取代了

绳文人；(2) 杂交说：认为现代日本人是绳文人和弥生人的混杂；(3) 进化说：认为绳文人进化或演化成为现代的日本人，弥生时代的贡献主要是文化方面的而不是遗传方面的。Hammer(1995)等通过分析冲绳岛、本州的静冈和青森等地，以及其他亚洲居民 Y 染色体上YAP(DYS287)和 DYA55-Y2 两个基因，试图对上述 3 种假设进行检验。YAP 基因存在于现代日本人中，以冲绳居民中出现频率最高，但不见于现代中国人和朝鲜半岛的人。由此YAP 分析否定完全取代说而支持杂交说。冲绳是日本最南边的岛群，在一定程度上是孤立的，因此比日本其他地方更多地保存绳文人的基因。Hammer 等分析还显示，DYA55-Y2 基因在日本的分布以九州地区出现频率最高。在日本以外 DYA55-Y2 基因以朝鲜的频率最高，还见于我国北方居民和台湾的客家人。这支持弥生人从我国北方经朝鲜移民日本的假说。Y染色体上两个基因都支持现代日本人是绳文人和弥生人混杂的假说。

分子生物学也可用于古人遗骸的性别鉴定，而且在技术上相对简单。女性体细胞中含有两条形状和长短相同的 XX 染色体，而男性体细胞含有一对 XY 染色体，Y 染色体比 X 染色体为短。婴幼儿的骨骼形态因发育未全，难以显示性别的差异，但根据染色体的观察，例如能否找到 Y 染色体的 DNA 片段，较易区分男孩或女孩。以色列希伯来大学的法而曼(Faerman, 1998)对发现于以色列 Ashkelom 地区一古罗马澡堂的地沟中的一批新生婴儿遗骨的性别进行了鉴定。法尔曼等从约 100 件骨骼样品中挑出 43 根右股骨(只选右股骨可以避免对同一个个体重复取样，见第 7.2.1 小节)，从中提取 DNA，纯化，扩增，再鉴定等位基因是 X 或 Y 以判断其性别。43 个样品中只有 19 个取样成功，其中 14 个属男婴，5 个属女婴。男女婴儿数的比例严重偏离正常值。一般认为古罗马的澡堂实际上是妓院，这批新生儿遗骨应该是当时澡堂中的妓女生育和溺婴所遗留。主要溺杀男婴是因为女婴长大后可以培养为新的妓女。Faerman 等认为他们的研究结果提供了关于古罗马澡堂是妓院的新证据。

在我国，吉林大学考古 DNA 实验室对古代人骨 mtDNA 的提取和分析进行了较多的工作。崔银秋(2003)曾对新疆地区的种族人类学进行探索。他测量了新疆吐鲁番盆地(距今 3000—2000 年)和罗布泊地区(距今约 3800 年)共 31 位古代居民 mtDNA 上一段长 363 bp 的序列，空白对照实验和每个样品的两次重复测量证实了所提取的 DNA 的真实性。崔银秋将测得的数据与现代新疆维吾尔人，东亚的汉、蒙古和朝鲜人以及西方的巴斯克、萨丁尼亚和中东地区人的相应片段的序列作比较，分别计算了吐鲁番和罗布泊古居民与上述 7 组现代人的平均遗传距离(见表 9-1)。

表 9-1 根据 363 bp 长度 mtDNA 片段计算的吐鲁番和罗布泊古居民
与 7 组现代人的平均遗传距离

地区	样本容量	西方欧洲			新疆	东亚		
		巴斯克	萨丁尼亚	中东地区	维吾尔	汉	蒙古	朝鲜
		43	68	42	45	52	100	68
吐鲁番*	20	0.551 35	0.425 73	0.390 06	0.100 40	0.430 58	0.251 83	0.397 69
罗布泊	11	0.175 91	0.131 75	0.461 08	0.556 15	1.076 21	0.713 33	1.006 93

* 吐鲁番和罗布泊古居民之间的遗传距离为 0.213 64。

由遗传距离可见，3800年前的罗布泊古居民与现代欧洲群体最接近，而3000—2000年前的吐鲁番居民处于欧洲和东亚人群之间，与现代维吾尔人最为接近。

崔银秋也进行了个体的分析。吐鲁番三处古墓葬共采集了20个个体，成功提取19个mtDNA片段。经与现代新疆人、东亚人和欧洲人的mtDNA序列比较，他们也是与现代新疆人最相近，19个被分析的DNA序列中，8个分布在欧洲谱系中，11个分布在东亚谱系中。此外吐鲁番古mtDNA序列的多样性比欧洲人和东亚人都高。崔银秋的研究还显示，公元前一千纪时吐鲁番人群的欧洲因素可能比现代强。新疆地区历来是欧亚间经济、文化和人员交流的通道，也是人种混杂和融合的地方，这与对新疆古居民mtDNA研究的结论是一致的，也符合对这批人头骨材料的形态学研究的结论（韩康信，1993）。

应用mtDNA于古代人骨种族鉴定的工作还有：吉林大学判断北京老山汉墓女主人属亚洲谱系。国外杂志有论文认为山东临淄某些春秋墓的人骨属印欧谱系，我国学者则对此持有疑义。关于殷墟祭祀坑人骨的种族问题，在体质人类学家之间历来有争议（韩康信等，1985），据了解我国学者已采集殷墟人骨样品，准备进行DNA分析。

吉林大学考古DNA实验室（2001）曾试图通过人骨的mtDNA分析判断某些新石器时代遗址的社会性质，系属母系或父系社会。母系社会群体的mtDNA，在理论上是单一的；而父系社会群体的mtDNA应有较高的多样性。他们测量了河北阳原县姜家梁遗址（时代在仰韶时期之末）4座多人葬墓中的10个个体。图9-3是10条mtDNA序列的聚类图，10个个体聚类成4组。虽然同墓的诸个体聚为一组，但他们的之间mtDNA序列并不完全一致，仍有1～4核苷酸不同（所分析的DNA片段的长度约为二百多个bp）。因此研究者认为"该墓地的社会属性不应判定为母系氏族社会"。

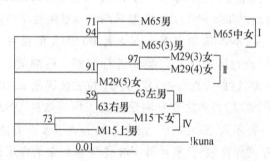

图9-3　阳原县姜家梁遗址从10件人体遗骸中提取的mtDNA序列的聚类图，图中Kuna为一非洲人样品，作为组外的参照序列

在我国目前尚未见到用分子生物学技术进行古代个体间亲缘关系研究的报道。

DNA技术也应用于研究家畜饲养的起源。例如考古学家一直认为，牛的饲养起源于9000年前的中东，然后作为家畜的牛传播到欧洲和非洲。最近都柏林三位一体学院的Bradley对欧洲和非洲家牛mtDNA的分析表明，它们与其祖型的分离时间分别为22 000和26 000年，远早于9000年，因此欧洲和非洲的家牛不太可能是中东家牛的后裔。这又涉及考古学中的老争论：家畜饲养的传播说，还是多中心起源说。

最近蔡大伟等（2007）对陶寺和二里头遗址出土的10头绵羊的mtDNA进行分析，认为它们均"属于亚洲谱系，与中国特有的地方品种如小尾寒羊、湖羊、蒙古羊等有共同的母系祖先"，为研究我国家绵羊的饲养起源提供线索。

在我国,马和马车在商代晚期的一些遗址中突然大量出现,例如安阳殷墟、西安老牛坡和山东滕州前掌大等遗址。而晚商之前有关马的考古材料非常少,骨骼很破碎,很难断定是家马还是野马。据报道,吉林大学拟通过 DNA 分析来研究马的饲养和驯化过程。

DNA 技术同样可用于研究农作物的起源和进化。例如在考古遗址中发现的小麦遗存往往都是已炭化的,在形态上难以区分是四倍体种还是六倍体种。过去一直认为六倍体小麦很晚才在中欧出现。Schlumbaum 等(1998)在瑞士苏黎世湖旁一个距今约 6000 年的新石器遗址中发现了大量基本已炭化的小麦的麦粒和麦穗轴遗存,从麦穗轴中成功地分离出 DNA 片段,并加以扩增。经比较与现代六倍体小麦 DNA 的相应片段相吻合,而这些小麦遗存根据宏观形态曾被鉴定为四倍体种。因此 Schlumbaum 等认为该遗址的小麦是四倍体和六倍体共存,这也是目前发现的最早的六倍体小麦。秦岭等(2006)总结了国内外应用 DNA 技术研究我国栽培稻起源的成果,认为野生稻就有粳籼的分化,而我国早期的稻作遗存(草鞋山、城头山和八十垱)均属粳稻。

参考文献

[1] 蔡大伟,韩潞,周慧,朱泓.陶寺和二里头遗址古绵羊的线粒体 DNA 序列多态性分析.科技考古(第二辑).北京:科学出版社,2007.

[2] 崔银秋.新疆古代居民线粒体 DNA 研究.吉林:吉林大学出版社,2003.

[3] 韩康信,潘其凤."安阳殷墟中小墓人骨的研究"和"殷墟祭祀坑人头骨的种系".安阳殷墟头骨研究.北京:文物出版社,1985.

[4] 韩康信.丝绸之路古代居民种族人类学研究.新疆:新疆人民出版社,1993.

[5] 吉林大学考古 DNA 实验室.河北阳原县姜家梁遗址新石器时代人骨 DNA 的研究.考古,2001,(7):74.

[6] 秦岭,傅稻镰.河姆渡遗址的生计模式——兼论稻作农业研究中的若干问题.东方考古(第三辑).北京:科学出版社,2006.

[7] 吴新智.与中国现代人起源问题有联系的分子生物学研究成果的讨论.人类学学报,2005,24(4):259.

[8] 扬东亚.古代 DNA 研究中污染的防止和识别.人类学学报,2003,22(2):163.

[9] 周慧,朱泓.现代人起源问题与 DNA—"线粒体夏娃理论"述评.考古,2002,(3):76.

[10] Faerman M *et al*. Determination of Sex of Infantcide Victims from the Late Roman Era through Ancient DNA Analysis. *Journal of Archaeological Science*,1998,25(9):861.

[11] Hammer MF, Horai S. Y-chromosomal DNA Variation and the Peopling of Japan. *American J. Human Genetics*,1995,56(4):951.

[12] Igor V, Ovchinnikov, Gotherstorms A, *et al*. Molecular Analysis of Neanderthal DNA from the Northern Caucasus. *Nature*,2000,(404):490.

[13] Jurmain R, Nelson H, Kilgore L. Essentials of Physical Anthropology, II edition, West Publishing Company,1992.

[14] Krings M, Stone A, Schmitz E W *et al*. Neanderthal DNA Sequences and the Origin of Modern Humans. *Cell*,1997,90(1):19.

[15] Lindahl T. Facts and Artifacts of Ancient DNA. *Cell*,1997,90(1):1.

[16] Schlumbaum A, Jacomet S, Neuhaus J M. Coexistence of Tetraploid and Hexaploid Naked Wheat in a Neolithic Lake Dwelling of Central Europe: Evidence from Morphology and Ancient DNA. *Journal of*

Archaeological Science, 1998, 25(11): 1111.

[17] Yu N, Zhao Z, Fu Y, et al. Global Pattern of Human DNA Sequence Variation in a 10-kb Region on Chromosome 1. *Molecular Biology and Evolution*, 2001, 18(2): 214.

[18] Zhao Z, Li J, Fu Y, et al. Worldwide DNA Sequence Variation in a 10-kb Noncoding Region on Human Chromosome 22. *Proc Natl Acad Sci*, 2000, (97): 11354.

思考题

1. 请回忆 DNA 分子的结构,怎样自我复制和控制蛋白质的合成。
2. 什么是 DNA 分子片段的扩增和测序?
3. 试述你对分子生物学技术应用于考古研究的成果和前景的看法。

第十章 有关的理化基础知识简介

10.1 原子光谱和原子结构

考古遗物的化学元素组成可以提供关于遗物的材料、工艺和产地等多方面的信息。因此，测量考古遗物的元素组成是科技考古学的重要内容。最常用的分析技术，有原子发射光谱（AES）、原子吸收光谱（AAS）和X荧光光谱（XRF）等。每一种元素的原子发射或吸收的电磁波，无论是在可见光波段还是在X射线波段，都有其特征的谱线，特征谱线是相应元素的标志，由原子中电子的能级所决定。本节将先后介绍关于电磁波、原子结构和原子光谱的基本知识。

10.1.1 电磁波的基础知识

可见光和X射线都是电磁波，只是它们的波长不同。电磁波按波长从长到短排列为：无线电波、微波、红外线、可见光、紫外线、X射线和γ射线。各种电磁波在真空中都是以光速$c = 299\,792\,458 \approx 3 \times 10^8$ m/s 传播。电磁波的波长λ与频率ν之间存在下式所示的关系：

$$\lambda = c/\nu \tag{10-1}$$

波长的测量单位是 m、nm（纳米）等，频率的测量单位是 s^{-1}，称为赫兹或赫。可见光的波长在 400~700 nm 之间，频率变化范围为 $(4.3\sim7.5)\times10^{14}$ 赫；而X射线的波长在 $10^{-9}\sim10^{-11}$ m 之间，频率为 $3\times10^{17}\sim5\times10^{19}$ 赫。电磁波除了用波长和频率描述外，还经常用波长的倒数 $\tilde{\nu} = 1/\lambda$ 来描述，称为波数，其测量单位是 m^{-1}，表示每米长度上振波的数目。为了表述的方便，波数是经常被应用的概念。

1900年德国物理学家普朗克在研究黑体的辐射时发现，黑体发射和吸收电磁波的能量不能是连续的，而只可能是 $h\nu$ 的整数倍。h 称为普朗克常数，其数值和测量单位为

$$h = 6.626 \times 10^{-34} \text{ J} \cdot \text{s} \tag{10-2}$$

式中的 J 是能量的基本单位——焦耳。1905年爱因斯坦在解释X射线的光电效应时，提出了光量子的概念，提出电磁波的行为在某些情况下好似一系列能量为 $h\nu$ 的光粒子，从而人们认识了电磁波具有波动和粒子的两重性，X射线和γ射线等频率高的电磁波更显示其粒子性。光量子或光子的能量 E 与其频率之间有以下关系：

$$E = h\nu \tag{10-3}$$

因为焦耳作为能量单位在微观世界中显得太大，使用不便，在微观物理中常使用另一个能量单位——电子伏特（eV），其度量是一个电子提高一个伏特的电位所需要的能量。电子伏特与焦耳间的转换关系是

$$1\,\text{eV} = 1.602\,192 \times 10^{-19}\,\text{J} \approx 1.602 \times 10^{-19}\,\text{J} \tag{10-4}$$

对于X射线和γ射线，除用波长、频率和波数描述外，也常用电子伏特来描述。X射线的能量范围在 1~200 keV 之间，而γ射线的能量一般在 200 keV 以上，可达几个 MeV 或更高。

这里的 keV 和 MeV 分别代表千电子伏特和兆电子伏特。例如铁元素的特征 X 射线——$K_{\alpha 1}$ 和 $K_{\alpha 2}$ 线的能量为 6.403 和 6.390 keV(顺便指出,根据公式(10-6d)计算的理论值为 6.325 keV,与实际测量值很接近)。

10.1.2 玻尔的氢原子结构理论与氢原子光谱

在介绍玻尔的原子结构理论前,需要提到几个重要的物理实验和经验规律。

1. 元素周期表

1871 年俄国的门捷列夫观察到当时所知道的 63 种化学元素的化学和物理性质随其原子序数(当时认为是随原子量)呈周期性的变化,提出了最早的较完整的元素周期表。第一周期为 2 种元素,第二、第三周期都是 8 种元素,而第四、第五周期为 18 种元素。人们当然会思考为什么元素的性质有周期性,为什么周期性表现为 8 种和 18 种元素。

2. 氢原子的光谱

观察到氢原子发射的光谱由若干组特定波长的谱线所组成。这些谱线的波数可以用下面的公式表示

$$\tilde{\nu} = 1/\lambda = R_H(1/n^2 - 1/m^2) \tag{10-5}$$

式中的 R_H 称为氢原子的里德伯常数,$R_H = 1.09677 \times 10^7$ m^{-1},n 和 m 是大于 0 的正整数,而且 $m > n$。氢原子的光谱可以分成若干个谱线系,表 10-1 列出前 4 个谱线系,每个谱线系有几条波数很相近的谱线。

表 10-1 氢原子光谱的谱线系

谱线系的命名	n	m	波段
莱曼系	1	2,3,4	紫外
巴耳末系	2	3,4,5	可见光
帕邢系	3	4,5,6	红外
布喇开系	4	5,6,7	远红外

3. 元素特征 X 射线的莫塞莱定律

1913 年英国物理学家莫塞莱观察到每种元素的 X 射线都可分为 K 系、L 系、M 系等,而每种元素相应谱系 X 射线的波数与原子序数的平方近似成正比。例如对于原子序数为 Z 的元素,其 K_α、K_β 和 $L_{\beta 1}$ 诸特征 X 射线的波数为:

$$K_\alpha: \tilde{\nu} \approx R(Z-1)^2(1/1^2 - 1/2^2) \tag{10-6a}$$

$$K_\beta: \tilde{\nu} \approx R(Z-1)^2(1/1^2 - 1/3^2) \tag{10-6b}$$

$$L_{\beta 1}: \tilde{\nu} \approx R(Z-7.4)^2(1/2^2 - 1/3^2) \tag{10-6c}$$

它们称为莫塞莱公式,式中的 R 是相应元素的里德伯常数,它们的数值与氢原子的里德伯常数 R_H 非常接近,对所有元素都可近似地使用统一的 R 值。括号中的"1"和"7.4"是屏蔽因子。公式(10-6a)等也可以用特征 X 射线的能量来表示,相应的公式是

$$K_\alpha: E = h\nu \approx 13.5(Z-1)^2(1/1^2 - 1/2^2) \text{ eV} \tag{10-6d}$$

根据元素特征 X 射线的波数或能量,利用公式(10-6)就可以计算得到该元素的原子序数

Z，即可以推断各特征 X 射线是什么元素发射的。莫塞莱本人还通过测量得到的特征 X 射线的波数，对当时根据原子量排列的元素周期表中 Co-Ni，Ar-K 和 Te-I 等相邻元素的排列次序作出调换。后来，莫塞莱公式还曾被用来证明某些超铀元素的人为生产成功。

公式(10-6)是经验公式。里德伯常数的物理意义是什么，为什么元素 K 组特征 X 射线的波数正比于 Z 的平方，为什么同一元素各谱线之间的波数和能量反映为 $(1/n^2-1/m^2)$ 的关系，这些问题，还有氢原子光谱的实验规律都需要得到解释。

4. 中心核模型

1911 年卢瑟福通过放射性射线 α 粒子的散射实验，提出了原子结构的中心核模型。该模型认为：每个原子序数为 Z 的原子，中心有一个半径为 10^{-15} m 量级的核，核带有等于 Ze 的正电荷，并集中了绝大部分的原子质量，e 为电子的电荷量，$e \approx 1.602 \times 10^{-19}$ C(库仑)。核外有 Z 个电子，它们被核的库仑力所束缚并作绕核运动，好似行星与太阳的关系。原子的半径为 10^{-10} m 量级，比原子核的半径长约万倍。

为了解释氢原子光谱等实验数据，也为了完善中心核模型，1913 年丹麦的物理学家 N·玻尔提出了关于氢原子结构的理论。玻尔提出了 3 条假设：(1) 电子作绕核的圆周运动，但不辐射能量。(2) 电子绕核运动的轨道不能是任意的，其轨道角动量必须满足下列条件：

$$m_e v r = n \cdot h/2\pi \quad (n=1,2,3,\cdots) \tag{10-7}$$

式中左面 3 个量分别是电子质量、电子运动的线速度和电子运动轨道的半径，而右面的 h 是普朗克常数，n 称为主量子数。公式(10-7)就是氢原子的电子运动的量子化条件。(3) 电子在一定的轨道上运动时，系统就有一定的能量 E。当电子从能量为 E_i 的轨道跃迁到能量为 E_t 的轨道时，原子辐射或吸收的能量为：

$$|E_i - E_t| = h\nu \tag{10-8}$$

在上面 3 个假设前提下，玻尔使用经典力学计算了氢原子中电子在各轨道上的能量和电子跃迁时辐射和吸收的电磁波的波数 $\tilde{\nu}$ 为公式(10-9)所示：

$$\tilde{\nu} = \frac{2\pi^2 m_e e^4}{(4\pi\varepsilon_0)^2 h^3 c}\left(\frac{1}{n^2} - \frac{1}{m^2}\right) \tag{10-9}$$

式中的 m_e 和 e 分别为电子的质量和电荷量，ε_0 为真空的电介系数，m_e、e 和 ε_0 都是基本物理常数。对比公式(10-9)和氢原子光谱的经验公式(10-5)可见，公式(10-9)中的系数 $\frac{2\pi^2 m_e e^4}{(4\pi\varepsilon_0)^2 h^3 c}$ 应该就是氢原子的里德伯常数。玻尔利用当时已知的 m_e、e、h、c 和 ε_0 的数值进行了计算，得到里德伯常数的理论值为 1.09×10^7 m^{-1}，与当时的经验值 $R_H = 1.09675 \times 10^7$ m^{-1} 十分接近。需要指出，1913 年当玻尔提出氢原子结构理论时，当时仅观察到氢原子光谱的巴耳末系和帕邢系，玻尔理论预言的 $n=1$ 紫外区的莱曼光谱系和 $n=4$ 远红外区的布喇开系都是后来才观察到的。这说明了玻尔氢原子结构理论的成功。

10.1.3 改进的玻尔原子结构理论与化学元素周期表

玻尔的原子结构理论也为理解化学元素周期表提供了理论基础。玻尔理论引入了主量子数 $n=1,2,3,4,\cdots$，分别代表 K，L，M，N…电子轨道(电子壳层)和周期表的周期，$n=1$ 的 K 层电子是最靠近核的内层电子，能量最低，$n=2$ 的 L 层次之，依次外推。随后发展的原子理论还

引入了轨道角动量量子数$|l|=0,1,2,3,\cdots,(n-1)$分别对应于s,p,d,f,…电子亚层。这样对于主量子数为n的电子壳层存在n个亚层,其中以$l=0$的s亚层的能量最低。考虑到如下因素:(1)轨道角动量被允许的不同空间定向;(2)电子好似陀螺有自旋角动量$=1/2$;(3)泡利不相容原理(泡利不相容原理认为:对于自旋为$1/2$的粒子体系中,不能有两个或两个以上的粒子同时处于完全相同的粒子态),这样轨道角动量为l的亚层最多只能容纳$2(2l+1)$个电子。对于$n=1$的K层只能有两个处于1s态的电子,周期表的第一周期只有氢与氦2种元素。第二周期,即L层最多可以有8种电子,即2个$l=0$的2s电子和6个$|l|=1$的2p电子,第二周期包括从锂Li到氖Ne共8种元素。氖原子的L层电子全部填满,因此其化学性质最不活泼,属于第Ⅷ族的惰性气体。第三周期原则上可以有2个3s电子,6个3p电子和10个3d电子,共18种元素,但实际上第三周期只有从Na到Ar共8种元素,这是因为对于$Z=19$的元素K,其4s电子的能量比3d电子更低,因此排在第四周期的第Ⅰ族,其最外层电子是4s,而化学性质也属于碱金属,紧随K的碱土金属Ca排在第四周期的第Ⅱ族,其最外层是两个4s电子。再往后从$Z=21$的钪Sc到$Z=30$的Zn共10个元素的外层电子逐步填充3d层,它们是第四周期的过渡元素,分别属于ⅠB副族到ⅦB副族和第Ⅷ副族(第Ⅷ副族中有铁、钴和镍等3种元素)。从$Z=31$的镓Ga到$Z=36$的氪Kr的最外层电子依次填充4p层。因此第四周期是18种元素。$Z=37$的铷Rb开始了第五周期,属第Ⅰ族的碱金属,因为其最外层电子并非是4d或4f电子,而是5s电子。第五周期以$Z=54$的惰性气体Xe结束,也是共18种元素。$Z=55$的铯Cs开始了第六周期,开始填充6s亚层。但是从$Z=57$的镧La到$Z=71$的镥Lu共15种镧系元素(从$Z=58$的铈Ce到镥Lu也称为稀土元素)都安排在周期表的一个单元格(ⅢB副族)中,它们的最后一个电子均填入4f层,它们的外壳层电子的排布是相同的,因此它们具有相互类似的化学性质。类似的情况也发生在$Z=87$的钫Fr以后,包括铀、钍和后来人工产生的超铀元素,它们称为锕系元素。

10.1.4 玻尔的原子结构理论与X特征射线谱

我们注意到,描述元素特征X射线波数或能量的公式(10-6)与玻尔推导得到的氢原子发射光谱的公式(10-9)也相似,只是公式(10-6)多出一个$(Z-1)^2$或$(Z-7.4)^2$的因子。当年莫塞莱在得知玻尔的研究成果后,就对自己归纳得出的经验公式(10-6)作出了解释,并用玻尔的理论计算了各种元素特征X射线的波数或能量,与实际测量值相近。如果因某种原因K层缺失了一个电子,L层或M层的电子将向K层跃迁填充就伴随着发射K_α或K_β特征X射线。对于原子序数为Z的元素,它们的能量分别近似为

$$K_\alpha: E = h\nu \approx 13.5 \times (Z-1)^2 \ (1/1^2 - 1/2^2) \text{eV} \tag{10-6d}$$

和

$$K_\beta: E = h\nu \approx 13.5 \times (Z-1)^2 \ (1/1^2 - 1/3^2) \text{eV} \tag{10-6e}$$

如果发生M电子向L壳层的跃迁,则辐射L_β特征线,其能量近似为

$$L_\beta: E = h\nu \approx 13.5 \times (Z-7.4)^2 \ (1/2^2 - 1/3^2) \text{eV} \tag{10-6f}$$

虽然这些公式是近似的,但公式中各物理量的意义是明确的,公式也便于记忆。应该指出电子在壳层间的跃迁是受到一些法则的限制的,此外这些特征线本身还有更精细的结构,例如K_α线是由两条能量十分相近的线组成的,这是因为量子数n与l虽相同,但角动量空间定向

不同的电子态具有稍有差异的能量。不仅对于特征 X 射线,可见光波段的原子光谱同样有精细结构或超精细结构。但是一般实验室拥有的、用于测量物质的元素组成的光谱仪和 X 荧光光谱仪是不能分辨,也不需要分辨谱线的精细结构的。

10.1.5 玻尔原子结构理论的意义及局限性

玻尔的原子结构理论打破了经典物理学的束缚,第一次提出了量子化、分立的能级和电子在能级之间跃迁等概念。它成功地解释了氢原子光谱,近似地解释了表征元素特征 X 射线能量的莫塞莱定律和元素周期表。玻尔获 1922 年诺贝尔物理奖。但是它依然是用经典物理来计算氢原子的电子轨道和能级,它的应用局限于最简单的氢原子而不能解释其他复杂原子的光谱。而且它不能计算电子跃迁的概率,因而无法预测谱线的强度。玻尔的原子结构理论在逻辑上也存在内在的矛盾,它舍弃了经典物理的某些基本原则,但同时又使用经典物理的理论计算电子轨道和能级。

1924 年法国物理学家德布罗意提出,不仅电磁波具有波动和粒子的两重性,而且电子这样的具有动量和能量的客体也同样具有波动和粒子的两重性。后来汤姆逊等通过电子衍射实验证明的电子的波动性,被命名为德布罗意波。在这个基础上在 20 世纪 20 年代的后半段,主要由德国物理学家海森堡和薛定谔等建立了量子力学。量子力学已发展成为物理学研究原子等微观世界的基本理论。

尽管玻尔的理论已被量子力学所取代,但它的简洁性和直观性能帮助其他学科的人员"避开"令人费解的量子力学,直观地理解原子光谱和原子 X 特征射线的机理,何况它还能近似地计算原子光谱和特征 X 射线谱的波长和能量。我们费了一些篇幅介绍玻尔理论,是为了帮助考古学家理解,为什么使用原子发射光谱、原子吸收光谱以及 X 荧光光谱等技术能测量考古遗物的化学元素组成和怎样正确地理解有关测量数据。

10.2 分子光谱简介

考古研究不仅希望了解考古遗物的化学元素组成,还要求知道遗物的化合物组成,这就需要测量分析分子的发射光谱、吸收光谱或散射光谱。科技考古中常用的技术是红外吸收光谱和拉曼散射光谱。绝大多数分子由两个或两个以上的原子组成,因此分子光谱比原子光谱更为复杂。根据发光机制的不同,分子光谱可以分为 3 类。

(1) 由电子跃迁引起能量的发射和吸收。这类光谱的能量和波长范围与原子光谱相近,大致在 10 eV 上下,波长也在可见光区域及其附近。但是原子光谱是一些波长和频率涨落很小的谱线,而分子光谱却是一些谱带,其波长和频率有一定范围的涨落。这是因为分子的电子态变化往往伴随着分子的振动态和转动态的变化所致。此外在有机物质的分子中往往存在某些原子团(例如 C═C,C—C,C═O,COOH,H—O…),它们对可见光和紫外光有特征吸收,这些原子团称为色基。通过对光谱的分析可以检测被分析样品中存在哪些色基和它们的含量。

(2) 由分子中原子间的振动所导致能量的发射和吸收。因为原子的质量比电子重很多,其运动速度低,分子振动态的能量仅是电子态能量的 1/50~1/100。分子振动态变化的能量小于 1 eV,其辐射(或吸收)波的波长在 1~100 μm 之间,属红外光谱。不同的分子具有不同的特征的振动频率,反映分子的成分和结构,因此红外吸收光谱被广泛地用来分析物质的分子组成。分子振动的频率还往往是分子内部的小原子团的振动频率,这些频率是相应原子团的特征,而与分子的其余成分关系不大。这类似于前述的可见光区域中色基的吸收光谱。这个现象也被用于分子结构的研究,进行定性和定量分析。

除使用红外吸收光谱仪外,分子的振动愈益普遍地通过拉曼散射中的频率漂移现象来研究(见 5.5.3 小节)。

(3) 分子作为一个整体可以环绕分子的一些轴线转动,转动能级之间的跃迁产生分子的转动光谱。分子转动态的能量更低,在远红外和微波波段。固体和液体物质的纯转动光谱是很难观测的,对分析物质的结构也没有太大作用,但分子的转动可以使得分子振动光谱的谱线展宽。

10.3 原子核的组成和同位素

前面介绍了原子结构和原子光谱的知识,本节将讨论处于原子中心的原子核的组成、性质和与原子核组成有关的同位素知识。

10.3.1 原子核的组成和同位素

10.1 节提到,1911 年卢瑟福通过放射性射线 α 粒子的散射实验证明了原子结构的有核模型。每个原子序数为 Z 的原子,中央有一个很小的原子核,它带有等于 Ze 的正电荷,并几乎集中了全部的原子质量。1932 年,恰特维克在用 α 粒子轰击铍原子核的实验中发现了中子的存在。中子不带电荷,其质量比质子稍重,质子和中子统称为核子。原子核是由质子和中子组成,它们依赖于短程作用的核力聚合成原子核,组成相对稳定的体系。原子核中的质子数用 Z 表示,中子数为 N,而总核子数为 $A=Z+N$,A 又称为原子核的质量数。Z、N 和 A 都是正整数。例如 ^{14}C 原子的核由 6 个质子和 8 个中子组成,因此它的 $Z=6$、$N=8$、$A=14$。

原子核的质子数决定了该原子核属什么元素,因此同一元素的原子核有相同的质子数。但同一元素的原子核可以有不同的中子数,质子数相同而中子数不同的核相互间称为同位素。例如自然界的碳元素有三种不同的原子核,它们都含有 6 个质子,但分别有 6 个、7 个和 8 个中子。因此碳元素有三种同位素($^{12}_{6}C_6$,$^{13}_{6}C_7$,$^{14}_{6}C_8$),也称有三种不同的核素。"核素"是本书中常用的一个术语。每种核素用下面的符号表示:

$$^{质量数}_{原子序数}元素符号_{中子数} \quad 或 \quad ^{A}_{Z}X_N$$

例如 $^{12}_{6}C_6$,$^{40}_{19}K_{21}$,$^{238}_{92}U_{146}$ 等。因为原子序数决定了元素的化学符号,而 $N=A-Z$,核素的符号也可以简写为

$$^{质量数}元素符号 \quad 或 \quad ^{A}X$$

相应地上面的诸核素简写为 ^{12}C,^{40}K,^{238}U。同一元素的诸同位素有基本相同的化学性质,因为它们的核外电子数和电子层结构是相同的,但是它们的物理性质却可能有非常大的差别。例如自然存在的化学元素钾有两种同位素组成:由 19 个质子和 20 个中子组成的 ^{39}K 是稳定

的同位素,而由 19 个质子和 21 个中子组成的 ^{40}K 却是放射性同位素。

10.3.2 原子的质量和元素的原子量,原子核的结合能

度量原子质量的单位称为"原子质量单位",用"u"表示(以前用 a.m.u 表示)。原子质量单位 u 是用 ^{12}C 原子的质量的 1/12 为度量,而 ^{12}C 原子的质量定义为 12.000 000 u。u 与常用的质量单位"千克"之间的关系是:

$$1\,u = 1.660\,565\,5 \times 10^{-27}\,\text{kg} \tag{10-10}$$

用原子质量单位来表示,氢原子的质量 M_H=1.007 825 u,质子的质量 M_p=1.007 143 u,中子的质量为 M_n=1.008 665 u,而电子的质量 m_e=0.000 548 55 u。

每种核素的原子都有一定的质量 M,但是它并不等于组成该原子的全部质子、中子和电子质量的总和,而是存在质量亏损 ΔM。某种核素 $^A_Z X_N$ 的原子的质量亏损是:

$$\Delta M = Z M_H + (A - Z) M_n - M \tag{10-11}$$

所以产生质量亏损是因为当质子与中子"聚合"成原子核时会释放出巨大的能量。同样如果设想将一个原子"打碎"成为 Z 个氢原子和 N 个独立的中子,需要付出同样巨大的能量,这部分能量称为原子核的结合能 Q。

根据爱因斯坦提出的联系质量与能量的公式 $E=Mc^2$,还考虑电子伏特 eV 与焦耳 J 之间的换算公式(10-4),可以得到原子质量单位 u 与 eV 之间的换算公式为

$$1\,u \approx 931.50\,\text{MeV} \tag{10-12}$$

原子的质量可以通过高精确度的专用质谱仪测量,也可以通过放射性衰变来测量衰变过程中母核与子核之间的质量差。

需要指出,原子的质量与元素的化学原子量是两个不同的概念。因为多数元素有若干种稳定的天然同位素,因此后者是每种元素各天然同位素的原子质量的计权平均值,并以同位素的丰度作为权。关于同位素丰度将在后面 10.3.3 小节中介绍。有的元素只有一种稳定的核素组成,例如 Na、Al 等元素,这类元素的原子质量在数值上与其原子量相等。

原子核的性质除电荷量 Z、质量 M、半径 $\approx 1.2 A^{1/3} \times 10^{-15}$ m 和结合能 Q 外,原子核还有自旋、电四极矩、磁矩和宇称等特征参数。

10.3.3 元素的同位素组成和同位素分馏

元素的同位素组成是指其稳定同位素和长寿命同位素的丰度组成。除少数元素,例如钠 Na、铝 Al、钴 Co、金 Au 等仅有一种稳定的同位素外,多数元素有若干种稳定同位素或长寿命的放射性同位素,例如元素铜有两种稳定的同位素,分别为 ^{63}Cu(69.2%)和 ^{65}Cu(30.8%),括号中的数字称为相应同位素的丰度,即原子百分数。地球上不同地点、不同来源的铜的同位素丰度组成都是非常接近的(随着质谱测量分辨率的不断提高,可观察到不同热力条件下成矿的铜同位素丰度有极微小的差异)。根据目前的资料,铜元素的同位素组成与产源基本无关的性质可以推广到太阳系的物质,即太阳系物质与地球物质具有相同的铜同位素组成,这说明整个太阳系物质的元素合成是统一、同时的。因为 ^{63}Cu 与 ^{65}Cu 不是放射性同位素,也不是任何天然放射性核素的子体,因此自太阳系的元素合成以来铜元素的同位素组成一直没有发生变

化。元素铷 Rb 也有两种天然的同位素 ^{87}Rb(27.8346%)与 ^{85}Rb(72.1654%),不同来源的铷的同位素组成也是基本一致的。但与铜的情况有所不同,^{87}Rb 是一种长寿命的放射性核素,因此铷的同位素组成是随地质历史而变化的,^{87}Rb 的丰度不断变低。钾和铀的情况与铷相似,也有天然的长寿命的放射性同位素,因此它们的同位素组成也只具有空间的一致性,但随时间是变化的。

大多数元素的同位素组成,例如上述的 Cu、Rb、U 等,都具有空间的一致性,但是有两类元素的同位素组成是随地点和随样品而异的。

第一类元素是原子序数低的元素,这些元素的原子质量也低,因此这些元素的同位素之间的相对质量差别大。在气体扩散、液体蒸发等物理过程,以及在一些化学反应和生化过程中,同一元素的不同同位素之间因为质量的差异,它们的活性也有差异,产生所谓的同位素分馏,即系统的不同相之间具有略为不同的同位素组成。愈是轻的元素,其同位素之间的分馏的程度愈显著,而对于位列周期表后面的重元素,同位素分馏是非常小的,一般情况下是不易检测的。可以用两个实例来显示轻和重同位素分馏行为的显著差异。二次世界大战末期美国为生产三个原子弹而浓集铀中的 ^{235}U(实际上只有一个原子弹使用了 ^{235}U,其他两个使用的是 ^{239}Pu),为此占用了当时全国十分之一的发电能力。目前伊朗的原子能工业为了浓集 ^{235}U 拟建造 5000 台离心机。另一方面,轻元素氢有 ^{1}H 和 ^{2}D(氘)两种稳定同位素,包子铺的蒸锅因水蒸发而不断加水,若干天后,锅中剩水的重氢水(氘水)将一定程度富集而不宜饮用,俗称"百滚水"。

植物光合作用过程中,属于轻元素的碳同位素会产生显著的分馏,导致不同植物中碳同位素丰度的差别可达 1‰ 以上。不同饮食结构的动物和人的骨骼中的碳、氮同位素组成、冰期或间冰期的海洋生物、深海沉积物和洞穴碳酸盐中的氧同位素组成,都呈现有明显的涨落。因此对考古遗物中碳、氢、氧、氮和硫等轻元素同位素分馏的研究能提供关于古代植被、生态、气温、生物的食物结构等多方面的信息。此外高准确度的 ^{14}C 测年也需要作同位素分馏校正。

第二类是其同位素组成因物质来源不同而呈现显著差异的元素,如锶 Sr、铅 Pb、氩 Ar 和钕 Nd 等,因为这类元素的某些稳定同位素是其他天然的放射性同位素衰变的子体。例如铅有 4 种稳定的同位素,除 ^{204}Pb 外,^{206}Pb 和 ^{207}Pb 分别是 ^{238}U 和 ^{235}U 的衰变子体,而 ^{232}Th 衰变生成 ^{208}Pb。因此铅的同位素组成因含铅矿物的成矿年代和含铅矿物的母岩中铀、钍相对于铅的含量比不同而变化。实际观察到不同来源的铅的同位素组成有显著的差别,^{206}Pb/^{204}Pb 比值在 19~25 间,^{208}Pb/^{204}Pb 比值在 39~45 间,^{207}Pb/^{206}Pb 比值在 0.7~1.0 之间变动。不同矿源铅同位素比值的显著差别,而冶炼过程中铅同位素因质量凝重,其分馏是非常小的,因此青铜制品的铅同位素组成有可能反映其铜、铅原料的矿源信息。稳定的 ^{87}Sr 同位素是天然的长寿命放射性同位素 ^{87}Rb 的衰变产物,全球不同地区含锶矿物的 ^{87}Sr/^{85}Sr 比值是不同的,依赖于含锶矿物与母岩分离的年代和母岩的铷锶比值。因此锶同位素比值也被用作考古遗物的产地和古人居住地迁移的指示剂。

总之,稳定同位素组成的分析能提供关于考古遗物的产地、古代人群的活动范围、区域性的植被变化、古人的食谱以及全球性的气温变化等多方面的信息。

10.4 原子核的放射性衰变及放射性衰变的类型

放射性现象是 1896 年贝克勒尔发现的。考古测年的多种方法是基于放射性同位素的衰变及其子体的增长,而释光和电子自旋共振测年则涉及放射性射线对被测样品的辐照效应。研究表明,放射性衰变是与外界无关的原子核内部的过程,放射性核素自发地释放出一个 α 粒子(氦 He 元素的原子核)或 β 粒子(电子)而转变为另一种核素。衰变过程必须要遵守电荷守恒、质量数(核子数)守恒、能量和动量守恒等一系列守恒定律。放射性衰变有以下几种类型。

10.4.1 α 衰变

α 粒子是核素氦($_2^4$He)的原子核。α 衰变是一种放射性核素的原子核释放出一个 α 粒子而衰变为一种新核素,母核 X 与子核 Y 的质量数 A 和原子序数 Z 之间有下面的关系:

$$_Z^A X \longrightarrow _{Z-2}^{A-4} Y + _2^4 He \tag{10-13}$$

例如:
$$_{92}^{234} U \longrightarrow _{90}^{230} Th + _2^4 He$$

因为需要满足电荷守恒和质量数守恒,α 衰变中子核的原子序数相对于母核降低 2,而质量数降低 4。当然不是所有的核素都会发生 α 衰变,只有当母核的质量大于子核和 α 粒子的质量之和时,即当衰变能 $Q>0$ 时,才有可能进行 α 衰变。

$$Q = 931 \times (M_X - M_Y - M_{He}) \text{MeV} \tag{10-14}$$

式中 M_X,M_Y 和 M_{He} 分别是母核、子核和氦的原子质量。

自然界除个别稀土元素具有 α 放射性外,天然的 α 衰变核素都是锕系的重元素,它们的衰变能 Q 均在 4~8 MeV 间。释放的衰变能转化为子核和 α 粒子的动能,因为同时要满足能量和动量守恒条件,衰变能的分配与子核和 α 粒子的质量正反比,因此衰变能的主要部分转化为 α 粒子的动能。这样,每种 α 放射性核素衰变时释放出的 α 粒子具有固定的特征能量值,例如 $_{92}^{234}$U 衰变为 $_{90}^{230}$Th 过程中释放的 α 粒子的能量为 4.77 MeV。但是 $_{92}^{234}$U 也可能衰变到 $_{90}^{230}$Th 的激发态,这种情况下衰变能也相应减少,释放的 α 粒子的能量为 4.72 MeV。$_{92}^{234}$U 衰变为 $_{90}^{230}$Th 的基态或激发态的概率是一定的,前者为 72%,而后者为 28%。因此 $_{92}^{234}$U 的 α 衰变释放出两种 α 粒子,它们的能量和相对强度都是确定的,组成 $_{92}^{234}$U 衰变的特征 α 谱线。反过来,通过测量样品释放的 α 粒子的能量和相对强度,可以得知所测 α 粒子是由什么核素发射的,并计算样品中该核素的原子数目。这就是不平衡铀系测年方法中的 α 能谱测量技术的物理基础。

10.4.2 β 衰变

核素的放射性 β 衰变实际上包括 3 种过程:β^- 衰变,β^+ 衰变和轨道电子俘获过程。

(1) β^- 衰变过程是母核 X 释放出一个 β 粒子,即负电子,和一个反中微子并生成子核 Y,因为 β 衰变过程中电荷和质量数也是守恒的,子核与母核的质量数相同而原子序数后移一位,为下式所示:

$$_Z^A X \longrightarrow _{Z+1}^A Y + _{-1}^0 e + _0^0 \bar{\nu} \tag{10-15}$$

例如 ^{14}C 核素的 β 衰变为:
$$_6^{14} C \longrightarrow _7^{14} N + _{-1}^0 e + _0^0 \bar{\nu}$$

$\bar{\nu}$ 是反中微子,是一种基本粒子。它的电荷量为零,静止质量极小。由式(10-15)可见,β 衰变的衰变能 $Q = 931 \times (M_X - M_Y)$ MeV,只有当 $Q>0$ 时 β 衰变才可能进行。释放的衰变能在子核、电子和反中微子三者间分配。因此,与 α 衰变中 α 粒子有确定的特征能量值不同,β 粒子的能量 E_β 可以在 0~Q 的能量范围中取任意值。即 β 粒子的能谱是一个连续谱,其最大

的能量值 $E_{\beta max} = Q$，似图 10-1 所示。$E_{\beta max}$ 在几十 keV 至 2 MeV 间变化。β^- 衰变过程中生成的子核也可以处于激发态，这种情况下衰变能也相应减少。

(2) β^+ 衰变过程是母核释放出一个带正电的电子（称为正电子，正电子是电子的反粒子，它与电子的质量和电荷量的数值是相等的）和一个中微子而生成一个新核。

(3) 轨道电子俘获是母核俘获一个轨道电子，通常是离核最近的 K 层电子而生成一个新核。

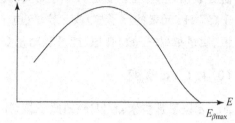

图 10-1 β 衰变释放的 β 粒子按能量的分布图

上面两个过程可分别表示如下：

β 正衰变 $\qquad {}_{Z}^{A}X \longrightarrow {}_{Z-1}^{A}Y + {}_{+1}^{0}e + \nu$ (10-16a)

和电子俘获 $\qquad {}_{Z}^{A}X + {}_{-1}^{0}e \longrightarrow {}_{Z-1}^{A}Y + \nu$ (10-16b)

式中的中微子 ν 与 β^- 衰变过程中释放的反中微子 $\bar\nu$ 是互为反粒子。同一核素的 β^+ 衰变和轨道电子俘获的生成物是同一个子核，这两种衰变是相互竞争的过程，一般情况下电子俘获比 β^+ 衰变的概率更大。

少数的核素既可以进行 β^- 衰变，也可以进行 β^+ 衰变（或电子俘获）。例如 ${}_{19}^{40}K$ 既可以通过 β^- 衰变生成 ${}_{20}^{40}Ca$，也可以通过电子俘获和 β^+ 衰变生成 ${}_{18}^{40}Ar$。它们之间也是竞争过程，各自有确定的概率，分别为 89% 和 11%。

10.4.3 γ 衰变

10.1 节介绍了原子的基态和激发态，激发态原子的退激释放出可见光和 X 射线。原子核同样可以处于激发态，α 衰变和 β 衰变中生成的子核都可能处于激发态，原子核的激发态同样是不稳定的，它通过释放高能量的 γ 射线回到基态。因此 γ 衰变通常是伴随着 α 衰变和 β 衰变发生的，是它们的后继过程。此外原子核反应过程中的生成核也往往处于激发态，通过 γ 衰变回到基态。原子核激发态的寿命一般非常短，为 $10^{-11} \sim 10^{-13}$ s 量级。

退激过程是在同一个原子核内部进行的，因此在 γ 衰变过程中原子核的电荷数和质量数均不发生变化，因此 γ 衰变不形成新的核素。与原子光谱和特征 X 射线相似，每种原子核也有其特征的、与其他原子核不同的 γ 射线能谱。

中子活化分析是测量物质的元素组成的常用技术，它是与测量特征 γ 射线相联系的。被测样品中的某些元素的某些同位素吸收核反应堆中的中子并生成新的带有放射性的核素。新生成核素的衰变伴随着特征 γ 射线的释放，通过测量特征 γ 射线的能量和强度，可以测量样品中一系列元素的含量。

原子核的激发态除通过发射 γ 射线退激，也可以将自己的激发能转移给核外的轨道电子（一般是 K 层电子）而退激，这个过程称为内转换过程。轨道电子获得能量后离开原子，称为内转换电子。内转换电子是一些单能的电子，每个核素的内转换电子有其特征能量，因此，内转换电子与特征 γ 射线一样，可以作为识别样品中的核素及其含量的标志。内转换过程与 γ 射线发射属竞争过程，一般母核的 Z 愈高和衰变能愈小，内转换过程的概率愈大。

10.4.4 重原子核的自发裂变

个别的重原子核,例如 ^{238}U 能发生自发裂变,即母核自发地分裂成两个中等重量的子核,并释放能量。每次自发裂变过程必然同时伴随释放出 2～3 个中子。^{238}U 的自发裂变与其 α 衰变是竞争过程,以 α 衰变为主。^{238}U 的自发裂变现象是裂变径迹法测量含铀矿物年龄的物理基础(详见3.3节)。

10.5 放射性衰变的基本规律

10.5.1 基本规律和放射性同位素测年的基本公式

原子核的放射性衰变是一个随机过程,每个原子核在某小段 dt 时间内是否发生衰变是与其他核的存在无关的独立过程。设想一个放射源,含有 N 个某种放射性核素的原子核,那么在 dt 时间内发生衰变的原子核数目 dN 是与 dt 时间的长短,与该放射源中放射性原子核的数目 N 是成正比的。可以写成

$$dN = -\lambda N dt \tag{10-17}$$

式中的比例常数 λ,称为衰变常数,其测量单位是[时间]$^{-1}$。每种放射性核素有其特定的衰变常数。等式右边的负号表示源中放射性原子核的数目随时间是不断减少的。公式(10-17)是放射性衰变基本公式的微分表述,它是一个最简单的微分方程。λN 在数值上等于单位时间内由 N 个原子组成的放射源平均有多少个原子发生衰变,代表该放射源的放射性活度。

假设在时间 $t=0$ 时,放射源中的原子数 $N=N_0$,那么微分方程(10-17)的解是

$$N(t) = N_0 e^{-\lambda t} \tag{10-18a}$$

公式(10-18a)是放射性衰变的基本公式,它反映放射源中的放射性原子核的数目 $N(t)$ 随时间 t 按指数规律递减,如图 10-2a 所示。

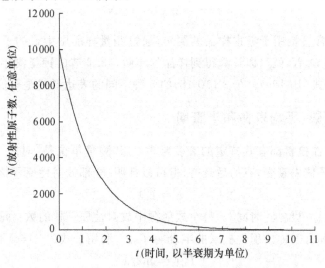

图 10-2a 放射性原子核的数目随时间按指数函数递减

公式(10-18a)也可以写成其他形式,如果两边取对数,则得到

$$\ln N = \ln N_0 - \lambda t \tag{10-18b}$$

或

$$t = \frac{1}{\lambda} \ln \frac{N_0}{N} \tag{10-18c}$$

由式(10-18b)可见,放射性原子核数目的对数值随时间线性递减,而直线的斜率就是衰变常数 λ(见图 10-2b)。公式(10-18c)被直接用于 ^{14}C 测年,例如测量了现代与古代的动物骨骼中 ^{14}C 同位素丰度的比值 N_0/N,就可以计算出古代动物的年代 t。

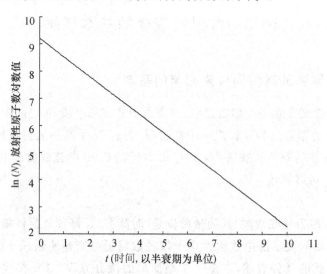

图 10-2b　放射性原子核数目的对数值与时间的线性关系

如果用 $D = N_0 - N$ 表示已衰变的原子核数目,那么 D 也是放射源中新生成的子核的数目(对于发生分支衰变的核素,例如 ^{40}K,需要考虑分支比),公式(10-18b)也可以改写成

$$D = N_0(1 - e^{-\lambda t}) = N(e^{\lambda t} - 1) \tag{10-18d}$$

或者

$$t = \frac{1}{\lambda} \ln(1 + D/N) \tag{10-18e}$$

公式(10-18e)常直接用于考古样品的测年,通过测量样品中生成的子核数目与目前残存的母核数目的比值 D/N,就可以计算得到样品的年龄。3.2 节的钾氩测年和 3.3 节的裂变径迹测年都是基于公式(10-18e)。公式(10-18)的 5 种不同的表达形式是等价的。

10.5.2　衰变常数、平均寿命和半衰期

前述每种放射性核素都有其特定的衰变常数 λ,其测量单位是[时间]$^{-1}$。在一个放射源中,有的放射性原子核先衰变,有的后衰变,但可以证明,全部放射性原子核的平均寿命为

$$\tau = 1/\lambda \tag{10-19}$$

平均寿命的测量单位是[时间]。每个放射源中放射性原子核的数目每减少一半所需要的时间也是固定的,称为某种放射性核素的半衰期 $T_{1/2}$。利用公式(10-18c)不难导出:

$$T_{1/2} = \ln 2/\lambda \tag{10-20}$$

每种放射性核素的半衰期都是经验值,通过实验测量而得的。下面是考古测年中常用的

一些核素的半衰期和它们的误差值：^{14}C 同位素的半衰期为 5730 ± 30 a，^{40}K（$T_{1/2}=$ 1277 Ma）、^{238}U（$T_{1/2}=4468\pm5$ Ma）、^{234}U（245.3 ± 0.5 ka）、^{230}Th（75.69 ± 0.23 ka）、^{231}Pa（32.76 ± 0.22 ka）。

实验表明，核素的衰变常数和半衰期是一个确定不变的常数，与核素的原子所处的物理和化学状态无关。仅观察到少数轻原子核的电子俘获衰变的 λ 值因原子的化学状态不同而有极微小的变化，这是因为化学状态有可能影响轻元素 K 层电子的状态，从而影响原子核与 K 层电子的相互作用。衰变常数 λ 与原子核的历史也是无关的，即不管放射性核素是新生成的，还是经过长期衰变后残存的，它们在下一个 dt 时间间隔内的衰变概率是完全一样的。衰变常数的恒定性对于地质和考古测年是非常重要的，这好似我们地质和考古计时器的摆总是在匀速的运动，不受外界条件变化的影响。

10.5.3 衰变系的放射性平衡

10.5.1 小节的公式(10-18a)和(10-18e)分别给出了放射性衰变过程中母核和子核的原子数随时间变化的规律，但这组公式默认子核是稳定的核素，本身不进行衰变。而在自然界的铀、钍等天然放射系中，母核是经过一系列的级联衰变，最后才生成稳定的铅的一种同位素，参见图3-10。衰变系的中间产物也是放射性核素，它们的原子数随时间变化的规律应该是怎样的呢？下面分析一种最简单的情况，考虑子核是母核衰变的直接产物。假设当 $t=0$ 时，母核的原子数为 $N_1(t=0)=N_{10}$，而子核的初始原子数 $N_2(t=0)=0$。子核的原子数 $N_2(t)$ 服从下列的微分方程：

$$dN_2/dt = \lambda_1 N_1 - \lambda_2 N_2 \tag{10-21}$$

式中的 λ_1 和 λ_2 分别为母核和子核的衰变常数。在上述初始条件下，该微分方程的解为

$$N_2(t) = \frac{\lambda_1}{\lambda_2-\lambda_1}N_{10}[e^{-\lambda_1 t}-e^{-\lambda_2 t}] \tag{10-22}$$

由式(10-22)可见，子核原子数 N_2 随时间时间的变化依赖于母核和子核的衰变常数。天然的三个放射性衰变系的母核（^{238}U、^{235}U 和 ^{232}Th）都是长寿命的核素，它们的半衰期都超过 7 亿年，而衰变系中各子体的半衰期均远短于它们的母核，子核中半衰期最长的核素为^{234}U（约 25 万年）。与不平衡铀系测年有关的核素是^{230}Th 和^{231}Pa，它们的半衰期仅分别为 7.5 万年和 3.25万年。因此可以认为子核的衰变常数 λ 远大于母核^{238}U 和^{235}U 的 λ。这样，经过了子核核素的 5～7 个半衰期后，公式(10-22)可以简化为

$$\lambda_2 N_2(t) = \lambda_1 N_{10} e^{-\lambda_1 t} \tag{10-23a}$$

或写成

$$\lambda_2 N_2(t) = \lambda_1 N_1(t) \tag{10-23b}$$

公式(10-23)表明，在母核寿命很长的放射性衰变系列中，经过了一段时间后(5～7 倍于寿命最长的子体的半衰期)，母核与各子核的原子数之间将达到某种平衡状态：各子核核素具有相等的放射性活度，也等同于母核的放射性活度，而且它们的放射性活度都将以母核的半衰期衰减。这种现象称为放射性平衡。公式(10-23)还表明，当衰变系达到放射性平衡时，各子核(也包括母核)的原子数与它的衰变常数成反比。铀衰变系放射性平衡的破坏和重建是第三章介绍的不平衡铀系测年方法的物理基础。

10.5.4 宇宙成因核素增长的规律

^{14}C、^{10}Be 和 ^{26}Al 等核素是由宇宙射线与地表物质的相互作用生成的,宇宙射线的强度基本不变。全球或在某个具体物体中这些宇宙成因核素的原子数目 N 将由微分方程(10-24)确定：

$$dN/dt = Q - \lambda N \tag{10-24}$$

式中 Q 为单位时间内新生成的某宇宙成因核素的原子数(例如全球每年新生成约 8 kg ^{14}C),λ 为该核素的衰变常数。在 $t=0$ 时,$N=0$ 的初始条件下,式(10-24)的解为

$$N(t) = Q/\lambda (1 - e^{-\lambda t}) \tag{10-25}$$

即宇宙成因核素按指数规律增长,经过 5~7 个半衰期后将达到一个饱和平衡值,例如全球的 ^{14}C 总量恒定在约 68 t。公式(10-25)是利用 ^{10}Be 和 ^{26}Al 等核素测量冰川漂砾等物体的暴露年龄的物理基础。图 10-3 显示 ^{14}C、^{10}Be 和 ^{26}Al 等宇宙成因放射性核素随时间增长的规律。

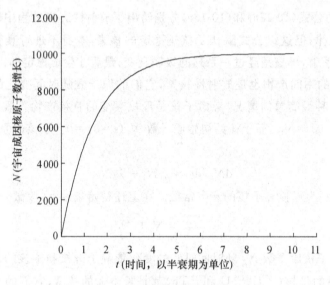

图 10-3　宇宙成因放射性核素的原子数随时间增长的规律

10.6　放射性活度的测量单位

利用放射性现象于考古测年,需要测量样品中放射性核素原先的的原子数 N_0 和现在的原子数 N 或者它们的比值 N_0/N,也可以通过实验测量单位时间间隔中的衰变数 dN/dt,因为 dN/dt 与 N 是成正比的。样品的 dN/dt 值也就是单位时间间隔内的衰变数,后者称为样品的放射性活度,用每分钟的衰变数(dpm)来表示。放射性活度的单位除 dpm 外,还常用居里(Ci)和贝克勒(Bq)表示。1 居里定义为每秒有 3.7×10^{10} 个原子核衰变。活度为 1 Ci 的放射源是一个非常强的放射源,因此常用毫居里 mCi 和微居里 μCi 等单位。贝克勒定义为每秒发生 1 次衰变。贝克勒与居里间的换算关系为：1 Ci = 3.7×10^{10} Bq。

10.7 放射性衰变和测量的统计性质

多种考古测年技术,如^{14}C、铀系、钾氩、宇宙成因核素等,都是通过测量样品的放射性活度来实现的,放射性衰变和测量的统计性质必然会影响测年结果的精确性和误差。

什么是放射性衰变和测量的统计性质呢？假设对一个由长寿命放射性核素组成的样品,在相同条件下进行多次重复测量它的放射性活度,每次测量的结果不可能完全一致,而是在一定范围中涨落的。因为样品中每个原子核在某段时间间隔内是否衰变是与其他核无关的独立随机事件。当然每次测量的结果反映了大量核衰变的平均效果,因此涨落也不可能很大,只是在平均值附近波动,并服从一定的统计规律。

可以证明,在单位时间间隔内,某个样品中发生衰变的原子核的数目（或者实际检测到的衰变数）n 服从统计学中的泊松分布：

$$p(n) = \frac{(\bar{n})^n}{n!} e^{-\bar{n}} \tag{10-26}$$

式中的 $p(n)$ 是单次测量结果为 n 的概率,n 只能是正整数,因此泊松分布是离散性变量的分布函数。$\bar{n}$ 可以理解为非常多次测量的平均值,它是泊松分布的一个参数。可以证明,$\bar{n}$ 是泊松分布的总体平均值,而且 $\bar{n}$ 也是泊松分布的方差,即标准差等于$\sqrt{\bar{n}}$。图 10-4 显示 $\bar{n}=3.5$ 和 $\bar{n}=10$ 的泊松分布图。

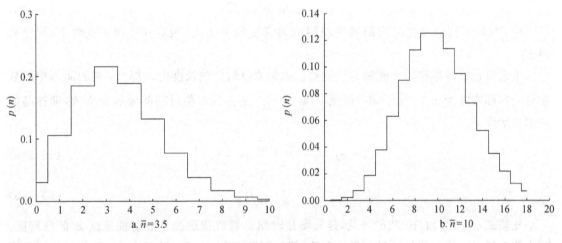

图 10-4　泊松分布图

一般情况下,放射性测量时的 $\bar{n}$ 和 n 的数值不会太小,譬如说 $\bar{n}$ 大于 10,这时离散性变量泊松分布的计算比较麻烦。但是当 $\bar{n}$ 和 n 的数值大于 10 时,泊松分布非常接近正态分布（见图 10-4）,可以用正态分布取代泊松分布。对应的正态分布的函数形式是：

$$p(n) = \frac{1}{\sqrt{2\pi\bar{n}}} e^{-\frac{(n-\bar{n})^2}{2\bar{n}}} \tag{10-27}$$

需要说明两点：(1) 原子核的衰变数本来只能是正整数,是离散型的变量,泊松分布是离散变量的分布。但是当 $\bar{n}$ 和 n 的数值较大时,可以把 n 看成是连续性的变量,正态分布是连续变量的分布函数,因此 $p(n)$ 代表的是概率密度,即单次测量的结果在 $(n,n+\Delta n)$ 范围的概率为 $p(n)\times\Delta n$;(2) 一般的正态分布含有平均值和方差等两个独立的参数,但是公式(10-27)所表示的正态分布是一种特殊情况,它只有一个参数,即它的平均值和方差都等于 $\bar{n}$,因为它是泊松分布的近似表达。图 10-5 是公式(10-27)所示正态分布的示意图。

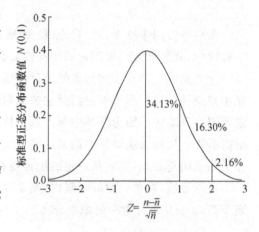

图中的曲线相对于 $n=\bar{n}$(即 $Z=0$)左右对称,在 $n=\bar{n}$ 处 $p(n)$ 取极大值,随 n 远离 $\bar{n}$,$p(n)$ 迅速下降并趋向于零,曲线下的总面积是等于1的。对于正态分布可以证明,单次测量结果 n 落在 $[\bar{n}-\sqrt{\bar{n}},\bar{n}+\sqrt{\bar{n}}]$ 区间的概率为 68.3%,而落在 $[\bar{n}-2\sqrt{\bar{n}},\bar{n}+2\sqrt{\bar{n}}]$ 区间的概率为 95.4%。

$\bar{n}$ 是总体平均值,应该是无穷多次测量结果的平均值,它是未知的,而且也正是我们需要测量的。

图 10-5　放射性衰变所服从的正态分布的示意图

实际工作中往往只作单次测量,测量结果为 n,并用 n 和 $\sqrt{n}$ 作为 $\bar{n}$ 和 $\sqrt{\bar{n}}$ 的估计值。可以证明,总体平均值 $\bar{n}$ 落在 $[n-\sqrt{n},n+\sqrt{n}]$ 区间的概率也为 68.3%。经常用相对标准差 ε 来表示测量的精密度。

$$\varepsilon=\sqrt{n}/n=1/\sqrt{n} \tag{10-28}$$

由(10-28)可见,单位时间间隔内观测到的衰变数 n 愈大,相对标准差 ε 也愈小,测量愈精密。

上面讨论的是单位时间间隔的衰变数。如果测量时间的长度为 t,那么 t 时间间隔中的衰变数及其标准差为 $nt\pm\sqrt{nt}$。将测量结果除以 t,还是得到单位时间间隔的衰变数,即样品的放射性活度 A。

$$A\pm\sigma_A=\frac{nt\pm\sqrt{nt}}{t}=n\pm\sqrt{\frac{n}{t}} \tag{10-29a}$$

$$\varepsilon_A=\frac{\sigma_A}{A}=\sqrt{\frac{1}{nt}} \tag{10-29b}$$

比较式(10-28)和(10-29b)可见,延长测量时间 t,可以提高测量放射性活度 A 的精密度,减少测量误差。通过增加重复测量的次数,例如测量 k 次,也可以提高放射性活度平均测量值 $\bar{A}$ 的精密度,平均值的相对标准差 $\varepsilon_{\bar{A}}=\sqrt{\frac{1}{kt}}$。从降低放射性测量统计误差的角度看,延长测量时间和增加重复测量次数是等效的。

10.8　放射性射线与物质的相互作用和辐照剂量

为了对放射性射线的测量和防护,也为了在释光和电子自旋共振测年中分析计算样品每年所接受的辐照剂量,需要了解放射性射线与物质的相互作用。放射性射线是指 α 粒子束、β

粒子束和γ射线。前两者是高能的带电粒子,后者是电磁波,也可以看作为光子束。它们通过各类介质时与物质相互作用的情况虽有很大不同,但最终的效果都是使介质中的原子和分子受到电离和激发,而放射性射线本身则损失能量,不断减弱,也可能发生散射。现分别讨论上述3种射线与介质相互作用的情况。

(1) α粒子的质量大,它在其单位路径长度上的能量损失也就很大,因此α粒子在介质中的射程很短。天然放射性核素释放的α粒子的能量在4~8 MeV,它们在密度为 $2.5 \mathrm{g/cm^3}$ 的介质(例如铝板)中的射程仅为 $20 \mu m$ 左右,用一张复印纸就能挡住。单位径迹长度上巨大的能量损失导致径迹附近的介质产生显著的损伤和高的比电离。大部分α粒子的径迹是直线,个别粒子可能发生较大角度的散射。

(2) β粒子是高速的电子,其质量小,因此通过介质时产生的比电离比α粒子低。天然放射性核素释放的β粒子的能量在几十 keV 到 2 MeV 间,它们的穿透能力比α粒子强很多,在密度为 $2.5 \mathrm{g/cm^3}$ 的介质中,它们的径迹最长可达几毫米。但它们的径迹不完全是直线,有可能发生多次不同角度的散射。此外高能的β粒子在介质中可能因速度变化而产生韧致辐射,即高能电子的部分能量转化为电磁波释放。

(3) γ射线是高能的光子束,它与介质的相互作用较为复杂。它在介质中通过光电效应、康普顿非弹性散射和产生正负电子对等过程而使得束流强度不断地减弱。束流强度 n 是按照指数规律衰减的,如公式(10-30)所示:

$$n = n_0 \mathrm{e}^{-\mu\xi} \tag{10-30}$$

式中 ξ 是厚度,以 $\mathrm{g/cm^2}$ 为测量单位,μ 是吸收系数,它强烈地依赖于γ射线的能量和介质的原子序数。高能的γ射线能穿透几十厘米的铝板,原子序数大的元素如铅等比低 Z 的铝等介质能更有效地阻挡γ射线。

γ射线本身并不导致介质的电离,但它产生的次级射线,即光电子、康普顿电子和正负电子对等有相当高的能量,次级电子能使介质的原子和分子电离和激发。

放射性射线通过介质时,除射线本身减弱和损失能量外,介质也发生变化。介质的原子和分子被电离和激发,生物体经辐照后生物组织可能被破坏。辐照剂量的测量单位是戈瑞,是指 1 kg 的物质因被辐照而接受 1 J(焦耳)的能量。

人们在日常生活中和释光测年用的样品在埋藏环境下都是在不断地接受辐照,这里列出几种环境条件下人体和物体每天或每年接受辐照计量的数值,以帮助读者建立定量的概念。3.7 和 3.8 节讨论的释光测年和电子自旋共振测年都需要计算被测样品在埋藏环境中所接受的辐照剂量。已知石英颗粒在一般沉积物中每年约接受几毫戈瑞的计量(因此如果测量表明,某件瓷器其接受的总辐照剂量低于一百多毫戈瑞,那么它的烧制时代不可能早于清三代,很可能是民国时期的产品)。地面样品每年自宇宙射线接受的剂量约为 $3 \mu \mathrm{Gy}$。辐照会对人体产生损伤,如果人体一次接受 300~400 拉德(即 3~4 Gy)剂量,有半数被辐照者将于 30 天内死亡,其余半数将患放射病并有可能后期死亡。国家规定放射性工作人员每年接受的总剂量不得高于 50 拉德,非放射性工作人员每年接受的剂量不得高于 5 拉德。但是如果一个人每天在非液晶屏的电脑前工作 8 小时,他每年将接受 17 拉德来自荧光屏的辐照剂量。

10.9 科技测量中的误差问题简述

科技考古学涉及对考古遗物的一系列物理和化学性能的测量。但是任何测量数据都是有误差的,测量误差的大小直接影响考古学推论的可靠程度。因此必须对测量误差作正确的估计和分析。

科技测量涉及测量的精密度和准确度两个概念,这是两个不同的、但又是有紧密联系的概念,前者与偶然误差相联系而后者一般与系统误差相联系。我们举一个打靶的例子形象地说明这些误差概念之间的关系。图 10-6 是甲、乙、丙、丁四人的打靶结果图。(1) 右下的靶图是甲的射击结果,着弹点分布密集,表明甲射击点的离散性很小,即具有高精密度和偶然误差很小。而且着弹点基本上以靶心为中心,表明甲射击的系统误差也很小,具有很高的准确度。(2) 右上的靶图着弹点也很密集,表明乙的射击同样具有高精密度。但是靶上的诸着弹点偏离靶心,都处于其右下方,表明乙射击的准确度差,具有显著的系统误差。这很可能是乙射击用枪的准星和缺口间的相对位置有偏差,需要调整。(3) 左下的靶图着弹点分布弥散,但是它们在靶心的上下左右都有分布,表明丙射击的偶然误差很大,这可能是他持枪不稳或不认真瞄准所致。丙射击的系统误差可能比乙和丁为小,但是只有先降低其偶然误差后,才能分析判断丙射击中系统误差的情况。(4) 左上的靶图是丁的射击结果,着弹点的分布既弥散,又都偏离靶心而处于靶的右下方,表明丁射击的精密度和准确度两方面都存在问题。

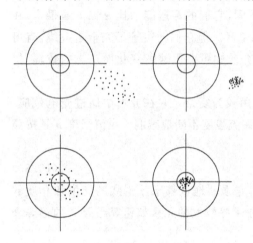

图 10-6 测量的精密度(偶然误差)和准确度(系统误差)的示意图

偶然误差往往是一系列微小的、偶然的、也可能是目前尚不清楚的因素引起的。在分析实验测量数据时必须首先注意数据的偶然误差。考察偶然误差大小的最有效方法是,对同一个(或同一类)样品在相同条件下进行多次重复测量并观察数据的重复性或离散性。例如希望了解某种方法测量考古遗址出土的燧石工具中钾含量的偶然误差,需要在尽可能相同的条件下使用该方法多次(例如 n 次)测量同一件石器中的钾含量 $x_1, x_2, x_3, \cdots, x_n$(假设钾在石器中的分布是均匀的)。计算 n 个测量数据的平均值 $\bar{x}$、标准差 σ_x 和变异系数 ε_x:

$$\sigma_x = \sqrt{\sum_{i=1}^{n} \frac{(x_i - \bar{x})^2}{n-1}} \tag{10-31a}$$

$$\varepsilon_x = \sigma_x / \bar{x} \tag{10-31b}$$

标准差 σ_x 和变异系数 ε_x 定量地反映了该方法测量燧石工具中钾含量的偶然误差和精密度。如果被测样品的钾含量 X 是已知的,就有可能检测该测量方法的准确性和系统误差。为此计算 $\eta_x = |X - \bar{x}|$ 和平均值的标准差 $\sigma_{\bar{x}} = \sigma_x/\sqrt{n}$,如果 $\eta_x > 2\sigma_{\bar{x}}$,可以以一定置信度认为,$\eta_x$ 是该方法测量燧石工具中钾含量的系统误差;如果 $\eta_x < \sigma_{\bar{x}}$,那么系统误差与偶然误差相当或

更可能小于偶然误差，无法确定系统误差的具体数值。

假设我们希望根据两个遗址发现的燧石工具的钾含量是否一致来判断两遗址的居民是否使用同一种燧石原料打制石器（在实际工作中不仅要考虑元素钾的含量，而应该考虑一系列其他元素的含量）。为此在 A，B 两遗址各采集了一定数量的燧石工具（譬如说都采集了 n 件），在同一实验室使用同样的方法测量这批燧石工具的平均钾含量 $\overline{x_A}$ 和 $\overline{x_B}$，并计算其标准差 σ_{xA} 和 σ_{xB}。σ_{xA} 和 σ_{xB} 是测量方法的偶然误差与燧石工具中钾含量本身涨落的综合。显然，$\overline{x_A}$ 和 $\overline{x_B}$ 的数值是不可能绝对相等的，提出的问题是：怎样根据 $\overline{x_A}$ 和 $\overline{x_B}$ 的差值 $\Delta=|\overline{x_A}-\overline{x_B}|$ 来判断这两个遗址燧石工具的钾含量之间是否存在显著的差别，即需要有一个标尺来度量 Δ 的大小。很自然，作为度量的标尺应该用平均值 $\overline{x_A}$ 和 $\overline{x_B}$ 本身的标准差 $\sigma_{\overline{x}A}$ 和 $\sigma_{\overline{x}B}$，而 $\sigma_{\overline{x}A}$ 和 $\sigma_{\overline{x}B}$ 是根据单次测量值的标准差 σ_{xA} 和 σ_{xB} 计算得到的，即 $\sigma_{\overline{x}}=\sigma_x/\sqrt{n}$。粗略地说，如果 $\Delta > 2\sqrt{(\sigma_{\overline{x}A}^2+\sigma_{\overline{x}B}^2)}$，那么可以以一定的置信度判断两个遗址燧石工具的钾含量之间是有差异的。更可靠地判断两遗址燧石工具的钾含量之间差别是否显著，需要应用统计学中的 t 分布函数。

前面提到应该在同一实验室使用同一种方法来测量两遗址燧石工具的钾含量，这是很重要的，因为在不同的实验室之间，特别是在不同的测量方法之间很可能存在系统误差，即同一个样品由不同的实验室使用不同的方法进行测量，测量结果之间也可能存在系统误差。

总之，测量数据的误差分析是极为重要的，当根据测量数据作考古学推论时，必须认真分析测量数据的误差。因此特别建议考古工作者学习一些有关测量误差的知识。

参考文献

[1] 陈宏芳. 原子物理学（21 世纪高等学校教材）. 北京：科学出版社，2006.
[2] 陈铁梅. 定量考古学. 北京：北京大学出版社，2005.
[3] 卢希庭. 原子核物理（修订版）. 北京：原子能出版社，2001.
[4] 宁平治. 原子核物理基础. 北京：高等教育出版社，2003.
[5] 吴学超，冯正永. 核物理实验数据处理. 北京：原子能出版社，1988.
[6] 郑乐民. 原子物理（基础物理教程）. 北京：北京大学出版社，2001.

索 引

A

氨基酸与蛋白质 228
奥氏体 141
奥杜威古人类遗址 29,37
奥杜威极性亚期 38

B

白口铁 141
百炼钢 146
孢子花粉分析 182
北美刺果松年轮序列 81
冰芯测年 83
波长、波数和频率 241
玻尔的原子结构理论 242
 玻尔理论与氢原子光谱 242
 玻尔理论与化学元素周期表 242
 玻尔理论与特征 X 射线谱 242

C

C_3 和 C_4 植物 217
炒钢 144
测量误差分析 5,163,258
 精密度和偶然误差 258
 准确度和系统误差 258
 相对误差和变异系数 258
 测量平均值的偶然误差 258
差热分析(DTA) 170
沉积地层的 ^{10}Be 同位素分析 68
沉积地层的孢粉分析组合图 183
沉积地层的磁化率分析 61,194
沉积地层的粒度分析 62
沉积地层的小哺乳动物组成分析 189
沉积地层的软体动物分析 192
沉积地层的碳同位素分析 197
沉积地层的氧同位素分析 195
沉积物的光释光测年 53
磁化率 194
瓷器热释光测年的前剂量技术 177
瓷石 154
瓷釉 171
 瓷釉的化学组成和呈色机理 171
 瓷釉的熔融温度范围 169
 瓷釉的显微结构 171
 瓷釉的析晶和分相 172
 瓷釉的着色元素 172

D

$\delta^{13}C$ 的定义 91,124
$\delta^{15}N$ 的定义 218
$\delta^{18}O$ 的定义 60
氮同位素指示古人食谱 218
地磁极性年表的时间刻度 39
地理信息系统(GIS) 24
地球物理勘探方法 17
 磁法勘探 17
 电阻率法勘探 19
 探地雷达勘探 21
低温铅釉 159
第四纪气候变化的天文学时间标尺 64
第四纪的冰期和间冰期的交替 61
电磁波 241
电感耦合高频等离子激发光源(ICP) 112
电感耦合发射光谱仪(ICP-AES) 112
电感耦合等离子质谱仪(ICP-MS) 164
电泳 234

电子伏特 241
电子自旋共振测年 57
电子全站仪 23
电子探针(EPMA) 113
电子显微镜 119
    电镜的二次电子像 120
    电镜的背散射电子像 120
    电镜的俄歇电子谱分析 120
    电镜的X射线特征谱分析 120
淀粉粒分析 193
DNA的结构 229
DNA的扩增(PCR) 234
    扩增引物 234
DNA链的测序 234
DNA控制蛋白质的合成 231
DNA分析与尼安德特人 236
DNA分析与现代人起源 67,236
DNA分析与父系与母系氏族的判别 238
DNA与新疆古居民的种族分析 237
DNA鉴别人骨的性别 237
东非与人类起源 28
动物群组成的定性统计 190
动物遗存的能鉴定的样品数统计(NISP) 190
动物遗存的最小个体数统计(MNI) 191
敦德冰芯的全新世氧同位素记录 197

E

俄歇电子 113

F

放射性衰变的类型 249
    α衰变 249
    β衰变 249
    γ衰变与内转换电子 250
    重原子核的自发裂变 251
放射性衰变的基本规律 251
    衰变常数和半衰期 252
放射性衰变系的放射性平衡 253

放射源的活度及其测量单位 254
放射性测量的统计误差 255
放射性射线在介质中的电离与激发 256
放射性辐照剂量及其测量单位 257
放射性射线的射程 257
分子光谱 245
傅立叶变换红外光谱仪(FT-IR) 123

G

甘青地区的早期青铜技术 107
高岭石与高岭土 154
高温钙系釉、钙釉和碱钙釉 173
戈瑞和拉德 51,257
狗在我国的早期饲养 216
古代炼铁的燃料 147
古代青铜制品的测年 126
古代青铜原料的产地溯源 126
古代陶瓷窑炉技术的发展 158
古代自然环境的复原 181
古地磁测年方法 38
    地磁场的反转 38
    地磁极性期(世)与极性亚期 38
    地磁极性年表 38
    岩石的剩余磁性 39
古DNA的提取和纯化 233
古陶瓷的真伪鉴别 176
惯用^{14}C年龄 87
灌钢 146
硅藻分析 194

H

含石墨的铸铁 142
航空航天遥感的原理和系统 10
航空照片的标志 11
    植被作物标志 11
    土壤标志 11
    阴影标志 11
航空照片的类型 13
    黑白、彩色和假彩色航片 13

水平与倾斜航片　13
　　航空照片的解译与考古勘探　13
黑釉瓷　174
红外吸收光谱仪（IRAS）　123
黄土剖面记录的冰期和间冰期的交替　61
黄土剖面的磁化率和粒度曲线　61,62
化学元素周期表　243
灰口铁　143

J

激光拉曼光谱仪　124
基因和基因突变　232
家畜饲养的起源研究　211
钾氩测年　31
　　氩氩测年　33
　　单矿物氩氩测年　34
　　年龄坪检验　34
碱基互补配对原则　230
减数分裂　229
解剖学的现代人（见现代人起源）
金川泥炭层的氧同位素记录　196
金属和合金组织的"相"　115
金相分析　115
金相显微镜　114
　　明场和暗场　115
居里与贝克勒　254
聚类分析方法　166

K

考古地磁测年　79
块炼铁和块炼渗碳钢　140
库比福拉遗址的年代测定　37,40

L

莱氏体　141
拉曼散射　124
裂变径迹和α径迹测年　35
六齐说的检验　110
禄丰古猿　71

M

马氏体　117
米兰柯维奇假设　64
米诺斯文明毁灭年代的测定　83
木头、果实和种子遗存的分析　187

N

南北方瓷器原料的差别　157
南方古猿　28
能人　29
尼安德特人　44,236
牛羊在我国的早期饲养　216
农业经济的标志　207

P

判别分析方法　167
庞贝古城毁灭的钾氩测年　35
频谱分析　65
泊松分布　255

Q

铅同位素产地溯源　126
　　原始铅和普通铅　126
　　高放射成因铅　131
　　矿体铅同位素组成的均一性和差异性　127
　　青铜制品铅同位素产地溯源的前提　127
　　冶铸过程中铅同位素的微弱分馏　128
　　低铅青铜的铅同位素指征　131
　　青铜制品的重熔问题　130
　　我国古代的青铜矿源　131
氢原子光谱谱线　242
青瓷与白瓷　157
青铜的金相组织　115
青铜锈蚀物的矿相分析　121
全新世和历史时期测年的精确度要求　78
全球定位系统（GPS）　22
　　差分式全球定位仪　23

R

人工神经网络方法　167
人骨的微量元素含量与人的食物结构　221
热膨胀分析　169
染色体　229
软体动物组合与环境　192

S

三联子密码　231
商周——我国青铜技术的鼎盛期　108
释光测年　49
　　热释光测年　50,171
　　光释光技术测量沉积物年代　53
　　累积剂量和年剂量率　51
　　年龄坪检验　51
湿化学定量分析方法　160
深海沉积物的氧同位素时标　60
绳文人和弥生人　236
剩余磁性(热剩磁、沉积剩磁等)　39
渗碳体　141
实体显微镜　114
石英砂的埋藏年龄测量　70
树木年轮测年　80
锶同位素指示石质文物的矿源　222
锶同位素指示人的迁移　222
饲养型动物的鉴别标志　211
SPECMAP 曲线　61
粟、黍的栽培起源研究　207

T

碳的循环交换库　84
^{14}C 同位素的产生　84
^{14}C 测年的原理和假设前提　85
现代碳的 ^{14}C 丰度和活度　86
现代碳标准物质　87
^{14}C 的半衰期　86
^{14}C 测年的适用样品　87
^{14}C 测年的计时起点　87
^{14}C 测年的常规技术　88
^{14}C 测年的加速器质谱技术及其优点　88
^{14}C 测年的误差分析　90
^{14}C 测年的统计误差　90
^{14}C 测年的同位素分馏效应　91
^{14}C 测年的贮存库效应　92
大气 ^{14}C 丰度的变化和 ^{14}C 测年的系统误差　92
^{14}C 年龄的树木年轮校正　92
时序系列样品的 ^{14}C 年龄校正　96
^{14}C 年龄的代表性　96
碳同位素指示古人食谱　217
陶瓷的原料和化学组成　153
陶瓷的气孔率和吸水率　170
陶瓷的烧结　155
陶瓷烧成温度的测量　169
陶片的热释光测年　174
特征 X 射线的能谱和莫塞莱定律　162,244
铁质文物的锈蚀和保护　146
铁制品的 ^{14}C 测年　148
铁素体　140
同步辐射 X 射线荧光分析　165
同位素　246
　　同位素丰度　247
　　同位素分馏　128,247
铜与青铜的熔点和硬度　106
脱氧核糖核苷酸(DNA)链(见 DNA)

W

微量元素示踪青铜矿源的探讨　138
微束扫描型 X 射线荧光分析仪　113,163
纹泥测年　82
我国稻作农业的起源　207
我国家畜饲养的起源　215
我国全新世的气候和环境　197
我国陶瓷发展的 5 个里程碑　156
我国陶瓷发展的 3 项技术突破　157
　　原料的选择　157

炉窑技术　158
　　瓷釉配制　159
我国早期的钢铁技术　139
我国早期古人类遗址　71
我国中更新世古人类测年数据的矛盾　71
我国境内现代人的起源　73
我国的专业航空考古勘探　16
巫山龙骨坡遗址的测年　40

X

X射线衍射(XRD)　121
X射线荧光分析(XRF)　113,158
现代人起源的两种假设　44,67
线粒体DNA　231
小麦栽培的起源和我国最早的小麦种植　210
小型哺乳动物组合与环境　189
夏商周断代工程　99
非洲夏娃假说　67
细菌和噬菌体　232
锡青铜中铅的分布　117
锡、铜同位素示踪矿源的困难　136
相与物相　115
血红蛋白分子种和人猿的分离时间　66

Y

岩石的暴露年龄测量　69
遥感考古勘探　10
遗传距离　237
以色列境内尼人和现代人遗址的共存　45
有机文物真伪的^{14}C方法鉴定　103
铀系测年方法　45
　　铀系测年的α能谱和质谱技术　48
　　铀系测年的γ能谱技术　48
　　铀系测年的假设前提　46
原子质量和元素的原子量　247

原子发射光谱仪(AES)　111
原子吸收光谱仪(AAS)　112
原子核的组成与同位素　246
陨铁——最早铁质工具的原料　139
宇宙成因核素与上新世、更新世测年　68
宇宙成因核素的增长规律　254

Z

栽培稻长江中下游地区起源说　204
栽培稻和野生稻　205
脂肪酸分析　193
植硅石分析　185
植硅石分析与孢粉分析比较　185
直立人　29,43
质谱仪　134
　　热电离质谱(TIMS-MS)　134
　　电感耦合等离子质谱(ICP-MS)　134
　　质谱仪的质量歧视效应及其校正　135
智人　43
植物种子遗存分析　187
质子激发X射线荧光分析(PIXE)　164
爪哇人的钾氩测年　30
中欧橡树-松树年轮序列　82
中全新世大暖期　198
中原地区的早期青铜技术　108
中子活化分析(INAA)　160
周口店第一地点的年代测定　72
猪在我国的早期饲养　215
主成分分析和对应分析方法　167
珠光体　141
铸铁冶炼和白口铁　141
铸铁脱碳技术与汉代的强盛　146
自然界的三个天然放射系　46
作物栽培与农业起源　202